死とオベリスク

墓石のグローバル・ヒストリー

冨澤かな

中央公論美術出版

図0-1　ウィリアム・ジョーンズの墓、サウス・パーク・ストリート・セメタリー

図3-10　デオダート・オルランディ《ペトロの磔刑図》、サン・ピエトロ・アポストロ聖堂の壁画連作より、1300-1312年頃

図4-32　聖ニコラス・チャペル、ウェストミンスター・アビー（Combe 1812: 131）

図5-21　オランダ人墓地、スーラト

図5-18　ヘンリー・ゲイリーの墓、イギリス人墓地、スーラト

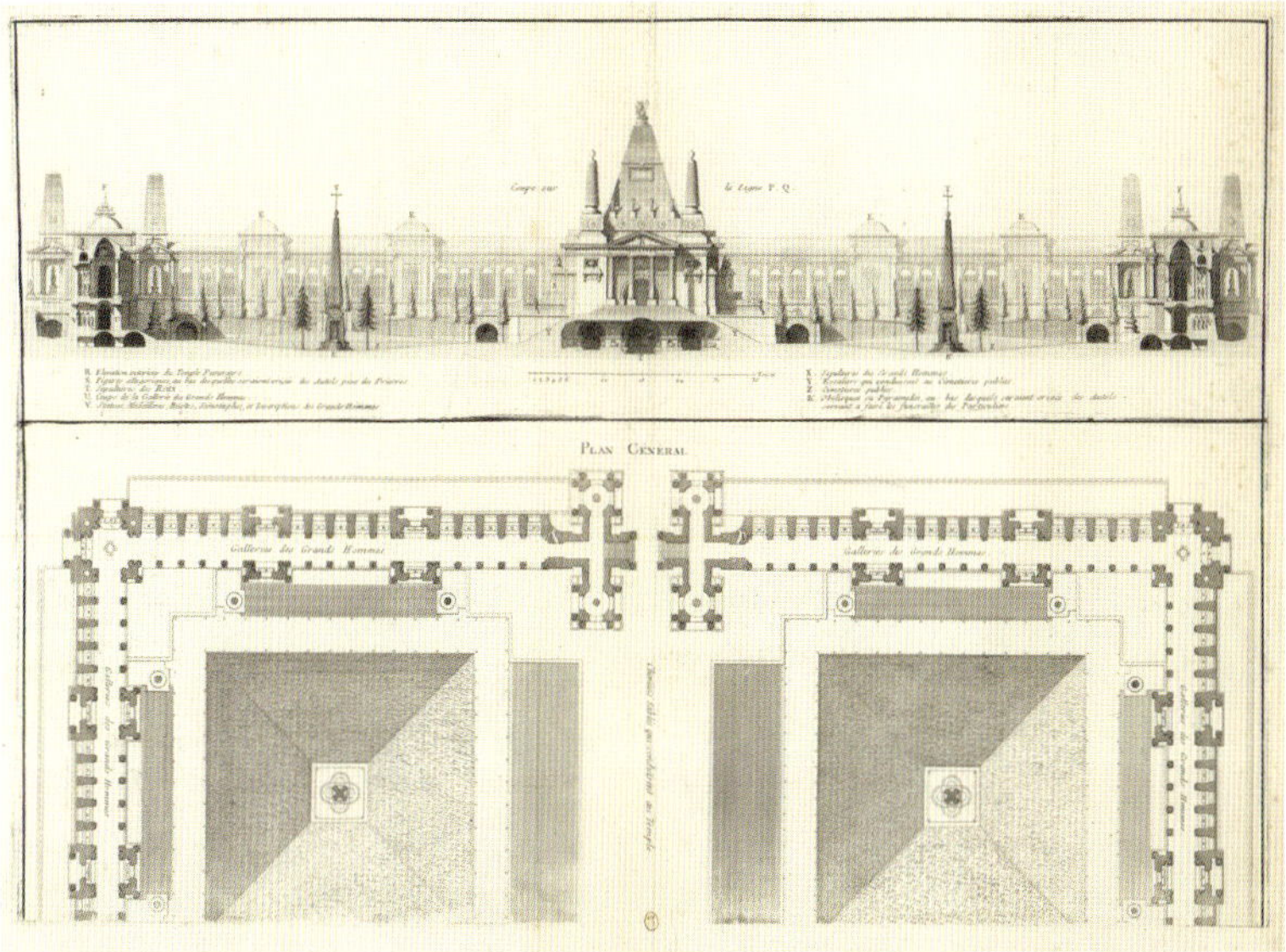

図8-4　ルイ＝ジャン・デプレ、《埋葬礼拝堂案》、1770、フランス国立図書館

図8-11　J. B. フィッシャー・フォン・エルラッハ、《アルテミシアの霊廟》、『歴史的建築の構想』、1721年

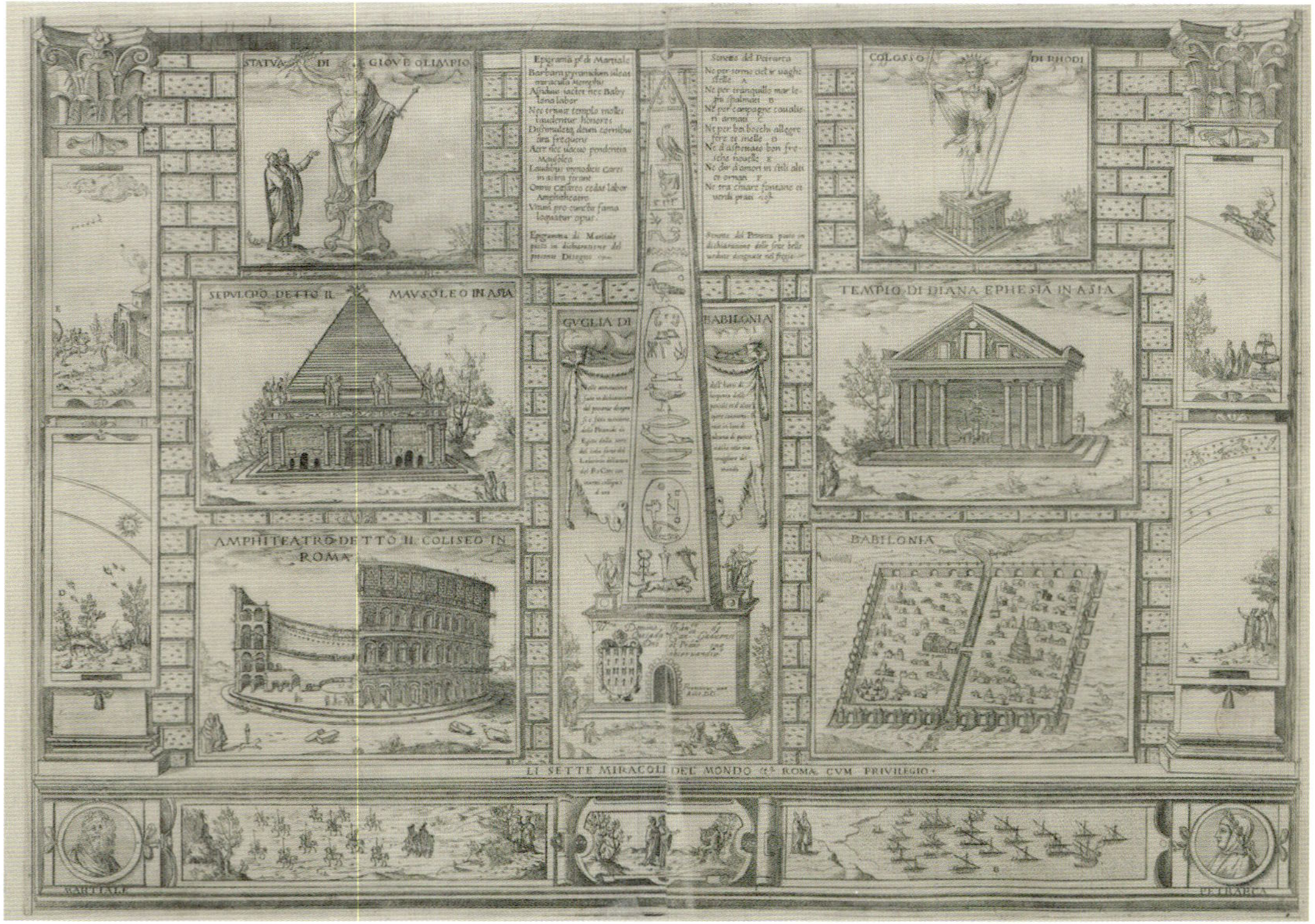

図8-27　フランシスクス・ファン・アールスト、《世界の七不思議》、1550-1600年頃

図9-30　ロバート・エッジ・パインまたはヨーハン・ゾファニーの原画、《ジョン・ゼファナイア・ホルウェル》、1887-1894年印刷、ナショナル・ポートレイト・ギャラリー、ロンドン

図9-27　ブラックホール記念碑、コルカタ

図10-14　ウィリアム・ホッジス、「デーオーガルのパゴダの風景」、1787年

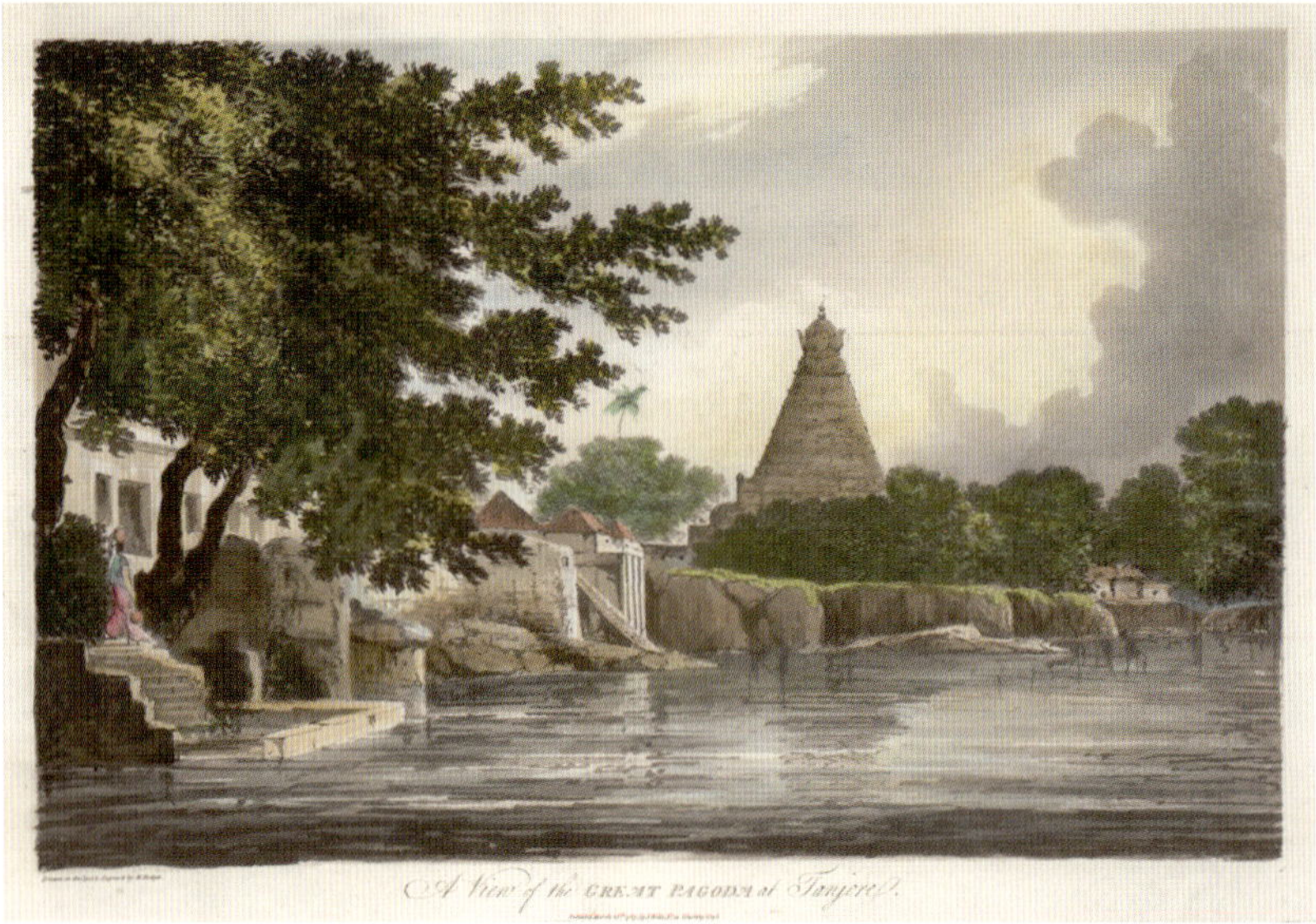

図10-15　ウィリアム・ホッジス、「タンジョールのパゴダの風景」、1787年

目次

死とオベリスク

——墓石のグローバル・ヒストリー

序章――なぜ、インドで墓でオベリスクなのか？

1　カルカッタの白亜のオベリスク――サー・ウィリアム・ジョーンズの墓を詣でる

カルカッタ（現コルカタ）のパーク・ストリートは、少し古びてなお、あるいはだからこそというべきか、この町の目抜き通りと呼ぶべき賑わいを誇る。そこに堂々、三ヘクタールほどの場所を占めているのがサウス・パーク・ストリート・セメタリー(1)である。一七六七年開設のこのイギリス人墓地には一六〇〇人以上の埋葬の記録があり、一四〇五の墓がある（と、呼べるか微妙な状態のものもあるが、少なくともそういうことになっている）。十九世紀にほとんどの埋葬は終了しており(2)、新たな埋葬に用いられることのない、いわば史跡としての墓地である。筆者がここを最初に訪ねたのがいつだったか、実はもう定かでないのだが、恐らく二〇〇八年頃だったのではないかと思う。目的ははっきりしていて、サー・ウィリアム・ジョーンズの墓を詣でるためであった。そこで筆者は、その巨大な白亜のオベリスク形の墓を見上げて、まずは驚いて、次に「なぜ？」と思ったのである（図0-1）。

ウィリアム・ジョーンズ（William Jones、一七四六～一七九四）は近代的インド研究と比較言語学の祖と言われる人物である。十八世紀後半、イギリス東インド会社が事実上のインド統治を始めてまだ日の浅い時期に、判事としてカルカッタに渡り、公務の傍らサンスクリット語を修得し、印欧語族説を提示し、インド研究を急速に構築し推し進めて、西洋人のインド認識に決定的な影響を与えた、この「オリエンタリスト」に、筆者は長く関心を抱いてきた。四十七歳で亡くなるまでの十年と少しのインド滞在中、彼はインド研究に心血を注ぎ、その発展の基盤を構築した。彼は東洋学者であるとともに法律家でもあり、また現在ではあまり読まれることはないが当時は詩人としても知られていた。多才な人物であるが、しかしその名をもっとも輝かせた功績はやはりインド研究であろう。彼の晩年、一七九三年頃に描かれた肖像画を見ると、その右手側には書物と紙とペンとともにヒンドゥーの神、ガネーシャの像が描かれている（図0‒2）。破壊神シヴァの息子である象頭の神ガネーシャは、商業と富の神というイメージが強いが、障害を取り除く、物事のはじまりと学問の神でもある。このシンプルな構成の肖像画の重要な位置を占めるこれらの要素は、いわばジョーンズという人間を示すアトリビュートとして選ばれたものと思われ、やはり、少なくとも晩年のジョーンズの最大のアイデンティティはインド研究にこそあったと考えられる。「東洋学者《オリエンタリスト》」ジョーンズの研究の意義とその「オリエンタリズム」と、本研究の関係については後にあらためて考えるが、本書の問題の焦点となるのは、とにかくもその墓である。なぜジョーンズの墓はこの形なのか。インド研究に力を注ぎインドに没したこの人物の墓に、なぜ巨大なオベリスクが選ばれたのか。ここに疑問を覚えたのである。

図0-2　アーサー・ウィリアム・デヴィスによるウィリアム・ジョーンズの肖像、1793年頃、ブリティッシュ・ライブラリー

　オベリスクとは本来、古代エジプトの太陽神殿に建てられた柱状建築である。なるほどエジプトは東洋に

は違いないが、ナポレオンのエジプト遠征以前のヒエログリフ未解読の時代、さすがの多言語習得者[3]ジョーンズも古代エジプトの言語・文化をまともに学ぶことは不可能で、エジプトへの関心は見られるが研究していたわけではない。後に見るように、インドには豊かな墓廟建築の歴史があり、その影響を受けるのならばよくわかる。実際、後に第五章でも見るが、そういう例はインドのイギリス人墓地に数多く見られる。サウス・パーク・ストリート・セメタリーにはヒンドゥー寺院の形状を模した有名な墓もある。[4]しかしオベリスクは本来インドとは縁もゆかりもないものである。にもかかわらず、ジョーンズの墓を含め、この墓地には実に多くのオベリスク型墓石が見いだせる。なぜ、この時代に、インドで、墓に、オベリスクなのだろうか。

カルカッタのイギリス人墓地になぜか立ち並ぶオベリスク型墓石を見た時に感じたこの疑問が、本研究の出発点となった。この時の違和感——つまり、ここにあるのは、イギリス／インド、西洋／東洋という二元的な「オリエンタリズム」論の構造ではどうにも理解できない、もっと錯綜したイメージの歴史なのではないかという漠然とした感覚、それがきっかけとなって、「オベリスク型墓石のグローバル・ヒストリー」に向かっていくことになるのである。

2　オベリスクとは何か——エジプトから世界へ

本研究は、こうしてともかくもジョーンズの墓に始まって、インドはカルカッタを起点にオベリスク型墓石の展開を追っていくことになるのだが、その詳しい経緯に踏み込む前にまず、そもそもオベリスクとはなんであるかを確認する必要があるだろう。

オベリスクは古代エジプトの柱状建築物で、本来は「テケヌ」と呼ばれる。[5]「オベリスク」の名は、この細長い形状に対するギリシャ語の呼称オベリスコス（「串」の意味）に由来する。細長い柱のような四角錐の上にピラミッド状の四角錐（ピラミディオン）が乗る形状が特徴である（図0–3）。花崗岩の一枚岩からなり、側面にヒエログリフの碑文があり、どの王が何を理由にどの神に奉献すべく建てたかといった経緯や、王の事績を語り称える文言が刻まれている。現存する中で最古のものがエジプトのヘリオポリスのオベリスクで、中王国時代、第十二王朝のセンウセレト一世(6)の在位三〇年に行われた王位を更新し記念する祝典にあたって建立されたことが記されているため（Habachi 1977=1985: 14-15; 佐原 1985: 154-5; 芳賀 2005: 127）、紀元前一九四二年建立と考えられている。これ以前のいつ、最初のオベリスクがつくられたかは不明である。このヘリオポリス・オベリスクがそうであったように、太陽神殿の塔門《ピュロン》に二本一対で建てられるのがオベリスクの本来の形式である。普通、二本が東西に並べられ、それぞれ「昇りゆく太陽」と「沈みゆく太陽」を示すとされていたという。現存する古代エジプトのオベリスクのうち、もともと単独で建てられたとされるのは、ローマのサン・ジョヴァンニ・イン・ラテラーノ大聖堂裏に立つラテラン・オベリスクのみである。これは現存する中で最大の三一・五メートルの高さのもので、もとはテーベのカルナック神殿に建てられていた。新王国時代の第十八王朝の下、紀元前十六～十五世紀頃に、まずトトメス三世の命で作り始められたが未完成であったものを、孫のトトメス四世が完成したものである。なお、アスワーンの採石場には、同じ第十八王朝時代、恐らくハトシェプスト女王の命でやはりカルナック神殿に建てることを意図して着手されたが途中で割れて放置された、いわゆる「未完成のオベリスク」があるが、これは完成すれば四二メートルにも及んだものと考えられている。一枚岩の細長く巨大な柱状建築を狂いなく切り出し立ちあげた技術の精緻さと壮大さには驚くばかりである。

図0–3はルクソール神殿の塔門のオベリスクである。この図では一見、門の前方中央に一本屹立しているかのようにも見えるが、よく見るとその足下の台座と同じものが右側にもあり、やはり二本一対であったことがわかる。この空の台座に立っていたもう一本のオベリスクがパリのコンコルド広場のオベリスクである（図0–4）。このように、故国エジプトから持ち出されたオベリスクが世界各地に見られる。そして、それとは異なるタイプのオベリスク型の

都市のランドマークの中でも有名なものの一つがワシントン・モニュメントである（図0-5）。これは名前のとおりジョージ・ワシントンを記念して建築家ロバート・ミルズ（Robert Mills、一七八一～一八五五）の設計のもと一八八四年に建立されたもので、一六九メートルもの高さを誇る。一枚岩からなる本来のオベリスクと違い、三万六千個の石でできているという。

さて、この三つの例は、世界に立つオベリスクの基本的な三タイプを示す。

図0-3　ルクソール神殿の塔門（ピュロン）に立つオベリスク

図0-4　コンコルド広場のオベリスク

図0-5　ワシントン・モニュメント

表0-1　現在屋外に立っている古代のオベリスクの現在地と数

場所			古代のオベリスクの本数	うち、エジプト由来のものの本数	備考
エジプト（ヘリオポリス、カイロ、ルクソール、カルナック）			7	7	・本来の場所に立っているのは5本 ・小型のものや断片は多くあり、長瀬・岡本（n.d.）はそれらを含めて計33本と同定している
ローマ帝国領の時代に由来	ローマ	ローマ（ヴァティカン）	13	7	・ローマの6本はローマの命でエジプトの石材を用いてつくられた可能性が高いもの ・フィレンツェとウルビーノのオベリスクはローマに持ち込まれていたものを後に移設 ・長瀬・岡本（n.d.）は小型のものや断片を含めてイタリア全体（ヴァティカン含む）で計21本と同定している
		→フィレンツェ	1	1	
		→ウルビーノ	2→1	2→1	
	イスタンブール		1	1	・4世紀にテオドシウス帝が移設
	カイザリア（イスラエル）		1	?	・ローマ帝国期のもの。エジプト由来か不明
	カターニア（イタリア）		1	?	・恐らくエジプトには由来せず
その他	キングストン（イギリス）		1	1	・19世紀に移設されたもの ・小型のものや断片、由来の確定できないものは各地にあり、長瀬・岡本（n.d.）はこのほかに10本を同定している
	ロンドン		1	1	
	パリ		1	1	
	ニューヨーク		1	1	

①エジプトの本来のオベリスク、②エジプトのオベリスクが別の場所に持ち込まれ再建されたもの、③オベリスクの形状の新たな建造物、である。(7)

古代エジプトに由来するオベリスクは、同地に残る①（ただし当初の建立地から移設されているものもある）と、エジプト外に移動した②である。現在確認されているところで屋外に立っているもの(8)は、①が七本、②が十四（十五）本存在する。②を「十四（十五）本」としたのは、イタリアのウルビーノのオベリスク(9)が二つのオベリスクの複数の断片を合成したもので、一本とも二本ともカウントが可能なためである。表0-1が現在屋外に立っている古代の大型オベリスクと、そのうち、ほぼ確実にエジプトに由来するオベリスクの現在地と数のリストである。エジプトからの由来が確認できているものに限っても、旧ローマ帝国領のものが十（十一）本と、エジプト本国より多いことがわかる。オベリスクはエジプト由来のものであるが、その歴史にはローマが深く関わっていくこととなる。世界のオベリスクの歴史は、①から始まり、まず古代ローマに②が生じ、その後ほとんどが倒れ埋もれ忘れられていたものが十六世紀に新たな形で復活し、そこからこの意匠が多様に用いられるようになって③が成立しヨーロッパ各地へと広がり、近代には②と③が世界各地に拡大していくことになるのである。

3　オベリスクと墓と太陽

さて、本書の問題は墓である。西洋の近代的な共同墓地、セメタリーにはオベリスク型墓石が数多く見られる。図0-6は一七九七年開設のニューヘイヴンのグローヴ・ストリート・セメタリー、図0-7は一八〇四年開設のパリのペール・ラシェーズ墓地の風景である。ともに、教会墓地外につくられた近代的共同墓地の最初期の例であり、どちらにも多くのオベリスク型墓石がある。欧米の映画の墓地シーンを見ても、オベリスク型墓石を視認できることは実に多い(10)。それほど西洋に広く普及している墓石意匠であれば、イギリス人がインドにオベリスク型墓石をつくったのもごく自然なことと見えるかもしれない。しかし、西洋人が、いつ、どのようにしてこの意匠を墓石に用いるようになったかを考えていくと、問題はそう簡単ではないことがわかってくる。

ヘロドロスの昔からピラミッドは「墓」と認識されてきたし、実際その機能を持つと考えられるが(11)、では、オベリスクにも「墓」としての意義や機能はあったのだろうか。結論から言えば、本来のオベリスクと墓や慰霊との関係は決して深くない。小型のオベリスクが墓前に建てられた例はあるというが、エジプト考古局に長く所属していたエジプ

図0-6　グローヴ・ストリート・セメタリー、ニューヘイヴン

図0-7　ペール・ラシェーズ墓地、パリ

ト学者で多くの著書を持つラビブ・ハバシュの『エジプトのオベリスク（*The Obelisks of Egypt: Skyscraper of the Past*）』（Habachi 1977=1985）によれば、それは「小さいというよりもむしろ、オベリスク状のものといった方がよいかもしれない」（Habachi 1977=1985: 17-18）とのことで、これを巨大なオベリスクと同一視することはできないだろう。すでに述べたように、古代の大オベリスクはみな太陽信仰と関わる神殿に王により奉納され建てられたもので、慰霊の役割は負っていない。その碑文も、基本的に生ける王がこれを神に奉納する経緯を示し王の功績を称えるものであって、ピラミッド・テキストやコフィン・テキストや死者の書のような死後の魂の永世に関わる内容のものは見つかっていない。もちろん、ピラミッドを中心とする大きなコンプレックスの一部として太陽神殿が建てられていることは多いので、太陽神殿とオベリスクも間接的

には王の死後の復活と永世を確かにする仕組みの一端を担っていたということもできようが、それをもってオベリスクと太陽神殿それ自体に「墓」「慰霊」の意味や機能があったと考えることはできないだろう。しかし、ではオベリスクが慰霊につながる含意を何ら持ち得ないかといえば、実はそうともいいがたい。オベリスクというものの根本に創造と太陽のシンボリズムがあり、そしてそれこそは、エジプトの死後の復活と永世の観念の重要な基盤であると考えられるからである。

ヘロドトスは「エジプトはナイルの賜」と語ったが、この言葉のリアリティを示すのがエジプトの降水量の少なさである。雨が降らないのに豊かなのはナイルとその定期的な氾濫があればこそということである。たとえばカイロの年間降水量はわずかに二〇ミリ程度という。さて、雨が降らないということは、日が沈みまた昇る様をほぼ確実に見ることができるということである。恐らくはこの風土もあって、古代エジプトには強力な太陽信仰と永世・復活の観念の結び付きが成り立ち、広く長く続くこととなる。古代エジプトにおいて太陽信仰はほぼ一貫して重要な位置を占めるが、特にその信仰の中心地としてギリシャ人に「太陽の都」と呼ばれたのがカイロ近郊のイウヌ、つまりヘリオポリスである。そして、オベリスクの起源は、この地にあった「ベンベン」というピラミッド型の石にあるとされる。ハバシュによれば、なんと第一王朝（紀元前三一〇〇頃～二八九〇頃）の成立前にまで遡る古い時代に「……ベンあるいはベンベンとよばれる石が太陽神に捧げられていた。ヘリオポリスではこれらの石を太古の神アトゥム（沈みゆく太陽）とラーもしくはラー・ハラクティ（昇りゆく太陽）として古くから信仰してきた」という（Habachi 1977=1985:9）。この石はそもそもはヘリオポリスの創世神話に語られる「ベンベンの丘」を象徴するものである。神話によれば、原初にはヌンと呼ばれる混沌の海があったが、そこに最初の神アトゥムが現れ一人で大気の神シューと湿気の女神テフヌートを生み、さらにこの二神が大地の神ゲブと天の女神ヌートを生む。この二神は当初重なり合っていたが父のシューが娘のヌートを頭上に持ち上げることで彼らを引き離し、その結果ヌートが天、ゲブが大地になったという。この神話で、創造神アトゥムが降り立ったとされる、原初の海ヌンに現れた最初の陸地が「ベンベンの丘」である。この丘にはまた、不死の鳥ベヌが降り来るともいう。

このようにベンベンは創造と太陽を象徴する。ベンベンあるいはベヌの語根はwbnで、「輝きのぼる」といった意味を持つとされ、やはり太陽と結びつくことがわかる。[12] アトゥム神も太陽神ラーおよびアメン・ラーと習合し、オベリスクもまた、これらの太陽神の神殿に建てられる。ピラミディオンの形は、頂点で太陽光を受け輝くことを意図しているとも、また太陽光の放射そのものをあらわす形象であるとも言われる（近藤 2020）。同じことがピラミディオンを頂点に冠するオベリスクにも言える。一世紀に大プリニウスは『博物誌』に「オベリスクは太陽光の象徴的表現であり、エジプトでの名称もその意味を持つ[13]」（Pliny 1962:51）と書いている。つまり太陽とベンベンのピラミディオンの形、およびオベリスクとの結び付きは、古代世界ですでに広く認識されていたものと思われる。ベンベン石がいつどうして、それを頂点に冠する高く鋭い柱状のあのオベリスクのかたちをとったのかは定かではないが、ハバシュによれば、すでに古王国時代のピラミッド・テキストに「おおアトゥム、創造主よ。あなたは高みにおいて高く、ヘリオポリスの『不死鳥』の館にあるベンベン石のごとくそびえ立たれた」［傍点筆者］との一文があるため（Habachi 1977=1985:10）、かなり古い段階で成立していた可能性が推測される。

ヘリオポリスのオベリスクをはじめ、古代のそれの多くは頂点のピラミディオン部分を銅などで覆う冠飾を伴っていたとされ、それはまさに、太陽光を受け輝きわたらせる仕組みであったと思われる。そのほとんどは失われており、さらにヨーロッパに立つオベリスクの多くは頂点にまったく別の意匠を付加しているが、コンコルド広場のオベリスクは現在、輝く冠飾を伴っている（図0-4）。これは一九九八年にシラク大統領の下、一五〇万フランの費用をかけて加えられたもので、高さ三・六メートルのブロンズ（青銅）製で、表面は二三・五カラットの金箔で覆われているという（"Paris obelisk finally gets its gold cap", *The Independent*, 14 May 1998）。この段階ではこの冠飾は先端が不完全だったのだが、二〇二二年にヒエログリフ解読二百年記念を期に完全に修復された（Ministère de la Culture 2023）。落成式は二〇二三年六月に行われたが、運良く筆者は二三年二月に修復後のオベリスクが夕刻の光を受けて大いに輝く様を見ることができた（今思えば真昼の光を受ける様も見ておくべきであった）。

このように、オベリスクの原型とされる「ベンベン」が第一に創造、次に太陽の意味を持ち、そこから復活と永世の観念と結びつくものである以上、オベリスクにも太陽のシンボリズムだけでなく、復活と永世の観念までをも読み取ることは決して不可能ではないだろう。となれば、この形状の墓石がつくられることにはそれなりの理由があるように思われるが、ことはそう簡単ではない。実はそのようなシンボリズムの理解可能性が成り立つ以前に、少なくともインドには、すでにオベリスク型墓石がつくられているからである。

オベリスクの碑文の内容やそのシンボリズムも、ヒエログリフが解読されてエジプト学が成立して初めて理解がかなうものであり、それまでは大プリニウスが指摘した太陽との関連以上のことはこれといってわかっていなかった。それゆえ、それ以前、たとえば十七世紀に様々な秘儀的知恵への関心からエジプト研究に打ち込み、オベリスクについても『パンフィーリのオベリスク（*Obeliscus Pamphilius*）』（一六五〇）や『エジプトのオベリスク（*Ad Alexandrum VII. Pont. Max. Obelisci Aegyptiaci nuper inter Isaei Romani rudera effossi interpretatio hieroglyphica*）』（一六六六）などの著作を残したイエズス会士、アタナシウス・キルヒャー（Athanasius Kircher、一六〇二〜一六八〇）は、オベリスクの碑文を「解読」したが、その内容は十九世紀以降のものとはまったく異なっている。キルヒャーはオベリスクにはヘルメス・トリスメギストスの神的知恵が記されていると考えており、そこにはアトゥムもベンベンも太陽も関係していなかった（Godwin 1979=1986: 149–173; 伊藤 2015）。オベリスク理解については後にあらためて触れるが、ここで確認すべきは、西洋人のオベリスク理解は、ヒエログリフが解読された十九世紀に大きな分水嶺を迎えたということ、そしてそれ以前には、オベリスクが太陽信仰を介して復活や永世の観念と結び付けられる可能性は極めて低かったということである。

4　十九世紀――エジプシャン・リバイバルとセメタリーの誕生

シャンポリオンがヒエログリフを読み解きパリ学士院に発表し、エジプト学の黎明を告げたのは、コンコルド・オベリスクの冠飾修復の二百年前、一八二二年のことである。これを可能としたのが、一七八九年、総裁政府時代に二十九歳のナポレオンが率いたエジプト遠征であり、そこでのロゼッタストーンの発見であり、そして一八〇九年から二二年にかけて出版された二十三巻にわたる『エジプト誌（*Description de l'Égypte*）』である。ナポレオンは遠征にあたり、軍隊に加えて一五〇名を越える学術調査団を帯同し、カイロにエジプト研究所を設立し総合的なエジプト研究に着手させた。しかしアブキール湾でネルソン提督率いるイギリス海軍に破れ大打撃を受けた後、一七九九年にナポレオンはパリに戻り（そしてブリュメール十八日のクーデターに加わりフランスの実権を握ることとなる）、一方、エジプトに残されたフランス軍は結局一八〇一年にイギリス軍に降服することとなる。この時、一七九九年発見のロゼッタストーンを含めさまざまな発掘品はイギリスのものとなったが、研究所の研究成果はどうにか守られ、フランスに持ち帰られることとなる。その後、ナポレオンの命で編纂されたのが『エジプト誌』である。この業績とヒエログリフ解読により、エジプト学が成立し、さらに、この出版に先立ち、遠征の調査団に加わっていたドミニク・ヴィヴァン・ドノン[14]が一八〇二年に出版した『ボナパルト将軍麾下の上下エジプト紀行（*Voyage dans la basse et la haute Egypte pendant les campagnes du Général Bonaparte*）』の人気もあいまって、十九世紀初頭のフランスそしてヨーロッパの人々の間に「エジプト熱」が一気に高まることとなる（杉本 2015）。そこから生じた、特に建築・デザインにおけるエジプト意匠の流行を「エジプシャン・リバイバル」という。そして従来、オベリスク型墓石はこのエジプシャン・リバイバルによって成立したと考えられてきたのである。

既に見たように、西洋の墓地においてオベリスク型の墓石はごく一般的なものである。ただし、このような風景が成り立ったのはあくまで十九世紀以降のこととされてきた。そもそも教会敷地の「チャーチヤード」ではない、近代的な共同墓地、「セメタリー」がヨーロッパに成立したのが十九世紀初頭であり、そしてそこに新たに建てられた墓にエジプトの意匠が取り込まれたのはこのエジプシャン・リバイバルあってのことと考えられてきたのだ。実際、十九世紀開設のセメタリーにはオベリスク型墓石を含め、数多くのエジプト風の墓石や墓廟がある。エジプト風の門も流行し、今もシェフィールド墓地（一八三六年開設）、ロンドンのハイゲイト墓地[15]（一八三九年開設）（図0-8）、アメリカはマサチューセッツのマウント・オーバン墓地（一八三一年開設）（図0-9）、ニューオーリンズのサイプレス・グローヴ・セメタリー（一八三八年開設）、そして先ほども触れたニューヘイヴンのグローヴ・ストリート・セメタリー（一七九七年開設、ただ

図0-8　ハイゲイト・セメタリーのエジプト門、ロンドン

図0-9　マウント・オーバン・セメタリー、1834年、国立アメリカ歴史博物館

しエジプト門の建設は一八四五年(16)などで見ることができる。しかし、ここでカルカッタに立ち返ると、話が変わってくる。インドの場合、すでに十九世紀より前に教会外にセメタリーが形成され、そこにはオベリスク型の墓石が数多く見られるからである。

サウス・パーク・ストリート・セメタリーは一七六七年開設である。ただし埋葬は十九世紀まで続いたので、この墓地に立ち並ぶ数多くのオベリスク型墓石の内、ナポレオンのエジプト遠征の影響以前にできたものがどれほどあるかが問題となる。もしそのような墓石が一定数確認できるなら、ここでは別の動機の下にオベリスク型墓石がつくられていたということになるはずである。では実際のところ、ここには、十八世紀につくられたオベリスク型墓石が、偶然とはいえないだけの数存在するのだろうか。そして仮に存在するとしたら、それらはいったいどういう動機と経緯のもとに出現したのだろうか。

5　カルカッタからオベリスクの旅へ

以上、現代のカルカッタ、古代エジプト、十九世紀西洋を経て、ようやく本書の問いの全体像を示す準備ができた。本書の出発点となったのは以下の疑問である。

・なぜ、イギリス人はインドでオベリスク型の墓をつくったのか。
・西洋人がオベリスク型の墓石をつくったのは、ナポレオンのエジプト遠征を機にエジプト学と「エジプシャン・リバイバル」が花開いた時代であるとされるが、実はインドにはそれ以前からつくられていたのではないか。
・仮にそうだとしたら、その動機や経緯はどういうものなのか。エジプト学成立以前、オベリスクが、間接的にであれ、永世や復活の概念と結び付く可能性をいまだ認識し得なかったはずの時代に、何ゆえこの意匠が用いられたのか。

ジョーンズの墓を詣でて以降、筆者はこれらの問いを明らかにしたいと考えるようになった。この関心の根本には、筆者の研究テーマである「オリエンタリズム」問題が深く関わるのだが、それについては次章であらためて述べたい。さて、これらの疑問から、筆者はまずサウス・パーク・ストリート・セメタリーに通いはじめた。次にコルカタ内のその他のイギリス人墓地、その次にはインド各地のイギリス人墓地、さらにオランダ人墓地にも脚を伸ばし始めた。同時に、「エジプシャン・リバイバル」以前のヨーロッパにおけるオベリスク意匠の歴史に関心を持つようになり、一方でインドの墓廟建築の歴史にもひきつけられ、次には十九世紀のヨーロッパのセメタリーのオベリスク型墓石にも目を向け始めた。ジョーンズの墓で感じた疑問を追ううちに、世界をめぐる「オベリスクと墓の旅」をせざるを得ないと気づくことになったのである。

もちろん、筆者の力が及ぶ範囲は地域、時代、内容、方法論のすべてにおいて限られている。それでもこれまでに経てきた筆者なりの墓の旅の道行きを、ここで一度たどり示したいと考えたものである。第一章ではまず、カルカッタのサウス・パーク・ストリート・セメタリーを対象に、ほんとうにそこにエジプシャン・リバイバル以前に成立したオベリスク型墓石があるのか、とにかく墓石を「数える」ことで検証し、そしてこの墓地を通じて、本書の問いの根本にある「オリエンタリズム」について考えることとする。そこから、そもそも十八世紀以前のヨーロッパではほんとうにオベリスク型墓石は成立していなかったのか、その前史を問うべく、まず第二章では古代エジプト以降のオベリスクの歴史の理解の要の地となるローマに残る十三本の古代のオベリスクがどのように持ち込まれ、どのような位置を占めるにいたったのかを確認する。その後第三章では、その後長らく倒壊していたローマのオベリスク群が、十六世紀以降にいかにして再生し、新たな位置づけを得ていったのか、そこに新たにどのような物語が加わっていったのかを見る。次いで第四章では、オベリスクの意匠がいかに広がり、どのようなかたちで慰霊と結び付いていったかを、十六~十八世紀のイタリアとイギリスを中心に考える。第五章では、十七~十八世紀のイギリスでのこの意匠の展開と、そこに建築家ジョン・ヴァンブラと彼のインドはスーラトでの記憶が及ぼした影響について考える。第六章では、スーラトのイギリス人墓地とオランダ人墓地に焦点をあて、その新たな慰霊表現と、インドに華開いていたイスラーム墓廟建築と一部のヒンドゥー王侯の霊廟建築の関係を考える。第七章では、ヨーロッパに実際に近代的共同墓地《セメタリー》が成立する以前、十八世紀に進行していた新たな慰霊表現への動きに着目し、オベリスク型の墓石の成立の前後に見出せる、これとつながりつつも微妙に異なる慰霊表現の歴史を見る。第八章では、十八世紀に現れた「紙上の近代慰霊表現」を入り口に、その背後にある古代建築の「像」をたどることで、エジプト学成立前のオベリスクと慰霊の結び付きに、多様な古代建築幻想が関わっていた可能性を考える。第九章では再び十八世紀のカルカッタに戻り、インドに残る三つの「オベリスク」に着目し、特に非業の死者や英雄的な死者の慰霊とオベリスクの結び付きの発端を探ることとする。その上で終章で、本書の試みを総括することで、ジョーンズの墓を詣でた時の疑問——なぜインドで墓でオベリスクなのか——への答えに少しでも近づきたいと考えている。

注

1　以下、この墓地の写真は、特にことわりのない場合はすべて、管理団体であるコルカタのクリスチャン・ベリアル・ボードの許可の下で筆者が撮影したものである。

2　二十世紀に没した人物の埋葬記録も多少あるが、それらは基本的に、既に存在している家の墓に埋葬されたものである。

3　ジョーンズはハロースクールの学生の頃に既にフランス語、イタリア語、ギリシャ語、ラテン語、ヘブライ語、アラビア語を学び、六四年にオクスフォード大学のユニヴァーシティ・カレッジに進み東洋学を専攻するとアラビア語とペルシア語を本格的に学びつつ、イタリア語やスペイン語やポルトガル語も楽しんでいたという。この頃、スペンサー伯爵の後継者であるオールソープ卿の家庭教師をしていた縁で大陸に行く機会を得てドイツ語やフランス語を磨いたが、彼のフランス語に対してルイ十六世が「彼は実に驚くべき人物だ。彼は我が国の言葉を私自身よりよく理解している！」と言ったと伝えられている。この頃中国語も学びはじめており、最終的には二十八カ国語の知識を持っていたとも言われる（Pachori 1993: 4）。

4　東インド会社軍で少将にまでなったチャールズ・ステュアート（Charles Stuart, 1758-1828）の墓である（図1-7）。彼はほぼヒンドゥー教の内容とそれに即した生活習慣を重視し取り入れ、ほぼヒンドゥーのような生活を送り、「ヒンドゥー・ステュアート」と呼ばれた。

5　テケヌ（tekhen）の原義については、「貫き通す」、「守る」、「太陽光線」などの諸説があるが、ハバシュは「この言葉の由来はわからない」（Habachi 1977=1985: 8）としており、筆者には検証できなかった。

6　ヘリオポリス・オベリスクについては「セソストリス一世」建立とされることも多いが、このギリシャ語形の王の名は、ヘロドトスの『歴史』などに出てくるもので、実際にエジプトのどの王を指すものであるか判断が分かれるところがある。センウセレト一世のことであるとの見方もあるが、センウセレト二世や三世であるとか、彼らを複合して語られたものであるなど諸説があるため（星野 2019: 6-12）、本書ではセソストリスの呼称は避けることとした。

7　これらの自立式の独立したオベリスクの他に、なんらかの建造物の一部に装飾的に用いられたり、平面的に用いられる例も多く見られるがそれについては後に別に論じる。また、エジプトの影響で古代に周辺国でつくられた類似の形状のものも除外している。

8　ここでは、「未完成のオベリスク」や、博物館に所蔵されているものは除いている。また、ローマ帝国期にローマでつくられたと思われる、ローマのエスクイリーノのオベリスクやクイリナーレのオベリスク、イスタンブールのカエサリアのオベリスク、シチリアのカターニアのオベリスクも含めていない。

9　もとになったオベリスクのうち、一つはミネルヴァ広場のオベリスクと対をなすものと考えられている。もう一つについて、パンテオン広場のオベリスクと対をなすものとの指摘もあるが、これは紀元前十三世紀のラムセス二世のもので、紀元前六世紀のミネルヴァ・オベリスクと現在のようにうまく接合するとは考えがたいと思われる（Santi et al 2021: 11）。

10　例として、『ゴッド・ファーザー』やカサヴェテスの『グローリア』など。

11　ピラミッドから王のミイラが発掘されていないこともあり、ほんとうに王の墓であるか否かについて多くの議論があったが、少なくとも王族のミイラや石棺や副葬品は発掘されており、死後の永世に関わるテキストも見られる以上、他の複合的な機能があったとしても、やはり王の墓であったと考えられる。

12 「何回も何回も生まれる、生む」という再生の意味を持つとの説明もある（吉村 2007）。

13 「テケヌ」の語を示すと思われる。上記のとおり、テケヌは「太陽光線」を意味するという説はあるが、他にも諸説があり真偽は不明である。

14 ドノンは外交官、画家、版画家、蒐集家、文筆家などとして活躍した人物で、エジプト遠征に加わった後、一八〇二年にこの『上下エジプト紀行』を出して成功をおさめ、さらに同年には初代ルーブル館長ともなった（杉本 2005: 1）。

15 この図の出典上のタイトルには"Circle of Lebanon"とあるが、これはこの門を指すのではなく、この門から続くエジプシャン・アヴェニューの先にある、サークル状に並ぶ二十ほどの墓を指す。レバノン杉の大木の下にあることからこの名がついている。

16 エジプト門が十九世紀のものであるほか、筆者が確認できているところでは、同墓地に現存する多くのオベリスク型墓石もやはり十九世紀以降のもので、開園当時のものはヘッドストーンとフットストーンから成るシンプルな構造のものばかりであった。ただしそれは開設時期にまで遡るオベリスク型墓石がなかったということを必ずしも意味しないことは留意しなければならない。

第一章　カルカッタ(1)――十八世紀のオベリスク型墓石

1　サウス・パーク・ストリート・セメタリー――十八世紀の近代的共同墓地の成り立ち

カルカッタ、現在のコルカタには複数のキリスト教徒の共同墓地《セメタリー》(1)があるが、その中で特に英領インドの文化的遺産として知られるのが前章でも触れたサウス・パーク・ストリート・セメタリーである（図1-1〜1-3）。十八世紀のカルカッタにはこれに先立ってオールド・ベリアル・グラウンドがあったが、これはカルカッタの中心地区にあったセント・アン教会の近くにつくられたもので、事実上教会墓地に近いものであって、セメタリーとは質を異にするものであったと考えられる。サウス・パーク・ストリート・セメタリーはこれとは性質を異にする。

カルカッタという都市の歴史は、一六九〇年にイギリス東インド会社のジョブ・チャーノック（Job Charnock、一六三〇頃〜一六九三頃）がスタニティという集落に商館《ファクトリー》を建てたところに始まる(2)。その後すぐ、一六九六年から一七一二年にかけてスタニティより少し南側のカリカタにオールド・フォート・ウィリアムがつくられる。これは現在ＢＢＤバーグと呼ばれるカルカッタの行政や経済の中心地区の西側のフーグリー川沿いにあたる。ＢＢＤバーグはチャーノックらの到来以前から存在していたという溜池（Lal Dighi）を囲むエリアで、それで当初はタンク・スクウェア、その後はダルハウジー広場と呼ばれていた。(3) 今もカルカッタの行政や経済の中心地区である。さて、現在残っているフォート・ウィリアムはこのBBDバーグ脇にあった旧城塞ではなく、一七五八年から七二年にかけて、BBDバーグよりも南のやはりフーグリー川沿い、ゴビンダプルに新たに建てられた新城塞の方である。これは現在のパーク・ストリートの西側に広がるマイダーンと呼ばれる広大な緑地帯エリア内のフーグリー川沿いに位置する。

このように、カルカッタにおけるイギリス東インド会社の拠点は次第に南下し、それに伴い町は拡大してきた。セント・アン教会とオールド・ベリアル・グラウンドは旧城塞のすぐ東側のBBDバーグに、サウス・パーク・ストリー

図1-1～1-3　サウス・パーク・ストリート・セメタリーの景観。

ト・セメタリーは新城塞の東側三キロほどに位置していた。図1-4は一七五七年頃の旧城塞周辺を描いたとされる地図である。この地図では東が上になっており、西側を流れるフーグリー川が下に示されている。川に面するaがフォート、そのすぐ上（東）にあるfがセント・アン教会で、これは現在では概ね、一七七七年築のライターズ・ビルディング（現州政府事務局）の位置にあたる。kは南側の砲台を示すが、その下のエリアが現在のセント・ジョン教会にあたると思われ、つまりここに描かれている建築物はオールド・ベリアル・グラウンドの墓を意図しているものと推測される[4]。セント・アン教会は一七五七年にベンガル太守シラージュッダウラーがカルカッタを占領（第九章参照）した際に失われ、後にこれに代わるものとして一七八七年にその少し南側にセント・ジョン教会（St. Jonh's Church）がつくられるのだが、この位置はもともとのオールド・ベリアル・グラウンドに重なっており、教会の敷地内にはチャーノックの墓など、歴史的な墓が今も数多く残っている。そのためオールド・ベリアル・グラウンドはセント・ジョン教会墓地と呼ばれることもある。この教会敷地内の墓については後にあらためて見ることとする。

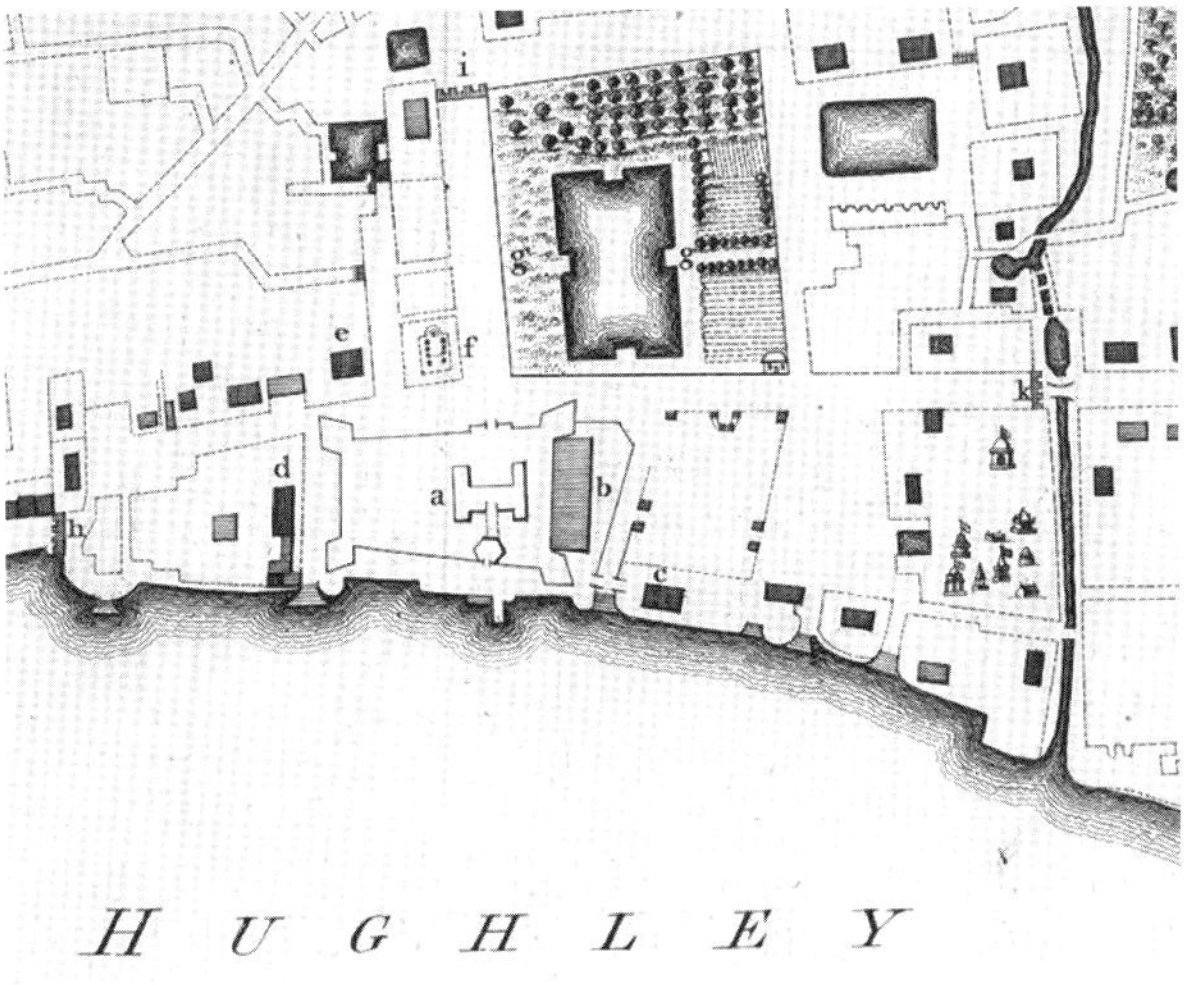

図1-4　1757年頃の旧城塞周辺の地図（部分）

さて、この旧墓地に代わるものとして新たにつくられた最初の非教会墓地型の共同墓地がサウス・パーク・ストリート・セメタリーである。一七六七年に開設され、当初は「チョウリンギーの大墓地（the Great Burial Ground at Chowringhee）」と呼ばれていた。チョウリンギーは、現在でいうと、チョウリンギー通りの東側、パーク・ストリートの南側のエリアにあたる。チョウリンギー通りはコルカタの中心を南北に走る通りで、パーク・ストリートはそこから南東に向けて交差するように伸びている。上記のＢＢＤバーグがカルカッタの行政的な中心地区であるのに対して、チョウリンギーはカルカッタの商業的な中心地区であるが、新フォート・ウィリアムがつくられ周辺の開発が進むまではジャングル同様で、「パーク」・ストリートの名も判事のサー・エリヤ・インピー（Elijah Impey、在一七七四～一七八三）の私的なディア・パークにちなんでおり、ウォレン・ヘイスティングス総督（Warren Hastings、在一七七二～一七八六）はこの近くで虎狩りをしていたともいう。彼らの在任期間を考えると、一七六七年に墓地が開設され、七二年に西側に新たな城塞ができた後もしばらくはこの一帯がまだまだ未開拓であったことがわかる。この通り自体、墓地ができるまではなかったもので、墓地に向けての葬列が通るためにひらかれ、当初は「墓地通り（Burying Ground Road）」と呼ばれたという（Blechynden 1905: 153）。

このチョウリンギーの墓地、つまり現在のサウス・パーク・ストリート・セメタリーは、市街の中心のセント・アン教会のほど近くにあったオールド・ベリアル・グラウンドと異なり、埋葬場所の不足の解消と都市衛生の改善を目的に意図的に郊外につくられたもので、立地からも二つの墓地の性質の違いは明らかである。この墓地も手狭になると一七九六年に北側にノース・パーク・ストリート・セメタリーが開かれたが、これは一九五〇年代に撤去され、いくつかの墓石を残すのみとなっている。[5] 一八四〇年にはこの両墓地から北東に徒歩五分ほどの場所に新たにロウワー・サーキュラー・ロード・セメタリーができるが、この頃には、サウス・パーク・ストリート・セメタリーの埋葬はほぼ終了しており、わずかな例外も十九世紀末で終わり、今では完全な文化遺産型の墓地となっている。[6]

サウス・パーク・ストリート・セメタリーには現在確認されているところで一六〇〇以上の埋葬記録があり、ヨーロッパ外の西洋人墓地としては最大規模のものと言われている。植民地統治に直接関わった人々だけでなく、商人や

図1-7　466番　チャールズ・ステュアート（Major Genl. Charles Stuart、1828年没）の墓

図1-5　69番　ジョン・テイラー・シェイヴ（John Taylor Shave、1853年没）他の墓

図1-6　634番　サミュエル・ブラックバーン（Samuel Blackburn、1819年没）他の墓

彼らの家族も埋葬されており、女性や子供の墓も多数存在する。墓の大きさや様式は多様で、欧米の墓地でごく一般的な、薄いヘッドストーンとフットストーンで構成される墓はほとんど見られない。巨大で凝った意匠のものも目に付く。十九世紀にイギリス本国でも流行したギリシア風の新古典主義のもの（図1-5）[7]、キューポラのようにもイスラーム建築のドームのようにも見える屋根を持つもの（図1-6）、そしてジョーンズの墓のようなオベリスク型のものなどが多く見られる。前章でも触れたチャールズ・ステュアートのヒンドゥー寺院を模した墓は他には見られないものである（図1-7）。ドーム状の屋根などにイスラーム墓廟建築の影響は広く見出せるが、ヒンドゥーは基本的には墓をつくらないため、直接的な影響は起きにくいのである。ただし「チャトリー」などのいくつかの例外があるのだが、これについては第六章であらためて見ることとする。

後に第七章で詳しく触れるが、一般に、ヨーロッパにおいて教会から離れた近代的共同墓地《セメタリー》は、十七〜十八世紀の人口増や新たな富裕階層による凝った大きな墓のためのスペースの要求、そして都市衛生の改善の要求の高まりなどを背景に、十九世紀初めから成立、普及したものと言われる（Aries 1983; Colvin 1991; Mytum 1989）。セメタリーの代表的なものの一つ、パリのペール・ラシェーズ墓地も一八〇四年開設である。しかしこのようなセメタリー型墓地文化は、インドにはごく早くから出現した。サウス・パーク・ストリート・セメタリーは一七六七年開設であるし、グジャラートのスーラトのイギリス人墓地の開設は十七世紀半ばにまで遡る。第五、六章で詳しく見るが、劇作家で建築家であったジョン・ヴァンブラは一六八〇年代にここを訪ねており、これが後に彼がイギリスで郊外型の墓地を提唱する際のイメージ源となったとされる（Williams 2000）。インドのイギリス人墓地は事実上、近代的墓地文化の先駆け的存在であったといえる。

2　オベリスク型墓石を数えてみる――「エジプシャン・リバイバル説」検証

前章で見たとおり、一七六七年設立のパーク・ストリート・セメタリーには実に多くのオベリスク型墓石が見られる。ここで問題になるのが、そのうちのどれほどが、ナポレオンのエジプト遠征を機に成り立ったエジプト学とエジプシャン・リバイバルの影響に先立つものなのかである。そこで筆者は、ごく単純に、端から現存するすべての墓石の写真を撮り、埋葬者の没年と照らし合わせて、エジプト遠征に先立つオベリスク型墓石の数を数えることとした。

サウス・パーク・ストリート・セメタリーの墓石のデータについては、一九七六年にイギリスで設立された南アジアのイギリス人墓地の保護・研究団体、ＢＡＣＳＡ（British Association for Cemeteries in South Asia）が一九九二年に新たに編纂し出版した *South Park Street Cemetery, Calcutta: Register of Graves and Standing Tombs: from 1767*（BACSA: 1992）がもっとも信頼できるものである。これは、一九〇〇年の *Register of Graves in the Mission, Tiretta, North and South Cemeteries in Park Street, Calcutta, with a Map and Alphabetical Index* の情報をベースに、一八五一年刊の *Bengal Obituary*（Holmes and Co., 1851）と照らし合わせつつ、*Bengal Obituary* のみに記録があるものは切り分けた上、ＢＡＣＳＡの独自の調査により、実際に墓があるもの、要調査のもの、存在しないものを明らかにしようとしている。その際、銘板だけが残り墓地の壁面にまとめて埋め込まれているようなものは除外されている。同書には一六二四の埋葬の記録が示されており(8)、このうち、墓の存在が確認されているものが一四〇五ある。さて、本書の関心の対象はエジプト遠征の影響前の墓である。遠征は一七九八年に始まり撤退は一八〇一年、その学術的成果たる『エジプト誌』が発行され始めるのが一八〇九年である。この間に一八〇二年にドノンの『上下エジプト紀行』が出版されている。そこで筆者は、遠征終了よりわずかに余裕を見て一八〇五年を区切りとし、それ以前のオベリスク型墓石を数えることとした。筆者がＢＡ

ＣＳＡの記録で確認できたところでは、二八三名が一八〇五年以前に亡くなっている。(9) そこで、まず墓地内で実際に視認できるすべての墓石の写真を撮った上で、ＢＡＣＳＡの記録と照らし合わせて、この二八三名の人々の墓のうちのどれほどがオベリスク型のものかを確認するという単純なアプローチをとったわけである。

その結果を見る前に、いくつか留保すべき点があることを記しておきたい。まず、確認できるのは埋葬者の没年であり、これが墓の建立年と一致するとは限らないということ。次に、現存する墓石のデザインは改修によって本来のものと違っている可能性があるということ。そして、以下に見るとおり、墓石のデザインの分類は筆者の主観に大きく依存するということである。これらの点を留保した上で、それでも本調査によりナポレオン遠征のインパクトが届く以前の墓地の墓石デザインについて、一定の情報は得られると考えたものである。

写真を撮り記録と照らし合わせたところ、一八〇五年以前に亡くなった人物二八三名のうち、一八五の墓の存在と形状を確認できた。その中でオベリスク型と呼びうるものを数えたわけだが、そこには四つのタイプ分けができた。まずタイプＡは、比較的細い四角錐状で頂点がピラミディオン的になっている、つまりわかりやすくオベリスク的形状を持つものである。このタイプのものは二十七基確認できた（図1-8～10）。次にタイプＢは、タイプＡと構造は同じで四角錐状の頂点がピラミディオン的になってはいるが、四角錐の角度がゆるく、オベリスクとしてはかなり太いものである。このタイプのものは十七基確認できた（図1-11～13）。タイプＣは、さらに角度がゆるやかで遠目にはほぼピラミッドのように見えるが、よく見ると四角錐がそのまま完結せず、頂点がピラミディオン的に切り替わっているもので、これは図1-14から1-17までの四基を確認できた。(10) 後に見るように、ヨーロッパにはピラミッド型墓石も見られるのだが、興味深いことにこの墓地には完全なピラミッド状の墓は存在しない。最後に、オベリスク構造ではないが、あるいはオベリスクの意匠の影響があるかもしれないと感じられるものが二十三基認められた（図1-18～20）。つまり、一八〇五年以前に没した人物二八三名の墓で現存する一八五基のうち、オベリスク型に分類できると思

図1-8　タイプAの例1：735番　ウィリアム・マッケイ（Capt. William Mackay、1805年没）の墓

図1-9　タイプAの例2：798番　ロバート・シェパード（Lieut. Robert Robinson Sheppard、1800年没）の墓

図1-10　タイプAの例3：1581番　モンタギュー・ペロー（Montagu Perreau、1788年没）の墓

図1-11　タイプBの例1：832番　ジョン・クリストマン・ディーマー（Rev. John Christman Diemer、1792年没）の墓

図1-12　タイプBの例2：1490番　チャールズ・スタフォード・プレイデル（Charles Stafford Playdell、1779年没）の墓

図1-13　タイプBの例3：1537番　ピーター・ベリー（Peter Berry、1791年没）の墓

われるものが二十七基、角度のゆるやかなオベリスク型のものまで含めれば計四十四基、さらに角度がゆるくピラミッドに近いが頂点がピラミディオン的になっており構造はオベリスク的なものまでも含めれば計四十八基あるという計算になり、これは全体の二五%を越える。仮にタイプDまでも含めれば計七十一基と、四割近くになる。タイプAの二十七基だけでも、全体数一八

図1-15　タイプCの例2：745番　ジョアニス・コールフィールド（Joannis Caulfield、1804年没）の墓

図1-16　タイプCの例3：1272番　ジェイムズ・ウィルキンソン（Capt. James Wilkinson、1792年没）の墓

図1-17　タイプCの例4：1274番　ウィリアム・モスクロプ（William Moscrop、1801年没）の墓

五に対して一五%に近い。先に述べた留保すべき点を考えても、偶然や誤認とは言えないだけの、十分な数のオベリスク型墓石が確認できたといってよいものと思われる。つまり、サウス・パーク・ストリート・セメタリーには、ナポレオンのエジプト遠征の影響とは無関係に、多くのオベリスク型墓石がつくられていたと言ってよいだろう。

ここでこの墓地のオベリスク型墓石の形状についてあらためて確認しておきたい。本来のエジプトのオベリスクのように鋭いものはなく、全体に角度はゆるやかである。この墓地の墓石の多くは実は「石」ではなく、レンガを組んだ上から石灰でコーティングしたもので、石は墓碑や装飾の一部などに使っているのみのものが多い[11]。この構造上、あまり鋭い形状のものはつくりにくいという事情もあっ

図1-14　タイプCの例1：722番　アレクサンダー・サネル（Alexander Sannell、1801年没）他の墓

図1-18　タイプDの例1：749番　ローズ・ウィトワース・エルマー（Rose Whitworth Aylmer、1800年没）の墓

図1-19　タイプDの例2：1069番　タイソー・ソール・ハンコック（Tysoe Saul Hancock、1775年没）の墓

図1-20　タイプDの例3：1475番　ジョージ・ハースト（George Hurst、1780年没）の墓

たであろう。そして、タイプCのように、角度が特にゆるやかでピラミッドに近い印象ながら頂点がピラミディオン的に切り替わるオベリスク構造のものもあり、ここには、オベリスクとピラミッドという異なる古代エジプト建築の形状とイメージの混同の可能性が推測される。この問題については後に特に第八章であらためて考えたい。また、この墓地のオベリスク型墓石は、基本的には直方体状の基壇の上に一つのオベリスクが乗るような形状をとっており、オベリスク部分にはなんらかのレリーフなどがつくことはまれにあるが、碑文は基壇の方に埋め込まれている銘板に記されている。そして、基壇とセットにはなっているが、一つのオベリスクが一つの墓石の主要部分を構成している、いわば自立式のオベリスクの形状の墓ばかりで、装飾的なパーツとしてオベリスクを利用している例はない。このことはヨーロッパの例との大きな違いであることが後にわかることとなるのだが、これについては第四章で詳しく見ることとする。

以上により、サウス・パーク・ストリート・セメタリーにはナポレオンのエジプト遠征の影響以前に、それとは別の理由によりつくられたオベリスク型墓石が多数あることが確認できた。それはつまり、十九世紀以降の欧米の近代的共同墓地に広く見られる墓石意匠が、欧米よりも先に、インドでこそ展開していた可能性があることを意味している。

しかしここまで考えたところで、新たな疑問が生じてくる。それは、ほんとうに十八世紀までのヨーロッパには、オベリスク型の墓石はなかったのかという疑問である。オベリスク型墓石は、十九世紀に出現した近代的共同墓地《セメタリー》に、エジプシャン・リバイバルの影響があって現れた新たな慰霊表現であると考えられてきたし、確かに欧米にはその実例が数多く確認できる。しかし、だからといって、これをもってそれ以前に存在していなかったと言い切ることはできない。何かが「ある」ということは実証できるが、「ない」ということは簡単ではない。今探して見出せないからといって、今後も見つからないとか、かつて存在していなかったとはいえないからだ。この問題はこの後、今に至るまで本研究の大きな悩みとなるのだが、ともかくも筆者は、十八世紀までのヨーロッパにおけるオベリスク型墓石とこの意匠の歴史を見直す必要を感じ、ヨーロッパのオベリスク史をたどることとなるのである。そこで第二章と第三章でまずローマを中心とするオベリスクの歴史、第四章ではオベリスク意匠の広がりと特に慰霊との関係を見る—という形で論を進めていくことになるのだが、その前にここでもう一つ確認しておくことがある。それは本研究の底流をなしているオリエンタリズム問題への関心である。

3 「オリエンタリズム」とサウス・パーク・ストリート・セメタリーの壮麗

前節では、単純に墓石を「数える」という方法により、「十九世紀以降の欧米の近代的共同墓地に広く見られる墓石意匠が、欧米よりも先に、インドでこそ展開していた可能性がある」との結論に至ったのだが、これはこと筆者にとっては非常に大きな意味を持つことであった。それは、このオベリスク型墓石の発生と展開の歴史が、従来のオリエンタリズム論と英領インド論に変化をもたらしうるものと感じたからである。

学生の頃より筆者は一貫して近代インド周辺のオリエンタリズム問題に関心をいただいてきた。いうまでもなくここでいう「オリエンタリズム」とは、エドワード・サイードの『オリエンタリズム』（Said 1978=1993）に基づく観念である。オリエンタリズムとはもともと、西洋における東洋趣味や東洋学を示す語彙であるが、一九七八年のサイードの同名書以降、西洋の東洋に対する「思考と支配の様式」を批判的に示す語彙となった。サイードは「英・米・仏のアラブおよびイスラムをめぐる経験」を主な対象に、「オリエント」をめぐる近現代の言説の展開を追い、そこに常に、否定的なステロタイプの反復、西洋／東洋の二元論図式に基づく一方的な自他認識、権力と権威によるその強制と実体化があったと指摘した。西洋の東洋に対する「支配・差異化・蔑視」と、その根底にある、あくまで「西洋が東洋を本質論的に語る」構造の全体を、オリエンタリズムと呼んで強く批判したのだった。

このサイードの議論をめぐり、しばしば問題となったのがインドの位置づけである。『オリエンタリズム』は「英・米・仏のアラブおよびイスラムをめぐる経験」を主な対象としており、もちろんインドも扱われてはいるがそもそも主題とはなっていない。そしてインドに関しては、サイードが強く批判した、西洋の東洋に対する「支配・差異化・蔑視」の構図にあてはまらない面があることが指摘されてきた。インドはしばしば、西洋にとって単なる異国趣味を越える共感と憧れの対象となってきたからだ。そしてその好意的なインド観の形成に大きな役割を果たした人物が、本研究の起点となったウィリアム・ジョーンズである。

インドとジョーンズとオリエンタリズム

西洋からのインドへの「共感と憧れ」の起源は古く、キリスト教の世界観にまで遡る（Beckingham 1983; 彌永 1987; 冨澤 1999）。創世記のエデンの園とそこから流れ出るとされる四つの川の記述から、エデンの園は「東方」にあるとされ、しばしばインドこそがその地であると想像されてきた。また、ノアの洪水の記述からは、世界の人類はノアの三子、セム、ハム、ヤペテの誰かの子孫ということになるが、アジアはセムの子孫の地域とされるにもかかわらず、その「アジア」でイメージされるのはもっぱら中東地域までで、その向こうのインドには、ヨーロッパと同じくヤペテの子孫がいるとしばしば考えられた。また、新約外典の『トマス行伝』によれば、イエスの十二使徒の一人、トマスはインドに布教したこととなっており、それに従えば、インドには早くも一世紀にイエス直伝の教えが使徒により広められていたこととなる。トマス宣教伝説は史実とは考えがたいが、チェンナイのカトリック教会、サントメ聖堂にはトマスの墓所があり、真偽はさておき、サンチャゴ・デ・コンポステーラ大聖堂とヴァティカンのサン・ピエトロ大聖堂と並んで使徒の墓所を擁する教会となっている。実際インドには、このトマスの宣教に始まるとされるトマス・クリスチャンが存在する。シリアン・クリスチャンとも呼ばれ、つまり実際は恐らくシリア教会に由来するのだが、歴史は古く、七世紀までには成り立っていたと推測されている。そして、かの有名なプレスビテル・ヨハンネス（プレスター・ジョン）伝説もまたインドと結びついている。このように、キリスト教の世界観には、他者たるイスラームとユダヤの「セム」の世界の向こう、東の方のインドに、自らとつながる世界を夢見る系譜が長く潜在していた。そしてこの系譜の上に、比較言語と比較文化の視点で新たな展開をもたらしたのがウィリアム・ジョーンズである。

ジョーンズは近代インド学の祖と言われるが、その理由は大きく分けて三つ指摘できる（富澤 1997）。第一に、聖なる言語として、それまで外人は学ぶこともできなかったサンスクリット語をほぼ初めて習得したことである。「ほぼ」としたのは、実は東インド会社のチャールズ・ウィルキンスの方が先に修得していたからで、にもかかわらずしばしばジョーンズにその栄誉が認められてしまうのは、彼がオクスフォード大学ユニヴァーシティ・カレッジで東洋学を修め、若くしてロイヤル・ソサイエティにも所属した一流の文献学者だったからであろう。つまり、サンスクリット文献をただ読むのではなく、当時のイギリスとヨーロッパの知識人が「学問」と認知しうる、文献学の手法を適用できる・すべき対象として読んだことによって、インドの古典を読むことに「研究」としての位置付けが認められたものと考えられる。
そして第二に、彼がアジア協会（Asiatick Society）という学会をつくり、学会誌『アジア研究』[12]（*Asiatick Researches*）を出したことである。この学会は実質、カルカッタの有力なイギリス人が集うサロン程度のものとして始まるのだが、それでもジョーンズは当初よりロイヤル・ソサイエティをモデルにこれを設立、展開し、ヘイスティングス総督の援助も得て、現代の地域研究の構想にも近い、「唯一アジアの地理の範囲にしか限定されない豊かな空間を、学的探究の対象とする」（Jones 1993[1784]: III, 5-6）学問の構想を語り、その全体像を提示し、実現させていった（冨澤 1997, 冨澤 2020）。そして「独自の研究成果が集積されないならば……私たちの集まりは無駄なものとなるだろうし……、興味深い論文が集まったとしても……それを折々に出版できないのであればやはり無駄になろう」（Jones 1993[1789]: III, 136）とも語り、成果の発信を重視し実現させた。『アジア研究』は一七八八年に創刊され、九四年にジョーンズが没するまでには計四冊が発行されている。これはヨーロッパに大きな反響を呼ぶこととなり、ジョージ三世は満足の意を伝え（Jones 1970[1790]: 876）、有力紙が好意的な書評や抜粋を掲載し（Canon 1980: 8）、ロンドンでは三つの海賊版を含む七つの版が出て、独仏語訳も出た（Canon 1979: 4-8）。こうしてジョーンズは、自らインド研究を進めるのみならず、それを組織化し、イギリスとヨーロッパの学問システムに接続し、その成果を伝えるメディアも用意したのである。

近代インド学の成立におけるジョーンズの第三の大きな功績が、一七八六年二月のアジア協会設立三周年記念講演における「サンスクリットの発見」である。もちろん、ウィルキンスもジョーンズもすでにサンスクリットを学んでいたし、それ以前から多少の知識を持つ西洋人も存在していたので、文字通りに「発見」したわけではない。ジョーンズが示したのは、いわゆるインド・ヨーロッパ語族説である。

サンスクリット語は、どれほどの古さのものかはさておき、驚くべき構造をもっています。それはギリシア語よりも完全で、ラテン語よりも豊富で、しかもそのいずれにもまして精妙に洗練されています。しかもこの二つの言語のどちらとも、動詞の語根においても文法の形式においても、偶然つくりだされたとは思えないほど顕著な類似をもっています。それがあまりに顕著であるので、どんな言語学者でもこれら三つの言語を調べたら、それらは、恐らくはもはや存在していない、ある共通の源から発したものであると信ぜずにはいられないでしょう。これはそれほどに確かではありませんが、同じような理由から、ゴート語とケルト語も、非常に違った言語と混じり合ってはいるものの、ともにサンスクリットと同じ起源を持っていると考えられます。またもしこの場でペルシアの古代に関する問題を論議してもよいならば、古代ペルシア語も同じ語族に加えられましょう。[13]

(Jones 1993[1786] : III, 34-5)

ジョーンズはここで、サンスクリット語を当時のヨーロッパでもっとも重視されていたギリシア語・ラテン語と比べて同等以上の評価を下し、これらの言語の類似を、語彙のみならず文法構造からも分析・指摘し、そこからインド・ヨーロッパ語族と印欧祖語の仮説まで、一息に提示したのである。この一節により、ジョーンズは近代インド学のみならず比較言語学の祖ともいわれている。

この「サンスクリット語の発見」により、西洋におけるインドとその文化の位置づけは大きく変わった。これにより、サンスクリット語はよくわからない異国のよくわからない古語ではなく、ヨーロッパとつながりを持つ文明世界の高度な言語として新たに「発見」され、ここからインドとヨーロッパの言語、転じて文化と人種の類縁性の仮説が、西洋人の強い関心の対象となったのである。それはいわば、聖書の世界観が提示してきた「ヤペテの子孫」とその言語の近代的再発見であった。さらにジョーンズらのインド研究は、サンスクリット文献に基づき、高度な宗教文明としてのインド像を紡ぎ、それが学会誌ほかの印刷物を通してヨーロッパに流入し、新たなインド像を普及させていったのだった。

このように、ジョーンズとその周辺の親インド的な「東洋派《オリエンタリスト》」(14)の人々が提示したインド観は共感と賞賛を強く示すものであり、サイードが強調する「支配・差異化・蔑視」とは質を異にして見える。それゆえ、インドを含めるとサイードの論は成り立たないのではないか、そして西洋が東洋を本質論的に語ったと批判するサイードこそが、東洋に関する多様な言説を本質論化し一元化しているのではないか、といった批判がなされてきた。確かにこの時代のオリエンタリストらのインド観には「支配・差異化・蔑視」の構図には収まらない面が見て取れる。しかし、そこに「本質論的な語り」の構図がなかったわけではない。たとえば、インド研究に心血を注ぎ、後に独立インド初代首相のジャワーハルラール・ネルーに「インドはその過去の文學の再發見に對して、ジョーンズはじめ他の多くのヨーロッパ人學者に深甚なる謝意を表すべき義務を負うている」(ネルー 1956: 下, 439)とまで言われているジョーンズでも、インドのすべてを受け入れていたわけではない。彼がインドの「本質」とみなすサンスクリット的な古代文化と一致しないと感じたもの、たとえば動物供犠を伴うカーリーやドゥルガーなどの女神寺院の信仰と実践については、本来のあり方からずれた異物、一種の堕落形態として捨象していた。また、ジョーンズらの影響で成り立ったインド・ヨーロッパ語族説とインドへの憧れがその後、近代の人種の神話、「アーリア神話」を生み出し、反セム主義の展開に大きく影響したことも、オリエンタリズム問題の全体像を考える上で重要である(Poliakov 1996 [1971] =1985; Trautmann 1997)。インドをめぐるオリエンタリズムに他地域、特に中東とは異なる特性があるのは確かではあるが、それはオリエンタリズム論の例外と見るべきではなく、むしろその特殊性故にこそ、オリエンタリズム問題の把握と議論の展開に不可欠な要素と考えるべきだろう。

このようにジョーンズら十八世紀末のイギリス人「オリエンタリスト」のインド論は、「支配・差異化・蔑視」の基本構図とはずれつつも、だからこそオリエンタリズム問題の複雑さと多面性を示しており、筆者はそこに関心を覚えた。この多面性こそ、オリエンタリズム論の可能性を広げるものと感じたからである。

二元的近代、多元的近代、重なり合う近代

サイードの論は、西洋がいかに東洋を他者として差異化し、それによって都合のよい自意識と世界観を構築してきたかを、その権力性とともに明らかにした。その重要性は明らかであるが、しかし、このことを批判し追及すればするほど、西洋と東洋に二元化された世界観を反復し、そして、語る西洋と語られ物言わぬ東洋という図式を再生産してしまうという矛盾も引き起こすこととなる。オリエンタリズムがもたらす「分断」を批判する意図が、逆に分断をさらに再生産し実体化してしまうという「分断のジレンマ」が生じるのである。この問題は筆者が専門とする宗教学が長年直面してきたものでもある。この数十年、宗教学では、「宗教」「呪術」「信仰」「儀礼」「スピリチュアリティ」「世俗性」といった、宗教を語る基本的諸概念それ自体が実は近代西洋で構築されたものであることを指摘し、それが非西洋社会に拡大・適用されてきたその経緯を後付け、そこに生じるさまざまな齟齬や問題を批判、自省してきた。いわゆる「近代的宗教概念」批判である。重要な論点であるが、これもまた、繰り返すほどにその意図に反して東西の分断を深め、そして近代世界の構築において非西洋世界が果たした役割を受動的なもの、被害者的なものに矮小化しかねないという矛盾を抱えているのである。

この状況に対して、「近代性」やそこに見られるさまざまな概念について、西洋を核にした単一の像ではなく、多元的《マルティプル》な像で捉えるべきだとの議論がなされてきた（Eisenstadt 2000; Asad 2003=2006）。多くの多様な「近代」があるとすれば、「近代」は西洋の占有状況から解放されるわけだが、しかし、地域や文化にそれぞれの「近代」があるという発想は、文化相対主義に似て、意図に反して、世界をバラバラな小さなユニットに切り分けてしまうことにならな

いかとの不安もある。結局、東は東、西は西、になってしまうのだろうか。もちろん、「近代」のあり方や認識に多様性があるという認識は重要であるが、その上で、「多元的」というより、東も西もなく「重なり合う」かたちで動的に成り立つ「近代」の全体を見ることはできないものか、筆者はそう考えるようになったのである[15]。

オリエンタリズム論にこだわりつつ、その核とも見える二元性をあえて見直し多元化し、さらに東西の分断を越えて重なりあい混じり合う共作性を見いだしたいというのが、筆者の研究の根本にある意図である。その意図をもってインドのイギリス人墓地のオベリスク型墓石を見た時に、これはまさに、オリエンタリズム問題に直結しつつ、西／東、イギリス／インド、支配／被支配といった二元的な枠組みでは到底捉えられない、多元的、多面的で、「重なり合う」現象に他ならないと感じて、強い関心を抱いたのだった。前章で述べた、「カルカッタのイギリス人墓地になぜか立ち並ぶオベリスク型墓石を見た時に感じたこの疑問……つまり、ここにあるのは、イギリス／インド、西洋／東洋という二元的な「オリエンタリズム」論の構造ではどうにも理解できない、もっと錯綜したイメージの歴史なのではないかという漠然とした感覚」というのは、このことを指すのである。

サウス・パーク・ストリート・セメタリーの景観をどう読むか──支配者の死と被支配者の死

この関心が、サウス・パーク・ストリート・セメタリーの景観の見方にも深く関わってくる。

近代的共同墓地の先駆けであったサウス・パーク・ストリート・セメタリーは、イギリス本国にもないほどよく整えられた美しい墓地であったようだ。十八世紀末のインドの様子を伝える書簡スタイルの小説『ハートリー・ハウス』（*Hartly House*）（Gibbs 2007 [1789]）によれば、オベリスクやパゴダが建ち並び、ケンジントン公園のように整備された美しい歩道に取り囲まれ、香り高い木の二重の並木で飾られた様子は、オールド・ウィンザー・チャーチヤードに勝るもので、立ち去りがたい気持ちになるという。その後この墓地は十九世紀後半から二十世紀後半にかけて長く荒廃するのだが、一九七〇年代に始まるイギリス人墓地保全の動きを受け、八〇年代以降状況の改善が進み、関連団体のさまざまな努力を経ながら現在に至っている。

整備の甲斐あって、大小さまざま、多様な意匠の墓が立ち並ぶこの墓地の独特の景観は確かに魅力あるもので、インドの墓地では珍しく、観光地としてもある程度機能しつつある。その景観について、以下のような指摘がある。

この墓地の墓それぞれの特徴的な構造は、ブリティッシュ・ラージ(16)の栄光――その権力やそのイデオロギーの遍在……を象るものだ。これらは植民地支配の盛期につくられ、植民地建築がみなそうであるように、帝国のイデオロギーを表示している。これらの墓の記念碑的な壮観は英国の強さと権威の力をかたちにしたものである。そこには帝国臣民の自己イメージが読み取れる――死に際してなおへりくだることなどない自己像である。荘重に過ぎるその墓は、彼らのプライドに溢れ風景を圧するばかりで、そこにはメランコリーや悲嘆は影を潜めている。

（Chadha 2006: 343-4）

実際、この墓地に並ぶ墓石は、サイズもデザインも他の時代や地域にはあまり見られないもので、まさに壮観といってよいものと思う。ではそれはやはり、大英帝国の理念と力を表示する装置、なのであろうか。オリエンタリズム論やポスト・コロニアリズム論の文脈からは、ごく自然に感じられるこのような分析に、筆者は半ば納得しつつ、どこか疑問を感じてきた。ここでは、インドのイギリス人の死の表象はあくまで「植民地支配者」のそれとして扱われている。では、支配者と被支配者、西と東の死の表象や物語は、根本的に異質なものなのだろうか。

この疑問を抱いたのは、筆者が東京大学で二〇〇七～一二年度の大型研究プロジェクト、グローバルCOE「死生学の展開と組織化」に参与した際である。本研究プロジェクトは「臨床実践の現場への関与」、「死生学理論と哲学の構築」、「文化・思想の比較研究」を柱に展開し、筆者は主に三つ目に参与したが、現代的な要請と密着している他二分野の方向性が明瞭であるのに対して、この第三の分野では、それが従来の諸分野でなされてきた死に関する研究とどう違うのかを模索する必要があった。筆者の場合、この時期にインドのイギリス人の死の記憶とそのためのモニュメントや墓に関する研究に取り組み始めたのだが、その研究が、従来の近代英領インド研究におけるそれとどう異なる役割を果たせるのかを考えざるを得なくなったのである。その経緯の中で筆者は、オリエンタリズム論やポスト・コロニアリズム論のポリティカルな視線を――決して否定するのではないが――一度保留し、あくまで死と悲嘆を焦点にしてその枠組みをずらすことで、従来の視覚に介入する役割が求められていると考えるにいたった。この問題については後に第九章であらためて論じるが、ともかく、インドのイギリス人墓地についても、支配／被支配のバイラテラルな構図では拾えない部分の多面性こそを追いたいと考えたのである。そしてインド研究の祖たる「オリエンタリスト」ジョーンズの白亜のオベリスク型墓石とこれを擁するサウス・パーク・ストリート・セメタリーの景観に、二元論には解消しえない多面性、多重性の可能性を感じてきたのであった。

このような問題意識を持って「墓」を見た結果、インドとヨーロッパの間をあちこちと行き来する「墓石のグローバル・ヒストリー」を試みることになった。次章からはしばらくインドを離れ、このエジプト由来の建築物とその意匠の、ヨーロッパにおける歴史を追うこととしよう。

注

1 教会墓地（churchyard）を除く。本書ではセメタリーを日本語に訳す際は、教会墓地から離れた近代の墓地を示すものとして「近代的共同墓地」を基本的な訳語とするが、十八世紀の外国人墓地のようなものについては単に「共同墓地」あるいは「墓地」とすることもある。

2 イギリス東インド会社が商館を設けるまでのこの地域については、北からスタニティ、カリカタ、ゴビンダプルの三集落が並んでおり、どれもごく小さな寒村であったところにイギリス人が大都市カルカッタを築いたとされてきた。しかし、ゴビンダプルの南のカーリーガートと同地のカーリー寺院は十六世紀末には重要な聖地になっていたことなどからこの定説の見直しが進められてきている。ただし、近代都市としてのカルカッタの歴史が東インド会社の商館設置に始まるということは可能と考えてこのように記した。

3 インドでは多くの地名がイギリス統治期のものからインド的なものへと改称されており、カルカッタにもそのような地名が多い。ただし、改称後も旧称が使われる例も多く、例えばチョウリンギー通りも正式にはジャワハルラール・ネルー・ロードであるが、旧称も広く用いられている。

4 この地図については終章を参照。

5 近くにあったフランス人墓地のティレッタ・セメタリーも撤去された。

6 ロウワー・サーキュラー・ロード・セメタリーにも史的価値のあるイギリス人墓は多いが、その他のさまざまな背景を持つクリスチャンの墓地でもあり、現在も埋葬が続いている。

7 埋葬された人物などの名前は、可能な限り調べた上で、不明な場合は英語圏で一般的な発音でカナ化している。不適切なものについてはご指摘、ご指導を乞うものである。

8 *Register* に登録がなく墓が確認できないが、*Bengal Obituary* に記録があるものが他に八十弱ある。

9 これらの数字はBACSAの記録（BACSA 1992）に基づいて筆者が数え計算したものである。何らかの誤りがある場合は筆者の責である。

10 このうち、七二二番には他に三名の墓碑が加えられている。しかし一七九八年に二十歳で没したSannnelの娘Sarah Thomson、一八一二年没に一歳で没したHenry Edward Graham、一八五一年没のPenelop Thomsonの三名の墓碑がある。若い女性や一歳児に、またほぼ埋葬が終了していた一八五一年時点に女性のために、この規模の墓がつくられた可能性は極めて低いと考えられる。

11 カルカッタ周辺は墓石や建築に適した石材の入手が比較的難しかったといわれており、その影響もあったと思われる。

12 当時はAsiatickの綴りを用いていた。

13　この訳文は風間（1978: 13-14）の訳文を元に、変更を加えてある。なお洋書の引用にあたっては、邦訳書の情報を提示しておらず、特にこのようなことわりのないものは筆者の訳文である。

14　オリエンタリストの語は多様な意味を持ちうるが、ここでは、イギリスのインド統治においてサンスクリット語やペルシア語を重視しインドの文化・制度の尊重・維持を求めた「東洋派」を指している。十八世紀後半の東インド会社は、間使で摩擦の少ない統治形態を目指し、インド文化への介入を避け、むしろ「尊重」する方針をとっており、その方針の下、インド研究が積極的に進められていた。なお、逆に英語の教育・普及とイギリス式の制度の導入を求めた人々をアングリシストという。

15　この観点は二〇一八年三月九日に開催したシンポジウム、Secular Religiosity and Religious Secularity: Rethinking the Indian Agency in the Shaping of Modernity での議論で得られたものである。同年七月開催の国際シンポジウムに向けてまとめられた本シンポジウムの記録は以下。"Report of Pre—Symposium in March", *AAS—in—Asia 2018: Information for a Panel no. 402773: SECULAR RELIGIOSITY and RELIGIOUS SECULARITY: Rethinking the Indian Agency in the Shaping of Modernity*, https://panel402773-religious-secular.jimdofree.com/

16　ラージはインドで王や王権、支配を示す語で、ブリティッシュ・ラージとはイギリスのインド支配を示す表現である。厳密には大反乱後、インド帝国成立後に適用されるべきものであり、それ以前の東インド会社による統治についてはカンパニー・ラージという語が用いられる場合もあるが、区別無く用いられることもある。

第二章　ローマ(1)――オベリスクと古代都市（前一〜後四世紀）

1　「オベリスクの都市」

現在、オベリスクがどのようなイメージで受け取られているかを示す興味深い例が日本のアニメーションなどでの描かれ方である。現代日本サブカルチャーの中でも特に有力なジャンルの一つがいわゆる「異世界もの」だが、そこではしばしば、街の風景にオベリスクが描き込まれる。「異世界もの」は実に多様に分岐しているジャンルだが、その中心は今もなお「剣と魔法」[1]（sword and sorcery）の世界であり、仮想・前近代西洋世界である（岡本 2019）。この系譜[2]を辿るとわかるように、「異世界」のイメージは圧倒的に西洋世界に偏っている。漠たる「中世」イメージを中心とした過去の西洋世界のイメージである。そして少なくとも日本では、オベリスクはエジプトよりむしろ、そのような「異世界」≒「前近代西洋世界」の街を示す記号として、利用されているのである。

後に第九章でも見るように、オベリスク状の建築物は今や世界中に建てられているし、そもそもは古代エジプトの建築物である。にもかかわらずオベリスクに「前近代西洋」のイメージが色濃いのは、何よりもまずローマに起源がある。前一世紀から後四世紀にかけて、古代ローマには恐らく五十本ものオベリスクが持ち込まれていた。その多くは失われたが、それでも今なお世界で最多の古代のオベリスクが立っているのがこの都市であり、そして世界へのオベリスク意匠の拡大はここを起点に展開してきた。それゆえローマは時に「オベリスクの都市（City of Obelisk）」とすら呼ばれる。本章ではこの、ローマとオベリスクの関係の始まりを追う。そこから、第三章ではこの古代ローマのエジプト建築が時を経て十六世紀以降にどのように再生されたのかを、第四章では、ヨーロッパでオベリスクとその意匠がどのように広がり、そして十六〜十八世紀のヨーロッパで慰霊表現とどのように関係していったのかへと、問いを進めたい。

ローマに立つオベリスクを見る上ではまず、エジプト由来のものなのか古代ローマでつくられたものなのか、という問題がある。一般にローマに立つ古代のオベリスクは十三本とカウントされるが、このうち、ファラオの命による碑文が刻まれ、エジプトの起源が確認できるものは七本で、残り六本は碑文がないか、あるいは新たに彫り込まれたことがわかるもので、石材はエジプトで切り出されたにせよ、ローマからの命で新たにつくられた可能性の高いものである。次に大事なことが、少なくとも三つの段階に着目する必要があるということだ。すなわち、そもそもエジプトではいつどのように建てられたものなのか、それがいつどのように古代ローマに持ち込まれ再建されたのか、そして、ほとんどが倒壊していた長い時代を経た後、いつどのように現在のかたちに再建されたのか、である。本章では第二の段階、オベリスクがエジプトから古代ローマに持ち込まれた時期に即して、計十三本の「古代のオベリスク」の概要を見ていくことで[3]、ヨーロッパ世界におけるオベリスクとその意匠の出発点がどのようなものであったかを確認したい。

2 アウグストゥスの二本のオベリスクと太陽信仰（前一世紀）

最初にエジプトからローマにオベリスクを持ち込んだのはアウグストゥス（在前二七〜後一四年）である。アウグストゥスことオクタヴィアヌスは初代ローマ皇帝の座に着く少し前、前三〇年に、プトレマイオス朝女王クレオパトラ七世と彼女と婚姻関係にあったアントニウスを破りエジプトを征服した。それから二十年後の前一〇年にヘリオポリスの二本のオベリスクがローマに運びこまれた(4)。現在のポポロ広場に立つフラミニオ・オベリスクと、下院議事堂となっているモンテチトーリオ宮前の広場に立つモンテチトーリオ・オベリスクがそれである。この二つがローマに持ち込まれた最初のオベリスクであるが、これらにはもう一つ重要な要素がある。太陽信仰との強い関係性である。

(1) モンテチトーリオ・オベリスク（図2-1）

二本のオベリスクはともに前一〇年にローマに持ち込まれ再建された。先に建てられたのはフラミニオ・オベリスクとされるが、ここではモンテチトーリオ・オベリスクから先に見たい。このオベリスクはもともとは前六世紀はじめ、新王国時代の後の第三中間期の第二十六王朝のプサメテク二世（在前五九五～五八九）の命で、その第一回の即位記念祭にヘリオポリスに建てられたものである。碑文の大部分は判読できなくなっているが、王を示す表現として、「黄金のホルス、アトゥムに愛されしもの、……ラー・ホルアクティ(5)に愛されしもの」といった語句があり（Habachi 1977=1985: 148）、太陽神とのつながりが明示されている。そして、ローマで新たに加えられた碑にはこうある。

神聖なるカエサルの子、第十二代インペラトル、第十一

図2-1　モンテチトーリオ・オベリスク

代コンスル、第十四代トリブヌス・プレビスにしてポンティフェクス・マクシムスたるアウグストゥス帝は、エジプトがローマの民の支配下に入ったことを受け、このオベリスクを太陽に捧げた。

（Curran et.al. 1985:37）

ここにはオベリスクがローマのエジプト征服を記念し象徴するものであったこと、もう一つ、これがやはり太陽と関わるものとして建てられたことが示されている。このオベリスクはソラーレ・オベリスク（太陽のオベリスク）とも呼ばれるが、実際、一種の巨大な日時計の針《グノモン》として機能するように設置されていた。「一種の」としたのは、アタナシウス・キルヒャーの頃より長く日時計と理解されていたものの、実際には時間を計測するいわゆる日時計ではなく、太陽年の計測のための装置のようなものだったと考えられているためである（Heslin 2007: 1-6）。この「アウグストゥスの太陽計」は、新たにローマ市の一部に加えられたカンプス・マルティウス（マルスの野）地区に建てられたが、ここには他に、前二七年にアウグストゥス廟が、前一三年にはアウグストゥスがヒスパニアとガリアへの遠征の勝利により実現した平和を祈念する平和の祭壇《アラ・パキス》が建てられており（図2-2）、ソラリウムはこれらと一体となって、戦の神マルスの野にアウグストゥスの力と功績を示す役割を担っていたと考えられる（広瀬 1987: 144）。

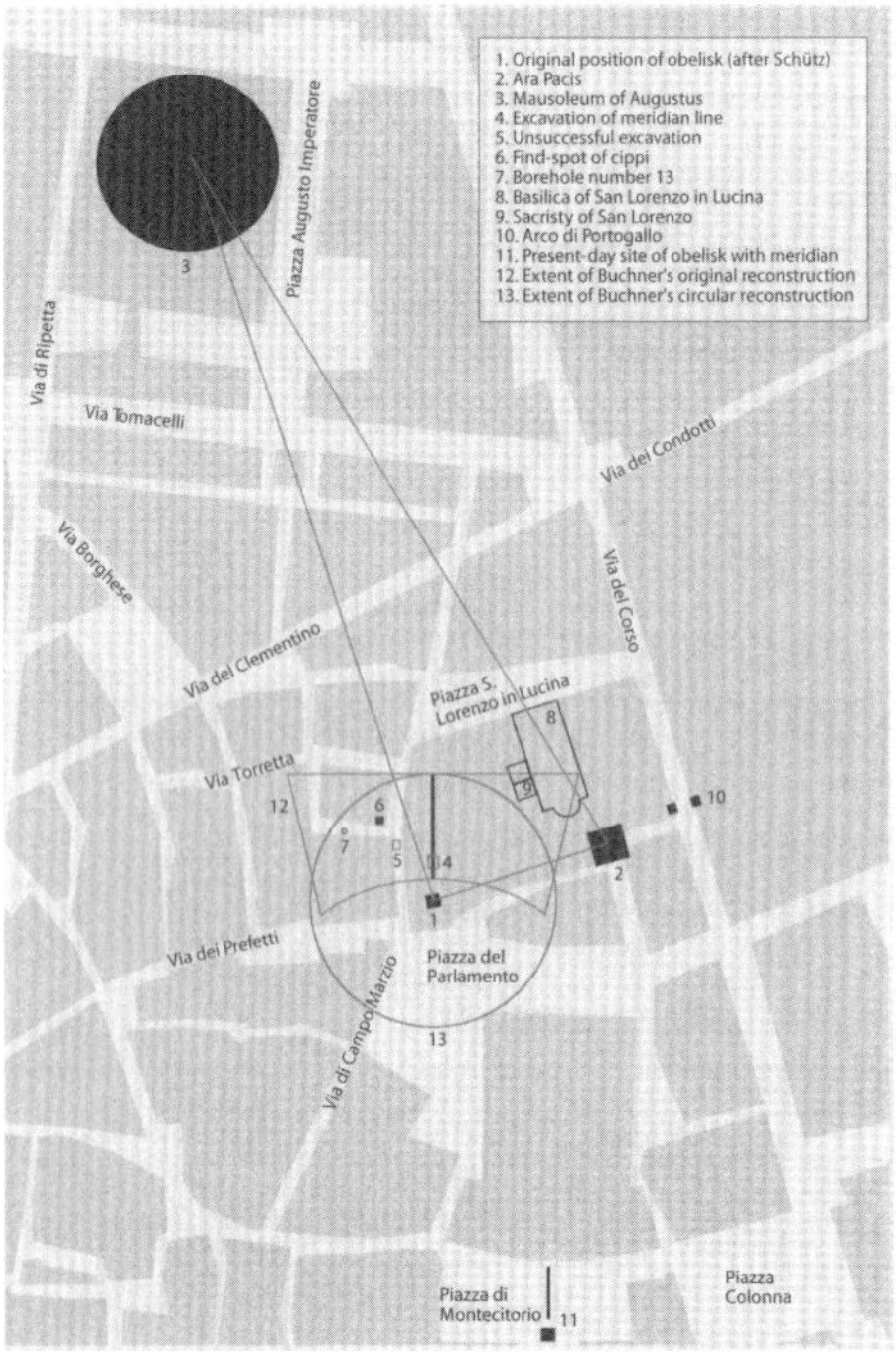

図2-2　カンプス・マルティウス周辺のオベリスクの位置を示す地図

(2) フラミニオ・オベリスク（図2-3）

一方のフラミニオ・オベリスクは、由来のはっきりしないヴァティカン・オベリスクを除くと、後に四世紀に持ち込まれるラテラン・オベリスクに次いで高い、本体二四メートル、基壇を含めると三六・五メートルのオベリスクである。エジプトでの建造時期も、同じくラテラン・オベリスクに次いで二番目に古く、前十三世紀後半に、新王国時代、第十九王朝のセティ一世の命でつくられ息子ラムセス二世が完成させ、ヘリオポリスの太陽神殿に建立したものである。セティ一世への碑文には「オベリスクの放つ光線は太陽神殿を照らし出す。そのオベリスクでヘリオポリスを満たすもの」、ラムセス二世へのそれには「ラーが輝く時、彼は何百万年もの時を超える神殿の中の〔オベリスク〕故に歓びに満たされる。陛下はおっしゃる。『私はこの記念碑を父〔セティ一世〕のため美しくする。太陽神殿にその名をとどめるために』」とあり（Habachi 1977=1985: 140）、太陽との深い関係はやはり明確である。

さて、現在このオベリスクが立つポポロ広場は街道の起点という、ローマの街の構造上重要な意味を持つ場所にあたるのだが、それについては次章で触れる。このオベリスクが最初に持ち込まれ再建された場所もまた極めて重要な場、キルクス・マクシムスである。

世界史で古代ローマを扱う際に学ぶ定型句に「パンとサーカス[6]（panem et circenses）」がある。古代ローマでしばしば無償で提供

図2-3　ポポロ広場に立つフラミニオ・オベリスク、by Wolfgang Manousek

されていた食料（パン）と娯楽（サーカス）によって市民が満足させられ政治的無関心状況を陥っていたことを、詩人ユウェナリスが二世紀に詩集『風刺詩集（*Saturae*）』で皮肉に表現したものである。この「サーカス」、つまりラテン語の「キルケンセス」circensesはcircensisの複数形で、「キルクス」という楕円形の戦車競技場で催された競技、娯楽を示す。このラテン語のキルクス（circus）が、イタリア語ではチルコ（circo）、そして英語ではサーカス（circus）となる。たとえばロンドンのピカデリー・サーカスやオクスフォード・サーカスなどの地名の「サーカス」はこれに由来し、複数の道が集まる円形の空間を指す。ローマには複数のキルクスがつくられたが、その中でもっとも古く大きなものが「最大の《マクシムス》」キルクス、キルクス・マクシムスである。競技場自体は紀元前五世紀には成立していたようだが、(7) 改修が重ねられ豪奢になっていった。特に大きな変化を加えたとされるのがカエサル、アウグストゥス、トラヤヌスである。カエサルの頃には全長六二一メートルに全幅一一八メートル、なんと十五万人以上を収容できる規模のもの(8)になっていたとされる（山田 2006: 209）。キルクスではさまざまな催しがなされたが、基本的には戦車レースのためのつくりになっている。その光景は映画『ベン・ハー』のクライマックスシーンで描かれ広く知られている。この楕円形のレース場の中央はスピナという分離帯で仕切られているのだが、そこにアウグストゥスが持ち込み建てたのが、このフラミニオ・オベリスクであった。『ベン・ハー』は原作の副題の「キリストの物語」が示すとおりイエスの時代の物語で、つまり後三〇年頃ということになる。『ベン・ハー』は何度も映像化されているが、もっとも有名なものは一九五九年のウィリアム・ワイラー監督の映画で、そこでは確かに、中央のスピナに一つ、大きなオベリスクが立っている（図2-4）。興味深いことに、最新版の二〇一六年の『ベン・ハー』のキルクスの設定画では、スピナに二本、観客席側にも二本のオベリスクが置かれている（図2-5）（Technicolor 2016）。これは恐らく、ラテラン・オベリスクが加えられた四世紀以降のイメージに則りつつ、より派手やかに演出したものと思われるが、実際には、『ベン・ハー』の時代より後のトラヤヌス帝（在九八〜一一七）の時代に発行された硬貨に彫られたキルクス・マクシムス図で

図2-4　1959年版『ベン・ハー』（ウィリアム・ワイラー監督）のレースシーン

図2-5　2016年版『ベン・ハー』（ティムール・ベクマンベトフ監督）のレースシーン用にVFXでつくられたキルクス・マクシムス図（Technicolor 2016）

図2-6　キルクス・マクシムスの改修を記念したトラヤヌスのセステリティウス貨幣（103年鋳造）

も一本のオベリスクのみが示されている（図2−6）（Time Travel Rome 2012-2020）。

さて、キルクス・マクシムスは硬貨の裏面を飾るほどローマにとって重要な空間だったわけだが、ここで特に注目されるのは、キルクスの構造とそこでの戦車競技自体に太陽信仰の意味があったとの研究があることだ。初期キリスト教考古学の山田順によれば、六世紀のカッシオドルス『雑録（*Variae*）』に、キルクスとそこで行われる戦車競技の宇宙論的シンボリズムの指摘があるという（山田2006）。『雑録』（3.51）にはこう記されている。

> 出走口の十二の門は黄道十二宮を示し、……戦車の騎手の四つのチームそれぞれの衣の色は四季をあらわす。緑が草萌ゆる春、青が曇り空の冬、赤が燃え上がる夏、白が霜の降りる秋である。このように、ここでのスペクタクル全体に、自然の営みを表象する意図が見て取れる。二頭立ての戦車（biga）は月を、四頭立ての戦車（quadriga）は太陽を模してつくられている。係の者が試合の始まりを告げるために送り出すキルクスの先駆けの馬（equi desultorii）は、どの星よりも先に輝く金星を模している。つまり彼らは星々を崇拝しているつもりで、その実ゲームに利用して自らの宗教を冒涜していたといえよう。
>
> ……一試合ではスピナ両極の折り返し（metae）を巡って七周することになっており、これは週の七日と一致している。折り返し《メタエ》は、星座が三つのデカン(9)を持つように、それぞれ三本の尖塔から成っている。その周りを四頭立戦車《クアドリガ》が太陽のように素早く巡っていく。二つのメタエが東と西の境を示す。キルクスを取り囲む溝(10)（euripus）は周回を告げるイルカたち(11)が泳ぎ出る透明な海のようだ。オベリスクは天に向かってそびえ立っており、高い方は太陽に、低い方は月に捧げられている。そこには古代の神聖な儀礼のことがカルデアの文字のような記号で書かれている(12)。

『雑録』が書かれた六世紀には、このキルクスには四世紀に持ち込まれたラテラン・オベリスクを含めて二つのオベリスクがあった。ヨーロッパには珍しく二本並べられたわけだが、エジプトの本来の在り方と違い高さが大きく異なる。そのため大きいラテラン・オベリスクの方が太陽、フラミニオ・オベリスクが月、とみなされているが、太陽神殿から持ち出したこの独特の形象の建造物に、ローマでもやはり太陽の表象が見いだされていたことは確かであろう。

さらに山田は、これまでの研究蓄積から、この宇宙的シンボリズムおよび太陽信仰と、「死者の再生」への願いとの結び付きの可能性を指摘している（山田 2006: 212-213）。これは特に、マクセンティウス（在三〇六～三一二）がアッピア街道沿いにつくったキルクスについて指摘されてきたことである。これはキルクス・マクシムスに次ぐ規模のものながら、ここで行われた記録のあるイベントは、マクセンティウスの早逝した長男の追悼式典のみであるという。キルクスのすぐ西側、近くにその墓廟があり(13)、そちら側から走り出した戦車が周回を経て戻っていく構造であることからも、競技場に息子の再生の望みを託していた可能性が指摘されているという。そしてこのキルクスのスピナにも、中央に一本のオベリスクが立っており、ここに太陽のシンボリズムが見出されていた可能性は高いものと思われる。

キルクスに、様々な由来を持つローマ独特のコスモロジーが投影されていたのは確かとして、マクセンティウスのキルクスに見られる「再生」のシンボリズムがどこまでキルクス一般に敷衍できるものか、筆者には判断ができない。それでもキルクスと宇宙と太陽と再生、そしてオベリスクの関係は興味深い。ローマの太陽信仰がいつからどれほどの重きを持ったのか、そもそもソルとヘリオス、アポロの習合がどのように進んだものかも諸説があるが（小堀 2003; 中西 2003）、少なくともアウグストゥスはマルスとともにアポロを特別に重視していた。アウグストゥス以降、共和制末期から強まりつつあった太陽神信仰が皇帝および帝国と強く結び付くようになり、そこから後に「不敗の太陽神」信仰も広がることとなったと考えられている。アポロ信仰がローマに持ち込まれたのは紀元前五世紀の悪疫流行時で、ローマではアポロは長らくほぼ単なる疫神・治癒神であったが、アウグストゥスがここにギリシアで成り立った太陽や秩序のシンボリズムを取り込み、その位置付けを大きく変えたとされる（小堀 1996）。太陽と皇帝のシンボリズムについて山田（2016）は以下のようにまとめている。

……古代ローマ社会では、特にアウグストゥス帝以降、このような太陽信仰に基づく「永遠」（*aeternitas*）の概念は、皇帝の神格化と結びつけられた。トレッリによれば、両者の結合は、まず古代ローマの貨幣や碑文上で行われたという。[14] たとえば、多く貨幣上で太陽神の姿で描かれた皇帝が十二の星座の円環に囲まれて登場する。また、皇帝の神格化（*apotheosis*）が、太陽神の馬車に乗る皇帝の姿を通して描かれる。すなわち、戦車競技が内包する*aternitas*の祈願は、皇帝の永遠性、不死、神格化と深く結びついており、その意味において、古代ローマにおける戦車競技は、このような皇帝神学とその支配イデオロギーを広く一般に伝えるプロパガンダの場でもあったという。[15] 事実、戦車競技場の分離帯（*meta*）中央に太陽神のシンボルとして聳え立つオベリスク基壇レリーフには、ゲルマン民族をはじめとする他民族に対する皇帝の「勝利」（*victoria*）、および敗者に対する皇帝の「慈悲」（*clementia*）の主題が刻まれるのが常であった。残念ながら、戦車競技場を飾っていた図像資料のうち、このようなオベリスク基壇レリーフの完全な作例はローマには現存しない……

（山田 2016: 213）

「オベリスクの都市」ローマの歴史が、アウグストゥスが持ち込んだ、太陽と深くつながる二本のそれから始まったことは重要である。そこに「再生」や「慰霊」の要素がとどう関わるか、後にあらためて考えたい。

3　カリグラとドミティアヌスのオベリスク（一世紀）

⑶　ヴァティカン・オベリスク——ガイウスとネロのキルクスのオベリスク（図2-7）

アウグストゥスの二本のオベリスクに次いで持ち込まれたとされているのが、現在のヴァティカン・オベリスクで、カリグラ（在三七～四一年）が持ち込んだものである。このオベリスクには碑文がなく、どのような由来のものかはわからない。ローマにはこれを含め、碑文がなくエジプトに由来をたどれない古代のオベリスクが六本ある。これらは石材の質や切り出しの技術、そしてローマにどう渡来したかの伝承等から、みなエジプトで切り出されたものではあると考えられている。しかし古代エジプトで碑文のないオベリスクをつくることはほぼありえないことから（Habachi 1977=1985: 155）、恐らくはローマ支配下で新たに切り出されたか、未完成だったものに手を加えたものではないかと考えられる。

このオベリスクは、まずアウグストゥスの命令でどこかから[16]アレクサンドリアに運ばれ建てられていたものを、三七年にカリグラがローマへ移し、「ガイウス（カリグラ）とネロのキルクス」のスピナに設置したものである。後にこのキルクス跡地に大きく重なるかたちでサン・ピエトロ大聖堂が建てられ、このオベリスクもサン・ピエトロ広場に移され建て直されることとなるがそれについては次章であらためて述べる。

今着目したいのは、

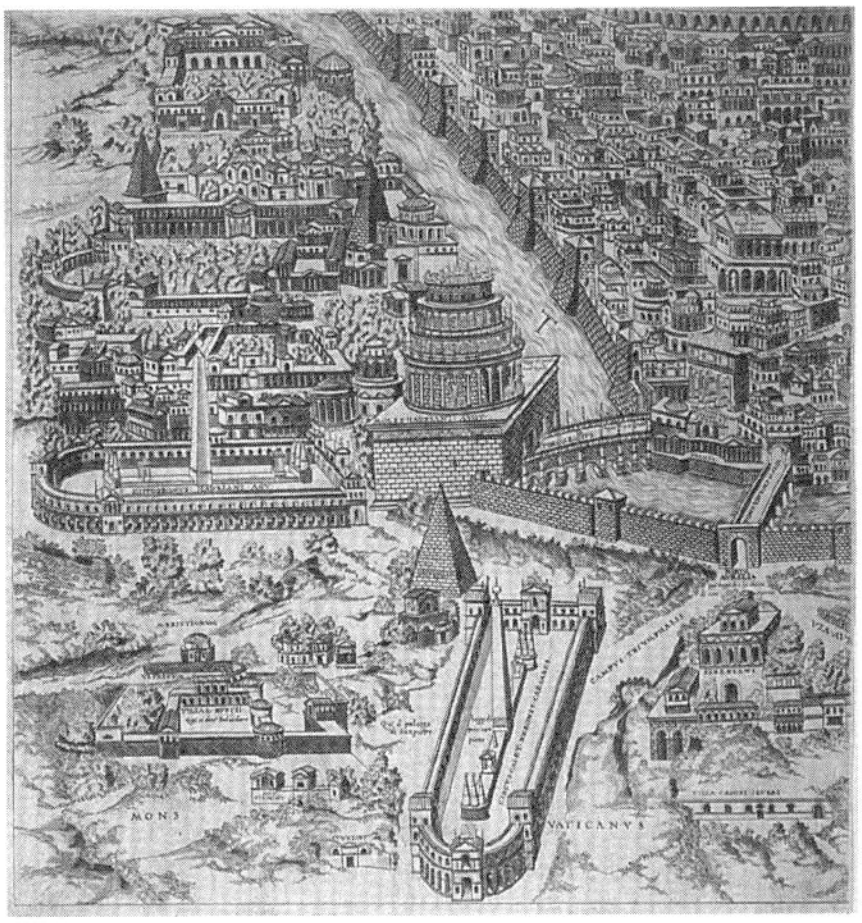

図2-8　ピッロ・リゴーリオ、《古代都市ローマの図》、1561年（部分）

図2-7　ヴァティカン・オベリスク、サン・ピエトロ広場

このヴァティカン・オベリスクもまたキルクスのオベリスクであったということだ。図2-8は一五六一年に描かれたローマ地図から北西方向の一部のみを切り出したもので、左側が北になる。二つのキルクスが見えるが、下方に描かれているのがガイウスとネロのキルクスにあたる。[17] 左後方、北東そばには「メタ・ロムリ（ロムルスのピラミッド）」と呼ばれた今はないピラミッド型の墓があり――これについては次章であらためて詳しく見る――、その上、東側にはハドリアヌス廟、現在のサンタンジェロ城がある。ガイウスとネロのキルクスでも、またもう一つのキルクスでも、オベリスクはスピナの中央に一本立つ形で描かれている。このガイウスとネロのキルクスのオベリスクは、古代からオベリスクの再生期まで、恐らく唯一倒壊せずに立ち続けていた貴重なオベリスクであり、その後のオベリスクの歴史に大きな意味を持つことになるが、それについては次章で見ることとする。

(4) アゴナリス・オベリスク――ドミティアヌス帝とキルクス・マクセンティウスのオベリスク（図2-9）

これは現在ナヴォーナ広場に立つオベリスクで、かつてここにあったキルクス・アゴナリスにちなんで「アゴナリス・オベリスク」とも、またここに面するパンフィーリ宮にちなんで「パンフィリウス・オベリスク」とも呼ばれるが、恐らくはナヴォーナ広場のオベリスク、あるいは「四大河の噴水のオベリスク」として広く認識されている有名なものである。これは一世紀にドミティアヌス（在八一～九六）が持ち込んだもので、ヒエログリフの碑文があるものの、内容はドミティアヌスの名前や帝位を継いだ経緯であり、彼がアスワーンの石切り場から切り出させてつくらせた、エジプトに由来しないものであることがわかる。女神が皇帝に王冠を授ける場面が彫られていることからも、八一年のドミティアヌス帝即位を記念してつくられたものと考えられている（Habachi 977=1985: 147）。これは当初、八〇年の大火で焼失していたイシス神殿《イセウム》に新たに建てるべくつくられ、その後二百年以上はそこにあったとの説が有力である。[18] これを三一〇年頃にマクセンティウスがキルクス・マクセンティウスのスピナへ移し、そこで長男の追悼式典を行ったことは先にも触れたが、このキルクスはその後ほぼ使われず、オベリスクも六世紀頃から長く倒壊したままになっていた。それが十七世紀にベルニーニによって華やかな噴水の一部として再建される経緯は次章で触れる。おもしろいのはその再建場所で、ナヴォーナ広場はパンフィーリ家出身のインノケンティウス十世が枢機卿だったころ住んでいた場所で、法王就任後、その記念としてこのオベリスクを建てる場に選んだとされるのだが、かつてここにあったというキルクス・アゴナリスは、このオベリスクを建てたドミティアヌスがつくったキルクスであった。再建場所の選定にこのことが影響したかは筆者には確認できなかったが、ドミティアヌスに二重の関わりを持つオベリスクであることは確かである。

図2-9　ナヴォーナ広場に立つアゴナリス・オベリスク

4　ハドリアヌスのオベリスク

(5) ピンチオの丘のオベリスク（二世紀）

現在のボルゲーゼ広場の西端、ポポロ広場にほど近いところにピンチオの丘がある。ここに立つオベリスクは、ハドリアヌスが、ナイル川で溺死した友にして愛人のアンティノウスのためにつくらせたものである（図2-10）。アンティノウスを祀る神殿はエジプトとローマにつくられ、中部エジプトのその地はアンティノオポリスと呼ばれた。オベリスクはこのエジプトの神殿に建てられたとされてきたが、実際はローマの神殿であったとか、ティヴォリのハドリアヌスの有名な別邸にあったとの説もあり結論は出ていない（Raddato 2016）。三世紀に恐らくヘリオガバルス（在二一八〜二二二年）によってローマのキルクス・ヴァリアヌスに移されスピナに建てられたが、その後長く倒壊していた。十六世紀に再発見され、さまざまな所有者を経て、十九世紀に現在地であるピンチオの丘に移築されている。

これは本来、ハドリアヌス帝の愛人を祀るために恐らくは神殿に建てられたもので、慰霊の意味を持っていたといえようが、どちらかといえばエジプトの神殿の定型にのっとったもののように思われる。若くして亡くなり神格化されたアンティノウスの信仰はオシリス信仰と習合したとされ、ここまでに見たオベリスクが太陽信仰や皇帝崇拝と関連が深かったのとはやや性質を異にしている。しかしこのオベリスクも三世紀にはやはりキルクスのスピナに再建されており、アンティノウスの慰霊の意味やオシリス信仰との関係は薄れている。ここにも古代ローマのオベリスクとキルクスの関係の深さが見出せる。

図2-10　ピンチオの丘のオベリスク
Antinous obelisk, Pincio, Rome, by Jensens.

5　イシス神殿のオベリスク（一〜二世紀）

ドミティアヌス帝が建てさせたアゴナリス・オベリスクが当初はローマのイシス神殿に建てられたものだったとの

説が有力であることは先に述べたが、ローマに現存するオベリスクには、他にも一〜二世紀にイシス神殿に建てられていた可能性の高いものが四本存在する。

オシリスの妹にして妻であるイシスは、弟セトに殺されたオシリスを復活させホルスを産んだ、魔術と豊穣の女神であり、その信仰はエジプトをこえて広く地中海世界に展開していた。イシス信仰は恐らく共和制末期からローマに入り、もう一神、ヘレニズム期のエジプトでオシリス神とその他の神格が習合するかたちで成立、普及したセラピス神の信仰と対を成すようにして、帝政期に広がった。カンプス・マルティウスの「アウグストゥスの太陽計」などが建つエリアより南側、パンテオンのあるエリアの少し東側に、イシスとセラピスの神殿跡がある。恐らくティベリウスによって一度破壊された後、カリグラの時代に新たに建てられ、八〇年の大火で焼失した後にドミティアヌスが再建したとされる。

⑹ マクテオ・オベリスク（図2-11）と ⑺ チェリモンターナ・オベリスク（図2-12）

マクテオ・オベリスクはパンテオンの北に面するロトンダ広場に立つもので、一三七三年にパンテオンの東側の、イシス神殿跡地に近いサン・マクート教会そばから見つかったことからこの名で呼ばれる。現在の位置に移されたのは十八世紀のことで、この立地からロトンダ・オベリスクやパンテオン・オベリスクとも呼ばれる。

一方のチェリモンターナ・オベリスクはチェリオの丘のチェリモンターナ公園に立っているもので、十六世紀にマッテイ侯爵の所有となりチェリモンターナの別荘に移された経緯からマッテイアーノ・オベリスクとも呼ばれる。これもやはりイシス神殿跡地で見つかったとされる。この二つは恐らくもともと対のオベリスクであったと考えられている。

マクテオ・オベリスクは本体が六・三四メートルなのに対してチェリモンターナ・オベリスクの本体はわずか二・

図2-11　マクテオ・オベリスク

図2-12　チェリモンターナ・オベリスク

六八メートルだが、これは上部しか残っていないためである。その下部の破片がかつて発掘され後に失われているのだが、その碑文の記録から、マクテオ・オベリスクの碑文と内容が対応していることがわかるという。碑文によれば、これらはもともと、新王国第十九王朝のラムセス二世（在前一二七〇頃～一二一三頃）によってヘリオポリスに建てられたものである。発掘地から、イシス神殿に建てるために一～二世紀に一緒にローマに持ち込まれたものと推測されているが、その時期や経緯はわかっていない。

(8) ディオクレティアヌス浴場跡のオベリスク（図2-13）

このオベリスクは現在、ディオクレティアヌス浴場跡の少し南西に位置する三角状の広場に建てられているため、このように呼ばれている。より短くテルメ・オベリスク、あるいは、一八八七年から一九二四年まで、エチオピア戦争中にドガリで全滅したイタリア軍部隊の追悼記念碑となっていたことからドガリ・オベリスクと呼ばれることもある。これもまた、イシス神殿跡近くから発掘されており、詳しい経緯は不明ながら、マクテオ・オベリスクとチェリモンターナ・オベリスクと同様に、一〜二世紀にイシス神殿に建てるために持ち込まれたものと考えられている。碑文から、これも本来はラムセス二世がヘリオポリスに建てさせたものであることがわかっており、マクテオ・オベリスクと対であるとの説もあったが、実際は現在フィレンツェのボボリ公園に立つオベリスクと対であったと考えられている。

⑼　ミネルヴァ・オベリスク（図2-14）

パンテオンそばの南東側に立つこのオベリスクは、次章でも触れるように、キルヒャーとベル

図2-14　ミネルヴァ・オベリスク

図2-13　ディオクレティアヌス浴場跡のオベリスク

ニーニの二人が関わってできた象の台座で知られるもので、サンタ・マリア・ソプラ・ミネルヴァ教会附属の修道院の庭で発見され、この教会前に設置されていることからこの名で呼ばれている。この発掘地もまたイシス神殿跡地に極めて近いことから、一～二世紀にイシス神殿に建てるために持ち込まれたものと考えられている。同じ時期にイシス神殿に持ち込まれたと思しきもののうち、上記の三本は前十三世紀のラムセス二世が建てたものであるが、これは前六世紀に、アウグストゥスの太陽計を建てた第二十六王朝のプサメテク二世の息子のアプリエス（在前五八九～五七〇年）がヘリオポリスに建てたものである。

6　ローマ製のオベリスク（一～四世紀?）

ここで扱う三本のオベリスクは、エジプトで彫られた碑文がないか、あるいはそれを模倣して彫られたものであり、石はエジプトで切り出された可能性が高いものの、ローマで新たにつくられたと考えられるものである。

⑽　トリニタ・ディ・モンティのオベリスク（図2-15）

このオベリスクはスペイン階段の上、トリニタ・ディ・モンティ広場に立つためこのように呼ばれるが、スペイン階段のオベリスクとして記憶している人も多いかと思われる。映画『ローマの休日』で王女が階段に腰掛けオベリスクを背景にアイスクリームを食べるシーンも有名である。このオベリスクには碑文はあるにはあるのだが、それは現在ポポロ広場に立つフラミニオ・オベリスクの碑文を真似てローマで彫られたものであり、一部が反転するなどの誤りも指摘されている。これがつくられた経緯や時期は不明だが、フラミニオ・オベリスクを真似た碑文が彫られている以上、前一〇年よりは後のものとわかる。ハバシュによれば、二世紀か、恐らくは三世紀に建てられたとの説が有力であるという（Habachi 1977=1985: 163）。前一世紀の歴史家サルスティウスがピンキウスの丘の上につくった有名な庭園に長くあった（そしてやはり倒壊していた）ことから、サルスティアーノ・オベリスクとも呼ばれる。十八世紀に現在のトリニタ・ディ・モンティ広場に移されている。

図2-15　トリニタ・ディ・モンティのオベリスクとスペイン階段

⑾ エスクイリーノのオベリスク（図2-16）と
⑿ クイリナーレのオベリスク（図2-17）

この二つの広場に立つオベリスクは、元はアウグストゥスの墓廟の入り口に対になって建てられていたものである。この墓廟自体はアウグストゥスの生前、前二八年頃につくられたものだが、オベリスクについてはストラボンやプリニウスの一世紀の記録に何ら言及されておらず、最初に文献に現れるのが四世紀であることなどから、後から付け加えられたものと考えられている。その時期については一世紀後半から三～四世紀まで意見が分かれており、作成の経緯も不明である。この二本には碑文はなくエジプト由来のものではないと考えられている。さらに興味深いことに、頂点をよく見るとピラミディオンがなく、ただ平たく切られていることがわかる。本来のエジプトのオベリスクにはありえないことである。四世紀のアミアヌス・マルケリウスの記録ではすでにピラミディオンがなかったことが指摘されている。そもそもなかったのか、途中でなんらかの理由で失われたのかは不明であるが、双方ともにないことから偶然に欠けて失われたわけではないように思われる。エスクイリーノ広場のサンタ・マリア・マッジョーレ教会前に立つ方は、アウグストゥスの墓廟の入り口近くから一五一九年に破片が発掘され、一五八七年にここに再建された。クイリナーレ広場のものの方は、同時に発見はされていたようだが、最終的に破片が発掘されるのは一七八一年で、その後一七八八年に再建されている。

図2-16　エスクイリーノのオベリスク

図2-17　クイリナーレのオベリスク

7　最大で最古、かつ最新

⒀　ラテラン・オベリスク（四世紀）（図2-18）

ラテラン・オベリスクは、一五八八年にサン・ジョヴァンニ・イン・ラテラーノ大聖堂わきに再建されたことからこの名で呼ばれている。本体三二・一八メートル、全高四五・七メートルの、現存して立っているオベリスクの中で最大のものである。新王国時代、第十八王朝のトトメス三世（在前一四七九〜一四二五年）のために切り出され、孫のトトメス四世（在前一四〇一〜一三九一年）が完成させ碑文も付けくわえたものとされる。後に第十九王朝のラムセス二世も碑文を付け加えているというが、そもそもの由来に遡れば、現存する中でもっとも古いオベリスクである。ローマに持ち込まれたのは三五七年で、これがローマに持ち込まれた最後のオベリスクとなった[19]。つまり現存するうち、世界最古にして、古代ローマにとっては最新のオベリスクということである。そもそものエジプトでの由来にトトメス三世、トトメス四世、ラムセス二世の三人の王が関わっているが、この巨大なオベリスクがローマに持ち込まれるにあたっても、まずアウグストゥスが持ち出しを考えるもあきらめ、その後コンスタンティヌス（在三〇六〜三三七年）がコンスタンティノープルに建てるつもりで準備を進めていたが間に合わず死亡し、それで息子のコンスタンティウス二世（在三三七〜三六一年）がコンスタンティノープルではなくローマに建てることに方針を変えて計画を再開、ついに三五七年にキルクス・マクシムスに建てられ落成式が行われたという経緯がある。

図2-18　ラテラン・オベリスク

そしてもう一点確認すべきは、これがキリスト教が国教と認められて建設された恐らくは最初の大きな記念建造物だったということである（Habachi 1977=1985: 139）。ハバシュは「それは、キリスト教という新しい宗教が、異教に対して勝ったことを象徴する意味も持っていた」と書き添えている。キルクスを飾ったこのオベリスクにこの時点でそこまでの含意が認められたのかどうかは筆者には判断できないが、コンスタンティヌスもコンスタンティウス二世も熱心なキリスト教徒であったことは事実であり、彼らが建てた最後のオベリスクに、それまでのものとは異なる意味が期待されていた可能性は十分に考えられよう。しかし一方で、この古代ローマ最後のオベリスクが置かれた場所が最初のオベリスクが置かれたのと同じキルクス・マクシムスであったこともまた確かで、そこにはキリスト教公認を経たことによる断絶よりも、過去からの継承関係の方が強く見出せるようにも思われる。

8　太陽とキルクスとイシス――古代ローマのオベリスクの多面性

前一世紀から後四世紀にかけてエジプトからローマへと持ち込まれたオベリスクは、その後ほとんどが倒壊し長く埋もれた状態が続くこととなる。その後十六世紀以降に発掘、再生が進み、現在の状態に至るのだが、その再生の詳しい経緯と意義は次章であらためて見ることとする。本章ではローマに残る十三本の古代のオベリスクを、エジプトからローマに持ち込まれ、あるいは新たにつくられた流れにそって概観してきた。こうしてみると、太陽、キルクス、そしてイシス信仰との結び付きの重要さが明らかである。筆者には古代ローマの宗教状況を論じるに足る知識がないが、アウグストゥスの二本のオベリスクが示した、太陽、キルクス、そして国家と皇帝の力との結びつきがその後のオベリスクの扱いにも大きく影響しているように思われる一方で、イシス信仰という、非常に有力であったとはいえ、秘儀的で女性の参与度も高かったもののためにも多くのオベリスクが持ち込まれていたことは興味深い。イシス信仰がエジプト由来のものだからオベリスクが求められたにすぎないのか、何らかのより本質的な――例えば「再生」の――シンボリズムが働いていたのかは、少なくとも現在、筆者には判断できない。ただ、オベリスクに関して、エジプト征服とそれが象徴する帝国と皇帝の力の表示という方向性と、個々の信仰や美的な趣味のあらわれという方向性が微妙なバランスで共存していたようには思われる。国家か個か、政治的なシンボルか宗教的なシンボルか、オベリスクの位置づけにはさまざまな側面があり、これは以降のオベリスクの位置付けでもしばしば見いだせる問題となる。

キルクスのオベリスクに関して一点着目しておきたいことは、ほとんどのキルクスでは恐らくオベリスクは一本、中央に置かれていたのに対して[20]、最初にオベリスクが置かれたキルクス・マクシムスでは、四世紀に最後に持ち込まれたオベリスクが加えられて二本になったということである。本来のエジプトのオベリスクは太陽神殿の塔門《ピュロン》に二本一対で建てられるもので、一対で昇る太陽と沈む太陽を示すと考えられているが、ローマでは中心に一本を建てるのが基本形となった上、キルクス・マクシムスのスピナに二本目が加えられた際、小さい方が月を示すと見なされたのも興味深いことである。古代ローマ以降のオベリスクとその意匠の展開を見ると、オベリスクが対で建てられる例は少なく、一本で、その空間の中心点を定めるように、アクシス・ムンディ的に置かれるかたちが多い。おもしろいことに、キルクス・マクシムスの二本目のオベリスク、ラテラン・オベリスクは本来、エジプトではごく珍しい、単独で建てられたものであった。碑文には、「彼〔トトメス三世〕は二つの国の王座の支配者、父たるアメン・ラーのための記念碑として、カルナック近くにある神殿の上の中庭に単独のオベリスクを建設した。これはテーベに初めて建設された一本だけのオベリスクである」と記されている（Habashi 1977=1985: 135）。この、二本か一本かという問題は、今後の章でも折々に触れることになろう。

また、太陽信仰やイシス信仰との強い結びつきは、オベリスクがエジプトとその宗教・文化をまさに象徴するものとみなされていたことを感じさせるが、ではそこにどれほどの異国情緒、いわば「東洋趣味《オリエンタリズム》」があったのかというと、実は判断の難しい問題と思われる。太陽信仰もイシスやセラピスの信仰も、多分にヘレニズム化とローマ化が進んだものである。オベリスクと「エジプト」「東洋」「東方」のイメージの関係は単純なものではなく、慎重な検討を要する課題である。

そして、本書にとって特に重要なのが、オベリスクと慰霊や墓との関係である。ローマに残る十三本のオベリスクの中では、ハドリアヌスがアンティノウスのために建てたピンチオの丘のオベリスクと、アウグストゥスの墓廟に後に加えられたエスクイリーノとクイリナーレのオベリスクが慰霊に関わっている。ただし、ハドリアヌスのオベリスクはアンティノウスを祀った神殿に建てられたものとされており、またアウグストゥスの墓廟もいわゆる墓というよりも没した皇帝を神格化する神殿的性質を帯びていた面があり、するとそのオベリスクの用い方はエジプトの本来のあり方に近いものとも思われ、これをもって慰霊、あるいは墓とオベリスクが結びついたといってよいかは微妙なものがある。ローマのオベリスクの扱いには、エジプトの王による神殿でのそれを踏襲する部分と、新たで独自なものとが入り混じっており、単純な分析はしがたいところがある。また、これは後ほどあらためて検討するが、近代的共同墓地に見られるオベリスク型墓石は、「基壇とセットにはなっているが、一つのオベリスクが一つの墓石の主要部分を構成している、いわば自立式のオベリスクの形状の墓」（本書第一章二節）であるのに対して、ピンチオのオベリスクもアウグストゥス廟に立っていたオベリスクも神殿や墓廟を飾る形式で建てられており、用い方は異なっている。このことも今後の章で折々に振り返ることとなろう。

注

1　いわゆるヒロイック・ファンタジーと呼ばれるような作品ジャンルに対して、SF・ファンタジー作家のフリッツ・ライバーが一九六一年に与えた語彙。そこから派生するRPG分野の特徴を示す語としても広く用いられる。

2　「異世界もの」という語自体は、二〇〇四年開始の小説投稿サイト「小説家になろう」で多くの作品が発信されて以降に多用されるようになったものだが、その大きなルーツは、コンピュータRPG（ロールプレイングゲーム、たとえば八〇年代に日本で生まれた「ドラゴンクエスト」シリーズ）、その前身であるRPGボードゲーム（たとえば七〇年代にアメリカで生まれた「ダンジョンズ&ドラゴンズ」シリーズ）、そしてその重要なイメージ源となったトールキン『指輪物語』（一九五四〜五）のようなファンタジー作品へと遡る。言語学者トールキンの重要なイメージ源がベーオウルフなどのヨーロッパの神話体系にあったことは有名である。前近代の世界、特に古代世界の認識、イメージとオベリスクの関係は、本書の重要なテーマの一つであり、特に第八章で扱う。

3　本章のローマのオベリスクの歴史についての記述は、特に記載しない場合は、Curran et al. (2009: 61-140)、Habachi (1977=1985)、芳賀（2005）、長瀬・岡本（n.d.）と、Dipartimento Grandi Eventi, Sport, Turismo e Moda（ローマ史観光局）の観光情報ポータルサイトTurismoromaに多くを負う。このうち、序章より参照しているHabachi（1977=1985）は、エジプト考古局所属だったハバシュの専門である古代エジプトを中心にしつつその後の展開も扱っており、また、Curran et al.（2009）は古代から現代までのオベリスクの歴史を追う大著で、本書ではたびたび参照、依拠している。他に、イギリスのオベリスクについてはBarnes（2004）が詳しい。また、オベリスクに関するもの以外では、建築家のジェイムズ・スティーブン・カールやリチャード・エトリンの墓や慰霊関連の建築に関する建築が重要である（Curl 1993: 2005、Etlin 1984b）。

4　アウグストゥスがローマに持ち込んだオベリスクはこの二本であるが、関わったオベリスクは他に二本ある。彼は、現在ロンドンとニューヨークに立つ、トトメス三世の命で前十五世紀につくられた通称「クレオパトラの針」をヘリオポリスからアレクサンドリアに移させ、クレオパトラがアントニウスのために建て、その後カエサルとその子孫を祀るものに切り替えた神殿に建てた。この二本は一本は倒れつつも、その後十九世紀まで長くアレクサンドリアに残っていた。

5　ホルス神が太陽神ラーと結びついたもの。

6　これは詩中の表現で対格になっており、主格ならばpanis et circensesである。

7　タルクィニウス・プリスクス（在前六一六年〜五七九年）がつくったと語られることも多く、実際、この土地を含む湿地干拓事業を行ったとされるがこの時点でキルクスが成り立ったのかは不明である。

8　最大二十五万人を収容できたという説すらある。東京ドームが直系約二〇一メートル、収容人数が五万六千人とされていることと比べても、その巨大さがわかる。

9　天文学と占星術上の概念。時代や分野によりさまざまな定義があるが、ここでは黄道十二宮を一〇度ずつに分割してできる範囲を示す。三六〇度を三十六に分けるので、十二宮はそれぞれ三つの「デカン」に分けられることになる。

10　競技場と客席の間には安全のための溝が掘られていたといわれており、ここはそれを指しているものかと思われる。

11　何周したかを示すために七つのブロンズのイルカを一つずつ下向きに回転させる仕組みがあったとされ、それは一九五九年版『ベン・ハー』でも描写されている。

12 以下の原文を参照しつつ英訳（Hodgkin 1886: 226-7）から訳したものである。Max Bänziger, Monumenta Informatik, http://monumenta.ch/latein/text.php?tabelle=Cassiodorus&rumpfid=Cassiodorus,%20Variae,%2003,%20%2051&nf=1（二〇二五年一月三十一日アクセス）

13 息子ロムルスの墓廟を取り囲むように作られたポルティコ（列柱回廊）が戦車の厩舎として機能したとする説もあるという（山田 2006: 212-213）。

14 この出典は以下。M. Torelli, Le Basiliche circiformi di Roma, Iconografia, funzione, simbolo, *Felix Temporis Reparatio. Atti del Convegno Archeologico Internazionale "Milano capitale dell'Impero Romano"* (Milano, 8-11 marzo 1990), Milano 1993, pp.203-218, pp. 210-217.

15 この出典は以下。G. P. Sartorio, Inquadramento Storico, in G. P. SARTORIA (ed), *Il Circo di Massenzio sulla via Appia*, Roma 1999, pp.96-99.

16 ヘリオポリスからという説はあるが不明である。

17 画面左のキルクスについては何を描いているのか筆者には同定できなかった。同じLigorioのローマ地図でメトロポリタン美術館所蔵のもの（Plan of Ancient Rome, from "Speculum Romanae Magnificentiae", Pirro Ligorio Italian, 16th century, the Metropolitan Museum, https://www.metmuseum.org/art/collection/search/403213）では、ハドリアヌス廟の左、北側にネロのキルクスが描かれており、下、つまり西側にはキルクス状のものは何も描かれていないことから、混乱があった可能性も推測される。

18 ただし芳賀（2005）は、マクセンティウス帝が、早逝した息子のためとはいえ、いまだ礼拝対象であったイセウムからこのオベリスクをキルクス・マクセンティウスに移築するのは簡単なことではなかったはずで、つまりこのオベリスクはイセウム以外の何かのためにつくられ、建てられていた可能性もあると指摘している（芳賀 2005: 119）。

19 ローマの版図ではテオドシウスが三九〇年にローマではなくコンスタンティノポリスにオベリスクを持ち込んでいる。

20 キルクスにはオベリスクと記念柱の類が建てられていたと書かれることも多いのだが、発掘の記録や想像図では、四世紀以降キルクス・マクシムス以外ではオベリスクはあくまで一本が中央に立つかたちで描かれている。

第三章　ローマ(2)――オベリスクの再生と展開（十六～十八世紀）

第二章では現在ローマに残る十三本の古代のオベリスクから、オベリスクがどのようにエジプトから古代ローマに持ち込まれ、どのような位置を占めていたのかを概観した。本章では、その後長らく倒壊していたこれらのオベリスクがいかに再生し、新たな意味と役割を担っていったかを見ることとする。

1　教皇とローマとオベリスク

古代のローマには五十本ほどのオベリスクがあったとされるが、その後ともかくも倒壊せずに立ち続けていたのは、ガイウス（カリグラ）とネロのキルクスのスピナにあった、現在のヴァティカン・オベリスクのみと考えられている。これを含め、十三本のオベリスクが十六世紀以降に再建されて今にいたるのだが、そのうち四本は十六世紀にシクストゥス五世により、そして三本は十八世紀にピウス六世により再建されたものである。

ピウス六世（在位一七七五～一七九九）が在位した十八世紀末、教皇の威信は大きく失墜していた。前世紀よりのジャンセニスムや新たなフェブロニウス主義の展開、イエズス会弾圧問題、フランスの革命、そしてついにはナポレオンのイタリア遠征を経て、ピウス六世は事実上の捕虜としてイタリアとフランスを転々とする中、一七九九年に没

図3-1　ベニーニュ・ガニュロー《グスタフ3世にピオ＝クレメンティーノ美術館を案内するピウス6世》(1782年、スウェーデン国立美術館)

することとなる。このように不遇の時代を生きた教皇であるが、その在位期間はそれまでの教皇の中で最長で、[1] 実は美術や都市景観については大きな足跡を残している。ヴァティカン美術館の基盤となったピオ＝クレメンティーノ美術館はその名が示すように、ピウス六世の前の教皇、クレメンス十四世が一七七一年に設立しピウス六世が完成させたものであるが、すでにクレメンス十四世の時代からその事業を支えていたのがブラスキ、後のピウス六世であった(Collins 2004: 148-151)。そして彼がローマ市街に残した大きな遺産が、クイリナーレ広場、トリニタ・ディ・モンティ広場、モンテチトーリオ広場の三つのオベリスクである。

ピウス六世の美術と都市改造への熱意は、教皇権の危機の時代に、西洋文化の最大のパトロンたる教皇の権威と、その文化の中心地たるローマの輝きを示すべく、古代からの文化と権威の系譜の継承をかたちにしようとする思いのあらわれであったように思われる。興味深いことに、ピウス六世が再建した三つのオベリスクは、どこかでシクストゥス五世とつながっている。クイリナーレ広場はシクストゥス五世の命でドメニコ・フォンターナが改造した広場であったし、スペイン階段の上、トリニタ・ディ・モンティ広場に再建されることとなったいわゆるサルスティアーノ・オベリスク(図2-15)は、最初、シクストゥス五世によってサンタ・マリア・デッリ・アンジェリ教会の前に再建しようと計画されていたものであるし、[2] モンテチトーリオ広場のいわゆる「ソラーレ」オベリスク(図2

図3-2　アントニオ・プレソッティーニ
《ローマのポポロ門の図》1797年頃

―1）も、最初に再建を試みたのはシクストゥス五世であった。[3] また、図3―2は"Prospetto della Porta del Popolo in Roma"と題されており、つまりポポロ門の設計見取り図だが、この紋章はピウス六世のものである。[4] つまりピウス六世の紋章を冠した門建築の計画があったが、実現しなかったものと推測される。このポポロ広場にはシクストゥス五世が再建したフラミニオ・オベリスク（図2―3）がある。この名はポポロ広場がフラミニア街道の起点であることに由来する。ローマの街道はそれぞれに重要であるが、古代に最初に開かれた主要な街道は南東に向かうアッピア街道で、これに対して北に向かうフラミニア街道は百年ほど遅れて開かれたものである。中世には一時廃れていたが、ルネサンスを経て、ヨーロッパからローマに向かう多くの人がこの道を辿ることになり、ポポロ広場は彼らをローマに迎える入り口となり、重要度を増していた。後に触れるように、ポポロ広場はシクストゥス五世の都市改造の重要な起点ともなっていた。そこに立つ三〇メートルを超えるオベリスクは、やってきた者にはローマのシンボルとも見えたことであろう。ピウス六世がここに自らの紋章を冠した門を建てようとしたことには、彼がシクストゥス五世の都市計画を継承する意図を持っていたことが感じられる。なおこの門の建設は実現しなかったが、モンテチトーリオ・オベリスク（図2―1）の頂点を飾る球体には、ピウス六世の紋章の一部である、星と風に耐える百合とがデザインされており、また、ピオ＝クレメンティーノ美術館にも多くの紋章があしらわれている。美術と都市景観に対する彼のこだわりは、文字通りその跡をこの都市に残した

図3-3　ニコラウス・ファン・アルスト（版）、《シクストゥス五世の肖像》、1589年頃

といえよう。

このように、十八世紀の厳しい時代にピウス六世がいわばモデルとした教皇が、十六世紀のシクストゥス五世（在位一五八五〜一五九〇）である。ローマに再建された十三本のオベリスクの内、最初の四本を建てたのがシクストゥス五世である。図3-3はシクストゥス五世の功績を示す図で囲まれた肖像の版画である。類似のものは複数存在するが、どれにも必ず、四つのオベリスクと、それらをランドマークにしてつながる形で整備された新しい道が描かれている。彼は建築家ドメニコ・フォンターナ（Domenico Fontana、一五四三〜一六〇七）らとともに、ローマの主要な聖堂と広場を結ぶ新たな街路をひらき、水道や噴水を整備した。これはフラミニア街道からポポロ広場を経てローマに入ってくる巡礼者の目的地であるバジリカを結びつけ彼らの便宜をはかるものだが、巡礼者が中心部を迂回して市街地周辺の目的地を巡るように誘導するとともに、ローマの中心街に人が集中する状況を変え、引いてはサンタ・マリア・マッジョーレと教皇所有のヴィラ・モンタルト周辺地区の「非居住地区」に人口を定着させることをも意図していたと指摘されている（ロウ&ザトコウスキ 2006: 356）。この大きな都市改造計画において、巡礼路の重要な結節点に置かれた新たなランドマークが、四つのオベリスクであった。

新しい大通りは中世ローマの中心部を迂回し、それに沿って進めば巡礼者が市街地周辺の聖堂や宗教記念碑に容易に到達できるような交通体系の創造をめざしたものだった。新しい通りによって生まれる長い視線の先にいかにして劇的な焦点を設けるかという問題は、巡礼路の主要な教会堂の脇にオベリスクを設置することで解決され、まずサン・ピエトロ（一五八六）、次いでサンタ・マリーア・マッジョーレ（一五八六）、サン・ジョヴァンニ・イン・ラテラーノ（一五八八）、そしてポポロ広場（一五八八）が続いた。都市の組織がこのように変換された結果、永遠の都における宗教上の地勢図が生み出され、それは今日まで持続している。だがオベリスクとは空間を形作る形態である以上に、勝ち誇る教会を物理的に象徴するものだった。初期キリスト教時代の教皇たちが権威づけのために古代遺物を再利用したように、シクストゥス五世は古代遺跡を近代キリスト教の目的に奉仕するよう再び聖別した。

（ロウ＆ザトコウスキ 2006: 359）

シクストゥス五世は十六世紀末の教皇であるが、十六世紀もローマと教皇にとって決して楽な時代ではなく、カール五世によるローマの攻略と破壊があり、時に教皇庁の堕落が大きな問題となり、そしてプロテスタントの伸長を受けて反宗教改革が展開した時代であった。この時代にシクストゥス五世は、わずか五年四カ月ほどの在任期間の内に、教皇庁の財政を立て直し、その制度を刷新しつつ、ローマの都市改造に注力し巡礼者を呼び込み、また世界中の司教にローマ訪問を義務付け、ローマを名実ともにカトリック世界の中心都市へと作り替えた。そしてこの都市改造において、「教皇が建設した新しい街路のなかで最も唖然とさせる光景は、象徴的なしるしや都市景観の焦点としてオベリスクを使用したことに」（ロウ＆ザトコウスキ 2006: 359）あった。エジプトに由来するこの古代建築物が、新たな役割を負ってローマに復活したのである。

2　ヴァティカン・オベリスク

「オベリスクの都市」ローマの形成において、ヴァティカン・オベリスクは特別な位置を占める。これは唯一、再建時まで倒壊することなく残っていたオベリスクであり、古代から時を経て現在の位置に移設・再建された最初のオベリスクであり、[5] カトリック世界の中心地としてのローマの核心を成す場所に立つオベリスクだからである。そして本書の関心にとって重要なことに、このオベリスクには複数の死のイメージが関わっている。

第二章で見た通り、ヴァティカン・オベリスクはもともとはガイウスとネロのキルクスのスピナに建てられていたものである。図3-4が示すように、サン・ピエトロ大聖堂はこのキルクス跡地に大きく重なるかたちで建てられている。このオベリスクのサン・ピエトロ大聖堂前への移設は、早くも十五世紀半ばにはニコラウス五世が企図していたことであり、その後パウルス三世やグレゴリウス十三世も望み、多くの建築家らが案を考えたが、かなわぬまま百年以上がたっていた（Curran et al. 2009: 78-82, 106-107）。シクストゥス五世は一五八五年四月に教皇に選任されると、早くも八月から九月にかけてこのオベリスクの移設について話し合うために「街路、橋、噴水に関する委員会[6]（*Congregatio super*

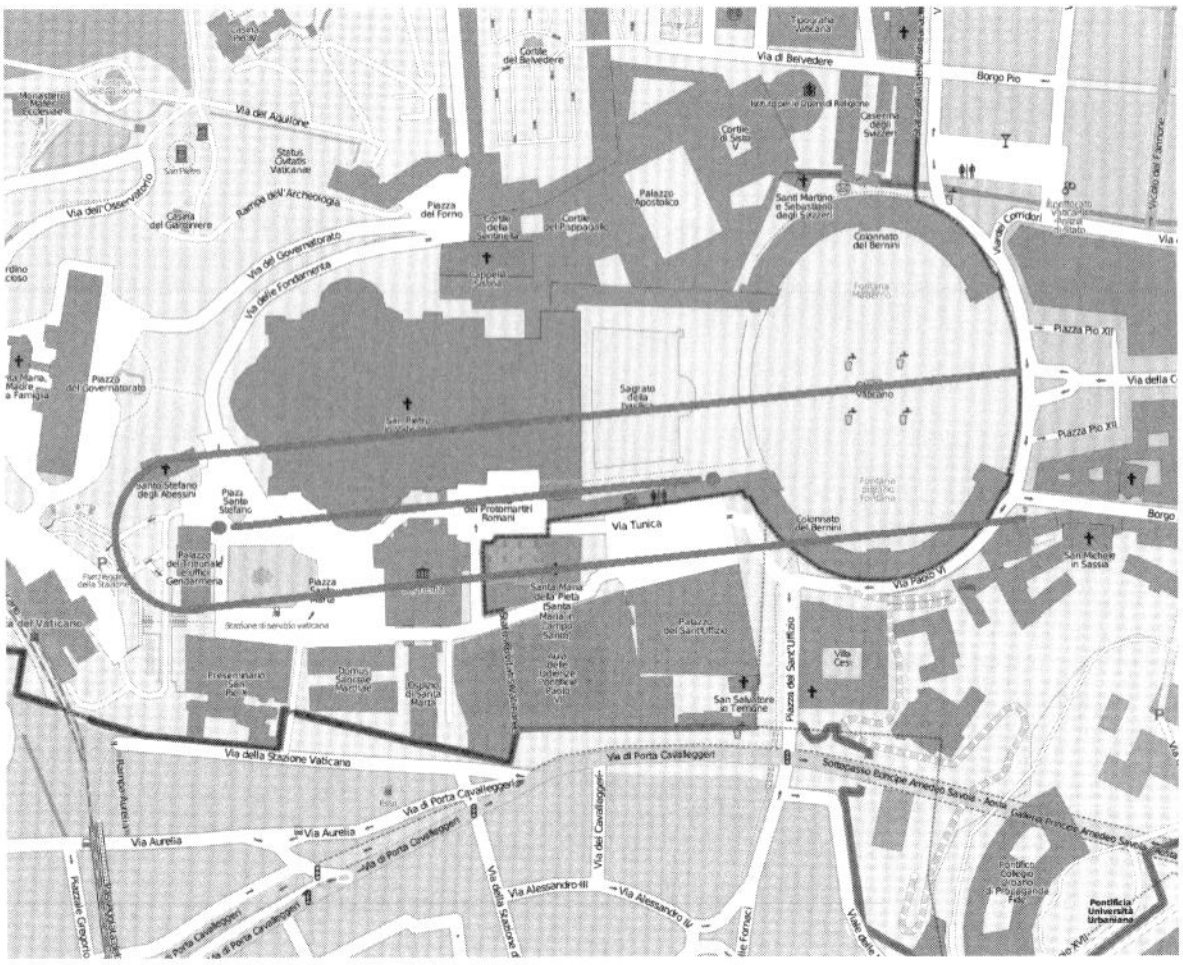

図3-4　ネロのキルクスの位置図　（José Luiz Bernardes Ribeiro作成、CCBY-SA 4.0）

viis, pontibus et fontibus）」の会合を開いた。多くの提案がなされた中から、シクストゥス五世の信任を得ていることが知られていたドメニコ・フォンターナ[7]の提案がまず選ばれたものの若すぎるとのことで反対が出て、一度は年長の二名の提案が選び直されたが、結局、シクストゥス五世の主張によりこの二名は解任されフォンターナがこの事業を請け負うこととなった。彼はさっそく準備を進め、翌一五八六年四月末にオベリスクを台座から外す作業に着手し、五月初旬には移動用のそりに載せることに成功した。六月には新しい設置場所に移動を終え、最終的に九月にオベリスク移設の作業を完了させた（Curran et al. 2009: 78-82, 118-132; Habachi 1977=1985: 156-157）。この大事業はローマの内外の人々の注目の的となり、多くの人が集まり、またその作業の過程を描写する図版もフォンターナの記録等に多く残されている（図3-5、6）。

図3-5　ネロのキルクスからのオベリスク移設を描くフレスコ画、ヴァティカン・ライブラリー

図3-6　ナターレ・ボニファシオ他、「ヴァティカン・オベリスクの移設」、『壮麗なるローマの風景』、1586年

　このオベリスクは、ヒエログリフの碑文こそないものの、ラテラン・オベリスクに次ぐ二

図3-7　古代のオベリスクの頂点部分　カピトリーノ美術館

五・五メートルの高さを誇り（基壇を含めると四一メートルに及ぶ）、一度も倒壊せずに残っていたことからも最初の移設事業の対象とされたのも当然に思われるが、実はそれ以上に重視されるだけの歴史的な理由があった。第一にカエサルの遺灰との関連、第二に聖ペトロの殉教との関連である。

移設されたヴァティカン・オベリスクの頂点は十字架で飾られているが、もともとは図3-7の金属製の球体がつけられており、ここにはカエサルの遺灰が入っているとの伝説があった。この伝説の典拠とされるのが、十二世紀のローマのいわばガイドブック『都市ローマの驚異（*Mirabilia Urbis Romae*）』である。その十八章目にあたる部分が「ヴァティカンと針について（De vaticano et Agulio）」と題されており、そこに以下の一節がある。

Iuxta quod est memoria Cesaris, id est agulia, ubi splendide cinis eius in suo sarcophago requiescit

そばにはカエサルの記念碑、つまり針がある。それは偉大なるその遺灰がおさめられた石棺にあたる(8)

この「針」がガイウスとネロのキルクスのオベリスク、後のヴァティカン・オベリスクである。スエトニウスの『ローマ皇帝伝』が語るようにカエサルはフォロ・ロマーノで火葬されたとされており、後に神殿もたてられているが、遺灰の行方は不明である。『都市ローマの驚異』ではそれがこのオベリスクの頂点におさめられていると語られており、この説は中世以来かなり普及していたものらしい。十六世紀のオベリスクの移動の際にはさっそく調査が行われたが、実際にはほこりしか出てこなかったという。

もう一つ、このオベリスクと深く関わる「死」が、ペトロの殉教である。サン・ピエトロ大聖堂はペトロの墓所とされる場所に建てられたものである。そしてペトロの殉教もこの地で、具体的にはガイウスとネロのキルクスで起きたとしばしば考えられてきた。皇帝ネロは六四年のローマの大火の後、このキルクスで大量のキリスト教徒を処刑したとされる。一般にはペトロの殉教地はキルクスよりも南に位置するジャニコロの丘とされるが、ネロの治世に起きたとされるペトロの殉教もこのキルクスで起きたとされることもあり、実際にこのあたりで殉教したのではないかとの意見もある。一つの典拠は新約外典のペトロ行伝に「二つの metae の間のオベリスクのそば（juxta obeliscum inter duas metas）」との記述があることで、つまり、キルクスのスピナの両端の「メタエ」の間に立つオベリスクのそばでペトロは殉教したと理解できる（Barnes 1900:97）。しかしこの metae には別の理解の可能性もある。「メタ・ロムリ」と「テレビントゥス・ネロニス」との関係である。

3　ペトロの殉教と古代建築

メタ・ロムリは「ロムルスのピラミッド」を意味する。第二章で見たように、ネロのキルクスの脇に立つピラミッド型の古代の墓で、一四九九年に壊され十六世紀にはすっかり失われたと考えられている。前章で引いた図2-8は一五五一年に描かれ一五六一年に刷られた古代ローマの想像図の一部であるが、そこにもメタ・ロムリがネロのキルクスの傍らにはっきり描かれている。metaとはこのようなピラミッドや円錐の形状のものを示す語だが、終わりや境界を示す語でもある。キルクスのスピナの両端に立つ折り返しポイントであるmetaeはそもそもこの語の複数形である（三本で一セットのため複数形になる）。この名がその形状と役割のどちらに由来するのか、あるいはこのスピナのメタエからどちらかの語義が派生したのか、筆者にはわからないが、ともあれ、キルクスのメタエの近くにこの墓があり、「メタ」と呼ばれたのは奇妙な偶然である。誰のものともわからないこの墓が「ロムルスのメタ」と呼ばれるのは、今も残る、やはりピラミッド型をしたガイウス・ケスティウスの墓が中世には「メタ・レミ」、レムスのメタと考えられるようになったことと対をなしている。(9)

「メタ・ロムリ」の隣(10)にあったとされるテレビントゥス・ネロニス（Terebintus Neronis）もまた墓であり、確かな姿は不明だが、『都市ローマの驚異』の二十章目にあたる「メタとティブルティヌム・ネロニスについて（De meta et de tiburtino Neronis）」の記述ではハドリアヌス廟と似て、同じほどの高さがあり、円形の構造物が重なる形状であったとされ、そして「そのそばで使徒ペトロが礫刑に処された」とされている。この「ティブルティヌム」の名は、この墓を覆う石材がトラバーチンであったことに由来する。またネロの語はこのあたりの地名を示す語であるという（Petacco 2016:37）。そして興味深いことに、この墓は「オベリスクス・ネロニス」とも呼ばれた（Huskinson 1969: 137）。伝承からはウェディング・ケーキのような形状が想像され、オベリスクの形状とは到底言いがたいこの建造物が時に「オベリスク」と呼ばれていたのである。この墓と、ピラミッド型のメタ・ロムリと、ガイウスとネロのキルクスのオベリスク、さらに果たしていつまで残っていたものかわからないがキルクスのメタエと、複数の細長い建造物がごく近くに存在していたわけで、そこにはイメージの重複、混同が生じていたことが想像される。オベリスクをめぐっては、このような重複、混同の問題が多く見られるのだが、これについては後に第八章で論じる。

ペトロは逆さ十字で殉教したとされるが、その図像にはしばしば、このメタ・ロムリとテレビントゥス・ネロニスが描かれる。筆者の知るところでももっとも古い例が、チマブーエ（Cimabue、一二四〇頃～一三〇二頃）による《ペトロの礫刑図》である（図3-8）。左にメタ・ロムリ、右にテレビントゥス・ネロニスが描かれている。次がステファネ

図3-9　ジョット《ステファネスキ三連祭壇画》のペトロ磔刑図（部分）、1320年頃、ヴァティカン美術館

図3-8　チマブーエ《ペトロの磔刑図》 1280年代、サン・フランチェスコ聖室、アッシジ

スキ枢機卿の注文でサン・ピエトロ旧聖堂のために描かれたジョット（Giotto、一二六七頃～一三三七）の《ステファネスキ三連祭壇画》のペトロの磔刑図である（図3-9）。ここに描かれている二つの建造物はチマブーエのものによく似ている。ジョットはチマブーエの弟子であったと言われており、その関係からも、恐らくは《ペトロの磔刑図》（図3-8）を参照し表現を継承したものと想像される。興味深いことに、どちらも共通して、右側のテレビントゥス・ネロニスの上に木が生えている。これはテレビンの樹（terebinthus）とされる。外典のペトロとパウロの行伝などでは、ペトロの遺骸は、ヴァティカンのキルクスそばのテレビンの樹の下に埋められたとされている。「テレビントゥス・ネロニス」の名前はそもそもこのテレビンの樹に由来する。先に触れたように、この墓はトラバーチン材で覆われていたとされることから「ティブルティヌム・ネロニス」と呼ばれていたが、このtiburtinumとterebinthusの音の類似と、立地と、恐らくはinter duas metasのイメージから、この墓がペトロの殉教と埋葬に関わる「テレビントゥス」と扱われるようになったものと推測される（Petacco 2016: 37）。チマブーエとジョットの表現は、この墓と

テレビンの樹の伝承の融合を示している。

次はピサ郊外のサン・ピエロ・ア・グラードのサン・ピエトロ・アポストロ聖堂内のデオダート・オルランディ(Deodato Orlandi 一二六〇頃〜一三三〇頃)によるフレスコ画の中の《ペトロの磔刑図》である(図3-10)。これもペトロの両脇に二つの建造物が立つ構図だが、先の二点とはその姿が異なる。この図の右に立つのは、メタ・ロムリでもテレビントゥス・ネロニスでもなく、ガイウスとネロのキルクスのオベリスクと思われる。全体のフォルムはチマブーエやジョットが描く二つの建造物にも似て見えるが、この白い塔をよく見ると、頂点がピラミディオン構造に見える上に、金色の球体を冠している。ガイウスとネロのキルクスのオベリスクの、カエサルの遺灰を含むといわれていたあのパーツであり、ヴァティカンに移設される前のこのオベリスクの特徴である。また足元の獅子像も同じくこのオベリスクを示す要素である。先ほどから『都市ローマの驚異(*Mirabilia Urbis Romae*)』の記述に何度か触れているが、もう一つ別の『都市ローマの驚異(*Mirabilius Urbis Romae*)』のテキストがある。これはマギステル・グレゴリウスという十二世紀の恐らくはイギリスの人物によるローマの街の記録で、十四世紀に引用例があることで存在は知られていたが、テキストが発見されたのは二十世紀のことである(Rushforth 1919:14)。そこにはこのオベリスクについて以下のように書かれている。

そして、世界の支配者カエサルは、自由を抑え込み帝国を手にしたが、今はその身は小さく灰となり、この青銅の球体の内に眠っている。巡礼者たちはこれを聖ペトロの針と呼び、苦労してその下に潜り込もうとする。その石は四頭の青銅の獅子で支えられており、そこに潜り込めた者は真の悔い改めを遂げたことになるという偽りが語られている。(11)

図3-12　アントニオ・アヴェルリーノ、サン・ピエトロ大聖堂のブロンズ扉、1433-1445年頃（部分）

図3-11　ヤコポ・ディ・チョーネ、《ペトロの磔刑図》、サン・ピエル・マッジョーレ教会の祭壇画、1370-71年頃　ヴァティカン美術館

実際にはこのガイウスとネロのキルクスのオベリスクは獅子ではなく四つの青銅のカニの上に立てられていたのだが、恐らくこの獅子像の伝説ゆえに、ヴァティカンに移設されたオベリスクには後に四頭の獅子像が加えられ、カニは陰に隠れて見えなくなっているという（Habachi 1977=1985: 157）。

このオルランディのフレスコ画（図3-10）の左側の建造物が、キルクスのメタエか、あるいはメタ・ロムリかテレビントゥス・ネロニスかはわからない。なんであれ、ここでは二つのメタ（エ）の間（inter duas metas）の言葉が、オベリスクとこの建造物とで表現されているわけである。図の下部には聖ペトロがネロの命により磔刑に処された場（ubi beatus petrus fuit crucifixus de mandato Neronis）と記されている。

図3-11はヤコポ・ディ・チョーネ（Jacopo di Cione、一三二五頃〜一三九九）による祭壇画の一部を成していた《ペトロの磔刑図》である。右後方のものがメタ・ロムリとすると、左後方のものがテレビントゥス・ネロニスかと推測される。画面左の塔状

図3-13　ジャン・フーケ、「ペトロの磔刑図」、『エティエンヌ・シュヴァリエの時祷書』、1452-60年頃

のものが何かは筆者にはわからない。あるいはこちらがテレビントゥス・ネロニスで、左後方のものが「二つのメタ（エ）の間」にあるオベリスクを示すのであろうか。

図3-12はフィラレーテ（Filarete（Antonio Averlino）、一四〇〇頃～一四六九頃）こと、アントニオ・アヴェルリーノによる、サン・ピエトロ大聖堂のブロンズ扉の右下のペトロの磔刑図である。画面下に三つの建造物が見える。それぞれを何と見るか、複数の解釈があるようだが、一般には、右からメタ・ロムリ、中央やや右のものはハドリアヌス廟、そして左のものがガイウス・ケスティウスのピラミッド、つまりメタ・レミとされる。オベリスクは見られない。つまりここでは、ペトロの殉教の地は、ガイウスとネロのキルクス周辺ではなく、二つのピラミッド型墓廟の概ね中間に位置する、ジャニコロの丘に同定されているということである。興味深いのが、メタ・ロムリとされるもののすぐ左の樹で、テレビンの樹を表すものと思われる。先の解釈に従えば、ここには「テレビントゥス・ネロニス」は描かれていないのだが、その代わりにこのテレビンの樹が描かれていると考えらえる。なるほどネロの地のテレビントゥスに違いない。

一方、これより十年ほど後のものとされる、ジャン・フーケ（Jean Fouquet、一四二〇頃～一四八一頃）による『エティエンヌ・シュヴァリエの時祷書』の中の「ペトロの磔刑図」（図3-13）では、フィラレーテのブロンズ扉（図3-12）の図とは異なり、チマブーエ以来の、二つの高い建造物の間での処刑の構図がとられている。ただし、両脇の建造物はこれまでとは異なり同一の細長いピラミッド構造で、つまりメタ・ロムリ、テレビントゥス・ネロニス、このガイウスとネロのキルクスのオベリスク、そしてメタエのどれか二つを描いた訳ではなく、inter duas metas の句そのままに、ただ meta とオベリスクの形象に従って図像化したもののように思われる。

シクストゥス五世が何よりもまずこのガイウスとネロのキルクスのオベリスクの移設を望んだのは、やはりこのオベリスクにペトロの殉教の物語が深く関わっていたからであろう。このオベリスクには、カエサルとペトロの死の物語が深く関わっており、さらにそこに、二つの別の古代の墓のイメージが関わっていた。そしてこのことは、後のオベリスク意匠の墓への利用や、十八世紀以降のオベリスク型墓石の成立にも関わってくる重要な要素と考えられるのである。

4　ベルニーニとキルヒャーと新しいオベリスク

「オベリスクの都市」ローマの景観をつくった重要人物として、シクストゥス五世に次ぐ大きな役割を果たしたのがベルニーニであろう。四大河川の寓意像で知られるナヴォーナ広場のアゴナリス・オベリスクと、象の台座が印象的なミネルヴァ・オベリスクの再建に加えて、ヴァティカン・オベリスクを擁するサン・ピエトロ広場の列柱に囲まれた卵形の劇的なデザインを実現したのも彼である。そしてベルニーニが再建した二つのオベリスク双方に関わる重要な人物がアタナシウス・キルヒャーである。

ジャン・ロレンツォ・ベルニーニ（Gian Lorenzo Bernini、一五九八～一六八〇）は若くして彫刻にも建築にも才能を発揮し、ウルバヌス八世（在位一六二三～一六四四）に重用されたが、彼の命で手がけたサン・ピエトロ大聖堂の鐘塔の前廊の亀裂問題が生じたことで一時苦境に陥ることとなる。一六四四年にウルバヌス八世が没し、その一族でベルニーニのパトロンであったバルベリーニ家と険悪な関係にあったパンフィーリ枢機卿が教皇インノケンティウス十世となると、この問題が調査・検討され、結局、鐘塔の取り壊しという不名誉な結末に至ってしまう。インノケンティウス十世はベルニーニのライバルで彼を敵視していたボッロミーニらを重用した。この不遇の時期――に彼は有名な《聖テレジアの法悦》やウルバヌス八世の墓をつくっているのだが――からの華麗なる復活を告げたのが、ナヴォーナ広場のオベリスクである。

ナヴォーナ広場はドミティアヌス帝がつくらせたキルクス・アゴナリスの跡地である。インノケンティウス十世の一族、パンフィーリ家のパラッツォがここに面しており、教皇はこれを拡張してパンフィーリ宮をつくり、またサンタニェーゼ・イン・アゴーネ教会をつくるなどしてこの広場を大きく改造し、自らとパンフィーリ家の力の象徴となる場所へとつくりかえようとしていた。この広場の改造の重要な要素が噴水の建築であり、教皇はそこにキルクス・マクセンティウスに倒壊していたオベリスクを組み込むことを望んでいた。その設計を募った際、ベルニーニは対象にも入っておらず、選ばれたのはライバルのボッロミーニだったとされる。[12] しかしベルニーニは、恐らくはボッロミーニの案にヒントを得つつ、銀で見事な模型を創り、それを知人の伝手を頼って[13]教皇の目にいれることに成功した。ベルニーニの息子ドメニコが書いた伝記によれば、この模型を見てしまった教皇は、感嘆して半時間も眺めた後、「この模型はベルニーニ以外の手になるものではなく、このお膳立てをしたのはルドヴィージ公であろう。もはや、彼に対する反感はあっても、ベルニーニを雇うしかない。彼のこのデザインを使いたくないなら、これを目にしてはいけなかったからである」と言ったと伝えられる（モルマンド 2016: 258; 石鍋 2010 [1985] : 116）。

こうして見事にインノケンティウス十世の心を掴んだベルニーニが四年かけて一六五一年に完成させたのが、オベリスクを冠する《四大河の噴水》である（図3-14）。このオベリスクは本体は一六・五メートルほどとさして大きい方ではないが、中が空洞になった岩山を台座に、ドナウ、ナイル、ガンジス、ラプラタの四大河川[14]の寓意像で飾られたその全体像は、三〇メートルを超える壮観をなしている。これは大変な評判となり、一年ほどの間にこれを賞賛する書物が八冊も出版されたという（石鍋 2010 [1985]: 120）。これにより教皇もベルニーニを大いに厚遇するようになった。このオベリスクの頂点には、オリーブの小枝をくわえた鳩が置かれている。これはもちろんノアの洪水後に現れた鳩であり精霊のしるしであるが、同時にパンフィーリ家の紋章であり、それはことさら教皇を喜ばせたものと思われる。

図3-14　リーヴァン・クリュイル「アゴナリスの広場」『ローマ市内の名所風景』、1666年

興味深いのは、このインノケンティウス十世のために再建されたオベリスクと噴水が、それまでのオベリスクと違い、世俗性の際立つ作品であるということだ。シクストゥス五世が再建させたものはどれも頂点に十字架を冠し、立派な基壇で高さを増してはいるものの、ベルニーニのそれのような劇的な作品性を伴うものではない。この作品について、後に枢機卿となるフランチェスコ・アルビッツィは、後のアレクサンデル七世となるファビオ・キージに対して、「まったくそれは世の奇跡だ……ベルニーニは一つは宗教的、他は世俗的な記憶さるべき二つの作品を作った。前者はサン・ピエトロの聖者の墓をおおうバルダッキーノ（大天蓋）を支える柱であり、世俗の作品とはこの噴水である。それは古代の最も美しい建造物をも凌駕している」と書き送っているという（石鍋 2010 [1985]: 120）。十六世紀末のシクストゥス五世のオベリスク再建はカトリック世界の中心地としてのローマの都市計画に組み込まれたものだったが、十七世紀半ばのバロックの時代、ベルニーニが手掛けたアゴナリス・オベリスクは、キリ

スト教的表象性から遠のき、新たなかたちをとったのである。

それはもう一つのミネルヴァ・オベリスクにもいえることである。これは一六六五年にサンタ・マリア・ソプラ・ミネルヴァ教会附属のドミニコ会修道院の敷地から発掘されたものである。本来は恐らくミネルヴァ神殿というよりイシス神殿に建てるために持ち込まれたものと考えられているが、この教会の名がそもそも「ミネルヴァ神殿の上に」建つ聖マリアの教会ということで、その由来からミネルヴァ・オベリスクと呼ばれる。時の教皇、アレクサンデル七世（在位一六五五～一六六七）の命でベルニーニがデザインして再建されたこのオベリスクは、本体はわずか五・四七メートル、台座を含めた全高も一二・六九メートルと小ぶりだが、その象の意匠の台座は印象深く、ガイドブックなどにもよく写真が使われる。この象のデザインはそもそも、一四九九年刊の『ポリフィーロの夢（*Hypnerotomachia Poliphili*）』にイメージ源があると指摘されている。主人公ポリフィーロが恋人を求めて幻想的な世界をさまよう物語で、美しい木版画の挿絵でも知られており、その中にこのオベリスクとよく似た挿絵がある[15]（図3-15）。ベルニーニがこのイメージをデザインに取り入れようとしたのはこれが初めてではなく、一六三二年にバルベリーニ家の庭園に装飾としてオベリスクを立てることを考えた時のデザイン案がよく似ており（図3-16）、また一六五一年にスペイン皇女誕生を祝う花火の演出を依頼された折にも、オベリスクではないが、塔を背中に載せた象をつくっている（石鍋 2010 [1985]: 124-125, 187; 伊藤 2015:55）。印象的なデザインであるが、しかしなぜここで、この異国的で世俗的なデザインがついに採用されたのだろうか。背景には、アレクサンデル七世とアタナシウス・キルヒャーの意向があったものと考えられている。

アタナシウス・キルヒャー（Athanasius Kircher、一六〇二～一六八〇）はドイツ出身のイエズス会士で、森羅万象を対象に特異な研究と思索を展開した人物である。その研究の中でもヒエログリフ研究は重要な位置を占めていた。彼は司祭に叙されてすぐ、ドイツのシュパイアーのイエズス会士の学院の図書館で、ヒエログリフが刻まれたオベリスクを図示した書物に出会い、これを解読したいとの強い願いを抱いたとされる。(16) キルヒャーはノアの三子の一人、ハムがエジプトに入植し、そこから本来の神の教えとはずれた多神教的な古代思想が各地に展開したと考え、そしてこれらを解き明かすことで、ノア以前にまで遡る原初の世界とその知恵まで再現しうると考えていたという（Godwin 1979=1986: 37-44）。その彼にとって、ヒエログリフはヘルメス・トリスメギストスの叡智のあらわれであり、オベリスクこそはそれを解き明かす鍵だった。キルヒャーのヒエログリフ理解は、常に彼独自の秘儀的な読みに基づいており、十九世紀以降には完全な誤りとされることになる。しかし十七世紀のヨーロッパで誰よりも古代エジプトに詳しかったのはやはりキルヒャーで、その読みの内容は誤っていたにしても、たとえば、後にスペイン階段上に再建されることとなる後のトリニタ・ディ・モンティのオベリスク（図2-15）について、キルヒャーは見えている三面の

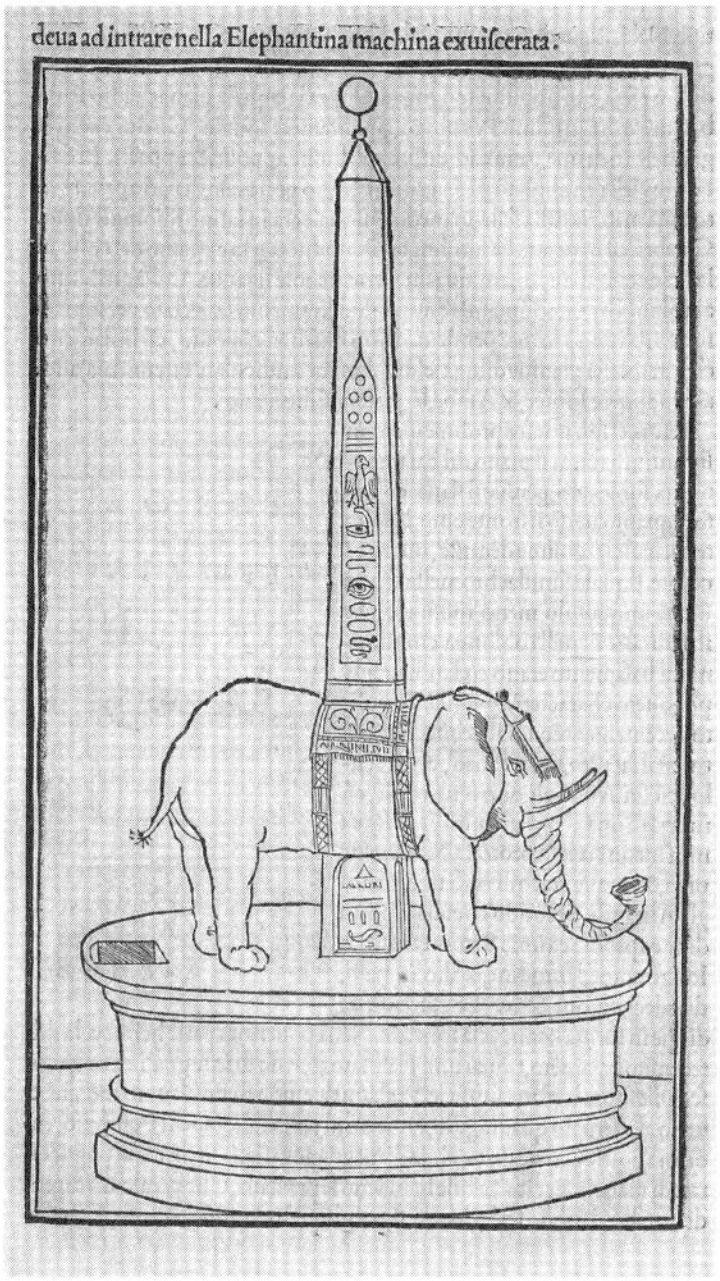

図3-15　オベリスクを背負う象、『ポリフィーロの夢』挿絵より、1499年頃

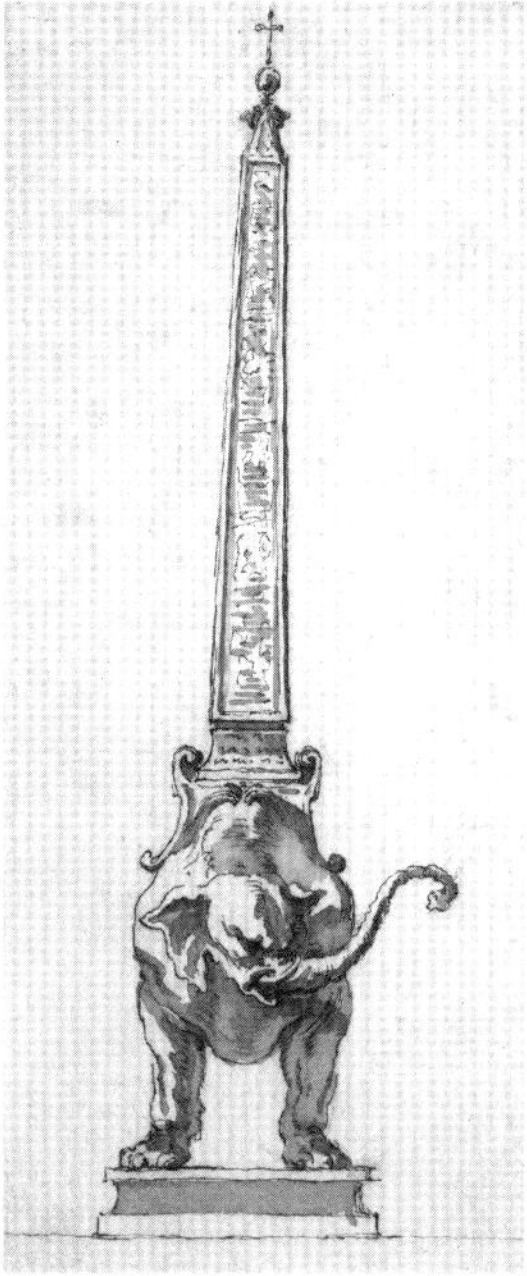
図3-16　ベルニーニによるオベリスクを背負う象のモニュメントのデザイン案、1632年頃　RL 5628, Royal Collection Trust.

碑文をもとに地面に接して見えない面の碑文を推測したが、これは後にオベリスクを起こしてみたところ見事に合っていたという（Godwin 1979=1986: 155-156）。そのため、アゴナリス・オベリスク再建にあたっても、またミネルヴァ・オベリスクの発掘再建にあたっても、キルヒャーに研究調査が命じられていた。

ミネルヴァ・オベリスクについては、アレクサンデル七世からキルヒャーに発掘の指揮と再建策の考案が求められていた（Habachi 1977=1985: 153; 伊藤 2015: 54）。さまざまな台座案が出た中で結局ベルニーニの象のデザインにいたるのだが、これについて伊藤博明は、「……その理由は知られていない。いずれにせよ、決定にあたっては教皇自身、キルヒャー、ベルニーニの間で議論されたと想像される」とする（伊藤 2015: 54）。この選択の意図のヒントとなるのが二つの銘文である。この銘文について、石鍋真澄はアレクサンデル七世自身の手に成るものとし（石鍋 2010 [1985]: 187）、また伊藤は「おそらくその内容はキルヒャーが案出したもので、教皇の了解を得ていたと考えられる」としている。伊藤の訳を引くと、

主の一六六四年に、アレクサンデル七世は、神的な知恵に対して、古のオベリスクを、地下から掘り出され、かつてはミネルヴァの広場にあり、現在は神の母なる処女の広場に建てられたエジプトのパラスの記念碑を奉献した。

動物の中で最強の象によって運ばれる、オベリスクに刻まれた、エジプトの知恵の形象を見る者は、強い精神は堅固な知恵を保持するという教えを理解しなさい。（伊藤 2015: 56）

となる。象の意匠の選択に、アレクサンデル七世の意向は大きかったようである。伊藤によれば、

……『ヒュプネロトマキア・ポリフィリ』は、アレクサンデル7世も親しんでいた作品であり、彼の所有していた一四九九年のアルドゥス版は、現在もヴァティカン図書館に所蔵されている。そこには教皇自身の手による多くの書き込みが見られ、たとえば、巨象の頭部から鼻先に懸けられた、真鍮製の装飾物に記された「労苦と勤勉」（ΓΟΝΣ ΚΑΙ ΕΥΦΙΑ）というモットーには、「この形象は像の頭部にあった」と文字が加えられている。

（伊藤 2015:55）

という。これは、『ポリフィーロの夢』の以下の内容によるものと思われる。

鞍のさまざまな装飾素材の中央にはラテン語の句「Cerebrum est in capite 脳は頭にある」が録されています。また……額へと青銅製の大きな織布が拡がっていました。……中央の平坦部にはイオニアとアラビアの文字が綴っか認められました。それは次のようなもの。

ΓΟΝΟΣ ΚΑΙ ΕΥΦΥΙΑ

——刻苦勉励

（コロンナ 2018:59）

そして伊藤は、

この銘記においては、オベリスクが建立された場所に関して、エジプトのパラスであるイシスから、ギリシア・ローマの知恵の女神（パラス／ミネルヴァ）を介して、ロゴスの母であるマリアへの展開が確証されている。これはまさに、上述した、キルヒャーの「古代神学」の構想と合致するものである。

（伊藤 2015:56）

GII ROM. S. J. 27

Armadillus Ericius loricatus, animal amphibium, dura undequaque te- *Pars* II.
Armadillus *ſive* Ericius *cataphractus* Americæ.
ſta armatum, quæ veluti undis, aut ſquamulis contecta videtur, figuræ ob-

図3-17　『イエズス会ローマ学院の栄えある博物館』、1678年（Collegio Romano. Museo 1678：27）

図3-18　ベルニーニ《四つの河の噴水》のアルマジロ像
The Armadillo from the Four rivers Fountain in Piazza Navona, Rome on Rome, by Jonathan Rome,

と論じ、キルヒャーの影響の可能性も指摘している。(17) このオベリスクの異国的なデザインはごく世俗的なものに見えるが、頂点には十字架がつけられている。古代エジプトの「知恵」を聖母マリアの教会前に再生し、その「知恵」を「労苦と勤勉」で支え、頂点に十字架を冠するという発想は、ノア以前に遡る原初の知恵に至るために古代エジプトのヘルメス・トリスメギストスの知恵を追求する特異なイエズス会士、キルヒャーの意図と、確かに一致しているように思われる。ただしそれは、シクストゥス五世による、カトリックの中心地の現出のためのオベリスクの利用とはやはり質を異にするもののように思われる。

ヒエログリフと古代エジプトの知恵に関するキルヒャーの著作は複数存在するが、最初の一冊は一六五〇年の『パンフィーリのオベリスク』（*Obeliscus Pamphilius*）である。これはナヴォーナ広場のアゴナリス・オベリスクの再建にあたって、その碑文の研究を求められた成果として著されたものである。(18) イングリッド・ローランドはキルヒャーの古代の世界と思想の理解が、ベルニーニの《四つの河の噴水》の表現に強く影響していると論じている。「当初キルヒャーはただ崩れたオベリスクのヒエログリフの欠落や破損の復元を助けるよう、ベルニーニに求められただけだった。しかしすぐに、その強烈な想像力と熱狂の影響力により、噴水全体の設計において枢要な役割を果たすようになった」(Rowland 2010: 265)。キルヒャーのエジプトや古代世界や地質学への強い情熱がこの噴水のデザインそのものに実際どこまで影響したものか、四大河川の意匠自体はボッロミーニ案にもあったとされることなどを考えると、筆者には判断が難しい。(19) ただ、ベルニーニが見たことがなかったはずのアルマジロの像の独特の表現に、キルヒャーが持っていた剥製の影響があったのではとの指摘は興味深い。なるほど、後に一六七八年に出版されたカタログにあるアルマジロ（図3-17）の独特の口元は、確かに噴水のそれと似ている（図3-18）。少なくとも、四大河川を表す人物像の周囲に配された多様な生き物の表現にキルヒャーの影響があった可能性は高く、だとすれば、噴水の表現全体にもキルヒャーの影響があった可能性もあるように思われる。

5　「オベリスクの都市」の完成へ

ベルニーニとキルヒャーという二人の特異な才能の協働の上に再建された二本のオベリスクは、それぞれインノケンティウス十世とアレクサンデル七世の意図を反映しつつも、シクストゥス五世が再建したものとは異なる、新たな世俗的意匠をまとうものとなった。この時代のローマの輝きにおけるアレクサンデル七世とベルニーニの働きについてフランコ・モルマンドはこう語る。

……ベルニーニとアレクサンデル七世という夢のような組み合わせが生み出したいくつもの建造物は、ローマの街路や教会、広場に、それまでのどの教皇の都市開発をもしのぐ、目を見張るほどの威容と華やかさをもたらしたのである。……バロック期のローマは、およそ一六六八年までに、現代の観光客から最も愛されている数々の建築物の大半を備えた景観を誇るようになった。

（モルマンド 2016: 291-292）

そしてこの「キージ時代」のベルニーニの作品の中でも、サン・ピエトロ大聖堂の「カテドラ・ペトリ」と並んで、サン・ピエトロ広場のコロンナート（列柱廊）こそが、特に重要なものだったとする。この難事業は、多大な費用と十一年ほどの歳月を費やして一六六七年に完成した。この段階でローマに再建されたオベリスクはまだ六本だが、しかしこの六本を再生した二人、シクストゥス五世とベルニーニの仕事が一つになった、このサン・ピエトロ広場の完成をもって、「オベリスクの都市」の基盤も完成したといってよいだろう。二つの円を重ねた楕円形（厳密には楕円ではないが似た形状になる）と台形を連ね、一四〇体の聖人像を冠する柱廊でこれを取り囲むその劇的な空間について石鍋は、

図3-19　サン・ピエトロ広場、ヴァティカン Vatican City – Piazza San Pietro – Veduta Aerea, 1961, Digital USD, University of San Diego.

……公式文書が早くからこの広場を「劇場《テアトロ》」と表現しているように、円形劇場（あるいは闘技場《アレーナ》や模擬海戦場《ナウマキア》）がベルニーニの最初の「着想」だった可能性は大きいといえよう。……諸聖人をいただく円形の柱廊《コロンナート》は円形劇場と地球（あるいは宇宙）とを連想させるから、この広場は単なる劇場ではなく、いわゆる「テアトルム・ムンディ」（世界の劇場）の概念を具現化しようとしたものだと解釈できるのである。

（石鍋 2010［1985］: 154）

と論じている。この空間の中心をなすのが、あのヴァティカン・オベリスクである。本章で見てきたように、このオベリスクには複数の物語・イメージが重なっているが、これこそが、アリーナと教会と劇場が合一し、古代からバロックまでのローマの歴史と記憶をつなぐこの空間の中心をなす結節点となったわけである（図3-19）。一方で、この広場では抑圧されている古代エジプト由来の異教の知恵のイメージは、ミネルヴァ・オベリスクやアゴナリス・オベリスクには新たな形で蘇っている。こうしてローマにおいて、オベリスクが持ちうる含意はより多様に、複雑になっていったのである。

注

1　ペトロを除く。現在では在位期間第四位にあたる。

2　この計画が頓挫した後、十七世紀にはキルヒャーがアレクサンデル七世に再建を上申するもかなわず、十八世紀にクレメンス十二世の時代についにサルスティウスの庭園から運び出され、一七三六年にサン・ジョヴァンニ・イン・ラテラーノ広場に移送されたが、さらに五十五年間放置されていたものを、ついにピウス六世が再建したものである（Habachi 1977=1985: 164、芳賀 2005: 123）。

3　このオベリスクは比較的長く、八世紀、あるいは十〜十一世紀まではカンプス・マルティウスに建っていたとされるが、その後長らく倒壊していたものが十六世紀に発掘され、一五八七年にシクストゥス五世が再建を命じるも、状態が悪かったため計画は頓挫、再度埋められていた。その後十七世紀にアレクサンデル七世も再建を企図したが実現せず、十八世紀にベネディクト十四世が再建に着手、これを完成させたのがピウス六世であった（Habachi 1977=1985: 150-152）。

4 ローマの郊外、スビアーコに残る一七八七年建築の凱旋門のピウス六世の紋章はこれとまったく同型である。

5 パンテオン前に立つマクテオ・オベリスクは、十四世紀末にサン・マクート教会そばで発掘された後一度教会前に設置されたとされ、そのころの姿の図像も残っているが（Ambrogio Brambilla, Macuteo Obelisk in front of the Church of St Macute, from *Speculum Romanae Magnificentiae*, by Antoine Lafrery and Nicolas van Aelst, 1589.）、その後一七一一年にクレメンス十一世によって現在地に移設されている。この経緯のため、マクテオ・オベリスクとも、また現在立つ位置からロトンダ・オベリスクやパンテオン・オベリスクとも呼ばれる。これは本体は七メートルに満たない小さいものだが、それだけに早くに発掘、再建されたため、「ルネサンス期、このオベリスク（現在はパンテオン正面に立つ）は、碑文を視認しやすいことから、そのささやかなサイズにはそぐわないほどに重視された」という（Curran et al. 2009: 72）。なお、このオベリスクと本来一対であったと考えられるものが、チェリモンターナ公園のオベリスクである。これもまた元々はイシス神殿《イセウム》にあったとされるが、その後どうしてか、十四世紀にはカピトリーネの丘にあったとされる。その後、第二章で触れたとおり一五八二年にローマ市からチリアコ・マッテイ侯爵に贈呈され、チェリモンターナの彼の別邸に建てられた。その後この別邸は荒廃しオベリスクの状態も悪化していたが、十九世紀に元スペイン首相のマヌエル・デ・ゴドイが滞在した折りに修復され、位置も変わっている（Curran et al. 2009: 136; Habachi 1977=1985: 144-146）。

6 これは最初、一五六七年にピウス五世が設置したもので、以降たびたび招集されていた。シクストゥス五世以降二十世紀まで存続した（Curran et al. 2009: 114; Rinne 2001: 40）。

7 この会合にはドメニコの兄のジョヴァンニ・フォンターナ（Giovanni Fontana、一五四〇〜一六一四）も出ていたが、選ばれたのはドメニコである。

8 ラテン語テキストはWilliam L. CareyのLatin Libraryページ上のもの（https://www.thelatinlibrary.com/mirabilia.html）を参照し、翻訳にあたってはNichols (1889) の英訳とラテン語テキストを参照した。

9 ローマ市内には他に二つ、ポポロ広場の、現在双子の教会がある場所に二つのピラミッド型の墓があったとされる。アッピア街道沿いにもピラミッド型墓廟（Mausoleo piramidale）の跡が残っている。

10 一般にメタ・ロムリの北東にあったとされてきたが、一九四八〜九年の発掘調査からは北西側にあったと考えられている（Petacco 2016: 39）。

11 ラテン語テキストはWilliam L. CareyのLatin Libraryページ上のもの（https://www.thelatinlibrary.com/mirabilia1.html）を参照し、

翻訳にあたってはRushforth (1919: 42-3)と、Curran et al.（2009: 64-65）の英訳とラテン語テキストを参照した。

12 ハバシュはジローラモ・レナルディであったとしている（Habachi 1977=1985: 167）。

13 このできごとのお膳立てをしたのは教皇の義理の甥のニッコロ・ルドヴィージ公だが、背景にいたのは、ルドヴィージ公の妻の母で教皇の義理の姉であったドンナ・オリンピア・マイダルキーニ・パンフィーリであったと考えられている。オリンピアはパンフィーリ家の実権を握り、教皇着任にもその治世にも大きく関わったとされる人物で、悪評も高かったが、ローマの文化の大パトロンであり、ベルニーニも多くの贈り物を贈るなどして関係を築いていた（モルマンド 2016: 219-222, 228, 257）。

14 四つの大陸を象徴する四大河川であるが、この選択については落合（2023）に詳しく論じられている。

15 本書には他にも、オベリスクと思われるものが複数回出てくる（コロンナ 2018: 382-3, 394）。また、挿絵ではオベリスクに似た印象だが、実際は三角錐状のものもある。

16 この書物はヨーハン・ゲオルク・ヘルヴァルト・ヴァン・ホーヘンブルク『ヒエログリフ宝典』（Thesaurus Hieroglyphicorum, c. 1610）と考えられている（Godwin 1979=1986: 149; 伊藤 2015: 39-40）

17 キルヒャーは動物にも詳しく、象についての記述も知られている（Ermacora 2020: 119-127）。

18 一方、ミネルヴァ・オベリスク再建にあたっては、一六六六年に『エジプトのオベリスク（*Obelisci Aegyptiaci*）』がアレクサンデル七世に捧げるかたちで刊行された。

19 モルマンドによれば、ローランドはまた、アゴナリス・オベリスクについて、キルヒャーはオベリスクに「ある種の宇宙的な生殖力」を見いだし、この噴水に性的な象徴性を見ようとしていたとも分析しているという（モルマンド 2016: 359）。

第四章　ローマ、ロンドン、そして墓
――装飾と平面とはりぼてと（十六～十八世紀）

第二章と三章では、古代エジプトのオベリスクが、古代ローマに持ち込まれ、長い時を経て十六世紀以降のローマに蘇り、「オベリスクの都市」を現出させた展開を見てきた。本章では、オベリスクそのものではなくその「意匠」が、特にローマからイギリスにどう広がり、その中でどのように慰霊と結びついていったのか、そしてその形象がどのようなものであったのかを見ることとする。

1　小さいオベリスク(1)――イタリア周辺の建築装飾としてのオベリスク

前章で見たとおり、ローマに最初に古代のオベリスクが再建されたのは一五八六年だが、これと前後して、建築にオベリスクの意匠を装飾的に添えることが始まっていた。ここではまず、ルドルフ・ウィットカウアーの論（Wittkower 1989: 60-70）に即して、モンテプルチャーノのサン・ビアージョ教会、ヴェネツィアのサン・マルコ図書館、ローマのサンタ・マリア・デッロルト教会、マドリード郊外のエル・エスコリアル修道院、そしてミラノのサンタ・マリア・デッリ・アンジェリ教会を概観したい。

モンテプルチャーノのサン・ビアージョ教会（図4-1）はアントニオ・ダ・サンガッロ・イル・ヴェッキオ（Antonio

da Sangallo il Vecchio、一四五三〜一五三四）が設計したもので、一五一八年に着工し、彼の死後、一五四五年頃に完成したと言われる。[1] この教会の鐘楼の三層目の上の四隅に、小さいオベリスクがあしらわれている。ウィットカウアーも指摘するように、決して目立つものではなく、象徴的な意味も持たないが、十六世紀前半の貴重な例である。彼に限らず、サンガッロ家には他にも有名な建築家がいるが、オベリスク意匠を装飾に用いようとする傾向にあったとウィットカウアーは指摘している。ただ、この教会に関しては、その建築を支援したというレオ十世（在位一五一三〜一五二一）の影響もあったかもしれない。

図4-1　サン・ビアージョ教会のファサード、モンテプルチャーノ

　ロレンツォ・デ・メディチの次男であるレオ十世は、若い頃名だたる人文主義者たちに教育を受けたが、その中にはエジプトその他の東洋の旅と研究で知られるウルバノ・ボルツァニオ（Urbano Bolzanio、一四四二〜一五二四）らがおり、教皇になった後も、その甥でやはりヒエログリフの研究で知られるようになるピエリオ・ヴァレリアーノ（Pierio Valeriano、一四七七〜一五五八）を雇っていた。エジプトの古美術品類も所持しており、エジプトの意匠も好んだという。ブライアン・A・カランらの研究では、「元老院の階段にヒエログリフの彫られた黒い石でできた一対のスフィンクス像を設置したのはほぼ間違いなくレオであったろう」としている（Curran et al. 2009: 93-94）。レオ十世が就任の二年後、一五一五年に故郷のフィレンツェを訪れた際の入城式は街をあげての祝祭となり、街は仮設の凱旋門等で様々に飾り立てられたが、サンタ・トリニタ橋の北端には模造のオベリスクが建てられたという（Curran et al. 2009: 94; 松本 1994:

113）。その三年後に着工したこの教会に、教皇のエジプト好みが影響した可能性は考えうるだろう。「入城式（入市式）」とは、「何らかの人物が都市を訪れる際に、都市に入るという行為を儀礼化したもの」（京谷 2017:16）で、そこにつくられた数々の「はりぼて」の凱旋門については、京谷（2017）に詳しい。入城式の装飾へのオベリスク意匠の利用について、筆者が確認できたもっとも古い例はこの一五一五年のものだが、これ以降十六世紀の入城式では、京谷（2017）も引いている一五四九年の戴冠前のフェリペ二世のアントワープ入城（図4-2）と一五九五年のアンリ四世のリヨン入城（図4-3）に見られるほか、一五九九年のアルベルト大公・イザベラ妃夫妻のブリュッセル、アントワープ、ゲント、ヴァランシエンヌへの入城の描写にも数多く見出せる（図4-4〜6）。これらの図像通りのものがすべて実現したのかはわからないものの、少なくともレオ十世以

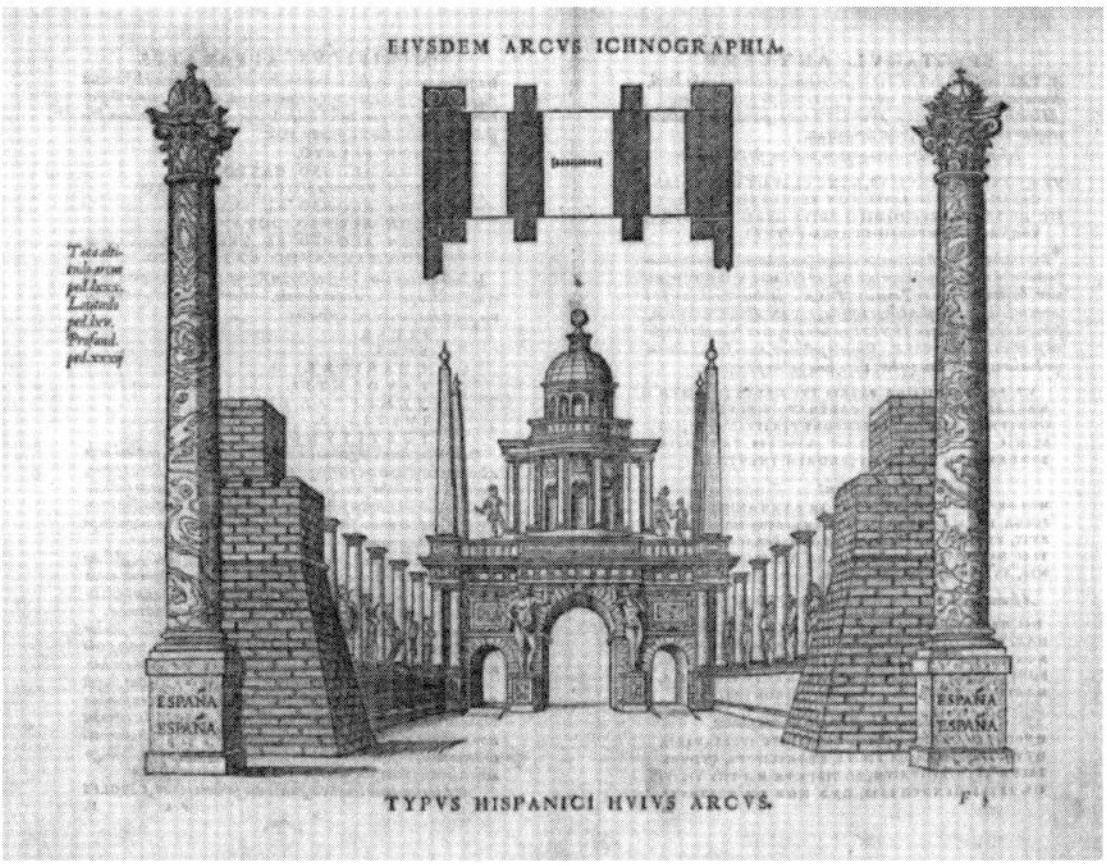

図4-2　フェリペ二世のアントワープ入城の際の凱旋門（Grapheus 1550: fol. F2v-F3r）

図4-3　ジャン・ジャック・ペリサン、「アンリ四世のリヨン入城の風景」（Matthieu 1595）

図4-4~6　アルベルトとイザベラの入城の際の凱旋門（Boch 1602: 226-7, 246-7, 299）

降、入城式のスペクタクルにオベリスクの意匠が普及しつつあったことは確かであろう。この、「はりぼて」とオベリスクの結びつきについては後に六節であらためて見る。

ヴェネツィアのサン・マルコ広場に面するサン・マルコ図書館は、ヤコポ・サンソヴィーノ（Jacopo Sansovino、一四八六～一五七〇）が設計したもので、ファサードの上部、像が並び立つその両脇（実際は、鐘楼側の奥以外の三つの隅に立っている）のオベリスクが印象的である（図4-7）。一五三七年に着工、一五六〇年に一度完成するが、サンソヴィーノの死後の一五八一年に、それまで海側にあって移転が遅れていた食肉市場が取り壊されたため、ヴィンチェンツォ・スカモッツィ（Vincenzo Scamozzi、一五四八～一六一六）が最終的に完成させた。オベリスクはこの段階で取り付けられたとされる。確かに食肉市場があった一五六五年頃の絵にはまだオベリスクは見られず（図4-8）、オベリスクがサンソヴィーノの設計にもともとあったかどうかはわからない。ただし、隣接する鐘楼の足下の小さな建物、ロゲッタ・デル・サンソヴィーノも、「サンソヴィーノのロッジ」の名の通り彼が設計したものだが、その上部を飾る三つのレリーフの内、クレタとキプロスをあらわす二枚にはオベリスクが彫り込まれている。このレリーフ自体はサンソヴィーノ自身によるものではなくダネーゼ・カッタネオ（Danese Cattaneo、一五一二頃〜一五七二）とティツィアーノ・アスペッティ（Tiziano Aspetti、一五五九〜一六〇六）によるものとされるが、それでもこの隣り合う建築双方にオベリスクの意匠が持ち込まれたことにサンソヴィーノの意図がなんら関わっていないとは考えにくいように筆者には思われる。また、

図4-7　サン・マルコ図書館とロゲッタ・デル・サンソヴィーノ、ヴェネツィア

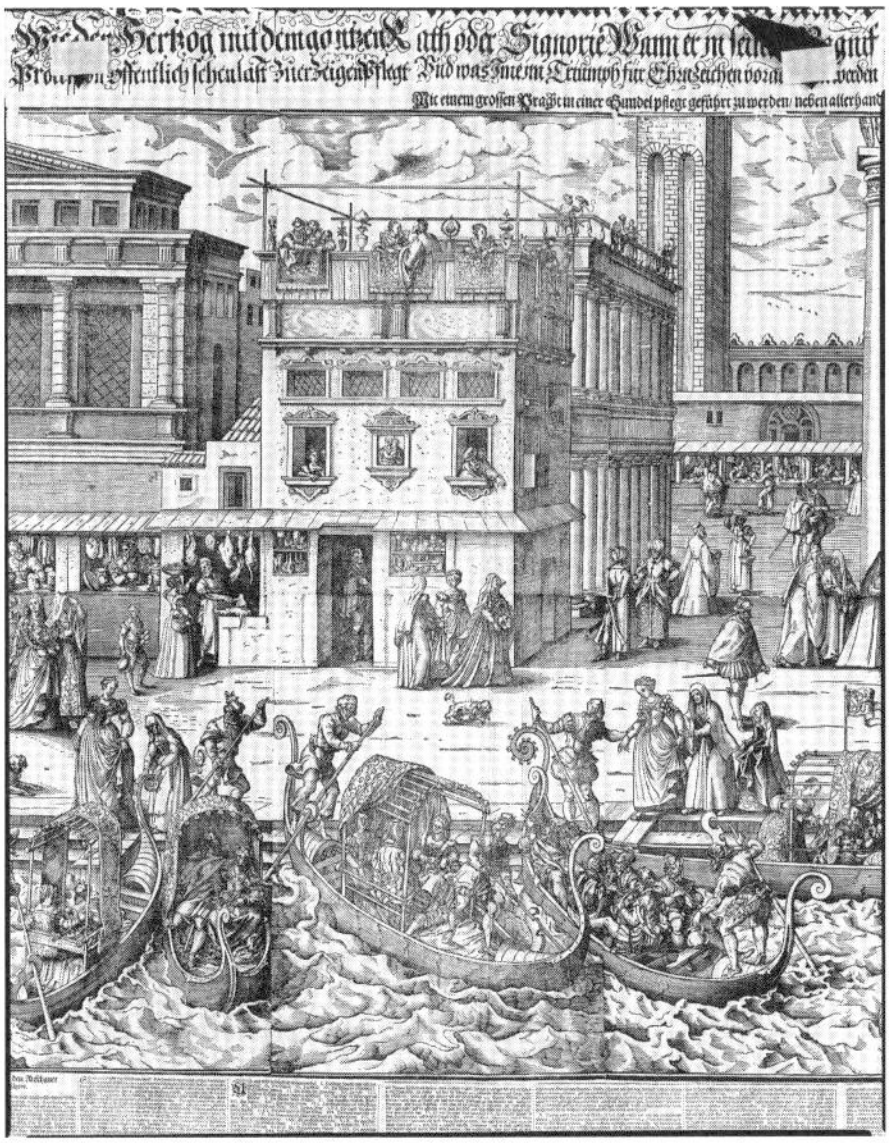

図4-8　ヨースト・アンマン,《復活祭にブチントロ船に向かう総督の行列》, 1565年頃（部分）

サンソヴィーノのロゲッタのデザインは、コンスタンティヌスの凱旋門をモデルにしたといわれるが、これと先に触れた一五一五年のレオ十世のフィレンツェ入城時の装飾の類似が指摘されている（Howard 1975: 28; Stott 1982: 383）。実際サンソヴィーノはレオ十世と面識があり（丹下 1997: 319）、また入城式の頃フィレンツェ在住で、その際の装飾にも関わったとされており、オベリスク意匠の利用についても何らかの関連を想像したくなるところである。また、このすぐそば、ドゥカーレ宮殿の中庭に面したアルコ・フォスカリ（フォスカリのアーチ）は、十五世紀にヴェネツィア総督のフランチェスコ・フォスカリ（Francesco Foscari、在一四二三〜一四五七年）がアントニオ・リッツォ（Antonio Rizzo、一四三〇〜一四九九）に建てさせたものだが、ここにもオベリスク状の装飾が見られる。さらに、これに先立ち同じドゥカーレ宮殿に一四四〇年頃にバルトロメオ・ボン（Bartolomeo Bon、一四〇〇頃〜一四六四頃）によりつくられた布告門（ポルタ・デッラ・カルタ）にも、オベリスクとは言いにくいが、類似した形状の装飾が見られる。ただ、ウィットカウアーがこれらに触れていないこともあり、これらのオベリスクあるいはオベリスクに似た意匠がこの布告門が十五世紀にできた当初からのものか筆者には確認できなかった。仮にそうであれば建築へのオベリスク意匠利用のごく古い例ということになろう。

ローマのサンタ・マリア・デッロルト教会は（図4-9）、一四八九年着工、一五六七年竣工の教会で、着工時の建築家は不明だが、ファサードについてはジャコモ・バロッツィ・ダ・ヴィニョーラ（Giacomo Barozzi da Vignola、一五〇七〜一五七三）の手によって一五六六年から六七年にかけてできたものとされる。ファサードは十一本ものオベリスク様のもので飾られているが、これらは厳密にはオベリスクではなく、ピラミディオンのない四角錐、つまり細いピラミッドの形状をしている。しかし、頂点の球体や十字架、足下の球体状の台座などは、ガイウスとネロのキルクスのオベリスク、つまり後のヴァティカン・オベリスクを思わせる。デオダート・オルランディによるフレスコ画のオベリスク像に近いイメージである。前章で見たように、ペトロの殉教地近くに立つ「メタ」とオベリスクをめぐっては、複数の細長い古代建築の像が重なっており、この教会の装飾もまたそれを反映しているように見える。この、ピラミッドとオベリスクの重複、混同は今後もさまざまな場面で見ることとなる、重要な要素である。

マドリード郊外の世界遺産、エル・エスコリアル修道院は、一五六三年から一五八四年にかけて建築されたもので、ファン・バッティスタ・デ・トレド（Juan Bautista de Toledo、一五一五〜一五六七）が設計し、その死後、ジョヴァンニ・バッティスタ・カステッロ（Giovanni Battista Castello、一五二六〜一五六九）と、一五六三年よりファン・バッティスタの助手だったファン・デ・エレーラ（Juan de Herrera、一五三〇〜一五九七）が引継いだ。この建築を完成させたのはエレーラで、彼の影響が大きいとされ、彼独特の「エレーラ様式」の例とされる。この修道院の正面ファサードにはオ

図4-9　サンタ・マリア・デッロルト教会、ローマ

図4-10　エル・エスコリアル修道院正面ファサード、サン・ロレンソ・デ・エル・エスコリアル

図4-11　インディアス古文書館、セビリア

ベリスク様のものが四本据えられている（図4-10）。サンタ・マリア・デッロルト教会のそれ同様、ピラミディオンが認められない、細長いピラミッド的な形態だが、頂点に冠した球体や台座と足元の間の空間など、明らかにオベリスクを意図したものである。特にファサードのデザインにはエレーラが関わっているとされる一方、一般にエレーラ様式は装飾的な要素を排除した峻厳さで知られるため、このオベリスクがそもそも誰の発案だったかわからないが、エレーラが設計したセビリアのインディアス古文書館も四隅にオベリスク様のものを冠するデザインになっている（図4-11）。彼が、『建築書』で知られるセルリオと、サンタ・マリア・デッロルト教会をつくったヴィニョーラの影響を受けていたとされる（丹下 1997: 188）ことを考えても、少なくともエレーラの意図に反した選択ではなかったはずである。エレーラはそもそも、カール五世の時代に軍人としてブリュッセルで過ごした後、その息子のフェリペ二世に用いられた経緯があり、トレドの死後、エレーラが工事を引き継いだ時にはフェリペ二世の意向を反映させて原設計を変更、拡大したという。この経緯からは、オベリスク意匠の利用について、一五四九年のフェリペ二世のアントワープ入城時の凱旋門のオベリスク意匠との関係も想像される。

ミラノのサンタ・マリア・デッリ・アンジェリ教会（図4-12）は、ドメニコ・ジュンティ（Domenico Giunti 一五〇五～一五六〇）の設計で十六世紀半ばにできたものだが、ファサードは遅れて一六三〇年に完成したとされる。そのファサードの両脇に二本ずつ、計四本のオベリスクが立っている。このオベリスクはピラミディオンのあるオベリスクらしい形状で、やはり頂点には球体を冠している。ファサードの完成は十七世紀のことなので、正確なオベリスクの形状の装飾がつくことは十分ありうることと思われるが、ただし、一七四五年刊のミラノの風景を集めた版画集では、オベリスクはピラミディオンのない四角錐状に描かれており、また屋根にも、現在はない、小さい四角錐状のものが左右二本ずつ計四本描かれており（図4-13）、もともとはどうであったのか定かではない。

先に少し触れたが、ウィットカウアーも指摘しているとおり（Wittkower 1989: 64-68）、これらのオベリスク装飾の採

図4-12　サンタ・マリア・デッリ・アンジェリ教会、ミラノ

図4-13　マルク・アントニオ・ダル・レ、「サンタンジェロ」、『ミラノの風景』、1745年頃

用には、セバスティアーノ・セルリオ（Sebastiano Serlio、一四七五～一五四四）の『建築書』（*I sette libri dell'architettura*）の、特に一五三七年刊の第四書[(2)]の両脇にオベリスクを配した教会案（図4－14）や、四〇年刊の第三書のローマに残るオベリスクの挿絵（図4－15）の影響が見て取れる。第三書にはピラミッド図像もある（Serlio 1540: XCIIII）。セルリオや十八世紀前半のフィシャー・フォン・エルラッハの建築書のオベリスクは西洋のオベリスクイメージに大きな影響を与えることとなる。このような紙面上のオベリスクの扱いの系譜については後に第八章であらためて見ることとなるが、ここで確認しておきたいのが、セルリオの建築理論にひかれて画家から建築に転向したというヴィニョーラ（丹下 1997: 363）によるサンタ・マリア・デッロルト教会（図4－9）のファサードが、セルリオの第四書（一五三七年）にある教会のファサードのモデル（図4－16）とよく似ており、ただしそこにはないオベリスクが加えられていることである。ヴィニョーラの設計にはこのファサードと図4－14、15が複合的に影響を与えたのではないかと想像さ

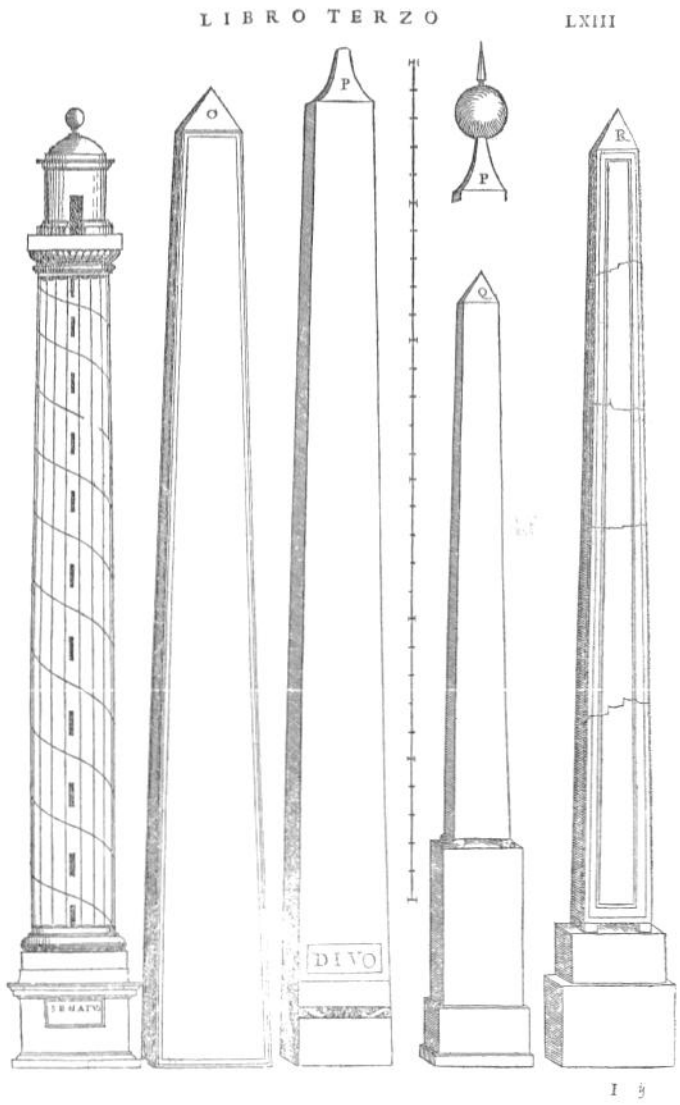

図4-15　セルリオ、建築書『第三書』、LXIII、1540年（Serlio 1540: LXIII）

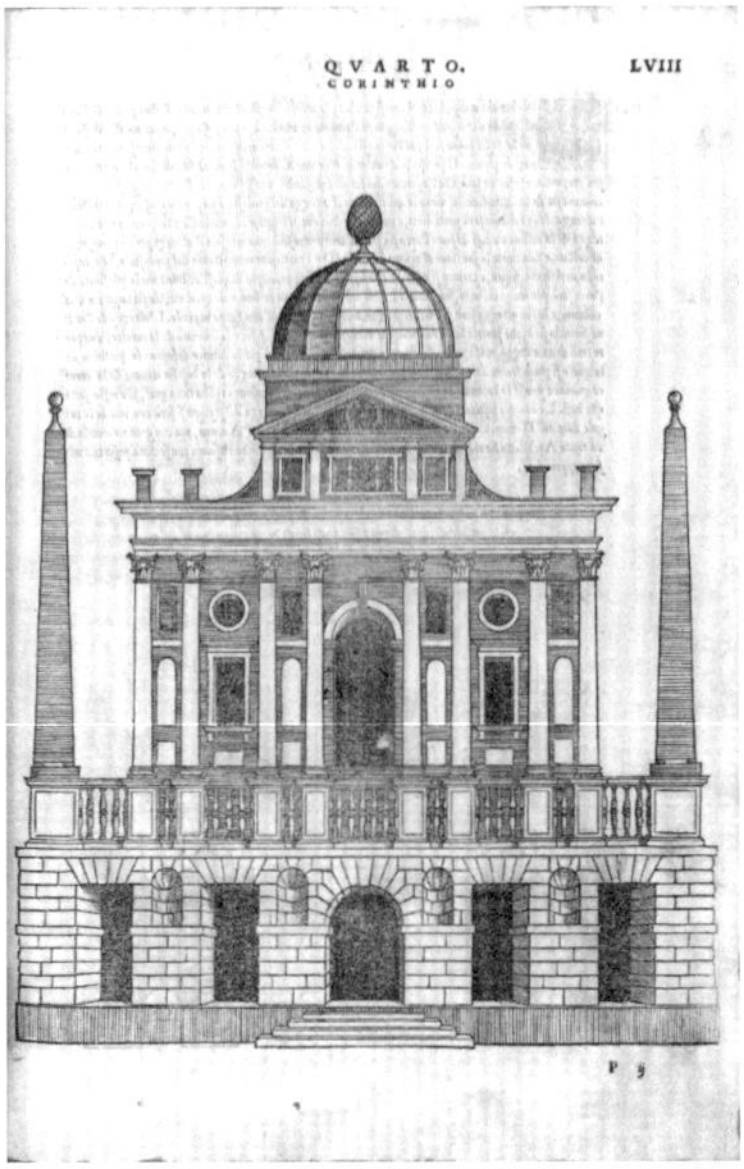

図4-14 セルリオ、建築書『第四書』、LVIII、1537年（Serlio 1540 [1537]: LVIII）

図4-17　フェリーチェ水道の泉

図4-16　セルリオ、建築書『第四書』、VIIII、1537年　Serlio（1540［1537］:VIIII）

れる。

もう一つ、オベリスク意匠を装飾的に用いた建築物として注目しておきたいのがフェリーチェ水道の泉（図4-17）である。これはシクストゥス五世のもとでオベリスク再建に携わったドメニコ・フォンターナが、恐らくは兄のジョヴァンニとともに、一五八五年から八八年にかけてつくったものである。シクストゥス五世、つまりフェリーチェ・ペレッティの都市改造の一環として、その命でドメニコの兄のジョヴァンニ・フォンターナが整備したフェリーチェ水道の終点にあたる。中央には、モーゼが岩を杖で打って水を出したエピソードにちなみその像が置かれており、それでモーゼの泉とも呼ばれる。これができるまでは、ローマできれいな水を得られる場はトレヴィの泉しかなく、市民はみなそこまで水を汲みにいかねばならなかったという。フェリーチェ水道の泉はシクストゥス五世の宮殿、クイリナーレ宮殿への道筋にあり、そこに古代の水道と泉を復活させる意義は実質的にも象徴的にも大きかったであろう。フォンターナは、凱旋門を模したかたちと、大きな碑文と、そしてこの時彼らがまさによみがえらせつつあったオベリスクの意匠によって、シクストゥス五世を讃える記念碑となる建造物をつくりだしたのだった。

2　小さいオベリスク(2)——イギリスの装飾的なオベリスク

こうして十六世紀には、レオ十世の頃からシクストゥス五世への時代、オベリスク再建の夢が実現に向かうとともに、その意匠を建築にあしらうことも始まっていた。そしてこの装飾的な「小さいオベリスク」の利用は早々にヨーロッパ各地に展開していった。その全貌を捉えることは到底できないが、十八世紀のインドにおけるオベリスク型墓石の出現を考えるため、イギリスへの広がり、そして慰霊表現への広がりを見ることとする。

イギリスに出現した最初期のオベリスク——エジプトでできたものではないので正しくはオベリスク型のもの——

図4-19　ラムリー・チャペルのジェーン・ラムリー夫人の墓

図4-18　ラムリー卿の紋章のついたオベリスクの図、1590年頃

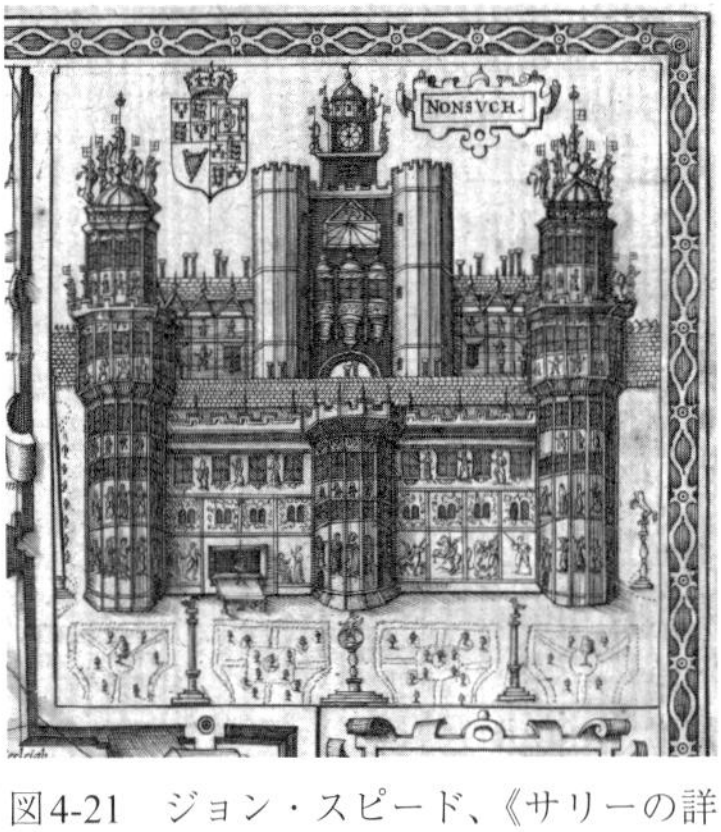

図4-21　ジョン・スピード、《サリーの詳細とハンドレッド（群）区分》、1610年（部分）

図4-20　図4-19の部分拡大

と思われるものが、図4-18で、『ラムリー・インヴェントリー』上の図版である。『ラムリー・インヴェントリー』とは、膨大な蔵書や美術、工芸のコレクションで知られたジョン・ラムリー男爵（John Lumley, 1st Baron Lumley、一五三三～一六〇九）の目録である。そこにはラムリーの所持するいくつかの屋敷の財産が記録されているが、このオベリスクはノンサッチ宮殿のものである。ノンサッチ宮殿、つまり「比類無き宮殿」は、もともとはヘンリー八世が十六世紀前半につくったものだが、その死後、所有者が変わっていく中、一五八〇年にラムリーが相続し、その後一五九二年にエリザベス女王に譲渡、しかしラムリーはそれ以降もこの宮殿の管理者としてここに留まった。一五九〇年頃にまとめられた目録中にこの図版があるのだが、このオベリスクが、他のどこでもなくノンサッチ宮殿にあったことを示すのが図4-18である。これはノンサッチ宮殿跡の公園から徒歩十五分ほどの場所にあるラムリー・チャペル内にある、ジョン・ラムリーの妻の一人、ジェーンの墓である。この前面には祈りを捧げる彼女の子どもらが彫られている左側のレリーフの右下に、アーチ型の開口部の向こうにオベリスクが見える様が描かれており（図4-20）、これが目録上のオベリスクであると考えられている。ラムリーの紋章が入っていることと目録に掲載されていることから、一五八〇年頃から九〇年頃のものと推測される。もう一つ、ノンサッチ宮殿のオベリスクらしきものが見られるのが図4-21である。これは有名な地図作成者、ジョン・スピード（John Speed、一五五一または五二～一六二九）によるサリーの地図の端にサリーを代表する建築物として描かれたものである。筆者は長くまったく気づかずにいたのだが、よく見ると左端にオベリスク状のものが右半分だけ描かれている。建物の本体部分よりも高く描かれており、この高さがどこまで正確かはわからないが、このように描かれるほど大きく印象の強い建造物ではあったということだろう。

また、図面や図像はないが、一五七五年頃のオベリスク型の庭園装飾を描写した記録がある。レスター伯ロバート・ダドリーが、恋愛関係にあったとされるエリザベス女王を一五七五年にケニルワース城に迎えるためにつくった庭には、四本のオベリスクが立てられていたという。このエリザベス女王到来の折りのもてなしの様を描いたロバート・

ランガムなる人物の書簡には以下のように記されている。

……甘やかな木々や花々で彩られた二つの立派な東屋があり、その下の庭の区画には小道があり、緑の草に覆われた周囲の境界の部分は、濡れた浜辺のように歩くに心地よい加減の砂が敷かれて変化がつけられている。庭はきれいな四等分で美事に仕上げられている。それぞれの区画の中央には、二フィート四方の台座の上に、高さ一五フィートのピラミッドのようにそびえる四角いピラスターがあり……下一フィートの位置から上二フィートの位置まで、左右対称にくりぬかれている。頂点には柱頭として一〇インチの球体が置かれている。これら四本の柱は、上から下まで全体がすべて一枚岩でできており、堅い斑岩（ポーフィリー）を切り出し、大変な技術と細心の注意を傾けて（恐らくは）運ばれてここに据えられた。

（English Heritage 2023 (accessed)）

この庭園を見下ろすテラスにもオベリスクがあしらわれていたとされており、二〇〇九年の工事で、それも含めて細かく復元されている（図4-22）。なお、ランガムの書簡では斑岩でつくられていたとされるオベリスクだが、実際は木製のものにそれらしい塗装をしたものと考えられており、そのように復元されている。復元されたオベリスクは確かに「下一フィートの位置から上二フィートの位置まで、左右対称にくりぬかれている（simmetrically pierced through from a foot beneath, until a two foot of the top）」構造になっており、これを当時一枚岩の斑岩から切り出すことは非常に難しかったのではないかと想像され、木製であったという推測も自然なものに思われる。

ケニルワース城のオベリスクが実際に復元された通りの姿だったかはわからないし、ノンサッチ宮殿のオベリスクがほんとうにスピードの地図（図4-21）に描かれたほど大きかったかもわからないが、ともあれ、ヴァティカン・オベリスクの再建に先駆けて、早くも一五七〇年代後半から八〇年代にかけて、イギリスの貴族の庭にオベリスクが出現していたことは確かであろう。ラムリー・インヴェントリーを見ると、小さい装飾的オベリスクは噴水やマントルピースなどの調度品にもあしらわれている。また、建築にオベリスクが装飾的に用いられた例で現在残っているものでは、サマセット州のモンタキュート・ハウスがある（図4−23）。一五九八年頃の建築で、恐らくはウィリアム・アーノルドという石工が手掛けたものではないかと考えられている。遠目には視認しにくいのだが、こ

図4-22　ケニルワース城の庭園　Kenilworth Castle Gardens, by Nilfanion.

図4-23　モンタキュート・ハウス、東側正面　Montacute House East Front, by Mike Searle.

図4-24　モンタキュート・ハウス、正面　Montacute House front Apr 2002（部分）、Public Domain,

の建築の屋根周りの柵にはずらりとオベリスクがあしらわれている（図4-24）。

このように、十六世紀のイタリア周辺で展開したオベリスク意匠の愛好は早くもこの世紀のうちにイギリスに届いていた。そしてオベリスク意匠の利用は、墓にも展開していく。ただしそれは、自立式のオベリスク型墓石とは異なる形で展開していくのである。

3 小さいオベリスク(3)——イギリスの墓のオベリスク装飾

オベリスクと慰霊の結びつきは、古くはアウグストゥス廟やアンティノウスのオベリスクにも遡るが、しかし第二章で見たように、これらのオベリスク自体は墓石的なものではなく、神殿前に立てる記念碑としてのエジプト本来の形式を踏襲しているように見える。また、ヴァティカン・オベリスクはカエサルの遺灰の伝説とペトロの殉教地の伝説との結びつきにより死者の記念のイメージを持つとはいえるが、埋葬地に立てる墓とはやはり質を異にしている。墓へのオベリスク意匠の利用の普及は、筆者が知るところでは、十六世紀末から十七世紀に、特にイギリスで展開したものと思われる。

すでに見たように、イギリスではエリザベス朝時代の一五七〇年代から八〇年代に、貴族の庭にオベリスクを立てることが始まったと思われるが、墓に小さいオベリスクを装飾的に用いることもほぼ同時期に始まっていた。十六世紀末から十七世紀前半の、装飾的にオベリスクを利用したイギリスの墓は今も数多く確認できる。図4-25と図4-26はともにラトランドのエクストンの聖ピーター&ポール教会のもので、図4-25が議員・裁判官として活躍したロバート・キールウェイ（Robert Keilway、一四九七〜一五八一）の墓、図4-26が初代エクストン・ハリントン男爵でキールウェイの娘の夫であるジョン・ハリントンの父であるジェイムズ・ハリントン（James Harington 一五一一頃〜一五九二）

図4-26　ジェイムズ・ハリントンの墓、聖ピーター＆ポール教会、エクストン

図4-25　ロバート・キールウェイの墓、聖ピーター＆ポール教会、エクストン

図4-28　エリザベス・ダーシ・ラムリー夫人の墓

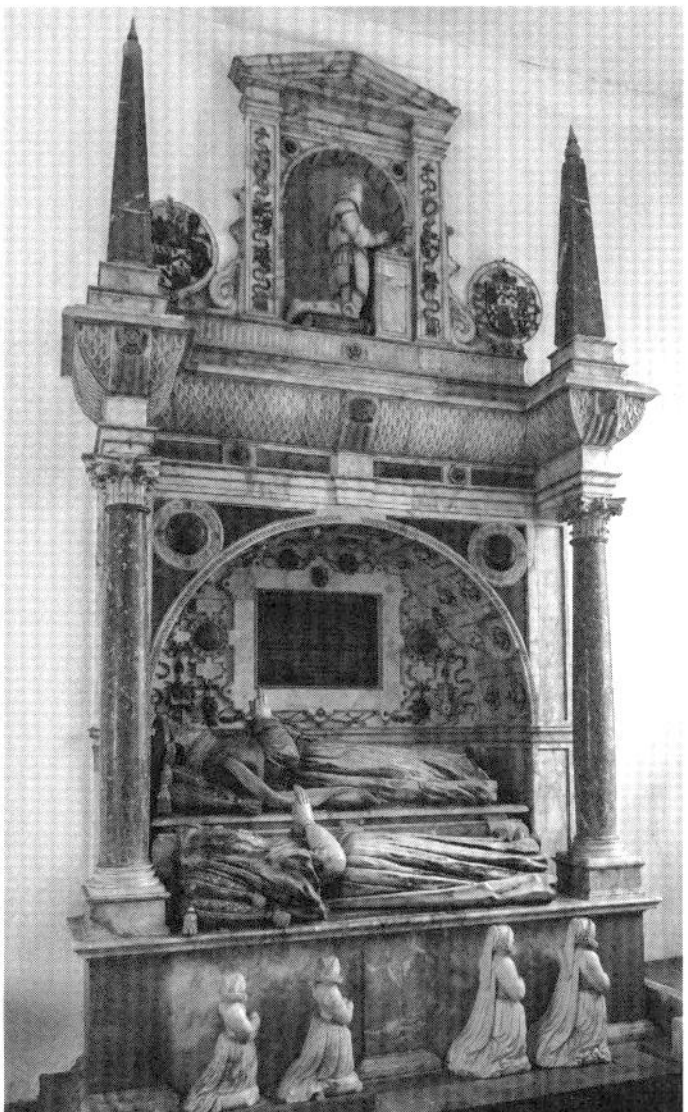

図4-27　クリストファー・レイの墓、聖マイケル教会、グレントワース

図4-29　ラムリー卿の墓のデザイン（Cust 1918: plate XI）

の墓である。図4−27はリンカンシャーのグレントワースの聖マイケル教会にあるクリストファー・レイ国王座部首席判事（Christopher Wray、一五二四〜一五九二）の墓である。ラムリー・チャペルに残るラムリー夫人エリザベス・ダーシ（Elizabeth Darcy、一六一七年没）の墓（図4−28）にもオベリスク装飾があり、また、ジョン・ラムリー自身の墓にはないが、インヴェントリーに残る図版にはオベリスク的な装飾があしらわれている（図4−29）。

ロンドンのウェストミンスター・アビーにはさまざまな年代の数多くの墓があるが、やはり十六世紀末から十七世紀初頭にかけて、オベリスク装飾を伴う墓が数多く出現したことがわかる[3]。筆者が確認できたところで、サマセット公爵夫人アン・スタンホープ（Anne（Stanhope）, Duchess of Somerset、一五一二頃〜一五八七、墓ができたのは一五八八年）の墓、バーリー男爵夫人ミルドレッド・セシル（Mildred Cecil, Lady Burghley、一五二六〜一五八九）とその娘のオクスフォード伯爵夫人アン（Anne, Countess of Oxford、一五五六〜一五八八）の墓、サセックス伯爵夫人フランシス・シドニー（Frances Sidney, Countess of Sussex、一五三一〜一五八九）の墓、初代ハンズドン男爵ヘンリー・ケアリー（Henry Carey, Lord Hunsdon、一五二六〜一五九六）らの墓（図4−30）、ハートフォード伯爵夫人フランシス（Frances, Countess of Hertford、一五五四頃〜一五九八）の墓、初代ノリス男爵ヘンリー・ノリス（Henry, Lord Norris、一五二五頃〜一六〇一）の墓、そしてスコットランド女王メアリー・ステュアート（Mary Stuart、一五四二〜一五八七、ただし埋葬は一六一二）の墓（図4−31）があげられる。図4−32はウェストミンスター・アビーの聖ニコラス・チャペルの一角を描いたもので、左奥にはアン・スタンホープの墓が、画面右にはミルドレッド・セシルと娘のアンの墓が見える。ここでもう一つ注目されるのが、画面中央下の小さな黒いオベリスク型の墓である。これはアングルシー島出身の議員だったニコラス・バゲナルの息子で、生まれてわずか三カ月ほどで亡くなったニコラス（Nicholas Bagenall、一六八八年頃没）の墓碑である。

図4-30　初代ハンスドン男爵ヘンリー・ケアリーらの墓（Prat 1914: 574）

図4-31　メアリー・スチュアートの墓、ヘンリー7世のチャペルの南通路、ウェストミンスター・アビー（Prat 1914: 574）

他に筆者が確認できたところでは、同じ聖ニコラス・チャペル内にある、やはり幼くして亡くなったというボーモン伯爵クリストフ・ド・ハーレーの娘アナ・ソフィア（Anna Sophia、一六〇五年没）の墓碑が、こちらはより細長いオベリスクの形状をしている。また、共通することとして、頂点に壺（urn）が置かれているのだが、そこに心臓がおさめられたとされる。ニコラスの母アンは、自分の死後、壺から心臓を取り出して自分の遺体の心臓と一緒にして欲しい、そして壺は自分の墓の上に置いて欲しいと遺言で願ったというが、壺は今もオベリスク上にあり、この願いがかなかったのかどうかはわからない。筆者が見る限り、この時代のイギリスの墓のオベリスク意匠利用はほとんどが装飾的利用であるが、幼い子どもの二つの墓に、小さな自立式オベリスクが用いられているのは興味深い。このことについては後にあらためて触れる。

図4-33　初代バッキンガム公爵ジョージ・ヴィリアーズの墓

図4-34　グスタフ1世の墓、ウプサラ大聖堂

そしてもう一つ、ウェストミンスター・アビーで注目したいのが、少し時代が降って一六四二年につくられた、初代バッキンガム公爵ジョージ・ヴィリアーズ（George Villiers、一五九二〜一六二八）の墓である（図4-33）。これも装飾的にオベリスクを使っているのだが、壁面の墓碑の手前、遺骸像の周囲にベッドの支柱のようにして、骸骨に支えられた黒いオベリスクを四本立てる構造は今までにない印象を与えるものだ。(4) しかし実はこれに似たものが、早くも一五八〇年頃に、スウェーデンに出現している。ウプサラ大聖堂のグスタフ一世（一四九六〜一五六〇）の墓である（図4-34）。フランドル人で長年スウェーデンで活躍した芸術家・建築家であったウィレム・ボイ（Willem Boy、一五二〇〜一五九二）の作である。ストックホルム大学の美術史教授、ペーテル・ギルグレンはこの墓についてこのように述べている。

部屋の中央に高さのある墓がある。側面にはスウェーデンの国と各郡の紋が描かれている。墓にも、また壁面にも、グスタフ・ヴァーサを「ゴートの杖」（グスタフ）であり国父であるとして讃える碑文が刻まれている。蓋には王と、亡き二人の王妃カタリーナ・フォン・ザクセン＝ラウエンブルクとマルガレータ・レイヨンフーヴッドの姿が描かれている。四隅には四本のオベリスクが立っている。オベリスクは台座との間の足元に小さなイオニア式の装飾を施し、印象的なデザインとなっている。これを見ると、このオベリスクがセバスティアーノ・セルリオの『建築書』に描かれている、ローマのいわゆるカエサルのオベリスクであることがわかる。セルリオの書の図版に描かれたオベリスクのうち、「P」のマークが入っていて、「DIVO」の碑文があるものだ。ウプサラ聖堂にオベリスクが出現したのは、当時のスウェーデンにルネサンスの政治的・文化的思想が明確な影響を与えていたことを示すものと理解すべきである。スウェーデン人もまた、偉大なるローマの栄華に加わりたかったのである。（Gillgren 2022: 96）

ルネサンス以降のローマの栄光の象徴としてフランドルの芸術家がスウェーデンの王の墓のために選んだ意匠がオベリスクであったことは興味深い。フランドル周辺にはもう一つ、これらとやや似た印象の墓がある。デルフトの新教会のオラニエ公ウィレムの墓である（図4-35）。これはウィレムの死後しばらく時を経て、ヘンドリック・デ・ケイゼルの設計により一六一四年から二三年にかけてつくられたもので[5]（Wenley n.d.）、数々の彫刻に彩られた豪華なもので、上部四隅にオベリスクがそびえ立つ。フェリペ二世やアルベルト大公・イザベラ妃夫妻の入城式での凱旋門とオベリスクの関係を考えても、ネーデルラントの重要性は大きいものと思われるが、現在、筆者にはネーデルラント周辺の建築の系譜を追うことは到底できない。ただし第八章で紙面上のオベリスクの系譜を見る際にも、ネーデルラントの芸術家に触れることになろう。

4　平たいオベリスク――イタリアとイギリスの墓碑の平面的オベリスク意匠

以上に見たように、イギリスほかの北方にはこのように多くの「小さいオベリスク」を用いた墓があるが、筆者の知る限り、「オベリスクの都市」ローマを擁するイタリアでは、この時期には慰霊表現へのオベリスク意匠の利用例は決して多くはなく、また、その利用のあり方もやや異なっている。

筆者が確認できているもので、しっかりとオベリスクの形状をとった初期の貴重な例に、ピサのカンポ・サントの二つの十六世紀の墓がある（図4-35、36）。見ての通り、オベリスクの意匠が平面であることが注目される。「小さいオベリスク」ではなく、「平たいオベリスク」なのである。図4-36は著名な法学者であったというフランチェスコ・ヴェージョ（Giovanni Francesco Vegio、一五五四年没）の墓で[6]（Cambiagi 1773: 13）、フランチェスコ・ジョヴァンニ・フェッルッチ、通称フランチェスコ・デル・タッダ（Francesco Ferrucci (del Tadda)、一四九七～一五八五）によるものとされる[7]（Di Renzo Villata and Masseto 2012: 989-990; Ragni 2020: 29）。一方図4-37は、バルトロメオ・メディチ[8]（Bartolomeo Medici、一五五五年没）の墓で、一般にフィレンツェのボーボリ庭園の設計などで知られるニッコロ・トリボロことニッコロ・デイ・ペリコリ（Niccolò di Raffaello di Niccolò dei Pericoli (Il Tribolo)）によるものとされているが（Cambiagi 1773: 13; Toscana Promozione Turistica 2017: 202-203）、ラーニはジョヴァンニ・バンディーニ（Giovanni Bandini、一五四〇～一五九九）とヴァレリオ・チオーリ（Valerio Cioli、一五二九～一五九九）によるものとしており（Ragni 2020: 29）、筆者には判断ができない[9]。どちらも足元の隙間に丸みを帯びた支えが挟まり、また頂点に球体状の飾りを冠するデザインになっており、ヴァティカン移設前のガイウスとネロのキルクスのオベリスクのイメージの反映がうかがえる。

他に、イタリアにおける「平たいオベリスク」を用いた墓碑の初期の例に、ヴィツェンツアのサンタ・マリア・ア

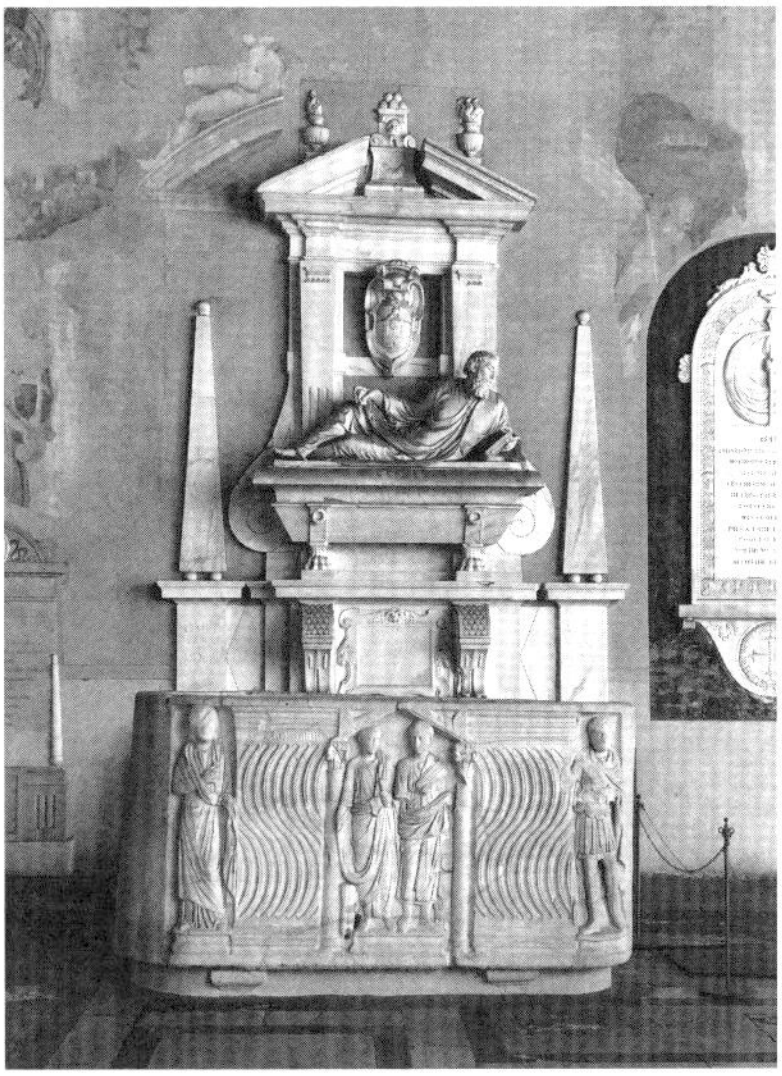

図4-36　ジョヴァンニ・フランチェスコ・ヴェージョの墓

図4-35　オラニエ公ウィレムの墓、新教会、デルフト（Hurx 2019: 7）

ヌンチアータ大聖堂内のジュリオ・ロマーノ（Giulio Romano、一四九九頃～一五四六）によるラヴィニア・ティエネの墓（一五四四年）（図4–38）と、同じくヴィツェンツアのサン・ロレンツォ教会のイッポリト・ポルト（Ippolito Porto、一五七二年）の墓（一五七二年頃、作者不明）（図4–39）がある（Wittkower 1989: 52; Fane-Saunders 2016: 299-311）。ラヴィニエ・ティエネ（Lavinia Thiene）の墓はかなり厚みがあるようだが、それでもやはり壁に貼りつくタイプの平たいオベリスクである。また、も

図4-37　バルトロメオ・メディチの墓

図4-39　イッポリト・ポルトの墓、サン・ロレンツォ教会、ヴィツェンツア

図4-38　ラヴィニア・ティエネの墓、サンタ・マリア・アヌンチアータ大聖堂、ヴィツェンツア

図4-40　キージ礼拝堂、サンタ・マリア・デル・ポポロ大聖堂

う一つ注目すべきものに、ローマのサンタ・マリア・デル・ポポロ大聖堂のキージ礼拝堂内で対をなすアゴスティーノ・キージ（Agostino Chigi、一五二〇年没）とシジスモンド・キージ（Sigismondo Chigi、一五二六年没）の兄弟の墓碑がある（図4-40）。これらは十六世紀初めにラッファエッロが設計し、恐らくロレンツェットが実現したものに、一六五〇年代にベルニーニが手を加えて完成させたもので、広く知られており重要なものだが、見ての通り、「平たいオベリスク」ではなく「平たいピラミッド」形状である。ただしそれぞれに台座との間の足元に丸みを帯びた小さな台が挟まっており、ここにはやはりガイウスとネロのキルクスのオベリスクのイメージが反映している可能性がある。図4-41は、セバスティアーノ・デル・ピオンボとともにこの礼拝堂の祭壇画を描いたフランチェスコ・サルヴィアーティ（Francesco Salviati、一五一〇～一五六三）による「冬」の寓意画の下絵で（四季の寓意画は実際に礼拝堂を飾っている）、アゴスティーノの墓碑の本来の姿を示すと考えられている（Shearman 1961: 132）。これを見ると、当初よりピラ

図4-41　フランチェスコ・サルヴィアーティ、《四季》タペストリー下絵より「冬」

図4-42　アレッサンドロ・コンタリーニの墓、サンタントニオ大聖堂、パトヴァ（1572年）

ミッドの形状と台座の間に脚が挟まっていたらしいこと、そして当時は頂点に球体の飾りがあったことがわかる。ここにもやはりガイウスとネロのキルクスのオベリスクのイメージが見て取れよう。これらの要素がピラミッドの形状に組み込まれていることは、オベリスクとピラミッドのイメージの混淆の例として注目される。

図4-43　カルカニーニ枢機卿の墓碑

パドヴァのサンタントニオ大聖堂（バシリカ・デル・サント）のミケーレ・サンミケーリ（Michele Sammicheli、一四八四〜一五五九）によるアレッサンドロ・コンタリーニの墓（Alessandro Contarini、一五五三〜八年頃）（図4-42）もまた、平たい階段型ピラミッドのような意匠を伴うが、頂点に球体の飾りがあり、やはりガイウスとネロのキルクスのオベリスクのイメージがあるように感じられる。

図4-44　マリア・クレメンティナ・ソビエスカの墓碑

このように、ヨーロッパのオベリスク文化の拠点ともいうべきイタリアでの墓へのオベリスク意匠利用はイギリスに比して決して早くも多くもなく、そしてそれも、時にピラミッドと合い混じりつつ、もっぱら平面で展開していたものと思われる。平たいオベリスク意匠を用いた墓碑は十八世紀には増えて、特にトレヴィの泉のオケアノス像で知られるピエトロ・ブラッチ（Pietro Bracci、一七〇〇～一七七三）は、ローマのサン・マルチェッロ・アル・コルソ教会のファブリツィオ・パオルッチ枢機卿（Fabrizio Paolucci、一七二六年没）の墓碑、サンタンドレア・デッレ・フラッテ教会のカルロ・レオポルド・カルカニーニ枢機卿（Cardinale Carlo Leopoldo Calcagnini、一七四六年没）の墓碑（図4－43）、そしてサン・ピエトロ大聖堂のマリア・クレメンティナ・ソビエスカ[10]（Maria Clementina Sobieska、一七三五年没）の墓碑（図4－44）で、繰り返しこのデザインを用いている。これらはみな平たいので、カンポ・サントの例のようにオベリスクらしい細長い形状にすることは決して難しくないはずなのだが、総じて幅広い形状をとっており、本来のオベリスクの形状を離れ、ピラミッドのイメージに近づいていたのではないかと考えられる。キージ礼拝堂のピラミッド状の意匠が逆に本来のピラミッドより細長くシャープな形状をとっていたことと対をなすようで、ピラミッドとオベリスクの関係を考える上で興味深い。

「小さいオベリスク」を多用していたイギリスの墓碑にも「平たいオベリスク」利用は広がったが、それは十八世紀以降のことと思われる。イギリスの彫刻、特に教会彫刻に関する素晴らしいウェブサイト、The Website of Bob Speel: British Sculpture & Church Monuments（http://www.speel.me.uk/index.htm）内の Obelisk monuments in the Church のページには、オベリスク意匠を平面的に用いた墓碑の写真が数多くおさめられているが、すべて十八世紀以降のものである。このページを執筆、運営しているボブ・スピールはここで以下のように述べている。

オベリスク型墓碑は十八世紀初頭に出現し、その後十年ごとに着々と普及してゆき、もっとも広く用いられるようになったのは一七六〇年代頃からである。ここで「オベリスク」というのは、大理石の板を上部に向かって傾斜し頂点近くで角度が変わる形に切り出したものである。この時代、現在教会の外に見られるようなエジプトのオベリスクのような立体のものより、こういうオベリスクがずっと多く広まっていた。これらは「ピラミッド・モニュメント」と呼ばれることもあるが、ピラミッドというには角度が急である。（Speel 2022）

筆者が知り得たところでも、イギリスの墓には十六世紀末よりまず「小さいオベリスク」装飾が用いられるようになり、その後十八世紀になって「平たいオベリスク」が用いられたものと思われる。一方、ヨーロッパのオベリスク文化の源流であるイタリアの墓では、十六世紀に「平たいオベリスク」と「平たいピラミッド」の利用が見られ、それは十八世紀にはかなり普及したようだが、立体の「小さいオベリスク」の例は筆者には確認できなかった。そしてどちらにしても、十八世紀より前に、自立式オベリスク形状の墓、つまりスピールがいうところの「現

図4-45　メアリー・ウィチコートの墓、聖メアリー教会、チェシャム（Speel 2022）

図4-46　フランチェスコ・スフォンドゥラティ枢機卿の墓、クレモナ大聖堂（Wittkower 1989: 71）

在教会の外に見られるようなエジプトのオベリスクのような立体のもの」は確認できていない。

一つ興味深い例として、スピールのページに図4-45がある。これはバッキンガムシャーのチェシャムにある聖メアリー教会のメアリー・ウィチコート（Mary Whichcote、一七二六年没）の墓で、スピールも指摘するとおり、石棺の上に、「実に珍しいことに平たいながらも自立式のオベリスク」が立つ形状をとっている。石棺自体は壁に貼り付くかたちで造形されているように見えるものの確認ができないのだが、かなり平たいながらも自立したその形状は、壁面を飾る「平たいオベリスク」から、後に一般化する「エジプトのオベリスクのような立体のもの」への展開を予告するようである。

そしてもう一つ、これと似た印象の墓が、十六世紀という早期にイタリアに成立している。クレモナ大聖堂のフランチェスコ・スフォンドゥラティ枢機卿（Francesco Sfondrati、一五五〇年没）の墓碑である（図4-46）。これはフランチェスコ・ダッターロ（Francesco Dattaro、一四九五頃～一五七六）設計、ジョヴァンニ・バッティスタ・カンビ（Giovanni Battista Cambi、生没年不詳）作で一五六一年にできたものとされる。筆者はウィットカウアーの著書で存在を知ったのだが、このモノクロの写真では「エジプトのオベリスクのような立体のもの」として自立しているように見えたため、自立式オベリスク形状の墓の最初期の、ごくまれな作例と考えていた。ところが、数年後にようやくカラーの写真を見ることができたのだが、

図4-47　クロード=ルイ・ベルニエ、《ガスティーヌ・クロス、サン・ジノサン墓地》

するとこれが、厚みはあれど壁に貼りついた「平たいオベリスク」であることが初めてわかったのだった。この墓は、十八世紀イギリスのメアリー・ウィチコートの墓が平たいながらも自立しているのとは逆に、カンポ・サントの例と比べてはるかに立体的な厚みはありながらも壁面に貼りつくかたちである。他に、やはり一見オベリスク型墓石に見えるがそうではない例として、パリの「ガスティーヌ・クロス」(11)がある（図4-47）。これは、一五五九年にユグノー戦争で息子二人とともに殺された富裕なユグノー商人、フィリップ・ド・ガスティーヌの家が略奪・破壊された跡に建てられたものであるが、彼らの死を悼むものではなく、カトリックの勝利を記念するものである。これは後にサン・ジノサン墓地に移設されており、それもあって墓の印象を持つが、本来は決して墓ではないのである。

5　心臓墓碑とオベリスク

このように、十八世紀以前のヨーロッパでオベリスク意匠を慰霊表現に用いる場合、多くが「小さいオベリスク」か「平たいオベリスク」であって、自立式オベリスクを墓石として立てる慰霊表現はやはり一般化していなかった可能性が高いように思われる。

その中で、現在筆者が確認できている貴重だが特殊な例が、ロングヴィル公アンリ一世（一五九三年没）の、心臓のための墓碑である（図4-48）。内臓、特に心臓のみを取り出し埋葬したり墓碑におさめたりする慰霊形式は、特に貴

図4-48　ロングヴィル公アンリ一世の心臓墓碑、ルーブル美術館

族や王族には中世から見られるもので、「十四世紀末には消えつつあったが、ルネサンスから十七世紀にかけて再び好まれるようになった」という（Besson 2015）。これは現在ルーブル美術館にあるが、すぐ近くにはアンリ二世（一五五九年没）の心臓墓碑もあり、こちらは三美神が壺を掲げる形状をとっている。ロングヴィル公アンリ一世のオベリスク型の心臓墓碑は一六六〇年代にフランソワ・アンギエ（François Anguier、一六〇四〜一六六九）によりつくられたものである。フランソワと弟のミシェルはともに彫刻家で、イギリスや、特にローマで過ごした経験をいかして活躍した。オベリスクのデザインの採用にもローマの影響があったのではないかと推測されるが、しかし、心臓墓碑自体はイタリアでは普及しておらず、あくまで意匠を取り入れたのみである可能性が高い。また、すでに見たように、心臓をおさめる墓碑に自立式の小さいオベリスクを用いる例はウェストミンスター・アビーの子どものための墓碑にも見られる。特に心臓をおさめる墓碑にこの形状が選ばれることがいつからどれほどあったのか、そして仮にその例が多いとしてその理由が何なのか、現時点では筆者には判断できない。ヴァティカン移設前のガイウスとネロのキルクスのオベリスクの頂点にカエサルの遺灰がおさめられているというあの伝説が影響したものかもしれないが、遺灰と心臓の性質の違いもあり、なんともいえない。これらの十七世紀の心臓をおさめるオベリスクは、後のオベリスク型墓石の一つの原型となった可能性が考えられるが、しかし後に一般化するオベリスク型墓石とは、やはり性質を異にするものと思われる。

6　カストルム・ドロリス――「はりぼて」の壮麗

以上に見たように、十六世紀から十八世紀にかけてのヨーロッパでは、ローマにおける古代のオベリスクの再建の動きと前後して、オベリスクの意匠も広く用いられるようになり、それは慰霊表現にも及んだが、しかし一部の特殊

図4-50　大ジャン・ベラン、《コンデ公ルイ2世・ド・ブルボンの嘆きの幕屋に入るための心の門の前のポーチの図》、1687年頃

図4-49　トマシュ・トレーター《ジグムンド・アウグスト2世のカストルム・ドロリス》、1572年

図4-52　ニコラ＝アンリ・ジャルダン、《フレデリク5世のカタファルクがあるクリスチャンスボー宮殿礼拝堂》、1766年、コペンハーゲン国立美術館

図4-51　ニコデムス・テッシン、《ウルリカ・エレオノーラのカストルム・ドロリス》1693年、スウェーデン国立美術館

な例外を除けば、それらは「小さいオベリスク」か「平たいオベリスク」の装飾利用であって、自立式のオベリスク型墓石とは異なるものであったと考えられる。ただし、やはり「墓」ではないが、自立式でしかもかなり大きな、慰霊のためのオベリスク意匠利用の例がある。それがカストルム・ドロリス、「悲嘆の城」である。

カストルム・ドロリスとは、王族や貴族や高位聖職者などの葬儀において、死者を納めた棺や棺台《カタファルク》を覆い飾るために設けられた仮設の構造物である。あくまで仮設のいわば「はりぼて」ながらも壮麗なつくりを誇るそれに、しばしばオベリスクやそれに類似した意匠が用いられているのである。図4-49はポーランド王でリトアニア大公のジグムント二世アウグスト（一五七二年没）の葬儀の際のもので、最初期のカストルム・ドロリスの例とされる。中央に大きく、またその周囲に小さく、細長い階段ピラミッド状のものがあるが、頂点に球体状の飾りを冠するその姿には、ガイウスとネロのキルクスのオベリスクとその周辺のメタ・ロムリやテレビントゥス・ネロニスなどのイメージが重なりつつ投影している可能性があるように思われる。図4-50と図4-51は十七世紀後半のもので、前者は大コンデことコンデ公ルイ二世・ド・ブルボン（一六八六年没）のカストルム・ドロリスの、それ自体ではなく入り口の門であり、後者はスウェーデン王妃のウルリカ・エレオノーラ・アヴ・ダンマルク（Ulrika Eleonora av Danmark、一六九三年没）のカストルム・ドロリスである。そして図4-52は、十八世紀のデンマーク王フレデリク五世（一七六六年没）のカタファルクで、これはオベリスクではなくピラミッドの形状となっている。これらのように中央にオベリスクやピラミッドの意匠が大きく用いられているものもあれば、アレッサンドロ・ファルネーゼ枢機卿（Alessandro Farnese il Giovane、一五八九年没）のカタファルク（と呼ばれているが実質的にはカストルム・ドロリスの規模のものである）やハンガリーのエステルゴム大司教ヨージェフ・バッチャーニ（Josef Batthyány、一七九九年没）のカストルム・ドロリスのように小さいオベリスクが装飾的に用いられたものもある。

これらの図像を見ると明らかなように、カストルム・ドロリスの重要なイメージ源は凱旋門であると考えられている（Popelka 1994）。高位の存在の入城式に設けられる凱旋門と、彼らの葬儀にあたってもうけられるカストルム・ドロリスという二種類の壮麗なる「はりぼて」は、いわば対をなして発展し、そしてそこにオベリスクの意匠がしばしば入り込んでいたように見える。筆者の知る限りでは、本来の古代の凱旋門にオベリスク状の装飾が組み合わさった例はないはずだが、後のはりぼて凱旋門の展開においては、異なる建築物が「古代の遺物」として次第に融合していったように見える。十六世紀以降のイギリスの「小さいオベリスク」に飾られた墓の様式もまた、この凱旋門のイメージの系譜上に見るべきものではないかと思われる。レオ十世のフィレンツェ入城、ロゲッタ・デル・サンソヴィーノ、フォンターナによるフェリーチェ水道の泉などの例からも、十六世紀以降の凱旋門のイメージとオベリスクの結び付きは重要なものと考えられる。

このように、カストルム・ドロリスはオベリスクあるいはピラミッドを慰霊表現に用いた貴重な例であり、今後さらに研究すべき課題と思われる。ただし、これはあくまで仮設の「はりぼて」であって、墓ではない。自立式のオベリスク型墓石のデザインの源流の一つとなった可能性はあるが、やはり質を異にするものといわざるを得ないだろう。

以上、十六世紀から十八世紀にかけて、オベリスクの意匠が増殖し、さまざまな建築物や仮設構築物となって街を飾るとともに、時に小さく、時に平たく、そして時に心臓をおさめる墓碑や葬儀を飾る大きなはりぼてとして、慰霊表現とも結びついてきた様を見てきた。しかし筆者が確認できた例はみな、後の自立式のオベリスク型墓石とは形状や性質を異にしている。オベリスクの意匠は確かに「死」と「慰霊」に結びつきつつあったと思われるが、ではその意匠はいついかにして、墓石そのものとして用いられるようになったのだろうか。次章では十七〜十八世紀のイギリスでのこの意匠の展開と、その背後にあるスーラトのイギリス人墓地・オランダ人墓地の意義を明らかにすることで、この問題を考えていくこととする。

注

1　祭壇周辺なども含めると一五八四年に完成したと言われる。

2　セルリオの建築書のうち、最初に出されたのが第四書で、第三書より出版年が早い。

3　ウェストミンスター・アビーの墓の詳細については以下の公式サイトに多くを負う。Westminste Abby, https://www.westminster-abbey.org/（二〇二四年二月一日アクセス）

4　この墓については、ジョージと、この墓をつくらせた妻のキャサリンのブロンズ像はユベール・ル・スール、子ども他の大理石像はアイザック・ベニエの作とされるが（Bridgwater 2017; Westminster Anney, Villiers Family, https://www.westminster-abbey.org/ja/abbey-commemorations/commemorations/villiers-family）、黒大理石のオベリスクが誰の作かは筆者には確認ができなかった。

5　ヘンドリック自身は一六二一年に没しており、息子のピーテルが完成させた。

6　原著では七七～七八ページに相当。以下を参照。Cambiagi, Gioacchino. *Il Forestiero Erudito O Sieno Compendiose Notizie Spettanti Alla Città Di Pisa*, Per Pompeo Polloni e Figli, 1773, https://dlc.mpg.de/image/khi_escidoc_84235/85/#topDocAnchor

7　ただしCambiagi (1773) では「ボナッロティの弟子であるウバルド・ロレンツィ・ダ・セッティニャーノ（Ubaldo Lorenzi da Settignano allievo del Bonarroti）」の作とされている。

8　この人物について筆者が確認できたのは、「ピサのコジモ一世（フィレンツェ公で後のトスカーナ大公）の司令官で、イル・ムッキオと呼ばれ、一五五五年に没したバルトロメオ・デ・メディチ（Bartolomeo de Medici, llamado il Mucchio (1555), el comandante de Cosimo I en Pisa, muerto en 1555）」（Vera Botí 2014: 269）という記述のみで、詳細はわからなかった。

9　この二人が関わった墓碑では、フィレンツェのサンタ・クローチェ聖堂にあるジョルジョ・ヴァザーリの設計によるミケランジェロの墓がある。

10　イギリスのジェイムズ二世の息子でその立場から「老僭王（The Old Pretender）」と呼ばれたジェイムズ・フランシス・エドワード・ステュアートの妻で、ポーランド王家の生まれである。この墓碑は一七四二年につくられたとされる。

11　ガリカの所蔵情報ではCroix GastineではなくGlatineとなっている。

第五章　ヨーク、ロンドン、スーラト
――イギリスのオベリスクとインド（十七〜十八世紀）

第二章から四章にかけて、古代ローマに始まった「ヨーロッパのオベリスクの歴史」が、十六〜十八世紀にどのように再生し、どのようなかたちで慰霊と結びついてきたかを見てきた。本章では、十七〜十八世紀のイギリスでのオベリスク意匠の展開と、そこに深く関わるインドはスーラトのイギリス人墓地とオランダ人墓地について見ることとする。

1　都市の広場のオベリスク

前章で見たように、イギリスでは十六世紀後半、恐らくはローマでヴァティカン・オベリスクが再建されるよりも前に、王族、貴族の庭にはオベリスクが出現していた。墓に「小さいオベリスク」を装飾的に用いることもほどなく始まっている。前章で見たノンサッチ宮殿のオベリスクは、ジョン・スピードが描いたパレスの図（図4-21）では宮殿の高さ三階建て部分の高さを超えるサイズとされており、だとすると装飾的な「小さいオベリスク」ではなく自立式の通常のオベリスクと思われるが、これは一六八二年に、チャールズ二世の愛人で当時のパレスの所有者であった初代クリーブランド公爵夫人バーバラ・パーマーがパレスを壊して売り払った時に失われている。その後イギリスに

図5-1　リポン・オベリスク、市場広場、リポン

最初に建てられたとされる大型の自立式のオベリスク、ただしもちろんエジプトに由来するのではないオベリスク状の建築物が、一七〇二年に建てられたリポン・オベリスクである（図5-1）。

これは、著名な政治家で後に財務大臣を務めることになる（ただし南海泡沫事件で失脚することとなる）ジョン・エイズラビーがリポンの市長だった時に建てられたもので、古代のオベリスクのように一枚岩でできているわけではないが、二四メートルほどの高さを誇る。もともとは一六八〇年に没した元市長のウィリアム・ギブソンが構想し、建設費として五〇ポンドを残していたのが始まりとされるが、興味深いことにその段階では「クロス」と呼ばれており、十字架型のモニュメントが想定されていたものと思われる。建築史家のリチャード・ヒューリングズは、「彼［ギブソン］の遺言がすぐに実行されていたなら、この『市場の十字架』は、オベリスクではなくもっと無難な、王政復古期からジョージ王朝時代の繁栄の印としてヨークシャーの多くの町に立ち並んだ古典的な『十字架』の初期の一例となっていただろう」としつつ、しかし十字架であれオベリスクであれ、新たな都市の公共空間の整備のためのモニュメントとして選ばれたもので、宗教的シンボルとしての強い意味は持っていなかったろうとしている（Hewlings 1981:42）。そして、建設資金の寄付者の記録や書簡などから、一七〇二年当時にはまだ極めて新奇なものであった巨大なオベリスクの形状の選択のイニシアティブをとったのは、エイズラビーと、そしてこれを設計したホークスムアであったろうとしている（Hewlings 1981:42-44）。

2　ホークスムアとオベリスクとピラミッド

ニコラス・ホークスムア（Nicholas Hanksmoor、一六六一〜一七三六）はクリストファー・レン（Christopher Wren、一六三二〜一七二三）の元で働いて建築家となった人物で、レンとジョン・ヴァンブラというビッグネームと協働したことから、ともすれば彼らの影に隠れて語られることもあったが、彼らとともにイギリス・バロックを代表する人物である。実際、レンの代表作のセント・ポール大聖堂にも、ヴァンブラの代表作のブレナム宮殿にも、ホークスムアが大きな役割を果たしている。彼自身の代表的な仕事の一つに、一七一一年に立ち上げられたロンドン近郊に五十の教会をたてるプロジェクトがある。彼はそこで委員であったのみならず、全体を監督する二名のみのサーヴェイヤーをプロジェクトの全期間にわたって務めていた。このプロジェクトで最終的に実現したのは十二教会であったが、そのうち六つをホークスムア自らが、二つをホークスムアと、一時彼とともにこのプロジェクトのサーヴェイヤーをしていたジョン・ジェイムズが設計している。その中に、オベリスクを思わせる尖塔を持つものがある。教会の細長い尖塔は中世より広く見られるものだが、ホークスムアのそれには明らかに異教的なオベリスクの意匠の持ち込みが見られる。一つはスピタルフィールドのクライスト・チャーチ（一七二九年）（図5-2）で、その尖塔はオベリスクより複雑な形状をしてはいるが、頂点で角度が変わっているかたちやその頂点と風見鶏の間の金色の球体には、ガイウスとネロのキルクスのオベリスク以来の古いイメージの反映が感じられる。もう一つがイズリントンのセント・ルーク教会[1]（一七三三年）である（図5-3）。クライスト・チャーチと違い、この尖塔は明らかなオベリスクの形状をとっている。これはジェイムズとの共作だが、尖塔はホークスムアによるものとされる。これはこのプロジェクトの末期に厳しい予算のもとでつくられたもので、恐らくそれゆえに全体には比較的シンプルな構造を持つが、それだけに巨大な

図5-2　クライスト・チャーチ、ロンドン

図5-3　旧セント・ルーク教会（現LSO（London Symphony Orchestra）ミュージックエデュケーションセンター）、ロンドン

図5-4　ジョン・バックラー、《セント・ジョン教会》、1799年

図5-5　セント・アン教会とピラミッド、ロンドン

オベリスク状の尖塔が際立っている。(2)

また、もう一つ注目すべきものに、第二次大戦中のロンドン空襲で破壊され、戦後に閉鎖、撤去されてしまったホースリーダウンのセント・ジョン教会がある。写真や絵画を見る限り、その尖塔は四角錐ではなく細長い円錐の上部が切れる形状で、縦の溝彫や上部の渦巻状の柱頭的な装飾ゆえにBarnes（2004:24）は「イオニア式円柱の尖塔（Ionic Column spire）」としているが、全体の形状はオベリスクに近い印象に仕上がっている（図5-4）。実際、前章でも参照したウェブサイト、The Website of Bob Speel: British Sculpture & Church Monuments（http://www.speel.me.uk/index.htm）内のBermondsey – Tooley Street Sculpture, and remnant of St John Horsleydownページでも「尖塔の上に彗星の形をした風見鶏を乗せた高いオベリスクを持つ特徴的な教会」と表現されている。ホークスムアはセント・ルーク教会とこのセント・ジョン教会とを対をなすものとして設計しており、前者の尖塔は太陽を、後者のそれは月を象徴していたという（Barnes 2004:25）。カッシオドルスの『雑録（*Variae*）』におけるキルクス・マクシムスに立つ二本のオベリスクの描写、「高い方は太陽に、低い方は月に捧げられている」を（本書第二章第二節）ホークスムアが意識していた可能性が考えられよう。

また、オベリスクではないが、ピラミッドの意匠が際立つ教会もある。ライムハウスのセント・アン教会の塔の頂点の四隅を飾るランタン状の装飾のトップはピラミッド状なのだが、それとは別に、この教会の庭には目的のはっきりしない小さなピラミッドが建てられている（図5-5）。チャーチヤードにあるが墓石ではなく、ただ「ソロモンの知恵（'The Wisdom of Solomon'）」の句とぼやけた紋の彫刻がわずかに残っている。(3) なんのために建てられたのか、さまざまなオカルト的な推測もされているが、恐らくはホークスムアが現在の西に面した塔とは別に、東に面する側の上の左右両側に二つのピラミッドを据えようとしていた、その一つではないかと考えられている。(4)

一七〇二年建造のリポン・オベリスクは、その後の庭園や街への「オベリスク流行り《クレィズ》」の始まりになったとされ

図5-6　マールバラ・オベリスク、カースル・ハワード

（Worsley 2000: 133）、そして、「実際にオベリスクを建てた数は［ウィリアム・］ケント、ジョン・ウッド、恐らくサンダーソン・ミラー、そしてヴァンブラの方が多いようだが、しかしホークスムアほど多くのオベリスクを設計した人物はいなかった」という（Hewlings 1981: 45）。ホークスムアは、ヴァンブラの助手として深く関わったウッドストックのブレナム宮殿（一七〇五～二五年）のためにもオベリスクの設計図を残している。ブレナム宮殿のオベリスクは実現しなかったが、やはりヴァンブラにホークスムアが協力してできたノースヨークシャーのカースル・ハワード（一六九九～一八一一年）には一七一四年にオベリスクが建てられており（図5-6）、ブレナム宮殿の主である初代マールバラ公爵ジョン・チャーチルのマールバラでの戦勝を記念している。[5] カースル・ハワードには他に、多くのピラミッドの意匠が見られる。ヴァンブラが一七一九年に設計したピラミッド型の屋根を冠するピラミッド・ゲート（図5-7）、ホークスムアによる大小二つのピラミッド、[6] ピラミッド型の装飾が着いたカーマイア・ゲート[7]（図5-8）である。セント・アン・ヒルの大きいピラミッド[8]（図5-9）は一七二八年に建てられ、中にはハワード家の祖である、第四代ノーフォーク公トーマスの息子のウィリアム・ハワード（一五六三～一六四〇）の胸像がおさめられており、いわばセノタフ的な性質を持っていることが注目される。

このように、ホークスムアの建築にはオベリスクとピラミッドの意匠が多く用いられているが、これはいったい何に起因するのだろうか。まず、彼の建築史や考古学に対する深い関心が影響したことは確かだろう。彼は死去の際に

図5-7　ピラミッド・ゲート、カースル・ハワード

図5-8　カーマイア・ゲート、カースル・ハワード

図5-9　セント・アン・ヒルのピラミッド、カースル・ハワード

図5-10　セント・マーガレット・パテンズ教会の尖塔、ロンドン

も「建築の歴史に完璧に通じた」人物と評されている(9)（Akehurst 2011:3）。特に古典へのこだわりで知られ、設計図にもラテン語の書き込みが多く見られるという（Russo 2021）。フリーメイソンに入っていたとも言われ、その影響もしばしば指摘される。

また、上記のとおり、十八世紀には、ケント、ウッド、ミラー、ヴァンブラらもオベリスクやピラミッドの意匠を用いつつあり、これは当時のイギリス・バロックの建築に共通した傾向でもあったろう。古い例では、レンの設計による教会には、尖塔らしい尖塔をもつものはあまり多くないが、その一つであるロンドンのシティのセント・マーガレット・パテンズ教会（一六八七年）は、尖塔自体は昔ながらの形状なのだが、その四方に小さいオベリスク状の装飾がある（図5-10）。これは十六世紀から見られる装飾的なオベリスクの利用ではあるが、ホークスムアのオベリスク状の尖塔のイメージ源の一つとなった可能性はあろう。こうした建築の動向に加えて、リポンやカースル・ハワードを擁するヨークシャーという場の力も考えられる。ヨークシャーの中心地ヨークは古名をエボラクムといい、古代ローマの版図の北端にあたる下ブリタンニアの州都にあたり、ローマ皇帝らが遠征にあたって滞在した場所だった。コンスタンティウス一世はここで没し、息子のコンスタンティヌス一世はここで即位している。ヨークをはじめヨークシャーの各地には、ローマ時代の遺跡が散在しており、そして十八世紀当時、この古代ローマの記憶を新たに近代都市に結びつけようとする動きが展開していたという。リポンの広場にオベリスクを建てるというエイズラビーとホークスムアの発想も、古代ローマの都市のフォーラムをここに出現、あるいは再現させようという意図と考えるとわかりやすい。リポンと古代ローマの結び付きは曖昧ながら、当時はリポンと、オールドバラの古名であるイスリウムを同一視する例もあったという（Akehurst 2011:6）。ヨークシャーでは、ブリタニアとローマへの幻想やノスタルジーを介して、エジプトの建築意匠への関心が成り立ちつつあったものと想像される。二〇二二年から二三年にかけて、スカーバラ・アート・ミュージアムでは「古代エジプトの再生——モニュメンタルなヨークシャーの旅」の写真展が開催されていたが、[10] バーチャル・ツアーなどで展示写真を見ると、ヨークシャーでピラミッドやオベリスクの意匠がいかに愛されてきたかが垣間見える。ヨークシャーと古代の幻想の関係は、近代のオベリスク意匠の展開を考える上でも重要なテーマと思われる。

図5-11　西側下段のテラスガーデンのオベリスク、ブレナム宮殿

また、ホークスムアがやはりヴァンブラとともに手がけたブレナム宮殿には、ナヴォーナ広場のあのベルニーニの四大河の噴水のオベリスクの三分の一ほどのレプリカがある。これは一七一〇年にローマ教皇庁のスペイン大使からマールバラ公に贈られたもので、一九三二年に修復され西側下段のテラスガーデンに設置されている（図5-11）。この修復以前、特に十八世紀にこのオベリスクがどのような状況にあったのか筆者は確認できなかったが、ブレナム宮殿をつくっていたヴァンブラとホークスムアはこれに何らかのかたちで関わったはずである。ただし、ホークスムアはそれ以前、リポン・オベリスクを設計した段階でもナヴォーナのオベリスクとその構造に言及しており、ベルニーニではなくドメニ

コ・フォンターナ作とするなど混乱はあるものの、十分に認識はあったことがわかる。

このように、ホークスムアの周辺には、オベリスク意匠を用いるにいたる条件はさまざまに整っていたと思われるが、それにしても一七〇二年のリポン・オベリスクは早い例である。なぜピラミッドとオベリスクにこだわったのだろうか。そこで浮かんでくるのが、カースル・ハワードの建築で一六九九年から協働していたヴァンブラの存在の重要性である。

3 オベリスクの広がりとヴァンブラの存在

ジョン・ヴァンブラ（John Vanbrugh、一六六四〜一七二六）は著名な劇作家であり建築家である。二十二歳で職業軍人になった後、フランスで捕虜として収監されている間に最初の喜劇を書き、劇作家として知られるようになった。その後三十代後半に、建築家の訓練を経ていないにもかかわらず、有名なキット・キャット・クラブでのカーライル伯爵チャールズ・ハワードとの縁からカースル・ハワードの設計を依頼され、以降建築家として広く活動することとなる。前節でも見た通り、ヴァンブラの仕事の中でも長期にわたる重要なものとなったカースル・ハワードとブレナム宮殿の設計と建築では、ホークスムアの全面的な補佐を得ている。カースル・ハワードのエジプト的意匠の建築物では、大小のピラミッドとカーマイア・ゲート（図5–8）はホークスムア、ピラミッド・ゲート（図5–7）とマールバラ・オベリスク（図5–6）はヴァンブラの仕事とされるが、二人の仕事を厳密に分けることは難しい。特にオベリスクはホークスムアの仕事とされることもある。ホークスムアと比べれば、ヴァンブラ自身のオベリスクやピラミッドの意匠の利用は必ずしも多くないようにも思われるが、しかしオベリスクの利用に関してヴァンブラには二つの重要性がある。この時代にオベリスク意匠を用いた建築家との関係の深さと、そしてこの意匠を慰霊、特に屋外の墓に用

図5-12　スティローガン・オベリスク、スティローガン

図5-13　コノリーズ・フォリー、セルブリッジ

いる発想である。

現在残るこの時代の大型のオベリスク型の建造物で本書の関心にとって重要なものに、アイルランドのスティローガン・オベリスク[11]がある（図5-12）。これは一七二七年に飢饉の死者の慰霊のために第二代アレン子爵ジョシュア・アレンによって建てられたものとされているが（Curl 2005: 186）、実際には慰霊というよりも飢饉による困窮に対する雇用創出策であったとか、実はアレン夫人の墓としてつくられたとの説もありはっきりしない。それでも、死者の慰霊に関わる自立式の大型オベリスクとして、ごく早い例であることは確かである。ただし、飢饉の死者はもちろん、アレン夫人もここには埋葬されてはおらず、慰霊とは結びつくものの「墓」の機能は持っていない。ここで着目すべきは、これを設計したエドワード・ロヴェット・ピアース[12]（Edword Lovett Pearce, 一六九九頃〜一七三三）がヴァンブラのいとこの息子であり、彼の弟子として建築を学んだとされているということだ（Downes 1977: 156）。そしてこのピアー

スが設計した、アイルランドの下院議長、ウィリアム・コノリーの邸宅であるキャッスルタウン・ハウス近くに建てられたのが、オベリスクを冠した独特のデザインが印象的なコノリーズ・フォリー（図5-13）である。フォリーとは「愚かさ」を意味する言葉だが、ここでは庭園などに建てられる実用的な意味をもたない装飾目的の建造物を指す。コノリーズ・フォリーはピアースの死後、一七四〇年に、やはり飢饉に対する雇用創出を目指し、コノリー夫人の依頼でリチャード・キャッスル（Richard Castle（Cassels）、一六九〇〜一七五一）がつくったものだが、彼はピアースの弟子にして友人であり、彼がこの仕事を請け負ったのもピアースとの縁があってのことと言われている。だとすれば、ここにもピアースを介した、ヴァンブラの間接的な影響を見ることは可能だろう。遡ってホークスムアがリポンのオベリスクを建てたのは一七〇二年、ヴァンブラとともにヨークシャーでカースル・ハワード建設に取り組む中で得た仕事とされる（Barnes 2004: 17）。そこから二人はオベリスクやピラミッドの意匠を用いた建築を多く手掛けていくこととなる。こうして見ると、十八世紀前半のイギリスにおけるオベリスク意匠の広がりの中心に、ヴァンブラがいたように思われるのである。

4 ヴァンブラとオベリスクとスーラトの墓地

ヴァンブラとオベリスクの関係には、実はインドが深く関わっている。ヴァンブラは一六八三年に十九歳で東インド会社に属する請負商人的な存在、ファクターとしてグジャラートの商都スーラトに行き、十五ヶ月間そこに住んでいたことがわかっている（Williams 2000: 114; 木下・小林 2006: 735）。ヴァンブラがこの経歴を直接語る文書は見つかっていないが、しかし彼はほぼ四半世紀を経た一七一一年に、この経験を活かした提案を行っている。本章二節で、ロンドン近郊に五十の教会をたてるプロジェクトでホークスムアが大きな役割を果したことに触れたが、ヴァンブラもこのプロジェクトの委員だった。後に彼が提出した二つの教会の設計案は実現しなかったのだが、ここで着目したいのは、彼が一七一一年に提出した「新たな教会の建築に関する提案書（Proposals about Building ye New Churches）」という、教会の敷地外に新しい墓地を建設すべしとの提案書である。彼はこれまでの埋葬法を批判した上で、もはや教会敷地に埋葬空間を得ることが難しいことをむしろ好機と捉え、教会墓地から独立した新たな墓地の設置を提案する。

美しく規則正しく塀で囲われ、それぞれの区画が木立で厳粛に区切られるようなかたちでこれらの墓地が聖別され開設されたとしたら、疑いのないことですが、裕福な類の人は、友や身内を今までのように教会の通路や座席の下に埋葬するより、このようなそのための特別な場に埋葬する方がふさわしいと感じるはずです。そして、壁面や柱に貼り付いた大理石製の小さくけばけばしい墓碑などより、軟石を用いた高雅で堂々たる墓廟を建てれば（それは間違いなく近々実現することでしょう）、亡くなった人たちのことを一層誇らしく思い起こせるようになるでしょう。……このような埋葬形式はすでにスーラトのイギリス人によってとり行われていて、そういった効果をもたらすにいたっているのです。

（Downes 1977:257-258）

この提案には二つのスケッチが伴っていた。木々で整然と区画された六

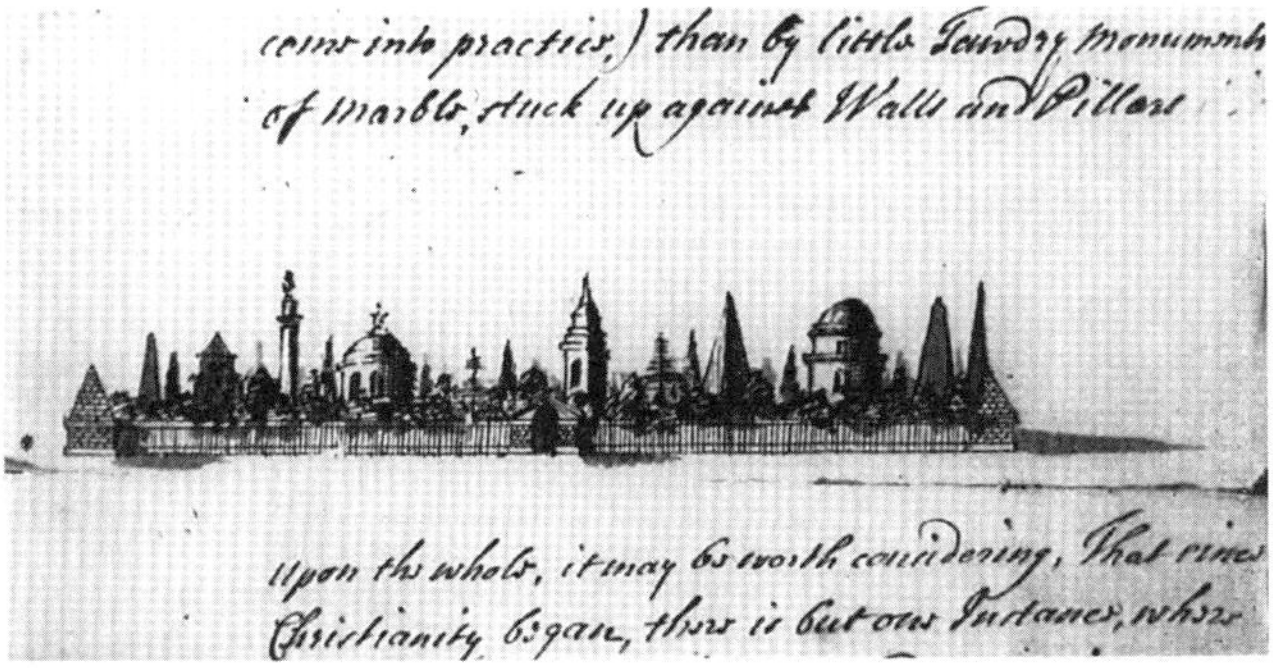

図5-14　ヴァンブラのスーラトの墓地の風景図、ボドリアン図書館（Downes 1977: plate 55）

図5-15　イギリス人墓地、スーラト

図5-16　イギリス人墓地、スーラト

エーカーの墓地の図と、そしてそのイメージ源であるスーラトの墓地の風景図（図5-14）である。そこでは、塀で囲われた木々が茂る敷地に、キューポラや柱型のものと並んで、オベリスクとピラミッドの形の大きな墓廟が立ち並んでいる。これこそがヴァンブラが提案する新たな墓地のモデルというわけである。この提案は実現しなかったが、十九世紀以降に実現する庭園墓地を先取る画期的なものだった。そしてそのイメージ源はインドにあり、そこにオベリスクとピラミッドが大きな存在感を示していたのだった。

　ここで気になるのは、四半世紀を経たヴァンブラの記憶がどれほど正確だったのかということである。スーラトのイギリス人墓地は十七世紀に遡る古いもので、今もインドのイギリス人墓地の中ではめったにないほどよい状態に修復、維持されている（図5-15、16）。にもかかわらず二〇〇九年に訪ねた時には来訪者がほとんどおらず[13]もったいなく思われたが、二〇二一年に訪ねた時には、投稿用の動画撮影などに来ている若者の姿も一定数見られた。撮影地にされるだけあって、大小さまざまな墓廟や墓石が立ち並び見事なのだが、しかし現在は、ヴァンブラが描いたようなオベリスクやピラミッドと呼べる形状のものは実はあまり見られないのである。図5‐16[14]の中央やや右の墓廟の頂点にあるような、オベリスク的な形状の装飾を伴うものはあるが、自立式のものはあまり見られない。図5‐17のような曲線を描く幅広のオベリスク的形状のものが二つあるが、これらは現在読める墓碑銘によれば十九世紀のものであった。もちろん、今自立式のオベリスクがないからといって、十七世紀末にもなかったということにはならないが、しかし敷地内の墓石の並びを見る限り、ヴァンブラのスケッチのような風景がかつては成り立っていて、だが巨大なオベリスクやピラミッドの形状の墓石はその後ほとんど失われて今に至ったのかというと、正直なところ疑問を感じざるを得なかった。

図5-17　イギリス人墓地の墓石（160番）、スーラト

　しかしここには一つ、明らかにオベリスク型と呼べる形状を持つ、古い貴重な墓石がある。東インド会社の要人の息子、ヘンリー・ゲイリー（Henry Gary、一六四四頃～一六五八年）の墓である（図5‐18）。大きな墓廟の台座に附属するようなかたちで立っており、墓碑には彼が一六五八年に十四歳で亡くなったとある（Scarre & Roberts 2005: 273）。少年や少女の墓にオベリスクの形状を用いる例がウェストミンスター・アビーの心臓墓にあることに前章で言及した。まだオベリスク型墓石が成立していないと思われる時代に、ごく年若い、時ならぬ死者の墓にこの形状が複数現れていることは偶然とは思いがたいが、そこにほんとうに偶然以上の何かがあるのか、あるとしたら何を理由に、どのような系譜上に成り立ったものなのかは、現時点で筆者は判断できない。

図5-19　オランダ人墓地、スーラト

図5-20　オランダ人墓地、スーラト

この一つを除くと、一六八〇年代のスーラトのイギリス人墓地に、オベリスクやピラミッドの形状の「高雅で堂々たる墓廟」がほんとうに並んでいたのかはなんともわからない。四半世紀を経てヴァンブラの記憶が変わっていた可能性も否定はできない。ただし、彼の言葉の「イギリス人」の部分を無視すれば、このスケッチの風景に近い印象のものがある。イギリス人墓地から徒歩数分のところにあるオランダ人墓地である。

これもまた十七世紀に遡るもので、イギリス人墓地より敷地は小さいが[15]、美しい墓廟が多く並び、そしてそこには、オベリスク型のものも多くあるのである（図5-19[16]、20、21[17]）。ただ問題なのは、ほぼ墓碑が失われており、年代が特定できるものが少ないことで、十八世紀、あるいはヴァンブラが滞在した十七世紀にまで遡るオベリスク型墓石がどれほどあるのかは、筆者には確認できなかった。しかしヴァンブラのあのスケッチが、正確であるかはさておき、彼の想像の産物であるとも考え難い。オランダ人墓地とイギリス人墓地のイメージの混乱はあったにせよ、オベリスク型の墓石が並ぶ風景は恐らく実際に存在し、その強い印象が四半世紀後に彼に新たな墓地を構想させ、そしていくつものオベリスク型建造物をつくらせた、大きな要因となったのではないかと思われる。

すでに見たように、十八世紀にはヴァンブラとホークスムア以外にも、オベリスクやピラミッドの意匠を建築に用いる動きは出ていた。しかしヴァンブラはその動きの中心に立っており、そして、この意匠と、慰霊、特に遺体の埋葬を伴う「墓」との結びつきに大きな役割を果たしたものと思われる。そのことを示すのが図5-22の霊廟《マウソレウム》の図案である。これはいつ何のために描かれたものか不明だが、ロバート・ウィリアムズはカースル・ハワードかブレナム宮殿のために一七二〇年代に描かれたものと推測している（Williams 2000: 123）。注目すべきは、四隅に立つ大きな細長いピラミッドである。入り口の上にも装飾的に細いピラミッド状のものがあしらわれているが、これは頂点に球体がついており、その細長い形状からも、ピラミッドとはいえ、オベリスクのイメージが重なっているようにも思われる。この図案は実現せず、カースル・ハワードにはホークスムアの設計による墓廟が一七三一年に着工してできあがるのだが、それはオベリスクやピラミッドの意匠は伴わないものとなった（図5-23）。しかし、教会外に壮大な墓廟をつくるということ自体、当時はまだごく新しいことで、まずそこにヴァンブラのスーラトの記憶が影響した可能性は大いにあるだろう。実際ヴァンブラは、一七二〇年代の書簡で、カーライル伯に熱心に墓廟建築を進めているという（Williams 2000: 123-4）。すでに見たように、ホークスムアはカースル・ハワードにウィリアム・ハワードの胸像をおさめる大ピラミッドをつくっており、そこには一定の慰霊的意義も認められようが、これと墓廟の大きな違いは遺体の

図5-23　霊廟（マウソレウム）、カースル・ハワード

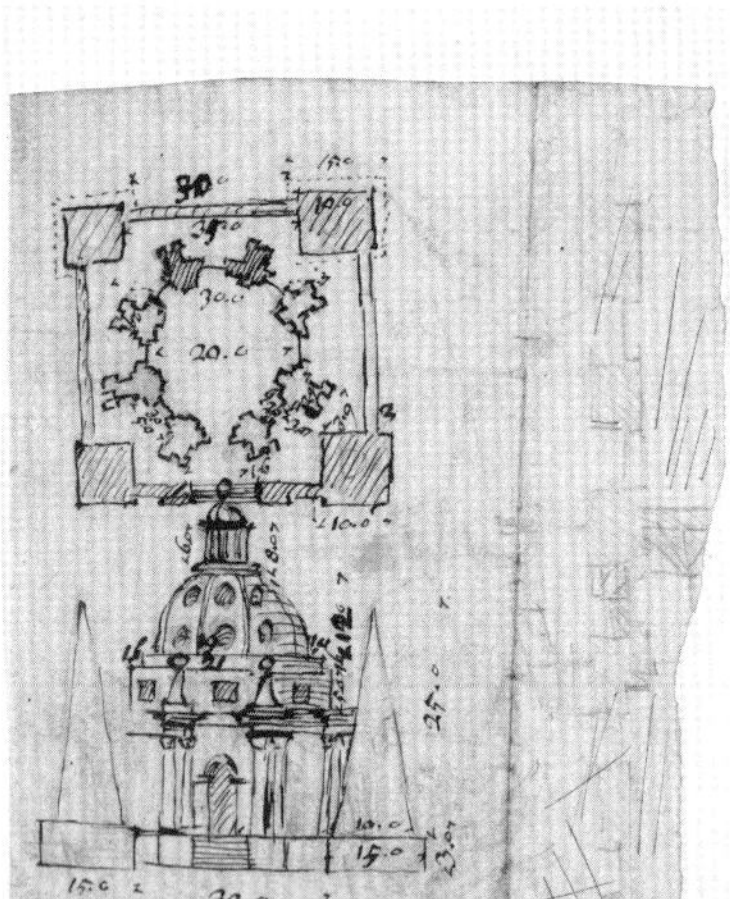

図5-22　ジョン・ヴァンブラ、未確認の計画のためのドーム建築のスケッチプランと立面図

埋葬を伴うかどうかである。[18] 十七世紀までは、墓にオベリスク意匠が用いられることはあってもそれはもっぱら「小さいオベリスク」か「平たいオベリスク」であったし、死者を顕彰する何かを建てることはあっても遺体を伴わないいわばセノタフであった。これに対してヴァンブラの霊廟案は、自立式オベリスクが墓石の本体を構成する後のオベリスク型墓石とは異なるものの、屋外に墓廟をつくり、その装飾に大きな細長いピラミッド状のものを用いるものである。そして、これが実現しなかった一方で、ホークスムアの墓廟とピラミッドは、まるでヴァンブラのこの構想を二つに切り分けて実現したかのようにも思われ興味深い。

十七世紀のスーラトのイギリス人墓地とオランダ人墓地の実像がいかなるものであったかは定かではないものの、ともかくも、実はカルカッタのサウス・パーク・ストリート・セメタリーにオベリスク型墓石が出現するよりもずっと前に、この町にはすでにオベリスク型墓石が出現していた可能性が高く、そしてそれはヴァンブラを介してイギリスの建築に影響を及ぼしていたと考えられる。ここで再びこの問いが浮上することとなる。なぜ、この時代に、インドのスーラトで、墓に、オベリスクのかたちが用いられたのだろうか。ここで考えなくてはならないのが、インドのイギリス

墓廟建築の系譜である。スーラトの二つの墓地は、後のインドのイギリス人墓地とはかなり様相が異なる。人墓地とはかなり様相が異なる。サウス・パーク・ストリート・セメタリーの風景は、特異ではあるものの西洋人墓地とわかる人が多いものと思うが、スーラトの墓地の風景はそうは言い難い。どちらかといえばイスラーム墓廟的に見えるようで、その影響を指摘する例も多いが、しかしそれともかなり印象が異なる。実はイスラーム墓廟以上にスーラトの墓に近い印象を与えるものがある。本来は墓をつくる文化をもたないはずのヒンドゥーの王侯らがつくった、遺体を伴わない霊廟、チャトリーである。オベリスク型墓石の出現に、インドの何が、どのように影響したのかを考えるため、次章では十八世紀までのインドの墓廟・霊廟建築の展開を追い、そこからあらためてスーラトの墓を見直すこととする。

注

1　この教会は地盤沈下の影響などで一九五九年に閉鎖され廃墟化していたが、改装を経て二〇〇三年にロンドン交響楽団の拠点、LSO St. Luke's となった。

2　筆者の知るところで、教会の尖塔に明らかなオベリスク状のものを用いた比較的古い例に、デッサウ近くのヨーニッツ村の聖バルトロメイ教会がある。これは一七二一〜二五年に建てられたものだが、この尖塔は恐らく一八一六〜一七年の改装時にカルロ・イグナツィオ・ポッツィによって加えられたものと思われる。"Ev. Kirche St. Bartholomäi Jonitz (Waldersee, Stadt Dessau-Roßlau)", *architektur-blicklicht*, https://www.architektur-blicklicht.de/english/（二〇二四年三月五日アクセス）。十八世紀に教会の尖塔それ自体にオベリスクなどの古代の異教世界のモニュメントの形状を組み込むことは、やはりかなり新奇なことだったと思われる。恐らくはそのことと、加えて、ホークスムアが（レンやヴァンブラもなのだが）フリーメイソンに入っていたとの説や、彼が教会を建てたスピタルフィールド周辺で「切り裂きジャック」の事件の多くが生じたことなどが影響して、現代のフィクションではホークスムアと彼の教会はオカルト的な要素として扱われることがある。ピーター・アクロイドの*Hawksmoor*（1985、邦訳『魔の聖堂』1997）、イアン・シンクレアのLud Heat（1975）、アラン・ムーア原作、エディ・キャンベル作画のグラフィック・ノベルで映画化もされた*From Hell*（1999、邦訳『フロム・ヘル』2009）などがあげられる（Rose 2006）。

3　この句は英語のほかヘブライ語でも彫られていたとされるがこれは現在は視認できないという。また彫刻について、ユニコーンの彫刻との記載が複数見られたが、筆者が確認できた写真では視認できなかった（Bingham 2018; Ness 2024）。

4　以下を参照。St Anne's Limehouse: New Visitors Leaflet, https://stanneslimehouse.org/wp-content/uploads/2021/10/New-Visitors-leaflet.pdf.

5　このオベリスクにはマールバラ公の戦勝記念を記すラテン語の碑文があるほかに、逆の面にはカースル・ハワードをつくった第三代カーライル伯爵チャールズ・ハワードを記念する英語の碑文が付け足されている（British Listed Buildings n.d）。

6　小さい方のピラミッドはプリティ・ウッドの森の装飾としてつくられたものらしく、一七二七年までにはできあがっている。近年再調査され修復されるまでは遺棄された状態であったという（Castle Howard Pyramid in Pretty Wood, *Historic England*, https://historicengland.org.uk/images-books/photos/item/IOE01/12087/29）。

7　このゲートのピラミッド型装飾には、マルクス・テレンティウス・ヴァロによって語られている、前六世紀のエトルリアの王ポルセンナの伝説の墓の形状が影響していると指摘されている（Bevington 2019: 57 Levine 2003: 336）。このゲートをこえた先にピラミッド・ゲートが見える。その先にはオベリスクが立っている。

8　これは二〇一一年の写真だが、その後大規模な修復がなされ、変色で黒くなっていた部分も白くなっている（Castle Howard 2015）。

9　このホークスムア没時の評の原典は以下。Nathaniel Blackerby, Obituary Notice for Nicholas Hawksmoor, *Read's Weekly Journal*, 27 March 1736.

10　以下の情報ページからバーチャル・ツアーが見られる。Resurrecting Ancient Egypt: A Monumental Yorkshire Journey, 5 November 2022—18 March 2023, Scarborough Museums and Galleries, https://scarboroughmuseumsandgalleries.org.uk/whats-on/event/resurrecting-anciet-egypt-a-monumental-yorkshire-journey/（二〇二五年一月三十一日アクセス）。

11　足元は洞窟のようなつくりになっており、ベルニーニによるナヴォーナ広場の四大河の噴水のオベリスクの影響が推測される。

12　ピアースの生年は一六九九年の説が多いがはっきりせず、Downes（1977: 122）は一六九一年から九九年頃としている。没年は一七三三年である。

13　インドでは、古い外人墓地は荒廃し、廃止される例も多い。それだけに残っている墓地を維持する上で、観光資源として活かすという案もあるのだが、カルカッタのサウス・パーク・ストリート・セメタリーやこのスーラトの墓地のような状況のよい場所ですら、あまり人が集まらないのが現状である。背景には、もちろん植民地支配の記憶もあろうが、何より、人口の八割を占めるヒンドゥーが基本的には墓をつくる文化を持たないことも関わっている。特に女性が墓に近づくことを不吉と見る傾向もあって、散歩や観光の対象にはなりにくい。しかし昨今では投稿用動画の撮影地や、周囲に見とがめられずに男女で散歩できる場所などとして訪れる若者も現れており、今後の変化が注目される。

14　中央の墓廟の頂点のほか、四隅の装飾もややオベリスク的な形象にも見えるが四面体ではない。

15　同じ敷地内のやや区切られた区画はアルメニア人墓地になっている。墓石も棺桶の蓋の構造の平たいものが中心で様式が大きく異なり、オベリスク型墓石も見出せない。

16　右奥の墓廟の上にはオベリスク型の装飾が見える。イギリス人墓地と違い動画撮影などをする人には会わなかったが、クリケットなどで遊ぶ子供たちは見られた。

17　右側の墓廟の上にはオベリスク型の装飾がある。

18　マウスレウムの名を冠しながら埋葬を伴わないものもありえるが、カースル・ハワードのマウソレウムはそうではなく、カースル・ハワードのホームページには、このマウソレウムは今もハワード家の私的な埋葬地であり、見学は事前の予約の上、スタッフの引率のもとでのみ認められることが記されている。

第六章　サーンチー、アーグラー、スーラト
――インドの墓廟の伝統からスーラトの西洋人墓地へ（古代〜十七世紀）

前章では、十八世紀のイギリスの街や貴族の屋敷に増えていったオベリスクとホークスムアとヴァンブラの関係に焦点をあて、特にヴァンブラにおけるオベリスクと慰霊の結びつきに十七世紀末のスーラトのイギリス人墓地とオランダ人墓地が関わっている可能性について見てきた。スーラトの墓地の独特の墓廟と墓石の形状には、インドの墓廟・霊廟建築の影響が見いだせる。ヨーロッパには存在しなかった新たな慰霊表現が、いつ、なぜ、どのようにして現れたのかを考えるべく、本章では、その背景にあるインドの墓廟・霊廟建築の展開を追い、そこからあらためてスーラトの二つの西洋人墓地の墓石について考えることとする。(1)

1　シュマシャーナ、ストゥーパ、サマーディ――「ヴェーダの宗教」の系譜と墓

インドには素晴らしい墓廟建築が数多く存在するが、その多くはイスラーム王朝侵入以降のもので、古代に遡るものは多くない。イスラームやキリスト教で終末の復活に向けて遺体を保つことを意図して墓をつくるのと異なり、ヴェーダ文献の至上性に基づく「ヴェーダの宗教」、つまりいわゆるバラモン教と、そこから派生したヒンドゥー教、仏教、ジャイナ教、そして後にイスラームの影響を強く受けつつ成立したシク教（スィク教）においては、輪廻と解脱

の概念に基づき、肉体と霊魂の分離を前提に、遺体を火葬し川や池や野に散骨することを基本的な葬法としたからだ。ヴェーダの時代、当初は火葬ではなく埋葬がなされていたが、紀元前一〇〇〇年ごろまでに火葬が一般化し、また紀元前八世紀以降、ウパニシャッド文献などで、輪廻と解脱の思想が成立、展開したと考えられる（久垣 2018）。火葬の場をシュマシャーナというが、古代にはシュマシャーナに遺骨を埋葬し、墓廟を建てることもあったとされる。しかしそれは埋葬地を不浄な地として明示するためで、供養や礼拝の対象としての墓とは質を異にするものだったと考えられている。

バラモン社会における火葬は一般的葬法習慣であることは周知の事であるが、火葬後の様子は、およそ次のように記す。「拾骨は死後十日に行なわれる。特別な収骨品に収納され、シュマシャーナ（śmaśāna）に埋葬し、その上に墓標が建立される」。……これら伝えられるシュマシャーナ建立の根底には先祖供養とか、死者に対する追慕の念はまったく存せず、墓標を建立することは不浄の地としての旗印の観念が考えられる。バラモン社会におけるシュマシャーナ建立については、村から見えない所、そこから帰る時、人々は後ろをふり返らずに戻る、村との中間に死者の世界との境界を示すために土の塊を置くこと等が規定せられ、専ら忌避されるべきものとして語られている。シュマシャーナとは死者に対する恐怖、不浄観等を表徴したものであった。（宇治谷 1984:919）

しかし、散骨を基本としつつも、仏教、ヒンドゥー教、ジャイナ教、後のシク教には、例外的に「特別な存在」のための墓の文化が存在する。まず、仏教には仏塔《ストゥーパ》がある。(2) ストゥーパとは、仏舎利、つまりガウタマ・シッダールタの遺骨をおさめる建築物である。日本の仏教寺院に立つ塔や、お墓に立てる卒塔婆はこれに由来する。ブッダの死後、多くの有力者がその舎利を求めて争ったため、平等に分配し、それぞれに持ち帰ってストゥーパを建てたという舎利八分と十塔建立の伝説が『大般涅槃経』など多くの仏典に語られている。紀元前三世紀にはマウリヤ朝のアショーカ王が、舎利八分でできた仏塔の仏舎利を取り出し、新たに八万四千の仏塔をつくり、仏教を広めたとされる。そして、現存するストゥーパの中でもっとも完全で古いものとされるのが、有名なサーンチーの、特に第一塔である（図6-1）。これは、アショーカ王がつくらせた仏塔の一つを元に、前二世紀末頃に拡大改築したものとされる。お椀を伏せたようなこの独特の形状については後にあらためて見ることとする。

図6-1　サーンチー第一塔、サーンチー

ストゥーパは崇敬の対象であり、かつてシュマシャーナに死穢の標として建てられたとされるものとは明らかに性質が異なる。一方でこれは、仏舎利という、いわば至上の聖遺物をおさめる特別なものであり、死者を慰め供養する拠り所としての一般的な「墓」ともまた異質なものにも思われる。他に、後述するように紀元前後のジャイナ教では聖者のためにストゥーパが建てられ、そして後にはヒンドゥー教でも聖者を祀る「サマーディ」が成り立つ。サマーディには遺体や遺灰を伴わないものもあるが、聖者、特に生きながら三昧《サマーディ》に至った聖者の聖なる身体を火葬せずに埋葬し、印となるものを置いたものが文字通りサマーディと呼ばれるため（McLaughlin 2021）、恐らくはこれこそがサマーディの基本型であったと思われる(3)。埋葬地の印となる石は平たいもの、円形や方形や長方形の壇など多様ながら、方形の石を三～五段ほど重ねたものが比較的多く見られるという（McLaughlin 2021: 15）。重要なサマーディは祠や寺院を伴い、多くの参拝者が集まるものもある。後にはシク教でも重要な宗教者や王などの高位者の遺灰をおさめたサマーディがつくられることがあり、また、近代にはヒンドゥーでも俗人を対象にしたサマーディも見出せる。

このように、インドには紀元前よりストゥーパが存在し、後にはサマーディも成り立っており、ともに墓廟的な意味を持つ重要な存在であるが、しかしそれらは本来、特殊な、解脱を経た聖なる存在のためのもので、一般的な墓よりもむしろ寺院や神殿に近いものと考えられる。そして、聖者の遺体を伴うサマーディは、小さな秘教的性質の強い集団に成り立つ例が多く、恐らくそれゆえに、その重要性にもかかわらず、あまり広く認識されてこなかったとも指摘されている（McLaughlin 2021:21）。インド社会で墓廟建築が大きく展開するのはやはりイスラームの流入以降のこととなる。サマーディの成立と展開についても、マクラフリンは、ストゥーパの聖遺物崇拝との連続性を重視して論を展開しているが、同時に、以前より指摘されてきた、イスラームの聖者廟《ダルガー》の影響もやはり大きいとしている（McLaughlin 2021:9）。次節ではこの、ダルガーに始まるインドのイスラーム墓廟建築の展開を概観することとする。

2　ダルガーからタージ・マハルへ

タージ・マハルを筆頭に、インドには数多くの美しいイスラーム墓廟建築がある。(4) しかしそれはイスラーム世界において当たり前の文化というわけではない。本来のイスラーム思想には、華美な墓石や墓碑をつくることやそこに人々が参詣することを否定する面がある。唯一神信仰に抵触し、偶像崇拝に向かう危険があると考えうるからだ。たとえばワッハーブ派が多数を占めるサウジアラビアでは今も墓は極めて簡素なものとなっている。しかしその一方で、イスラーム世界の各地で多様な墓廟建築がつくられ、そこに多くの人が集まってきた。ムハンマドの血縁者から高名なイマームやスーフィーまでさまざまな存在の埋葬地に廟が形成され、地域によってはそれが王侯などにも拡大していった。インドの墓廟建築は、十世紀ごろからの中央アジアの聖者廟の展開（深見 1994）から方形墓廟や八角形墓廟の構造の影響を受けつつ、デリー・スルタン朝が展開していく十三世紀ごろから独自の発展を見たと考えられる。デリーを中心に各地に、[5]スーフィーやピールと呼ばれる聖者らに対し、多くのダルガー、またはマザールと呼ばれる聖者廟が成り立ち、それと並行するように王侯の墓廟もつくられていく。

古いところでは奴隷王朝（インド・マムルーク朝）第三代スルターンのイレトゥミシュ（一二三六年没）の墓らしきものなどが残っているが、[6]屋根を含め墓廟建築としてのかたちを明瞭にとどめている古い例としては、トゥグルク朝のスルターンの墓、ギヤースッディーン・トゥグルク廟（一三二五年頃没）（図6-2）があげられる。赤砂岩の四角い

図6-2　ギヤースッディーン・トゥグルク廟、デリー

図6-3　フィローズ・シャー・トゥグルク廟、デリー

図6-4　ムハンマド・シャー・サイード廟、デリー

図6-5　シカンダル・ローディー廟、デリー

本体に白大理石のドーム屋根を持つ方形墓廟の構造で、以降のインド墓廟建築の基本形をすでに示している。おなじトゥグルク朝のフィローズ・シャー・トゥグルク廟（一三八八年没）（図6-3）も、角のデザインなどがやや複雑化しているが、基本的には同じ構造をもっている。この他に、八角形墓廟のプランもしばしば見られる。

デリーの中心にあって市民の憩いの場となっているローディー・ガーデンには、サイード朝のムハンマド・シャー・サイード廟（一四四五年没）（図6-4）、ローディー朝のシカンダル・ローディー廟（一五一七年没）（図6-5）、やはりローディー朝の墓と見られるシーシャー・グンバド（図6-6）、そして目的が不明ながら墓としてつくられた可能

図6-6　シーシャー・グンバド、デリー

図6-7　バラー・グンバド、デリー

性もあるとされる十五世紀末のバラー・グンバド（図6－7）があるが、このうち、ムハンマド・シャー・サイード廟（図6－4）とシーシャー・グンバド（図6－7）は八角形、他二つは四角形のプランを持つ。南アジアの八角形墓廟の古い例には、パーキスターンのムルターンのトゥグルク朝期の著名なスーフィー廟であるシャールクネアーラム廟（一三二四年頃）（図6－8）がある。

このように、十四世紀から十六世紀にはドームを冠した壮麗なイスラーム墓廟建築の基本形はすでに確立し普及しているように見えるが、これと十七世紀のタージ・マハル（一六四八年）とを比べると、全体の構造がぐっと複雑、華麗になっている他に、一つ誰の目にも明らかな違いがある。それはタージ・マハルは総白大理石製の白亜の建築物であ

図6-8　シャールクネアーラム廟、ムルターン

図6-9　フマーユーン廟、デリー

図6-10　ムイーヌッディーン・チシュティー廟、アジュメール

図6-11　イティマードゥッダウラー廟、アーグラー

るということだ。タージ・マハルと同じムガル朝の墓廟建築には他にもフマーユーン廟（一五七二年）（図6-9）やアクバル廟（一六一三年）（図6-15）など多くの傑作があるが、やはり総白大理石製のタージ・マハルのインパクトは格別のものがある。本来、ドーム屋根の白い墓廟建築はダルガーに固有のものだったと考えらえている。たとえば、重要なダルガーであるアジュメールのムイーヌッディーン・チシュティー廟（図6-10）やデリーのニザームッディーン廟はともにその様式である。[7] シャールクネアーラム廟（図6-8）がイ

図6-12　タージ・マハル、アーグラー

図6-13　ジョブ・チャーノックの墓、コルカタ

ンドの八角形プランの墓廟の最初期の例となっていることを考えても、やはり少なくともインド周辺のイスラーム墓廟建築の原型は聖者廟にあったと考えられる。最初の白大理石製の俗人の墓廟は、ジャハーンギール帝の妃ヌール・ジャハーンの父であった大臣の墓、イティマードゥッダウラー廟（一六二八年）（図6–11）とされる。美しい建築だが、聖者廟との差異化のためか、ドーム屋根は冠していない。最初の純白のドーム建築の俗人墓廟となったタージ・マハル（図6–12）について、南アジア政治学者でムガル建築に詳しい宮原辰夫は「シャー・ジャハーンにとって、ムムターズ・マハルの墓はあくまでも聖者廟《ダルガー》であり、そのために毎年聖者の命日祭《ウルス》を欠かさなかった」（宮原 2019:22）と指摘しており興味深い。

図6-14　ジョン・ウィリアム・ヘッシングの墓、アーグラー

聖者廟から展開したインドのイスラーム墓廟建築の美しさは、周囲の非ムスリムの慰霊表現にも大いに影響を与えていくことになるのだが、ここでイギリス人墓地やオランダ人墓地に立ち返ってみると、実はそれほど直接的で確かな影響が見て取れるとも言い切れない。確かに、例えばカルカッタ（コルカタ）のセント・ジョン教会のジョブ・チャーノックの墓（一六九五年）（図6–13）や、スーラトのオランダ人墓地でもっとも大きいヘンドリック・アドリアン・ファン・レーデ（Hendrik Adrian van Rheede tot Drakenstein、一六三六～一六九一）の墓廟（一六九一年）（図6–24の右側、詳しくは後述）には八角形プランのイスラーム墓廟の影響が指摘できるし、時代が降って十九世紀に入れば、マラーター王国軍に協力して働きアーグラーで没したオランダ人、ジョン・ウィリアム・ヘッシング（Colonel John William Hessing、一七三九～一八〇三）の小さな赤いター

ジ・マハル型の墓（一八〇三年頃）（図6-14）のようなわかりやすい例もある。しかし、ヴァンブラを介して十八世紀イギリスに強いインパクトを与えたと考えられるスーラトのイギリス人墓地とオランダ人墓地を見ると、ここまでに見てきたイスラーム墓廟と似て非なる、柱で支えられた東屋のような構造のものが数多く見られる。ここにはインド独特の建築様式、「チャトリー」の構造が見て取れるのである。

3　チャトリー――「特別な墓」と傘の系譜

「チャトリー」とは、イスラームの影響後にインドに成立した建築様式で、四本あるいはそれ以上の数の細めの柱でドーム屋根を支える東屋のような構造を指す。同時に、この様式に特徴付けられた、ヒンドゥー王侯らの霊廟もやはりチャトリーと呼ばれる。インド建築の研究で知られる建築家、神谷武夫によればチャトリーとは、

インドのイスラーム建築、とりわけムガル朝の建築で発展、流行した建築装飾。小型のドーム屋根あるいは角錐屋根の下に石造の庇（チャッジャ）を出し、石柱（基本的には四本）で支えた小塔を言う。

西方のイスラーム建築においてはドームを支えるのは壁であるが、木造建築で出発したインドは木造的な柱・梁構造に執着したためにこうした軽快な建築要素を生み出し、あらゆる種類の建物の壁上、屋根上、塔頂部を飾るようになった。大型のものは柱の数が六本、八本、十二本と増し、多角形の平面形をとる。

形が傘に似ることから、傘を意味するサンスクリット語のチャトラ（Chhatra）から派生した語。インド人の美意識に合致したためにヒンドゥーのラージプート建築やインド・サラセン様式のコロニアル建築でも用いられ、転じて墓の上に架ける同形式の上屋をもチャトリーと呼び、さらにはラージプートの大規模な墓廟をもそう呼ぶよ

図6-15　アクバル廟

図6-16　デーヴィー・クンド・サーガルのチャトリー、ビーカーネル

図6-17　バラーバーグのチャトリー、ジャイサルメール

うになった。（神谷 n.d. b:「インド・イスラーム建築史」ページ）

建築装飾様式としてのチャトリーは、イスラーム墓廟にも数多く見られる。古いところでは十五世紀のムハンマド・シャー・サイード廟（図6-4）にも見られるし、ムガル朝期にはフマーユーン廟にもイティマードゥッダウラー廟にもタージ・マハルにも見られる。特に興味深いのがアーグラー近郊のシカンドラーのアクバル廟（一六一三年）（図6-15）で、特に背面から見ると際立つのだが、大小多数のチャトリーが複合する独特の構造を持つ。神谷の説明にあるように、チャトリーはイスラームのドームとインド古来の木造的な柱・梁構造の融合により生まれたインド独自の建築意匠と考えられている。アクバルに関わるところでは、彼が建設した都市、ファテープル・シークリーにもチャトリーや、赤砂岩による柱・梁構造が多く見られ、ここには

図6-18　ガイトールのチャトリー、ジャイプル

図6-19　アーハルのチャトリー、ウダイプル

非イスラーム文化との融和を推し進めたアクバルの影響が色濃く表れていると考えられる。アクバル廟は彼の死後に建設されたものだが、神谷は「アクバルは五十年にわたる長き治世を終える以前に、シカンドラーに自身の廟の建設を命じていたので、そのデザインには彼の意向が強く反映していたはずである」（神谷 1996: 115）と指摘している。

装飾様式・建築様式としてのチャトリーはイスラーム墓廟建築を含めインド建築に幅広く見出せるものだが、ここで注目したいのは、本来は墓をつくらないはずのヒンドゥーの王侯の一部がつくった、霊廟としてのチャトリーである。以上に見たイスラーム墓廟と異なり、これらの霊廟の多くではチャトリーが東屋的な装飾の要素を超えて廟の主要部分をなしており、そのまま「チャトリー」と呼ばれる。(8) ムスリムの墓廟文化の影響の下、十六世紀ごろから、特にラージャスターン周辺の王侯が数多く建てた。ビカネールのデーヴィー・クンド・サーガル（図6–16）、ジャイサルメールのバラーバーグ（バダバーグ）（図6–17）、ジャイプルのガイトール（図6–18）、ウダイプルのアーハル（図6–19）など、各地に美しい霊廟群が見られる。(9) 火葬の場に建てられる例や、遺灰の一部をおさめる例もあるが、遺体をおさめる墓とは異質な、セノタフ的なものである。南アジア美術史を専門とするメリア・ベッリ・ボースのチャトリー研究によれば、これはやはりイスラームの墓廟建築の影響に端を発するもので、始まりは十五世紀に遡るという。

> 十五世紀にラージプートは、インド・イスラームの墓廟建築伝統から、恒久的な建築物をもって祖先を記念する慣習を取り入れはじめた。十七世紀までには、チャトリーの建立はラージプートの王権と正統な政治権力を示す重要な手段となっていた。彼らがチャトリーを土地所有と政治的主権の印とすることに成功した結果、十八世紀にはマラーターやシク教徒など、北インドで新たに王族を名乗り始めた者たちも、自らの支配の正当性を示すためにチャトリーを利用するようになった。（Bose 2015: 4）

ラージプートがイスラームの文化を取り入れて独自の墓廟文化を構築した過程を、ボースは「伝統の創造」の一種として論じている。イスラームの勢力が広がる中、ラージプートらはこれと対抗しつつ接触もし、時に同盟もする微妙な関係にあった。一方ではもちろん、内部の王権争いも起きてくる。その状況下で、父祖からの継承関係をかたちにし、自らの王権の正当性を示すべく、イスラーム王朝の墓廟建築の機能をとりいれ、かつ自分たち独自の新たな「伝統」を作り出したと考えられるという（Bose 2015: 10）。そして彼らとイスラーム文化との微妙な関係は、チャトリーの建築方法にも影響する。建築にはムスリムの職人が関わったと考えられている。イスラーム建築に特徴的なドームを取り入れつつ、しかしイスラーム墓廟では装飾的に用いられるのが普通だったチャトリーの構造を廟それ自体に大きく取り入れながら、イスラーム墓廟建築とは似て非なる、独自の表現を形成していったものと考えられる。

このように、ヒンドゥー王侯のチャトリーの文化はイスラーム文化との微妙な関係の上に展開したものと考えられるが、そこには同時に、インドの古くからの慰霊表現の系譜の継承も見て取れる。第一節で述べたように、ヒンドゥーは墓をつくらないことを基本とするが、一方で聖者の聖なる身体を祀るサマーディの文化は存在する。また古くから、戦死者らを記念するいわゆる「英雄石」と呼ばれるような碑を建てる習慣はあり、後には夫に殉じ火に身を投じて亡くなった女性を記念する「サティー石」も広く見られるようになる。これらとチャトリーとは形状も建てられる状況も異なるが、しかし、サマーディは後には俗人にもつくられることがあり、そこではチャトリーとの差は曖昧になるし、チャトリー周辺に英雄石が建てられる例もある。そしてここで特に着目したいのが、「傘」の系譜である。

神谷の説明にあるとおり、チャトリーの語源はチャトラ、「傘」である。そしてインドにおける傘と特別な存在の慰霊の結びつきは、仏教のストゥーパにまで遡る。あらためて図6-1のサーンチーの第一塔を見てみよう。外縁には欄楯《らんじゅん》（ヴェーディカー）という垣がめぐらされており、その内側、円形の基壇の上に半球計の覆鉢《ふくばち》（アンダ）が載る。覆鉢の途中にも欄楯がめぐらされており、上下二層に礼拝用通路、繞道《じょうどう》が形成されている。覆鉢の上には箱状の平頭《びょうず》

（ハルミカー）があり、その上に三重の傘蓋《さんがい》（チャトラ）が付いた傘竿《さんかん》（ユーパ・ヤシュティ）が立つ。つまり、ストゥーパの頂点を飾るのがまさに「傘《チャトラ》」なのである。（杉本 2007: 43-46）。傘は、まだブッダの姿の表象がなされず仏像がつくられなかったころ、菩提樹や玉座などとともにその存在の象徴となったものであり、つまり貴人たるブッダの象徴だった。仏像のない時代にブッダ崇拝の重要な依り代となったストゥーパの頂点を傘のシンボリズムが飾ったのも偶然ではないだろう。そして、古代の尊い存在、ブッダのためのストゥーパと、中近世にイスラーム墓廟建築の影響のもとに成り立ったヒンドゥーの王侯の特別な霊廟が、ともに「傘」を重要な要素としていることは興味深い一致である。そこには長い時間と宗派の違いをこえるシンボリズムの継承があるように思われる。

古代インドのストゥーパは、日本の五重塔など、世界のさまざまな仏塔の原型とされる。仏舎利をおさめるものという意味では間違いないが、お椀を伏せたような形状と東アジアなどの仏塔の屋根が層をなす形状とは大きく異なっている。しかし、それでもストゥーパ上の「傘」は形を変えて残っている。一般には、日本の塔の頂点に立つ「相輪」という細長いパーツ上の、「法輪」という輪が九つ重なる構造が、古代のストゥーパの頂点の「傘」が重なる「竿」の構造を継承しているとされる。[10] 相輪の根本の半球形の部分は「覆鉢」と呼ばれており、つまり、相輪がストゥーパの半球形の本体から頂点のチャトラまでをあらわしているということになる。ただ、ではアジアの仏塔の相輪より下の本体は何なのかが疑問となる。これについては、あくまで相輪がストゥーパの覆鉢から上を継承しており、そしてその下の塔の本体部分は、覆鉢の下の基壇が発達して多層化したのだと説明されることが多いが、この説に対してたとえば松村（2003）は、仏塔の名で呼ばれるものの多様な系譜を無視して「種々ある塔的な建造物を一括して捉えようとする基本的立場」によるものと批判している。確かに、ストゥーパの構造全体のほとんどが相輪に集約され、塔の本体部分は基壇から発達したとする説には、感覚的にも飲み込みにくいところがある。むしろ、傘のシンボリズムが、相輪と法輪に継承されつつ、屋根が層をなす塔構造全体にも引き継がれていると言われた方が腑に落ちるようにも感じる。ただし、

図6-20　マトゥラー出土のジャイナ教のストゥーパのレリーフ、前1世紀頃

古代のストゥーパと後の仏塔の形状が実際にどうつながっているかという難問はさておいて、少なくとも仏塔の相輪と法輪が、ストゥーパの傘竿《さんかん》と傘蓋《さんがい》を継承するものと長く「認識」されてきたことは確かであろう。

ここでもう一つ注目しておきたいのが、ジャイナ教のストゥーパと墓である。ジャイナ教も基本的には墓をつくらないが、紀元前後にはジャイナ教でも聖者らのためにストゥーパがつくられたという。筆者の知る限り、古代のジャイナ教ストゥーパで今も原型をとどめているものはないが、マトゥラー出土のレリーフが示すところでは、仏教のストゥーパに似つつもより縦長な、三層の構造が特徴となっている（図6-20、6-21）。そして時代を下って、恐らく十六世紀以前に成立したとされる、珍しいジャイナ教の僧の墓がカルナータカ州のムーダビドリーに一七基ほど残っている（図6-22）。それはどこか東アジアの仏塔を思わせる形を

図6-21　マトゥラー出土のジャイナ教のストゥーパのレリーフ、1世紀頃

図6-22　ジャイナ教の墓、ムーダビドリー

しており、そして、全体のフォルムは古代のレリーフのそれとは異なりつつも、かつての三層の構造を発展させたもののようにも見えて興味深い。

　仏教およびジャイナ教のストゥーパと、後のヒンドゥー王侯のチャトリーとでは、時代も宗派も遠く隔たっているように思えるが、しかし第一節で見たように、ヒンドゥーの聖者の遺体をおさめるサマーディについて、マクラフリンは、ストゥーパの聖遺物崇拝との連続性を指摘している。聖者の聖なる体をおさめることを本来の役割とするサマーディと、王侯の権威を示す霊廟であるチャトリーにはさまざまな違いがあるが、特殊な死者に対する英雄石やサティー石の存在も併せて考えれば、ここにも一定のつながりを見出すことは可能であろう。そしてチャトリーの成立に直接的な影響を与えたインド・イスラームの墓廟建築も、そもそもは聖者のダルガーを原型としている。仏教、ジャイナ教、ヒンドゥー教、イスラームと、時代と宗教の壁に隔たって見えても、インドという空間で、特別な死者を記念し祀る行為とかたちにおいて、どこかでつながりあるいは呼応している。そしてその多様な系譜が、イスラームのドームとインド古来の柱・梁構造が結びついて生じたチャトリーの「傘」の形象のもとに、まずヒンドゥーの王侯の新たな慰霊文化に結実し、そしてそこからさらにイギリス人墓地やオランダ人墓地の新たな慰霊表現に複合的に影響を与えていったと考えられるのである。

4 スーラトの西洋人墓地の墓のハイブリッド性

スーラトのイギリス人墓地とオランダ人墓地の墓についてアレクサンダー・ドロストは、インドとヨーロッパの建築の「ハイブリッド・スタイル」と呼び、インド、特にムガル朝の墓廟建築の様式の取り入れが強く見て取れると指摘する。この「ハイブリッド・スタイル」の墓は、いまだインドにおける西洋人の立ち位置が曖昧で、現地勢力、ことにムガル朝の助けを必要とした十七世紀に、イギリス人やオランダ人があえてムガル朝の墓廟建築を取り入れてつくったものであるとし、これに対して東インド会社の統治者としての地位が確定した十八世紀後半のベンガルで成立したものは新古典主義の「ヨーロッパ・スタイル」をとるようになったと論じている（Drost 2010: 74-75）。

地域への依存度の高い貿易商館から有力な政治的権力へと変化したことで、東インド会社とその構成員らの文化的志向も変化し、その変化が墓地の建築の展開にもあらわれた。植民地文化との出会いの初期段階には、ヨーロッパ人が異国の地で社会的地位を得るには現地の表象記号を用いることが必要だったが、一七五〇年以降になると、彼らは母国の一般的な建築の様式、形式を用いるようになった。ベンガル、特にカルカッタでは、英国の文化的ルーツへの回帰のプロセスを示す語彙として「イギリス化（アングリシゼーション）」という語も成り立った。（Drost 2010: 86）

確かに、スーラトの二つの西洋人墓地に並ぶ墓はカルカッタ（コルカタ）のサウス・パーク・ストリート・セメタリーやその後の墓とはかなり異質な印象があり、そこにインド社会における東インド会社の立ち位置の大きな変化が反映しているという論は説得力がある。ただ、ベンガルのイギリス人墓地は「ヨーロッパ・スタイル」と呼ぶにはあまりにも独特であるし、十八世紀ベンガルの問題は今はおくとして、十七世紀に成立したスーラトの二つの西洋人墓地の「ハイブリッド・スタイル」についても、ムガル朝の建築様式の取り入れや模倣は確かに指摘できようが、それよりむしろ、まさに「ハイブリッド」な性質こそが重要な特徴であるように筆者には思われる。

ドロストは、クーポラ、八角形のグランドプラン、角に付されたチャトリー、その他の装飾的要素などが、ムガル

図6-23　クリストファー・オクスンデンとジョージ・オクスンデンの墓廟、イギリス人墓地、スーラト

図6-24　ヘンドリック・アドリアン・ファン・レーデの墓廟、オランダ人墓地、スーラト

図6-25　エリザベス・ワイシュの墓、イギリス人墓地、スーラト

社会のものであると指摘している。特に具体例としてあげられている三つの大型墓廟が、年代順に、イギリス人墓地で最大の墓であるクリストファー・オクスンデン（Christopher Oxenden、一六五九年没）とジョージ・オクスンデン（George Oxenden、一六六九年没）の兄弟の墓廟（図6−23）、オランダ人墓地のヘンドリック・アドリアン・ファン・レーデの墓廟（一六九一年没）（図6−24の右側参照）、そしてイギリス人墓地のエリザベス・ワイシュの墓（Elizabeth Wyche、一七三六年没）（図6−25）である。[11] オクスンデン兄弟の墓は、長方形のプランで、図に見えるように、一つの面に櫓のようなものが二つついており、それらと中央はドーム状の屋根を冠している。櫓的な部分の屋根は細めの柱で支えられておりチャトリー的な構造をもつ。一方中央のドームは四面が開いて上から見ると十字架のように見える独特の構造で、頂点に小尖塔のような装飾がある。内部には開口のないドームがあり、その頂点にはオベリスク様の装飾がついている（図6−28）。本体上部の四隅にもキノコのような装飾がある。このような小尖塔的な装飾は、二つの墓地の大型墓廟に数多く見られる。本体の窓のアーチのつくりなどは確かにイスラーム建築的ではあるが、全体の印象はイスラーム墓廟建築とはかなり異なる。ドロストは、この墓を描写した後、「装飾過多で豪奢な様式の墓廟群は、当時のバロックの精神とムガル建築の極めて装飾的な様式との結合のようだ」としている（Drost 2010:76）。ファン・レーデの墓は、先にも触れたとおり、八角形プランを持ち、それはイスラーム墓廟の一つの典型的構造であるが、

図6-26　チャトリー（チャテーリー）、ブジ

例えばムハンマド・シャー・サイード廟（図6-4）やシカンダル・ローディー廟（図6-5）と全体の印象が似ているかというと、少なくとも筆者には、随分印象が異なって見える。大きな理由が、ドーム屋根のつくりの違いであろう。ファン・レーデの墓をはじめ、多くの墓の屋根は、ドーム的な構造をもっていても小さく低いのだ。カルカッタのジョブ・チャーノックの墓（図6-13）も同様である。加えて、前章の図5-15~20にも垣間見えるように、本体自体が東屋状、つまりチャトリー的な構造のものが多い。エリザベス・ワイシュの墓（図6-25）もそういったものの一つである。他二つより時代が降ることもあってか、この墓のドーム屋根はイスラーム的な印象であるが、小尖塔的な装飾や柱の大胆な意匠[12]が際立つこともあって、やはりハイブリッドな印象が強い。中央の尖塔的な装飾がオベリスク的な構造を持つことも注目される。オベリスク様の印象の装飾は他にも多く見られる。

このように、スーラトの「ハイブリッド・スタイル」の墓には、確かにイスラーム建築の技術や意匠の持ち込みが見られるが、では墓廟自体がイスラーム墓廟建築の模倣になっているかというとずいぶんと異なっており、しかしヨーロッパ建築の意匠が強く表れているかといえば、必ずしもそうでもない。しかしここに、ラージプートらのチャトリーを加えて考えると、そのハイブリッド性がよりわかりやすくなる。そもそもチャトリー自体、イスラーム墓廟建築の影響のもと、恐らくは古代のストゥーパ以来の特別な死者を祀る文化の伏流も受け継ぎつつ、それぞれの王統の正当性を表示するものとして独自の展開を遂げたハイブリッドなものである。ラージャスターンに多く見られるとしたが、スーラトが

図6-27　様々な小尖塔、イギリス人墓地、スーラト

図6-28　切れ目のあるドームの内側のオベリスク型の小尖塔、イギリス人墓地、スーラト

あるグジャラートはラージャスターンに隣接しているし、グジャラート内にもブジのチャトリー（図6-26）などがあり、つまり直接的な影響があった可能性も、職人が重なる可能性も高い。このブジのチャトリーがまさによい例と思うが、有り体に言って、デリー・サルタナットやムガル朝の墓廟よりも、チャトリーの方がスーラトの外人墓地の墓と外観の印象も近いのだ。それは恐らくそのハイブリッド性ゆえであろう。スーラトの二つの墓地の独特の景観は、ムガル朝のイスラーム建築とヨーロッパのバロック建築の双方の要素を示しているが、二つの様式の単純な融合というより、インド内の建築と慰霊の形と文化のハイブリッドの成果であるチャトリーの影響も受けつつ、それと並行するようにして混成的に展開したものと考えるべきではないかと思われるのである。

前章で見たように、ヴァンブラがイギリスの新しい墓のあり方を考えた時に想起したのが、彼がその四半世紀前、十七世紀末に見たスーラトのイギリス人墓地と、恐らくはオランダ人墓地であった。そこには四角形、直角系、八角形、あるいは円形のプラン（図5-20参照）の「ハイブリッド」な構造の墓廟が立ち並んでおり、そのうちの一定数はドーム的な屋根を持ち、柱が支える構造、つまりチャトリー的な構造を持っていた。また、頂点や四隅に小尖塔的装飾を持つものも多く、そこにオベリスクに似たかたちのものが用いられている例も多く残っている（図6-27、28）。どちらの墓地も十七世紀半ばには埋葬が始まっていたと考えられており、もちろんエリザベス・ワイシュの墓（図6-25）のように十八世紀以降に建造されたものもあるが、十七世紀末の時点でも相当数の墓廟が存在していたものと思われる。ただし、肝心の自立式のオベリスク型墓石となると、前章に見た通り、イギリス人墓地には一つ貴重な例が確認できたのみである。そこでオランダ人墓地に目を転じると、オベリスク的なものが七基現存している。ただここで悩ましいのが、年代が確定できないことと、もう一つ、完全なオベリスク、つまり四角錐に四角錐が乗る形状ではなく、三角錐状のもの（図6-29）や、底面が正方形ではなく直角系であるものが多いということである。ここにはオベリスクの形状の認識の曖昧さという問題があり、これについては後にあらためて論じることとする。ともあれ、十七世紀末の、ヴァンブラ滞在時のスーラトに実際にどれほどのオベリスク型墓石が立ち並んでいたの

図6-29　三面のオベリスク的構造を持つ墓石二基、オランダ人墓地、スーラト

かは確定できないものの、少なくとも彼のスケッチがそれを描いており、そして現在も相当数のものが残っている以上、記憶のズレによる誇張の可能性もあるにせよ、いくつかは存在していたと考えてよいものと思う。それが何ゆえに成り立ったのかはわからないが、この空間のハイブリッド性が、自由な意匠の持ち込みを可能にした面はあっただろう。すでにヨーロッパでは普及していた装飾的なオベリスク利用がここでドーム屋根やチャトリー的な構造とともに用いられ、ハイブリッド化が進む中で、この意匠を装飾ではなく墓石の本体に用いることも一般化したのかもしれないが、現時点ではそれ以上のことはわからない。また、イギリス人墓地で年代が特定できる唯一の自立式のオベリスク型墓石が少年のものであることは、ヨーロッパで少年少女の心臓墓にオベリスクの形象が用いられた例と共通している。オベリスク型墓石の一つの起源を示すものである可能性があろう。

十六世紀から十八世紀にかけて、ヨーロッパではオベリスクの意匠がさまざまなかたちで用いられ、慰霊とも結び付きながら、しかし自立式のオベリスク型墓石は、心臓墓などの特異な例外を除けば、恐らくは未成立であった。しかしスーラトでは早くも十七世紀には、どれほどの数であったかは定かではないが、確かにそれは存在しており、それはヴァンブラを通して十八世紀のイギリスに影響を与えることとなった。その背景には、インドの墓廟と霊廟の多様な系譜の交差と継承があったと考えられる。インドの記憶に裏打ちされたヴァンブラの構想は実現はしなかったが、十八世紀のヨーロッパでは新しい墓地と慰霊表現のあり方が模索されていくこととなる。次章ではその展開とオベリスクの位置づけを見ていくこととする。

注

1 本章の内容は、冨澤（2022）と重複する内容を多く含む。

2 仏塔についての記述は、杉本卓州による研究（杉本2007など）に多くを負う。

3 有名な例にプネー近くのアーランディーにある十三世紀の聖者ジュニャーネーシュヴァルのサマーディ寺院があり、マクラフリンはこれを主要な研究対象としている。

4 インドの建築全般については神谷（1996）および神谷（n.d.）のウェブページ、イスラーム墓廟建築、特にダルガーについては、荒松雄（1977）などの多数の著作の他、荒を含む調査団の成果によるデジタルアーカイブ、東京大学東洋文化研究所附属東洋学研究情報センター（2005）および東京大学東洋文化研究所（2007）、ムガル建築については宮原（2019）を参照。

5 以下、デリー・スルタン朝からムガル朝への展開を重視しているが、他地域の初期の例ではたとえば、ベンガルのパーンドゥアのエークラーキー廟（十五世紀）、カルナータカのビーダルのバフマニー朝の墓園（十五世紀）やバリード朝の墓園（十五〜十六世紀）に見られる。

6 イレトゥミシュ（イルトゥトミシュともいう）の墓については、デリーのクトゥブ地区にその墓と呼ばれるものがあるが、荒松雄はその西南西五㎞ほどの場所にあるスルターン・ガーリーに葬られていると考えている。これはイレトゥミシュの早逝した長子、ナーシルッディーン・マフムードのためにイレトゥミシュが建てたものとされるが、ここにイレトゥミシュ自身も葬られたとの論である。（荒 2006）。

7 ただし現存している墓廟自体はともに十六世紀のものとされる。

8 筆者の知る限り、イスラームの王侯らの墓廟建設はチャトリーを装飾的に用いることはあっても、墓廟全体がチャトリー的な構造を取ることはないが、聖者廟らしきものに関してはトゥグルク朝以降、チャトリー的な構造のものがかなり見られる。詳しくは東京大学東洋文化研究所（2007）の「墓建築」ページを参照。

9 ラージャスターンに多く存在するが、特にラージプートが王権を築いた場所では、グジャラートのブジや、マディヤプラデーシュのオルチャやグワーリヤルなどにもある。ただしオルチャやグワーリヤルのものには、建築様式としてのチャトリーの東屋的構造はあまり見いだせない。

10 「相輪」は、「露盤」と呼ばれる台の上にまずお椀を伏せたような形状の「覆鉢」があり、蓮華状の台「受花」を挟んで、九つの「法輪」が並び、その上に「水煙」という透かし彫りと、「竜舎」と「宝珠」の二つの球体が続く形状になっている。

11 オクスンデン兄弟の墓は、一六六二年よりスーラトの商館長を務めたジョージ・オクスンデンが弟のクリストファーのために建てたもので、後に自らも葬られた。レーデはオランダ領マラバール総督を務めた人物で、博物学者としても知られる。ワイシュについての情報は得られなかった。

12 筆者の知るところでは、ムガル朝の墓廟建築にこのような柱を持つものはない。やや印象が近く思われるのが、南インドのカルナータカのヴィジャヤプラ（ビージャープル）にあるムハンマド・アーディル・シャー二世（一六五七年没）の巨大な墓廟であるゴール・グンバド（図6-26）である。この四隅の独特の構造は柱ではなく階段シャフトで、何より規模があまりにも違うのだが、遠目の印象にはやや近いものがあるように思われる。

第七章　リヴォルノ、ボローニャ、パリ
——近代的共同墓地の誕生とオベリスク（十八世紀〜十九世紀初頭）

第五、六章において、十八世紀イギリスにおけるオベリスク意匠の利用の重要人物であるヴァンブラと彼に大きな影響を与えたと考えられるスーラトの西洋人墓地を結びの糸に、インドとイギリスにおける慰霊のかたちとオベリスク意匠の関わりの展開を探った。ヴァンブラがイギリスで四半世紀を経てスーラトの墓地を思い起こし、そこから新たな墓地と墓の在り方を考えた背景には、当時のヨーロッパに展開しつつあった新たな慰霊の在り方の模索がある。本章では、特にイタリアとパリのいくつかの墓地に注目しつつ、オベリスク型墓石の発生、展開の跡を追うこととする。

1　教会と市街からの離脱へ——十八世紀の近代墓地胎動

いわゆる近代的共同墓地は十九世紀に成り立ったものとされる。しかしその成立への動きはすでに十八世紀には広く展開していた。それは墓地が教会から離れ、市域から離れる動きである。人口が増え、都市化が進み、近代的な衛生観念も形成される中、市内の教会とそこに附属する教会墓地への埋葬は明らかな限界を迎えていた。そして同時に、教会が占有していた人々の死生の様々な局面が俗権に切り取られていく時代が到来しつつあった。

そもそも古代ローマにまでさかのぼれば、紀元前五世紀に成立したとされるローマ最古の法典、十二表法で、死者を

都市の城壁内に埋葬することは禁じられていた。アッピア街道など街道沿いに墓が並んだのはそれ故である。にもかかわらず、ヨーロッパでながらく市域での埋葬がなされてきたのは、キリスト教、特にカトリックの影響による。カトリックの教会には、プロテスタントのそれにはない、人を神と神の国へと仲介する力が認められるが、その一つの根拠が聖遺物の存在であり、それが教会に近接した埋葬の求めにつながってきたのである。

教会に眠る意義

聖人の遺物は超越的な力を持つものとして、それを蔵する教会の力の根拠となるが、その最大の意義は、聖人がもたらしうる「とりなし」にあると考えられる。キリスト教における終末とそこでの「最後の審判」の観念は極めて重要な教義である。審判の概念には、理不尽に満ちたこの世では実現されていない（ように少なくとも見える）正義をあの世を含めた宇宙規模で成立させ、神と世界の義に対する疑問に答えるという機能がある。その意味で、審判の絶対性は不可欠なもののはずだが、一方でその厳格性は大きな恐怖でもある。このジレンマを埋めるのが、煉獄という中間地帯での浄罪の可能性であり、それをサポートする「とりなし」の力である（Le Goff 1981=1988; 北沢 2004, 2006）。

キリスト教の「死後の裁き」の観念は広く認識されているが、それが「いつ」下されるのかは難題であった。「最後の審判」の観念は最初期よりの教義だが、一方で、死後すぐに選別されるという「死後審判」の観念も同時に存在していた。ヨハネの黙示録やマタイの福音書の二十五章で「最後の審判」が語られる一方で、「金持ちとラザロ」の物語（ルカ 16:19-31）では、死後、金持ちの魂は陰府の炎に苦しむが、ラザロの魂は「アブラハムの懐」に送られたとあり、死の直後の審判の存在が示唆されている。最後の審判ですべての人が神の国と地獄とに振り分けられるとして、では、死の直後の審判の意味はなんなのか。二つの審判観念の矛盾があるのだが、これをうまく埋めるのが「煉獄」の存在である。

煉獄というと、地獄と同質なものを連想させる。確かに罪を犯した者が罰則を受ける炎と責め苦の場という意味では地獄に似たものに思われるが、決定的に違うのが、これが永遠の場ではないということと、その罰則に浄罪の意味が認められるということである。最後の審判ですべての人間が天の国と地獄とに分かたれる以上、煉獄は最終地点ではありえない。聖人などを除くほぼすべての人間は、死後審判ですぐに天の国や地獄という最終地点に至ることはなく中間地帯たる煉獄に移行し、そこでそれぞれに応じた責め苦を受け、自らの罪を贖いながら最後の審判に備えると見ることができる(1)。

ここで期待されるのが、聖人らの力による「とりなし」である。煉獄での責め苦に対しては、「とりなしの祈り」の有効性が認められていた。生きる者が死者のために祈ることで、聖人らが「とりなして」くださり、それによって、罰や苦痛が軽くなり、時には煉獄から救い出されることもあるとの観念が、説話や図像に数多く示されてきた。たとえば図7-1の煉獄図では、炎に苦しむ死者、その救済を求め「詩編」七十九章九節を唱える寄進者一族、それに応じるように死者に衣や食物を与え、ついには衣にくるみ救い上げる天使が描かれており、死者のためのとりなしの祈りの力、死者の慰撫、煉

図7-1　リンニッヒ教区教会のパラント家寄進の祭壇画、1425年頃、ズエルモント・ルートヴィヒ美術館

獄からの引き上げなどの要素が見て取れる（冨澤（北沢）2022）。この救いの可能性を願い信じるからこそ、教会や修道院は熱心に聖遺物を収集し、聖人の墓の上に教会を建て、あるいは教会内部の祭壇近くに聖人の遺体や遺物を安置し、そして人々は聖人のそば近く、教会に埋葬されることを望んだのである。それゆえ、洗礼を受けていない者やペストで亡くなった者などの特殊な死者を除くと、埋葬は基本的に教会で行われることとなった。教会内の埋葬は一部の者の特権となり、一般人は教会墓地に葬られた。

こうしてヨーロッパにおいて教会と墓地は密接に結びついてきたが、これが分離され市外に共同墓地を設けることが真剣に検討されるようになったのが十八世紀である。ただし、教会と埋葬の分離の論理自体は、すでにプロテスタントの成立時に存在したとされる。プロテスタントは煉獄も聖人崇拝や聖遺物崇拝も認めないわけで、教会と埋葬の密接な関係の強い根拠をそもそも失っている。そして、下田淳によれば、それまでの教会墓地は、死者を弔う場であるとともに、人々が様々な目的で集う一種の「カオス」で、「ジャガイモ・野菜・果実の栽培、家畜（牛・羊など）の放牧、手仕事、市場、祭りの際のダンス場や芸人の演芸場、かけ事、決闘、子供の遊び場、子守り場、洗濯干し場、物置き場など」でもあり、聖俗の混淆する場であったという（下田 2019: 50）。ルターはこの状況を批判し、墓地を都市から離すことを求めたという。

墓地と教会堂の「棲み分け」の論理はルターからである。もはや聖人崇拝を廃止したプロテスタントにとって、墓地が教会堂に接している意味は失せたからである。ルターによれば、人は伝染病から身を守る義務がある。だから、墓地を都市から離すことが推奨される。神は我々の身体をいたわるよう命令している。墓地は静かな場所でなければならない。人々はそこへ信心 Andacht をもって訪れる。また、ルターは聖俗が混淆した無秩序な墓地を批判した。墓地が郊外の静かな場所にあれば、それは名誉ある聖なるもととみなされ信心が高まるだろう。ここ

から、墓地は、生者が死者を静かに追憶する場所という考えが出てくる。（下田 2019：51）

ただし、十六世紀からいくつかの都市で郊外に墓地がつくられはしたが限られたものであったというのが通説で、プロテスタント圏でも旧カトリック墓地を利用するのがなお一般的で、「本格的に、墓地の郊外化が叫ばれたのは、十八世紀後半の啓蒙主義の時代からであった」（下田 2019：51）という。

十八世紀の墓地変革の動き

下田の論はドイツに焦点をあてたものだが、十八世紀の墓地変革の動きは、啓蒙の空気のもと、ヨーロッパ各地で起きつつあった。プロイセンではフリードリヒ二世が、プロイセン一般ラント法（一七九四）において埋葬について規定した。その一八四条は「教会内および都市の居住地区内に遺体を埋葬してはならない、と述べている。これは教会内埋葬だけでなく、市壁の外への墓地の移設を命じたものである」（下田 2019：51；森 2005）。これに先立ち、オーストリアでは、早くも一七三二年にウィーン市内での遺体の埋葬が禁止されており、その後ヨーゼフ二世が一七七三年から七四年にかけて、教会墓地と市内墓地の廃止を命じ、市外に墓地をつくることを布告した（河野 1995：205, 2013：43）。統一国家がなかったイタリアでも、一七七〇年代にはいくつかの都市で郊外に墓地がつくられ始めた。ただし、身分差を反映しない新たな埋葬のあり方や宗教性を排除した葬儀の簡素化などには反発も多く、簡単に定着しなかった。またこの段階では「こうした墓地はさほど大きな規模のものではなく、しばらくして手狭になり、例えばトリーノの例に見られるように、さらに敷地の広い大規模な墓地に統合されることに」なったという。一定の規模の郊外型の都市墓地が成立するのは十九世紀に入ってからとなる（竹山 2005：130, 2007：4）。そこには、一八〇四年にナポレオンが発したサン・クルー勅書による埋葬の規定が、当時ナポレオンの支配下にあったイタリアにも一八〇六年に適用されたことも影響したと考えられる。

フランスでは十八世紀前半より、パリのサン・ジノサン墓地などの劣悪な状態に関する批判と議論が高まり、一七六五年にはパリ高等法院が市内の墓地の閉鎖を命じた。これは実施には至らなかったが、衛生観念や新たな都市の思想に基づく墓地改革の求めは続き、一七七四年にはトゥールーズ高等法院でも同様の禁止が出された。一七七六年にはフランス全体に向けルイ十六世の勅令が出され、市街の墓地で空気の衛生を害する可能性のあるものは外部へ撤去することが定められた（Etlin 1984b: 31; Dainville-Barbiche 2014）。建築史家のリチャード・エトリンによれば、この勅令も即座の効果は出さなかったものの、「イデオロギーや経済的な理由で教区からの反対は続いたが、それでも、フランス全土において死者と生者、墓地と都市の関係が変わっていくゆっくりとしたプロセスが、この王令とともに始まった」のであり、そして「その変化を真に推し進めるには、三十年後のナポレオンの勅書が必要となった」とされる（Etlin 1984b: 32）。一八〇四年のナポレオンのサン・クルー勅書は、墓地を市街の外の、風通しのよい場所につくるよう定め、あらゆる墓地を市当局とその在地警察の監督下に置くと定めた。また、著名人の墓に墓碑銘を刻むことは認めたものの、原則的に墓は同じ大きさで平等につくるものとした（田近 2015: 243; 下田 2019: 52-54）。そしてパリにヨーロッパを代表する近代的共同墓地、ペール・ラシェーズ墓地が開園したのがこの一八〇四年のことである。十八世紀に各地で進んだ、教会墓地から近代的共同墓地への墓地の変革の動きがはっきりとした形をなしたのがこの年であったといえよう。

十八世紀の墓の変革とその実情

以上に見たように、十八世紀の特に後半には、ヨーロッパ各地で旧来の都市内の教会墓地を廃して新たな墓地をつくろうとする動きが展開していたが、では、実際に新たな共同墓地の景観が出現したかというとそうともいえない。規制や命令も、新たな墓地の意見やプランも数多くあらわれたが、実現にはなかなか至らなかったし、啓蒙思想のもと進められた合理的な埋葬改革が新たな慰霊表現の出現に逆行する場合もあった。たとえばオーストリアではヨーゼフ二世の布告のもと、一七七〇年代に聖マルクス墓地などの新たな墓地がつくられたが、その改革は徹底した簡素化を目指すもので、無駄を省き遺体の分解を早めるべく「遺体は衣服を着せることなく」埋葬し、「棺に関しては、下の部分などが開くように造られた共同の棺を地区毎に用意して」再利用するものとし、埋葬箇所に墓碑を立て記名することも禁じるというものだった(2)（河野 2013: 43-45）。それは十九世紀に広く展開した庭園的な性質を持つ近代的共同墓地とは異なる簡素な埋葬地であって、そこにオベリスク型の新たな墓石など成り立つ余地はなかったものと考えられる。また、第五章で見たように、一七一一年に立ち上げられたロンドン近郊に五十の教会をたてるプロジェクトの中で、ヴァンブラはスーラトの記憶に基づいた新たな墓地の提案をしたが実現はしなかった。イギリスに近代的共同墓地が成立、拡大するのはやはり十九世紀になってからではないかと考えられる（久保 2018）。

なおイギリスでは、ロンドン郊外に極めて早い時期に教会外に成り立った特殊な墓地として、バンヒル・フィールズ墓地がある。一六五五年成立とされるが、これはロンドン市が、教会墓地に埋葬できないペスト死者の埋葬のために用いたものである(3)。その後も国教会が埋葬地として聖別することがなかったために、非国教徒が数多く埋葬されることとなった（Curl 1984: 224）。つまりこれはそもそも都市の教会墓地から排除された死者のために成立、展開したものであり、近代的共同墓地の直接的な先駆とは考えにくい。他に、エディンバラのカルトンでは、商工会が一七一八年にオールド・カルトン・ベリアル・グラウンドを開設しており、これは教会外の管理下に成立した墓地の極めて早い例である。これは当時カルトンがエディンバラではなくリースの教区に属していて、埋葬に不便があったことから成立したとされ、やや特殊な事情がある（City of Edinburgh Council 2007）。またベルファストには一七七四年にクリフトン・オールド・セメタリーが、一七九七年には現在クリフトン・ストリート・セメタリーと呼ばれているニュー・セ

図7-2　テオフィラス・ゲイルの墓（中央やや左）、バンヒル・フィールズ墓地

図7-4　ダニエル・デフォーの本来の墓の図

図7-3　ダニエル・デフォーの墓碑、バンヒル・フィールズ墓地

メタリーが開設されている（Curl 1984: 224-225）。筆者はこれらの墓地を訪問しておらず、確かなことは何も言えないが、"Find A Grave"等の墓地関連サイト等で検索しうる墓石の写真を見る限り、古い墓石で現存するものはシンプルなヘッドストーンがほとんどで、ほかに棺桶型などが多少あるような状態に見受けられる。たとえばバンヒル・フィールズ墓地に現存する最古の墓石とされる、非国教徒の宗教家、テオフィラス・ゲイル（Theophilus Gale、一六二八―一六七八）の墓とその周囲の墓はごくシンプルなヘッドストーンの形状であるし（図7-2）、現在は自立式オベリスク型のダニエル・デフォーの墓碑（図7-3）も、没後一四〇年ほどを経て一八七〇年に立てられたもので、もとはごく簡素なヘッドストーンであった（図7-4）。オールド・カルトン・ベリアル・グラウンドにはオベリスク型墓石が数多く見える他、二七メートルもの高さのオベリスク[4]（図7-5）も立っているが、これは十八世紀末から十九世紀初頭に議会改革運動を行って投獄された五人の政治家を記念して一八四四年に立てられた記念碑である。このように、これらの墓地にも十八世紀に遡るオベリスク型墓石は存在するようには見えないが、今後の調査が必要であろう。

図7-5　オールド・カルトン・ベリアル・グラウンド、カルトン

なおここで、教会外の墓地が、ペストの死者や非国教徒のための墓や地方都市の墓としては比較的早くから出現しつつあったということにも留意すべきだろう。啓蒙の時代の大都市で同時的に生じた墓地変革の動きが、実際にはなかなか実を結ばず十九世紀を待つこ

となった一方で、文化的・地域的な周縁では、やや異なる文脈で、新たな動きが少しずつ形をなしていたように見える。それは、自立式のオベリスク型墓石という新たな慰霊表現がインドにおいて最初に成立、展開したという本書の仮説とも符号するように思われる。その意味でも、次に着目するのはイタリアのイギリス人と、墓とオベリスクの関係である。

2　イタリアのイギリス人墓地とオベリスク

イタリアのイギリス人墓地の展開

世界各地に交易に乗り出した西洋人は、それぞれに死者をどう葬るかという問題に直面していった。イギリス人の場合、インドなどの非キリスト教圏だけでなくカトリック圏における埋葬も大きな問題であった。A・P・キーティングは、この時代の世界各地でのイギリス人の埋葬に関する博士論文で以下のように述べている。

ヨーロッパのカトリック圏の一部では、プロテスタントが埋葬地を得るには国の外交が必要であることが明らかとなった。在外イギリス人コミュニティが死者のための場所を得るためには粘り強く圧力をかけ続けねばならなかった。インドや非西洋世界では、イギリス人商人や旅行者らが死者のための空間を得るのにカトリック圏ほど厳しい争いはなかったが、それでも死者の扱いの在り方は、商業の競争関係を示しイギリス人コミュニティがそこでどれほど成功しているかを示す印になっていた。

（Keating 2011: 8）

プロテスタントの墓をつくるには、同じキリスト教のカトリック圏の方が難しい交渉を必要としていたという。カトリックのいわばお膝元であるイタリアでは、ローマやフィレンツェに美しいイギリス人墓地、あるいは非カトリック教徒墓地が残っているが、どちらも正式に成り立ったのはかなり遅く、十九世紀のことである。

ローマの、ガイウス・ケスティウスのピラミッド型の墓に隣接する非カトリック教徒墓地、通称イギリス人墓地（図7-6）の場合、正式に墓地として成り立ったのは十九世紀に入ってからとされるが、同地でのイギリス人の埋葬は、早くも一七一〇年代から何件かおこなわれていた。最初の埋葬は、一七一六年にエディンバラ出身のアーサーという医師が亡くなった際に、教皇に認められたものとされる。アーサー医師は、名誉革命で破れたジェイムズ二世の息子でやはりカトリックのいわゆる「老僭

図7-6　ローマの非カトリック教徒墓地の風景

図7-7　アウグスト・フォン・ゲーテの墓（右手前）とニステルヴェック夫妻の墓（左後）、非カトリック教徒墓地

図7-8　ルドルフ・ミュラー、《ユリウス・アウグスト・ヴァルター・フォン・ゲーテの墓があるローマのプロテスタント墓地》、1840年代

王」、ジェイムズ三世（ジェイムズ・フランシス・エドワード）とともにローマに亡命したジャコバイトで、本人はプロテスタントである（Corp 2012）。この特殊な状況ゆえに教皇のおひざ元でのプロテスタントの埋葬が正式に認められたのだった。筆者はこの墓地を訪ねていないためなんともいえないが、墓地として成立したのは十九世紀であり、入手できる写真を見る限り、オベリスク型墓石も存在はするようだが多くはなさそうで、また視認できるものは新しく、十八世紀以前に遡るオベリスク型墓石が見つかる可能性は低いものと考えている。一例として、図7-7の右手前はゲーテの息子、アウグスト・フォン・ゲーテの墓であるが、左後方に見えるオベリスク型墓石は、名門ホテルのホテルエデンを一八八九年に創業したフランチェスコ・ニステルヴェックと妻のベルタのもので（Italia Travel & Life 2018; Mourby n.d.）、ごく新しいものである。[5] 図7-8はアウグストの墓を中心に墓地を描いた一八四〇年代の絵画である（Leith 2016）。オベリスク型墓石のようにも見えるものもわずかにあるが、実際はヘッドストーンを横から描写したものと思われる。この絵画からも、このイギリス人墓地に早期にオベリスク型墓石が多く現れたということはないものと現時点では推測している。

フィレンツェの通称「イギリス人墓地」、あるいはプロテスタント墓地は、ローマの非カトリック教徒墓地同様、イギリス人やプロテスタント以外も埋葬されており、またそもそもの所有者はスイス福音改革派教会である。今もスイス福音改革派教会が所有しているが、管理・運営にはフィレンツェイギリス人墓地友の会が大きな役割を果たしている。管理人としてその中心にいるのが中世研究者としても知られるジュリア・ボルトン・ホロウェイであり、この墓地に関しても多くの研究を展開、公開している(6)（Holloway n.d.）。

この墓地は一八二七年設立で、当初は市壁の外側に面してつくられた。現在は、ドナテッロ広場の楕円形の浮島のような高台が墓地になっている独特の構造になっているが（図7-9）、これは一八六五年に市壁が撤去された際に建築家のジュゼッペ・ポッジにより整えられたもので、それ以前は多角形だったという。楕円形を十字で大きく四つに区分した構造で整然としつつも起伏もあり、整備もよくされており、とても美しい庭園墓地となっている（図7-10）。オベリスク型墓石も相当数存在し、十九世紀末の木版画

図7-9　フィレンツェのイギリス人墓地の外観

図7-10　フィレンツェのイギリス人墓地の風景

にも見て取れる（図7–11、12）。実際、オベリスク型墓石、あるいはオベリスク的形象を伴うと思われるものは、二十五基ほど現存していた。しかし、墓地自体が一八二七年設立であり、それ以前に遡る埋葬もあるとは言われているものの、少なくともオベリスク型墓石については十八世紀以前に遡るような古いものは確認されなかった。

他にナポリにも、比較的古い、一八二六年開設のサンタ・マリア・デッラ・フェーデ非カトリック教徒墓地があり、イギリス人墓地とも呼ばれていた。これは十九世紀末に閉鎖された際に大幅に整理され、さらに一九九〇年代に公園として再整備され、墓石は数基しか残されていない（Matthews 2006）。

上記の墓地は十九世紀に展開したものだが、これよりはるかに古いとされるイギリス人墓地がある。トスカーナの

図7-11　フィレンツェのイギリス人墓地のオベリスク型墓石

図7-12　ジュゼッペ・バルバリス、《フィレンツェ：スイスの墓地、または福音派の墓地》、1894年

港市、リヴォルノのイギリス人墓地である。

リヴォルノのイギリス人墓地

リヴォルノは十六世紀後半から十九世紀にかけて自由港として大いに栄えた商都で、イギリス人も多く集まった。(7) リヴォルノはトスカーナのヴェネツィアとも呼ばれ、文字通りヴェネツィア・ヌオーヴァ（新ヴェネツィア）という地区には運河を囲む古い町並みが今も残っている。同地のイギリス人墓地の設立年代については、一五九〇年代から一七三七年まで諸説があったが、同墓地を始めとするリヴォルノ周辺の外国人墓地の保全と研究に長く取り組んでいるマッテオ・ジュンティは、一六四三年に作成されたリヴォルノ在住のイギリス人、ダニエル・オクスンブリッジの遺書に、リヴォルノのイギリス人の埋葬地の購入のために一五〇ポンドを残すとの文言を発見し、一六四四年を設立年代と見ている(8)(Giunti 2011)。カトリック圏でこれほど早くにプロテスタントの墓地が認められたのは異例なことで、自由港の特異な状況があってのことと思われる。この土地が柵で囲まれ墓地として区切られたのは百年以上を経た一七四六年のことである。これもまたロバート・ベイトマンというイギリス人商人の遺産で実現したという。

前節で見たように、ヨーロッパでは教会と市域を離れた墓地は十八世紀から模索されていたが、実際の成立はほぼ十九世紀のことで、それはイギリスについても同様である。しかし、イギリスの外側では、インド同様イタリアでも、早々に教会外の新たな墓地が成り立っていたのである。もちろん、信仰の異なる世界に墓地を確保することは困難であり、多くの例が残っているわけではないが、しかし成り立つ場合には当然ながら教会から離れたものとなるほかはない。そこでは墓石をたてること自体ができなかった例もあるというが、それが可能になった場では、自国にはない新たな慰霊表現の成り立つ余地も生じたものと考えられる。

さて、本書にとって問題となるのが、自立式のオベリスク型墓石である。イタリアの最古のイギリス人墓地であるリヴォルノの墓地には、十八世紀以前に遡るオベリスク型墓石はどれほどあるのだろうか。筆者は二〇二三年三月にリヴォルノを訪ねたが、残念ながらこの墓地は、樹木の状態が危険であるとのことでイギリス領事館の意向で閉鎖が続いており、入ることが認められず、柵の外から眺めることしかできなかった（図7-13〜15）。外から見る限り、いくつかのオベリスク型墓石が認められるが、その年代は特定できない。一八〇〇年頃のものとされるカルロ・ラジーニオによる《レグホーンのイングリッシュ・ベリアル・グラウンドの風景》[9]（図7-16）を見ると、八十五基ほどの墓が視認できる内、オベリスク型墓石が七基、オベリスク的な装飾があるものが四基見られる。前出のジュンティ氏に協力を仰ぎ、Milner-Gibson-Cullum & Macauley（1906）に基づき同氏が作成した五二六件分の埋葬者リスト（Giunti 2010）の十八世紀以前のもの一七七件の内、オベリスク的形状を現在確認できるものを同氏の写真データベースで確

図7-13　リヴォルノのイギリス人墓地（西側のゲート外から見える風景）

図7-14　リヴォルノのイギリス人墓地（南側の塀の外から見える風景）

図7-15　リヴォルノのイギリス人墓地（南東側のビルから見える風景）

認したところ、オベリスク型のものが七基、オベリスク的な形状を含むものが三基確認できた[10]。一八九〇年代の死者の墓が多いが、もっとも古いものは一七四一年没の人物のものである。ラジーニオの図像（図7-16）と照合することまではできなかったが、確認できた数が不思議と近いのが興味深い。逆にいえば、過去の図像やデータにもとづいて管理や補修がなされた結果であるかもしれない。なんにせよ、コルカタと比べれば大きさや高さはなく、数も限られるものの、十八世紀以前にリヴォルノに一定数のオベリスク型墓石がすでに出現していたことは確認できたといってよかろう。スーラトの、少なくともオランダ人墓地には十七世紀にすでに一定数のオベリスク型墓石があったと考えられることを思えば驚くべきことではないかもしれないが、多くのオベリスクが実際に立つイタリアという場にそれが出現していたことはやはり興味深い。

図7-16　カルロ・ラジーニオ、《レグホーンのイングリッシュ・ベリアル・グラウンドの風景》、1800年頃

3　二次元か三次元か——ボローニャの壁面の墓廟とオベリスク

本章第一節で見たように、イタリアでも十八世紀より新しい墓地への変革の動きは出ていたが、大型の郊外型墓地

図7-17　チェルトーザ墓地の回廊と中庭

図7-18　チェルト—ザ墓地の回廊

が成立、展開したのはやはり十九世紀のことである。本節で着目するのは、一八〇一年開設のボローニャのチェルトーザ墓地である。十九世紀に成立したイギリス人墓地でもないイタリアの墓地に着目するのは、ここに「平たいオベリスク」型の墓碑から自立式オベリスク型墓石への展開の、一つのヒントが見いだせるからである。

チェルトーザ墓地は、一七九六年にナポレオンによって閉鎖されたカルトゥジオ会修道院の跡地を利用して設けられたもので、それゆえカルトゥジオ会の修道院を示す certosa（シャルトルーズ大修道院に由来し、英語ではチャーターハウスとなる）の名を冠している。幾度もの拡張を経て今では三〇ヘクタールほどと広大で、それぞれのエリアに多様な時代の多様な墓が並んでいるが、中心のエリアはもともとの修道院の構造が活かされており、回廊と回廊沿いの空間、そして中庭に多くの墓が並ぶ構造になっている（図7–17、18）。

ボローニャではそれ以前、一七八四年と九七年にも都市外に新たな墓地を建設する計画が立てられたが実現せず、一八〇〇年にこの修道院跡地を利用する案が提出され、翌年にようやく実現した（竹山2007:128）。一八〇一年の開設は極めて早い例である。イタリア文学者で近現代イタリアの墓地も研究している竹山博英は、「……チェルトーサ墓地の特徴は、何よりも開設年代が古いことにある。イタリアの大都市で、十九世紀の初めにできた都市墓地はほとんどない。こうしたことが可能になったのは、新たに墓地を建設するのではなく、既存の建物を利用したためである」（竹山2007:128）、「チェルトーサ墓地は開所が非常に早かったため、他の墓所にない特徴を持つことになった。それは十九世紀前半の墓所の存在である。ここには他の場所では見られない貴重な作例が、かなり多く見られるのだ」（竹山2007:129）と指摘する。本節で着目するのは、その中でも最初期の十年ほどの間の、壁面に描かれた墓である。

チェルトーザ墓地でもっとも古い墓が集まるのが「回廊3」と呼ばれるエリアである。回廊沿いにも立体の墓碑もあるが、特に古いこのエリアには基本的に壁面の「平たい墓碑」が並ぶ（図7–18）。そこには教会によく見られたレリーフ型のものもあるが、このエリアで特に目につくのが壁画の墓碑である。その中でも着目したいのが、オベリスクやピラミッドを平面に立体的に描き込んだものである。

図7–19は、一八〇一年の医師タルシーツィオ・リヴィエリ・フォレサーニ（Tarsizio Rivieri Folesani、一七五八～一八〇二）の墓で、この墓地でもっとも古いものとされる。細長いピラミッドを描いており、アーチを活かしてあえて頂点が隠れる構図をとり、後方には糸杉が並び空が広がっている。図7–20は医師・解剖学者でボローニャ大学の教員だったカルロ・モンディーニ（Carlo Mondini、一七二九～一八〇三）の墓である。ここではまさに、平面上に自立式オベリスク型墓石が出現している。基壇の碑文のプレート、オベリスク部分に付された十字架やメダル状の肖像など、十九世紀のオベリスク型墓石によく見られるつくりがすべて絵で表現されている。図7–21はいくつかの役職をつとめ

図7-20　カルロ・モンディーニ（1803年没）の墓、ペトロニオ・リッチ、バルトロメオ・ヴァリアーニ

図7-19　タルシーツィオ・リヴィエリ・フォレサーニ（1801年没）の墓、フラミニオ・ミノッツィ

図7-22　ジローラモ・レニャーニ（1805年頃没）の墓、ペトロニオ・リッチ、セラフィーノ・バロッツィ

図7-21　エルコーレ・オルシ（1803年没）の墓、アントニオ・バゾーリ

図7-24　カロリーナ・バルディ（1815年頃没）の墓（別名バルティ・コーミ、後にオッターニとも）、アンジェロ・ヴェントゥローリ、ジョヴァンニ・プッティ、フラミニオ・ミノッツィ、ジャコモ・サヴィーニ

図7-23　ジョヴァンニ・ペーポリ（1806年没）とマルゲリータ・ラデルキ（1812年没）の墓、ジュゼッペ・ムッツァレッリ、フランチェスコ・バゾーリ

図7-25　アンドレア・ルスコーニ（1816年没）の墓、ジュゼッペ・ムッツァレッリ、フランチェスコ・バゾーリ、1817年頃

趣味人としても知られたエルコーレ・オルシ伯爵（Ercole Orsi、一七二一〜一八〇三）の墓である。アントニオ・バゾーリ（Antonio Pasoli、一七三八〜一八〇四）の作で、石棺の後方左にはオベリスク、右には上に骨壺を載せたローマの柱が描き込まれている。図7-22は上院議員だったジローラモ・レニャーニ（Girolamo Legnani、一七二一頃〜一八〇五）の墓である。オベリスクやピラミッドの意匠は伴わないが、ナポレオンのエジプト遠征の成果を受けて十九世紀に展開するエジプシャン・リバイバルと慰霊表現の結びつきを先取るものである。図7-23は少し時期がくだって一八一二年のもので、ジョヴァンニ・ペーポリ（Giovanni Pepoli、一七三三頃〜一八〇六）とマルゲリータ・ラデルキ（Margherita Laderchi、一七四八〜一八一二）夫妻のために娘のマッダレーナ・ペーポリ伯爵夫人がつくった墓である。石棺の後方に骨壺とピラミッド型墓廟が並び、後ろには木々と空が描かれている。斜めの構図がアーチの向こうに実景が広がっているかのような効果を出している。図7-24は平面の壁画に彫刻が組み合わせられている。ジョヴァンニ・バッティスタ・コーミ（Giovanni Battista Comi、生没年不詳）という人物が妻のカロリーナ・バルディ（Carolina Baldi、一八一五頃没）のために建築家アンジェロ・ヴェントゥローリ（Angelo Venturoli、一七四九〜一八二一）に依頼してつくらせたもので、彫刻家のジョヴァンニ・プッティ（Giovanni Putti、一七七一〜一八四七）と、画家のフラミニオ・ミノッツィ（Flaminio Minozzi、一七三五〜一八一七）とジャコモ・サヴィーニ（Giacomo Savini、一七六八〜一八四二）が作成したものである。左後方にはオベリスク的な形状のものとピラミッド型墓廟とが奥行きをもって描かれている。図7-25は一八一七年頃のアンドレア・ルスコーニ（Andrea Rusconi、一八一六年没）の墓でジュゼッペ・ムッツァレッリ（Giuseppe Muzzarelli、一七八五頃〜一八四五以降）とフランチェスコ・バゾーリ（Francesco Basoli、一七九〇〜一八七〇）の作である。逆さトーチを持った天使と石棺の後方に二つのオベリスクが立体的に描かれている。

十九世紀初頭に古典的なモチーフと並んでオベリスクとピラミッドが多用されたのにはナポレオン支配の時代の影響があろう。Comune di Bologna（n.d.）内のジローラモ・レニャーニの墓のページではこのように論じている。

エジプト由来の要素の利用は十八世紀半ばに遡るものだ……しかし、ヨーロッパがこの遠く失われたエキゾチックな文化に直接触れる機会を得たのは一七九八年のナポレオンのエジプト遠征以降のことだ。……この文化は、それまで俗世で教会が占めていた役割に対し、敵対するとまでは言わないにせよ、代替するものであった。一八〇一年から一八一五年（つまりナポレオンの時代）のボローニャのチェルトーザ墓地の墓のすべて――あるいはほとんどすべて――で異文化のシンボルが用いられ、そして「ローマ」カトリックのシンボルは使われず、せいぜいが初期キリスト教のシンボルまでであるのは偶然ではないのである。(11)

ナポレオンがもたらした葬送と教会の切り分けの圧力と、加えてエジプトの情報の増加の影響はやはり大きかったものと思われる。ただし異教的なモチーフが前面に出ている一方で、十字架などのモチーフもそこここに持ち込まれている。竹山はカルロ・モンディーニの墓（図7-20）に関して、「個人の肖像画がメダイヨンに納められて、オベリスクの下部にはめ込まれている。上部には十字架がある。異教的なモチーフがキリスト教化されているのである。……この墓所ではキリスト教的なものを、他の文明に属するモチーフと組み合わせている」（竹山 2007:133）と論じている。葬送とキリスト教の関係が変動する中で、新しいバランスが模索されていた様が垣間見える。

このように、新たな墓地が開いて早々に、オベリスクやピラミッドの意匠が多用されたのだが、ここで着目すべきは、それが壁面上の立体的な表現という形であらわれたということである。一七一一年にヴァンブラは十七世紀末のスーラトの風景を想起しつつ、「壁面や柱に貼り付いた大理石製の小さくけばけばしい墓碑などより、軟石を用いた高雅で堂々たる墓廟を」建てることを提案したが、十九世紀初頭のチェルトーザでは逆説的にも、壁面に貼りつくかたちで、そのような風景をだまし絵的に出現させたのである。壁面の「平たいオベリスク」の墓碑から、庭園墓地に立つ「自立式オベリスク型墓石」への移行の、まさに中間に立つ墓のあり方である。筆者の知る限りこのような場所は他になく、[12]竹山も「ボローニャでは彫像ではなく、絵を使った壁式の墓所も作られた。それらは主に一八一〇年代二〇年代のもので、画家や装飾画家の手になるものだが、イタリアの他の都市にはほとんど類例がなく、この時代の墓所の図像表現の実例として非常に興味深い」（竹山 2007: 131）と指摘している。この「立体的」なオベリスクやピラミッド墓石の「平面」表現には、十八世紀からの奇想画《カプリッチョ》や、それに先立つさまざまな古代建築幻想とその表現が関わるものと思われるが、それについては次章で見ることとする。ここでは、「小さいオベリスク」と「平たいオベリスク」から、自立式オベリスク型墓石への移行の一つの中継点がチェルトーザに見いだせるということを指摘しておきたい。

4　ヘッドストーンかトゥームストーンか――パリとカルカッタの似て非なる墓

次章に進む前に、本章の最後に、近代的共同墓地の代表と呼ぶべき存在、ペール・ラシェーズ墓地にも少し触れておきたい。チェルトーザについてはオベリスクが「平面」か「立体」かの問題を見たが、ペール・ラシェーズで着目したいのはヘッドストーンかトゥームストーンか、である。

ペール・ラシェーズ墓地は西洋世界における最初の、そしてもっとも名高い庭園墓地である。……この墓地の誕生が、死と追憶と記念に対する姿勢の結晶化において極めて重要な役割を果たしたことは消えることのない事実である。ペール・ラシェーズの開設は、第一に、市街の中心の埋葬を一掃するという六十年にわたるフランスの改革運動の勝利を告げるものであった。そして同時に、フランスで提案されてから二十年を経て実現した庭園墓地であった。それはつまり、イギリスとフランスの風景式庭園の美学とそこにおける追悼と墓の在り方をめぐる、半世紀にわたる進化の結果であった。十九世紀初頭にしてついに、ペール・ラシェーズが出現し、アングロ・サ

クソン世界に新たな墓地の基準を示したのである。（Etlin 1984a: 211）

このエトリンの文章が語るように、ペール・ラシェーズ墓地は近代的共同墓地を代表する存在である。四四ヘクタールの敷地に多様な意匠の七万もの墓が並び（図7-26、27）、埋葬者数は不明だが、三十万から百万と言われている。年間三五〇万人が訪れる観光名所であり市民が憩う公園でもある。しかし、一八〇四年に開設されてからしばらくはまったく人気がなかったという。この墓地のガイドブックなどを執筆しているアンナ・エリクソンのウェブサイトにいわく、

図7-26　ペール・ラシェーズ墓地の風景

図7-27　ペール・ラシェーズ墓地の風景

一八〇四年には十三基の墓しかできなかった。そこで運営者はマーケティング戦略を考え、フランスの宝たるジャン・ド・ラ・フォンテーヌとモリエールの墓の移設を計画した。翌一八〇五年には四十四人、一八〇六年には四十九人、一八〇七年には六十二人が埋葬され、そして一八一二年には八三三人が埋葬された。一八一七年には、次なる特別企画として、ピエール・アベラールとアルジャントゥイユのエロイーズの遺体も移された。この戦略は狙い通りの効果を上げ、有名人とともに葬られたいと熱望する人が増え始めた。記録によれば、わずか数十人だったペール・ラシェーズに眠る人の数は、数年のうちに増えて、一八三〇年には三万三千人以上に至ったとされる。（Erikssön 2015）

という。さて、本書の焦点はオベリスク型墓石である。ペール・ラシェーズ墓地には数多くのオベリスク型墓石があるが、この墓地は一八〇四年に新たに開設されたもので、本書が探っている十八世紀以前のオベリスク型墓石を探すことはそもそも不可能である。上記のとおり、十九世紀初頭は埋葬数も少なく、現存する墓石も多くはない。また、筆者は二〇二三年三月にパリに三日滞在しペール・ラシェーズに通ったが、四四ヘクタールの敷地の墓石の全体像を把握することは到底できなかった。その中で、古いものを重視しつつ、各エリアのオベリスク型墓石をできるだけ確認することを目指した。ごく古いところでは、一八〇五年没の海軍大臣を務めたエティエンヌ・ウスタシュ・ブリュイ（Etienne Eustache Bruix、一七五九～一八〇五）の墓（図7-28）がある。時代をくだって、一八三二年没のジャン＝フランソワ・シャンポリオン（Jean-François Champollion、一七九〇～一八三二）の墓はやはりオベリスク型である（図7-29）。非常に大きいオベリスク型の墓とそれに近い形状の墓が並んでいる例もある（図7-30）。手前は、ディアス＝サントス未亡人でデュラス公爵夫人となったマリー・エミリー・クヌスリの娘で、一八二七年に十六歳で亡くなったシャルロット・エミリ・ディアス＝サントス（Charlotte Emilie Dias-Santos、一八一一～一八二七）の墓であり、後方の円錐的な墓は一八三六年没の外交官ルイ・フェリックス＝オーギュスト＝ボージュール（Louis Félix-Auguste-Beaujour、一七六五～一八三六）の墓である。[13] 十九世紀の近代的共同墓地において、オベリスク型墓石がごく一般的な意匠であったことがあらためて確認されたが、ここで新たに気づいたことが一つある。それは、ペール・ラシェーズのオベリスク型墓石のほとんどは、ヘッドストーンの位置づけにあるということである。

「墓石」を意味する英単語には、gravestone、headstone、tombstone がある。現在ではこれらは特に区別なく用いられて

図7-28　エティエンヌ・ウスタシュ・ブリュイ（1805年没）の墓（右側）

図7-29　ジャン＝フランソワ・シャンポリオン（1832年没）の墓

図7-30　シャルロット・エミリ・ディアス＝サントス（1827年没）の墓、ルイ・フェリックス＝オーギュスト＝ボージュール（1836年没）の墓

いるが、もともとは異なった語彙である。『オックスフォード英語辞典』を見ると、gravestone はそもそもは石棺を意味する用例が一二二五年に確認されており、そしてそこから、棺桶の上に蓋をするように置く石を意味する用例が一三八七年以降に確認されている。つまり平たく設置されるのが本来の在り方ということになる。Tombstone はこれより新しく、一五二〇年以降の用例が確認されており、gravestone と同じく棺桶の上に平たく置く石の意味でも用いられるが、埋葬箇所の印として置く石という意味も指摘されており、つまり「立てる」性質も持ちうる語と考えられる。そして headstone は一四〇〇年の用例が確認されているが、当初の意味は礎石や要石であって、墓石を意味する用例が確認されたのは一六七六年以降とされている。この場合、文字通り墓の頭側に立てるという意味を含んでおり、これに対して足側に立てるものが footstone で、こちらは一七〇〇年の用例が確認されている。[14]

さて、あらためてペール・ラシェーズのオベリスク型墓石に立ち返ると、様々なサイズ、デザイン、時代のものがあるが、そのほとんどが、長方形のプロットの基壇や石棺状のものの頭側、つまりヘッドストーンの位置に置かれているのである。上記の例では、ボージュールの墓（図7-30、後方）だけは、二〇メートルもの高さがあり、基壇部分が部屋状になっていて、直方体の棺桶を埋めた上に墓石を立てる形式にならないため、ヘッドストーンにはなっていない。一方、かなりの大きさを持つ隣のシャルロット・エミリの墓（図7-30、手前）は、やはりオベリスク形状のほぼ真下に墓室がある構造ではあるが、そこにいたる空間と両脇の階段とが前方に伸びていることで、全体としてはヘッドストーン的な位置付けになっている。これに対して、筆者の知る限りでは、インドのオベリスク型墓石では、長方形のプロットの頭側に立つ構造のものは少なく、正方形に近い基壇の真上にそのまま立つものが多いのである（第一章参照）。「墓石」を示す三つの語彙の本来の用法から考えるなら、これはトゥームストーンに近いだろう。フィレンツェのイギリス人墓地のオベリスク型墓石もこちらのタイプが多数であった。[15] 同じオベリスク型墓石といっても、墓全体の構造とそこにおけるオベリスク形状の墓石の位置が違うのである。この違いが何に起因するのか、何を意味するのか、現時点では筆者には判断できない。ただ、ペール・ラシェーズの場合、オベリスクが十字架の代替物になっている可能性は考え得るように思われる。十九世紀には欧米に広く普及したオベリスク型墓石であるが、その利用と発展の経緯にはまだ不明な点が多いのである。

以上、十八世紀から十九世紀初頭のヨーロッパにおける「墓」をめぐる動きを検討してきた。インドやリヴォルノのイギリス人墓地で特殊な新たな墓のあり方が生まれつつあった頃、ヨーロッパの内側では教会墓地の空間と定型からの離脱の流れがゆっくりと進んでおり、そしてついに十九世紀に近代的共同墓地が成り立つと、ボローニャでは平たいオベリスクと自立式オベリスクの境に位置する特異な墓が生まれ、ペール・ラシェーズではインドと似て非なるかたちで、オベリスク型墓石が展開・普及していた。ここに新たな補助線を加え、オベリスク型墓石がいつ、いかにして成立・普及したのかを考えるべく、次章では十八世紀以前に立ち返り、オベリスク型墓石が実際に形を成す前の、墓とオベリスクと古代建築をめぐるイマジネーションの展開を見ることとする。

注

1　ルゴフは煉獄の観念の成立を十二〜十三世紀と見ており、確かにpurgatoriumという語が確立し、正規の教義の位置を占めるのはこの時期であるが、一時的に死後の世界を体験し、浄罪の機能を持つ責め苦の場の様を語る幻視文学（『死後世界旅行記』などと総称される）は遅くも六世紀には成立、普及している。そもそも、とりなしの祈りの力はアウグスティヌスが理論化しており、それゆえルゴフも、アウグスティヌスを「煉獄の真の父」と呼び、そして死後世界旅行記を『対話編』中に記録し浄罪について論じたグレゴリウス一世を「煉獄の最後の、直接的な父」と呼んでいる（Le Goff 1981=1988:95, 132）。煉獄的中間地帯の観念自体はごく早くに成り立っていたものと考えらえる（北沢 2006:367-369）。

2　モーツァルトも当時の規制に従って、会葬者も墓石もなく聖マルクス墓地に埋葬されたため、正確な埋葬位置は不明である。現在残っている墓碑は、一八五九年に推測によって立てられ、後に一八九一年に中央墓地に移されたものと、その後聖マルクス墓地の推定埋葬箇所に新たに立てられたものの二つがある（河野 1995:205-206; 河野 2013: 44）。

3　十六世紀より市内から運び出された骨を集めていた「骨の丘《ボーン・ヒル》」を用いたためにこの名がついたと言われている（Curl 1984:224; Bunhill Fields Burial Ground, *Historic England*, https://historicengland.org.uk/listing/the-list/list-entry/1001713?section=official-list-entry）。

4　図の左側にオベリスクが見える他、奥に大きな円筒形のデイヴィド・ヒュームの墓が見える。これはロバート・アダムの設計で一七七八年につくられたもので、アッピア街道のカエキリア・メテッラの墓など、古代ローマの墓の一つの典型を踏襲している。Design for a Monument to David Hume, *National Galleries of Scotland*, https://www.nationalgalleries.org/art-and-artists/8283/design-monument-david-hume-about-1777 (Accessed on 1 Aug 2024).

5　ニステルヴェック夫妻の没年は確認できなかったが、娘のエレナの生年が一八九七年とされていることから、墓は二十世紀以降のものと考えられる。以下を参照。Giuseppe Ciaceri, *Geneanet*, https://gw.geneanet.org/mariothegreat?lang=fr&n=ciaceri&oc=2&p=giuseppe (Accessed on 1 Aug. 2014).

6　ホロウェイ氏には多くのご教示をいただいた。ここに感謝申し上げます。

7　鶏の品種にレグホンがあるが、これはもともとトスカーナ産でリヴォルノから多く輸出されたもので、リヴォルノの英語名（Leghorn）が名称になったものである。

8　ジュンティ氏にはリヴォルノ訪問時に多くのご教示とご助力をいただいた。ここに感謝申し上げます。

9　"Egraved by Charles Lasinio Professor and Master of the Royal Academy of Florence," "humbly inscribed to Joseph Huddart Hon. Esq." とあり、カルロ・ラジーニオ（一七五九〜一八三八）の版画で、航海と測量の専門家のジョセフ・ハダートに向けて作成された

ものと思われる。

10 没年順に以下である。オベリスク型墓石：William GOTT（1741）、Tobias SMOLLETT（1771）、William ORR（1786）、Hedvig Eleonara VON FERSEN（1792）、Charles ALCOCK（1795）。オベリスク的形状を含む墓石：John DOUGLAS（1797）、James CLEGG（1784頃か）、Henry LEICESTER（1796か）。

11 このページの記述には、本墓地の保存と広報のプロジェクトの一員として墓地の研究を行っているロベルト・マルテロッリの署名がある。

12 一つ思い起こされるのがピサのカンポ・サントである。巨大な回廊状の建物では、床面や壁面を平たい、あるいは半立体的な墓碑が埋め、そこに古代の石棺類も数多く並び、そして壁にはさらに壮大なフレスコ画が数多く描かれている。フレスコ画自体は墓ではないが、壁画と同時代の墓と古代の墓が同居し交わる光景は、チェルトーザのこれらの墓の一つのイメージ源となった可能性があろう。

13 個々の墓の情報は、筆者が直接墓石から読み取った情報のほか、Find A GraveサイトやAPPL（n.d.）に依拠している。

14 これらの語彙の違いについては、一八二一年創業のウェールズの墓石専門店、モスフォーズのウェブページ上の記事も参照（Mossfords Memorial Masons n.d.）。

15 他に、ベルギーのゲントのカンポ・サント墓地、ブリュッセルのラーケン墓地、オランダのライデンのグルーネステーク墓地の場合はどちらかというと「トゥームストーン」型、オランダのアムステルダムのゾルグフリート墓地はどちらかというと「ヘッドストーン型」が多く、チェルトーザ墓地とヴェネツィアのサン・ミケーレ墓地とデン・ハーグのアウド・アイク・エン・ダーネン墓地にはそもそも自立式オベリスク型墓石が少なかった。

第八章　パリ、ハリカルナッソス、ローマ
――オベリスクと古代建築幻想（十五～十八世紀）

前章では、教会と密着していたヨーロッパの墓地が十八世紀に変化に向かったこと、一方で、ペストによる死者や異教徒、異邦人に対しては教会外の墓地もわずかながら成立しつつあったこと、その一つであるイタリアのリヴォルノのイギリス人墓地では、インドのスーラトのそれに次ぐ時期にいくつかのオベリスク型墓石が現れていたこと、そして、新たに成立した近代的共同墓地で、十九世紀初頭にオベリスク型の墓がどのようなかたちで出現していたのかを見てきた。こうして成り立った十九世紀以降のヨーロッパの近代的共同墓地では自立式オベリスク型墓石はごく一般的なものとなっていく。しかしそもそもなぜオベリスクと慰霊が結びつき、自立式の墓石が墓地に立つようになったのか。本章では、十八世紀のフランスの「紙上の墓」の展開を入り口に、オベリスク型墓石の重要なイメージ源と考えられる、古代建築幻想の展開をたどり、紙上の「平たいオベリスク」や模造の「小さいオベリスク」が、オベリスクと死、墓の結び付きを深めていった可能性を考える。

1　十八世紀フランスの紙上の墓

十八世紀のフランス、特にパリで、従来の墓地の状況への批判から新たな墓地の模索が進み、一八〇四年のナポレ

オンによるサン・クルー勅書と、ペール・ラシェーズ墓地の開設で一つの大きな画期を迎えたことは、前章に記したとおりである。本章で見たいのは、この模索の時代に現れた、「紙上の墓」の展開である。本節では主にリチャード・A・エトリンの『死の建築（*The Architecture of Death*）』（Etlin 1984b）に依拠してこの展開を概観したい。

フランス、特にパリでは新たな墓地が求められる中、王立建築アカデミーなどで多くの設計コンペが行われた。当時パリ高等法院が求めた新たな墓地は簡素なもので、これは後のナポレオンの勅令にも引き継がれる思想であり、それに即した墓地案も出たが、その枠におさまらない新たなデザイン性を示す墓地案も多く現れた。簡素さを目指す場合、サン・ジノサン墓地の基本構造を保ちつつ秩序と衛生を保つことを目指すものや、それに近いものとして、ピサのカンポサントをモデルにしたものなどが提案された一方で、こういった従来のヨーロッパの墓地のかたちをこえて、ピラミッドやオベリスクの意匠を用いる新たな墓地案も数多く現れたのである。

墓とピラミッドとオベリスク

十八世紀末フランスのピラミッド的意匠の墓の案でもっとも有名なものが、王立建築アカデミーの建築家、エティエンヌ・ルイ・ブレ（Etienne Louis Boullée、一七二八〜一七九九）のそれらであろう（図8-1、2、3）。パリの都市改革の動きに向け、彼は一七八一年から九三年頃にかけて百枚以上の公共建築案を描いており、その中には多くの墓地・墓廟案も含まれる。彼の墓廟案では、ニュートンのための球体状のものが有名であるが、球体とともに、それ以上に彼が好んで用いたモチーフの一つがピラミッドであった。エトリンによれば、ブレはある時月夜の森を歩いていて、自らの影に、自分が死すべき存在であること、そして死によって原初の自然の闇に戻ることを不意に感じ取り、すべての自然が「喪に服している」との印象を得て、その強い体験を建築に反映し、「エジプトの荒れ地とでも呼ぶべきセメタリーのヴィジョン」に至ったのだという（Etlin 1984b: 109）。球体にピラミッドと、ブレの建築案には幾何学

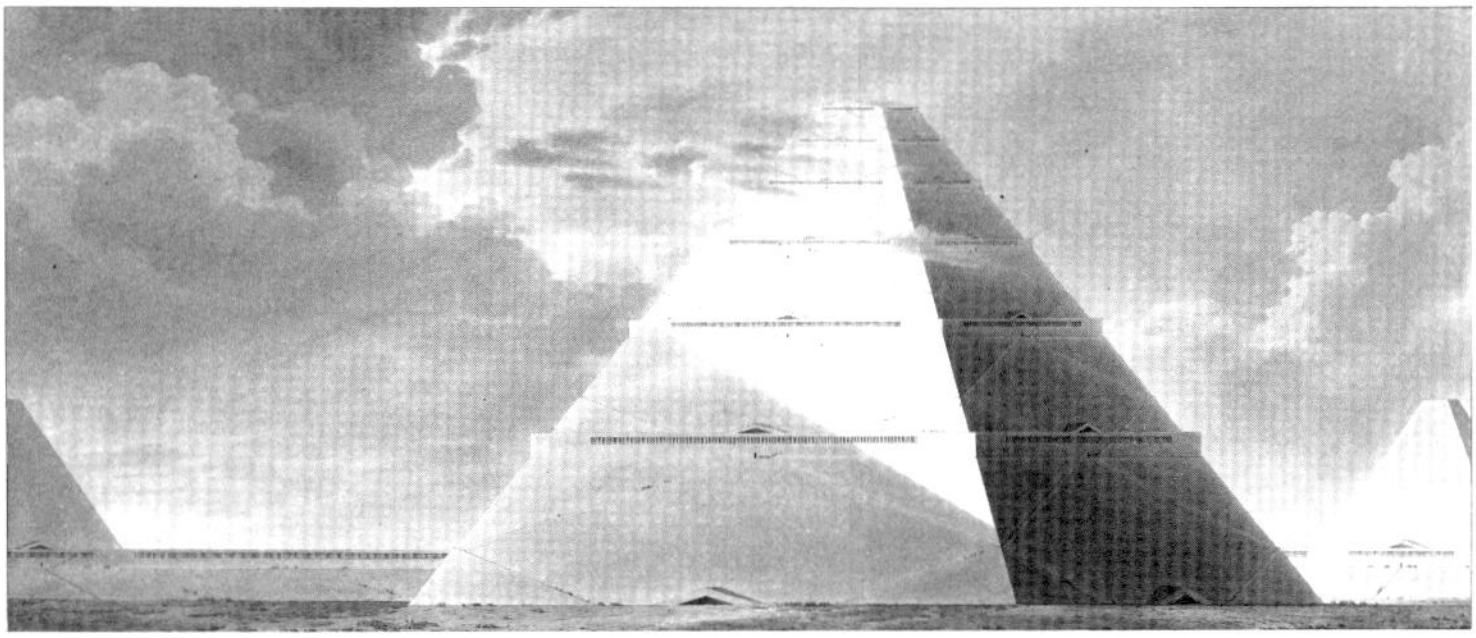

図8-1　エティエンヌ・ルイ・ブレ、《エジプト式のセノタフ（透視図的立面図）》、1781-1793、フランス国立図書館

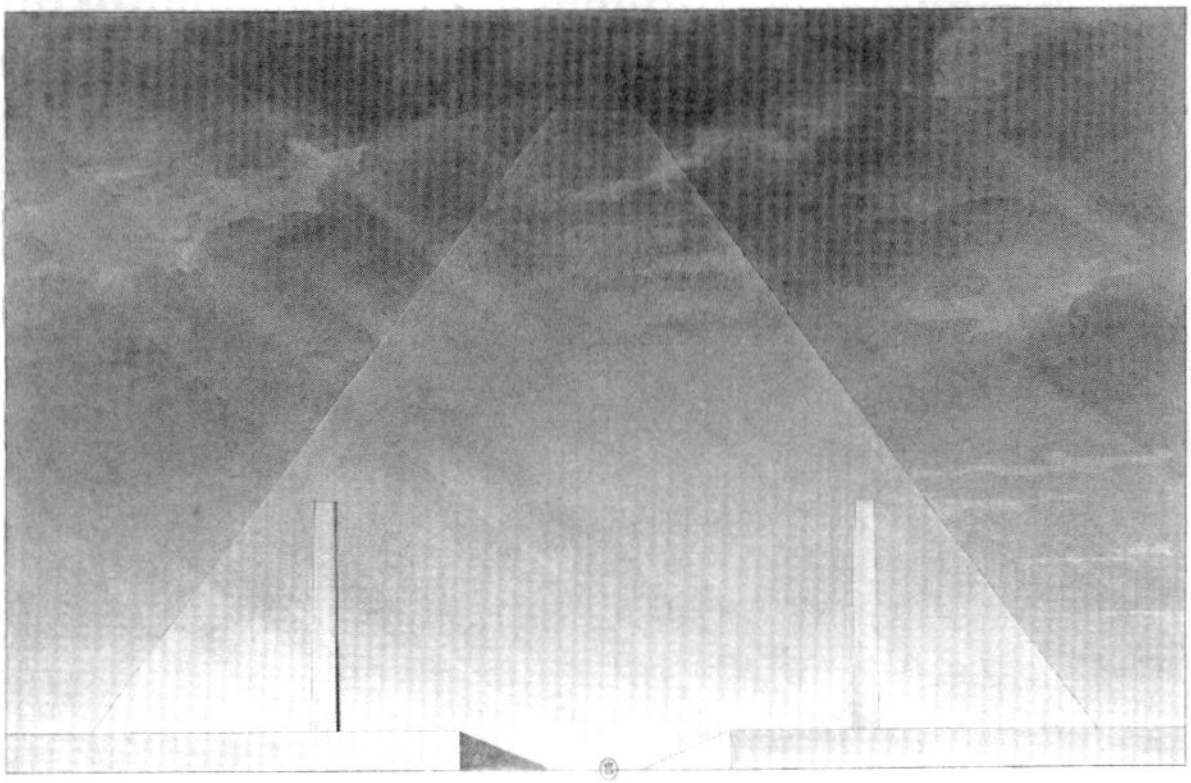

図8-2　エティエンヌ・ルイ・ブレ、《セノタフ（幾何学的立面図）》、1781-1793、フランス国立図書館

図8-3　エティエンヌ・ルイ・ブレ、《墓地の入り口（透視図的立面図）》、1781-1793、フランス国立図書館

図8-5　ジャン＝フランソワ・ド・ヌフォルジュ、「墓地と墓所礼拝堂とのための入り口」、『建築基礎図集』（de Neufforge 1757: vol.5, 173）

図8-6　ジャン＝フランソワ・ド・ヌフォルジュ、「墓所用のピラミッドの平面図と立面図」、『建築基礎図集』（de Neufforge 1757: vol.5, 176）

的なデザインが際立つが、同時に自然と「荒れ地」のイメージが影響しており、それもピラミッドの意匠へのこだわりにつながったというのは興味深い。筆者の知る限り、オベリスク意匠自体を中心に置く墓案は見られないが、図8-2と特に図8-3に見られるように、オベリスクをピラミッドの両脇に配した案は複数見られる。エトリンは、ブレのピラミッド的墓地・墓廟案は恐らく一七八五年のグランプリ・コンクールの頃か、それよりも少し前に描かれたものとの説に賛同している（Etlin 1984b: 109）。

ブレ以前にもエジプト的意匠の墓案は多く見られる。図8-4は、一七六六年にアカデミーのコンクール、プリ・デミュラシオンを受賞したルイ＝ジャン・デプレ（Louis Jean Deprez、一七四三～一八〇四）の小教区墓地案として提出された埋葬礼拝堂の案である。回廊式の全体像はキリスト教的な表現を踏襲しつつ、中央礼拝堂は三つのオベリスク状の意匠を伴い、さらに敷地にも二本のオベリスクが立てられている。これと印象の似た図8-5は、ジャン＝フランソワ・ド・ヌフォルジュ（Jean-François de Neufforge、一七一四～一七九一）の『建築基礎図集（*Recueil élémentaire d'architecture*）』（de Neufforge 1757）所収の「墓地と墓所礼拝堂とのための入り口」である。ド・ヌフォルジュは特にこの大部の図集で知られる建築家で、このほか

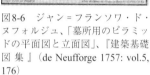

にもオベリスクやピラミッド的な意匠を多く用いており、それは墓の図案にも複数見られる（図8-6）。この図は「ピラミッド」と記されているが、頂点で角度が変わり球体を冠したかたちはオベリスクも思わせる。ピラミッド意匠の墓所案としては、さらに遡って、図8-7は、フランスの建築家でデンマーク王室で活躍したことで知られるニコラ＝アンリ・ジャルダン（Nicolas-Henri Jardin、一七二〇～一七九九）の一七四七年頃の墓所礼拝堂の案である。彼はこの頃ローマで学んでおり、この案の重要なイメージ源はガイウス・ケスティウスの墓とその周辺に成り立ちつつあったプロテスタントの墓であろうと思われる。図8-8は彼の凱旋橋案で、オベリスクが記念柱的なものとともに用いられている。コペンハーゲン国立美術館所収のこの版は一七九八年とされるが、エトリンによれば一七四八年の作とのことで、図8-7と同様ローマをモデルに新たな都市と慰霊の関係を構想したものだという。エトリンは「偉大な人物の墓廟が並ぶジャルダンの壮大な道は、ローマ貴族の墓廟が並ぶ偉大なるアッピア街道の

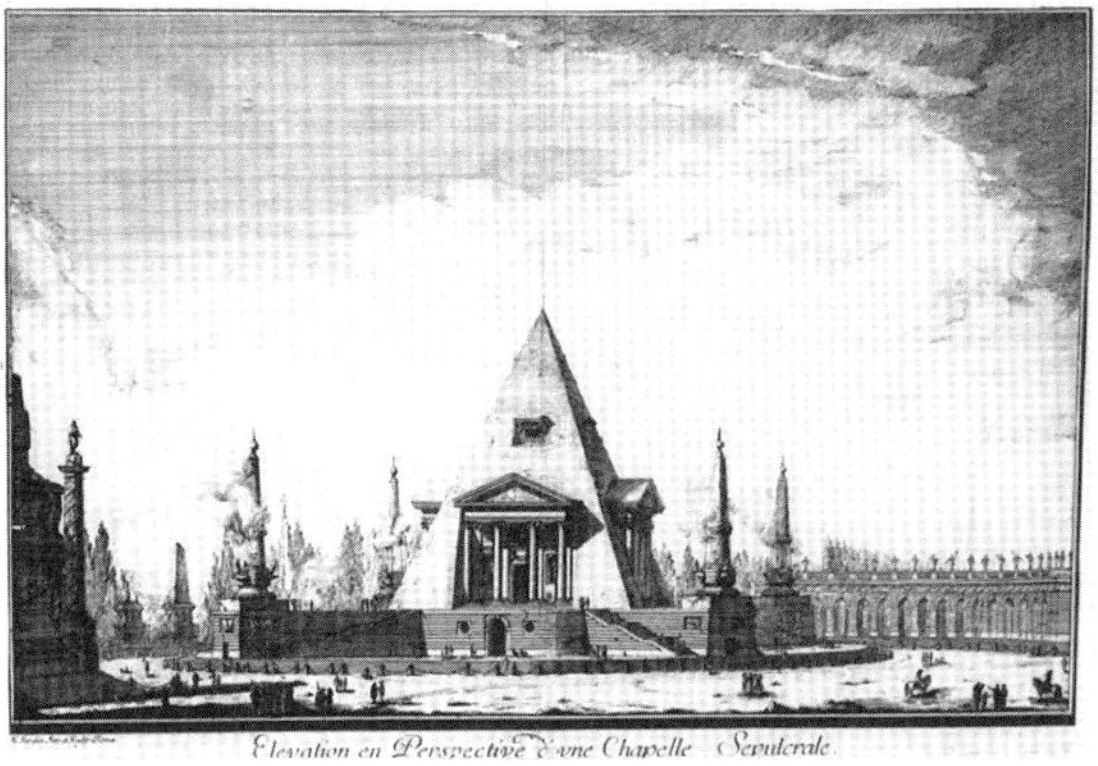

図8-7　ニコラ＝アンリ・ジャルダン、《墓所礼拝堂の立面図》、1747年頃、スウェーデン国立美術館

図8-8　ニコラ＝アンリ・ジャルダン、《凱旋橋案》、1798年

啓蒙主義版であり、その墓所礼拝堂はガイウス・ケスティウスのピラミッド型墓廟（前一二年頃）を模していた……」としている（Etlin 1984b:63）。凱旋門と墓とピラミッド、そしてオベリスクのつながりは第四章にも見たとおりで、それが十八世紀のフランスにローマを介して持ち込まれていることは注目される。

このように、十八世紀後半には、ナポレオンのエジプト遠征以前に、すでに墓の「案」には――実際につくられはしなかったものの――多くのピラミッドやオベリスクが用いられていた。しかし、古くから「墓」と理解されていたピラミッドはさておき、なぜオベリスクがこうも多用されたのか、ここでも同じ疑問が生じてくる。もちろん、すでに「小さいオベリスク」と「平たいオベリスク」は慰霊表現にも多用されていたが、これらの「紙上の墓」では、オベリスクは墓廟の中心をなす意匠として大きく立体で用いられており、十九世紀以降の自立式オベリスク型墓石に近づいている。この変化をもたらしたのはいったい何だったのだろうか。

「紙上の墓」の前史へ

この問題について、エトリンはいくつかの要因を指摘している。ド・ヌフォルジュやデプレやレオン・デュフルニ[1]（Léon Dufourny、一七五四～一八一八）のデザインに関しては、ニコラ＝フランソワ・ブロンデル（Nicolas-Fransois Blondel、一六一八～一六八六）により一六七二年に建てられたサン＝ドニ門（図8-9）の影響が指摘される（Etlin 1984b:54）。これはルイ十四世のオランダ継承戦争での勝利を称える凱旋門である。[2]そのアーチを飾る意匠に、ブロンデルはトラヤヌスの記念柱やオベリスクなどの古代の遺構を応用することを考え、結果としてこのオベリスク様のデザインに至ったという。ただし出来上がりに対しては、縦横比を理由にオベリスクではなく「ピラミッド」と呼んでいる（神谷 2019: 125）。ここにはこれまでもたびたび触れてきた、ピラミッドとオベリスク、加えてローマの記念柱の関係の曖昧さが見られるが、この問題については後にあらためて考えることとする。この意匠を見ると、頂点の形状に加え、球状の装飾と足元の獅子の意匠がガイウスとネロのキルクスのオベリスク、つまり後のヴァティカンのオベリスクの伝統的イメージを受け継いでおり、縦横比が緩いという点以外はやはりオベリスクに他ならない。ここで注目したいのは、この門が持つ意味である。名前が示すとおり、この門はそもそも、サン゠ドニ大聖堂にいたる道に向かう市門であった。サン゠ドニ大聖堂は王室の墓所であり、つまりサン゠ドニ門は墓所に向かう弔いの道の門ということになる。第三章で見たように、カエサルの遺灰伝説とペトロ殉教伝説によりオベリスクと「死」にも一定のつながりは見られるが、ブロンデルがオベリスクに期待していたのはあくまで古代の遺構の重みであり、「死」を意識していた様子は見られず、この門のデザイン自体に死や弔いの含意があったとは考えにくい。しかし逆に、サン゠ドニ大聖堂に続く王の道の新たな門に用いられたこの意匠に、死と弔いの含意が読み取られ、十八世紀の墓地の市外への移動の動きの中で想起され、新たな墓のデザインに取り入れられた可能性は十分に考えられよう。なお、この門の彫刻を担当したミシェル・アンギエ（Michel Anguier、一六一二頃〜一六八六）は、第四章で見た、ロングヴィル公アンリ一世のオベリスク型の心臓墓碑（図4-45）をつくったフランソワの弟である。サン゠ドニ門にオベリスク意匠を取り入れる発想はブロンデルのものであるが、フランスにおける死とオベリスクの結び付きの初期の例に、ローマでの経験を作品にいかした兄弟が関わっているのは偶然ではないようにも思われる。

図8-9　サン゠ドニ門、パリ

図8-10　ジュゼッペ・ガッリ＝ビビエーナ、図7、『建築と透視図法』（Galli Bibiena 1740: plate 7）

エトリンが他に重視するイメージ源が、ピラネージやジュゼッペ・ガッリ＝ビビエーナらのカプリッチョ、つまり空想の風景画である（Etlin 1984b: 77, 109）。エトリンが一部を引いているジュゼッペ・ガッリ＝ビビエーナ（Giuseppe Galli Bibiena、一六九六～一七五七）の『建築と透視図法』（Galli Bibiena 1740）内の図（図8-10）を見ると、左前方にオベリスクがある他に、後方には、確かにド・ヌフォルジュやデプレの墓地・墓所礼拝堂案によく似た建築物が見える。これは実在の風景ではないカプリッチョである。彼は画家、建築家であるとともに神聖ローマ皇帝カール六世お抱えの筆頭の劇場技師でもあり（Fundación Amigos del Museo del Prado n.d.）、これも舞台美術図と考えられる。この図の後方の建築が死につながる意味を持っていたとは考え難いが、形は明らかに十八世紀半ば以降にフランスで示された「紙上の墓」の一部と酷似している。そしてこれにもやはりイメージ源と思われるものがあり、それはウィーンで活躍した建築家、ヨハン・ベルンハルト・フィッシャー・フォン・エルラッハ（Johann Bernhard Fischer von Erlach、一六五六～一七二三）の建築銅版画集、『歴史的建築の構想』（Fischer von Erlach 1725 [1721]; フィッシャー・中村 1995）である。

『歴史的建築の構想』は世界の歴史的建築と著者の建築作品、計九十五点の図版からなるもので、その冒頭には、ソロモン神殿の平面図と景観図の次に、いわゆる「世界の七不思議」が並んでいるのだが、十八世紀以降のピラミッドやオベリスクの意匠の利用には、この古代建築の想像図の影響が大きかったと考えられる。この書と「世界の七不思議」については次節以降にあらためて見るが、ここではその中でも特に重要な、第四の世界の不思議であるハリカルナッソスのアルテミシアの霊廟、またはマウソロス霊廟、の図（図8-11）を見ておきたい（以下、ハリカルナッソスの霊廟と呼ぶ）。ガッリ＝ビビエーナ、ド・ヌフォルジュ、デプレらの図とよく似ており、この図がこれらの重要なモデルであったと考えられ、エトリンもこれを指摘している（Etlin 1984b: 109-112, 119）。ハリカルナッソスの霊廟は、前四世紀、アケメネス朝ペルシャの支配下にあったトルコ南西部のカリア地方のサトラップで事実上の支配者だったマウソロスのために妻アルテミシアが都のハリカルナッソス（現在のボドルム）につくり、二人の遺灰がおさめられたとされるものである。そもそも霊廟、墓廟を示す「マウソレウム」という語自体がこれに由来する。(3) これは十五世紀にはほぼ失われており、実際の形状は不明なのだが、ここではなぜかオベリスク的形状を伴っている。その背景は後に見るとして、とにかく、十八世紀半ばから多くあらわれたフランスの墓地案のオベリスク的意匠の重要な源泉がここにあることは確かであろう。

さらに、先ほど見たガッリ＝ビビエーナの図8-10のような劇場美術と、もう一つ、第四章で見た王侯らのカタファルクやカストルム・ドロリスの影響も指摘したい。図8-12は、《埋葬礼拝堂案》（図8-4）を出したデプレの劇場美術である。デプレは一七八四年にスウェーデン国王グスタフ三世の下でストックホルム王立歌劇場の主任舞台製図家となっており、この図は一七八七年にドロットニングホルム城で初演されたスウェーデンのオペラ「エレクトラ」のために制作した舞台装置に関するものだという（The Metropolitan Museum of Art n.d.）。図8-4より十七年ほど後のものであるが、類似したデザイン思想が見て取れる。劇場美術は物語の世界を現出させるために一時的に設けられるものので、入城式の際の凱旋門同様の「はりぼて」、つまり仮設構築物であるから、そのデザインの自由度は極めて高い。そこでは実際には存在しない建築を自由に組み合わせて並べることができる。ビビエーナ一族などの劇場美術はピラ

図8-12　ルイ＝ジャン・デプレ、《アガメムノンの墓》、1787年頃

図8-14　シャルル＝ミシェル＝アンジュ・シャル、《王太子のカタファルク》、1765-1769年

図8-13　ジュゼッペ・ガッリ＝ビビエーナの工房、《四隅のオベリスクと中央に立つ大オベリスクを伴うカタファルクの立面図》、1720-40年頃

ネージらのカプリッチョにも大きな影響を与えているとされるが（新田2018:8）、そのカプリッチョとともに、フランスの「紙上の墓」の重要なイメージ源ともなったと考えられる。

　ガッリ＝ビビエーナやジャルダンは、もう一つの重要な「はりぼて」構築物である、葬儀の際のカタファルクやカストルム・ドロリスのデザインを多く手がけていた（図8−13、4−52）。図4−52のデンマーク王フレデリク五世のカタファルクを手がけた時ジャルダンはデンマーク王室の建築家であった。フランス王室では、一七六五年から一七七八年まで王室官房付の製図家（dessinateur de la Champre et du Cabinet du Roi）を務めたシャルル＝ミシェル＝アンジュ・シャル（Charles-Michel-Ange Challe、一七一八～一七七八）が、王太子からルイ十五世まで、王室周辺の人々のためのカタファルクを数多く手がけた（図8−14）（Condamine 2014; Dubois 2021）。彼

図8-15　シャルル＝ミシェル＝アンジュ・シャル、《建築の幻想》、1747年

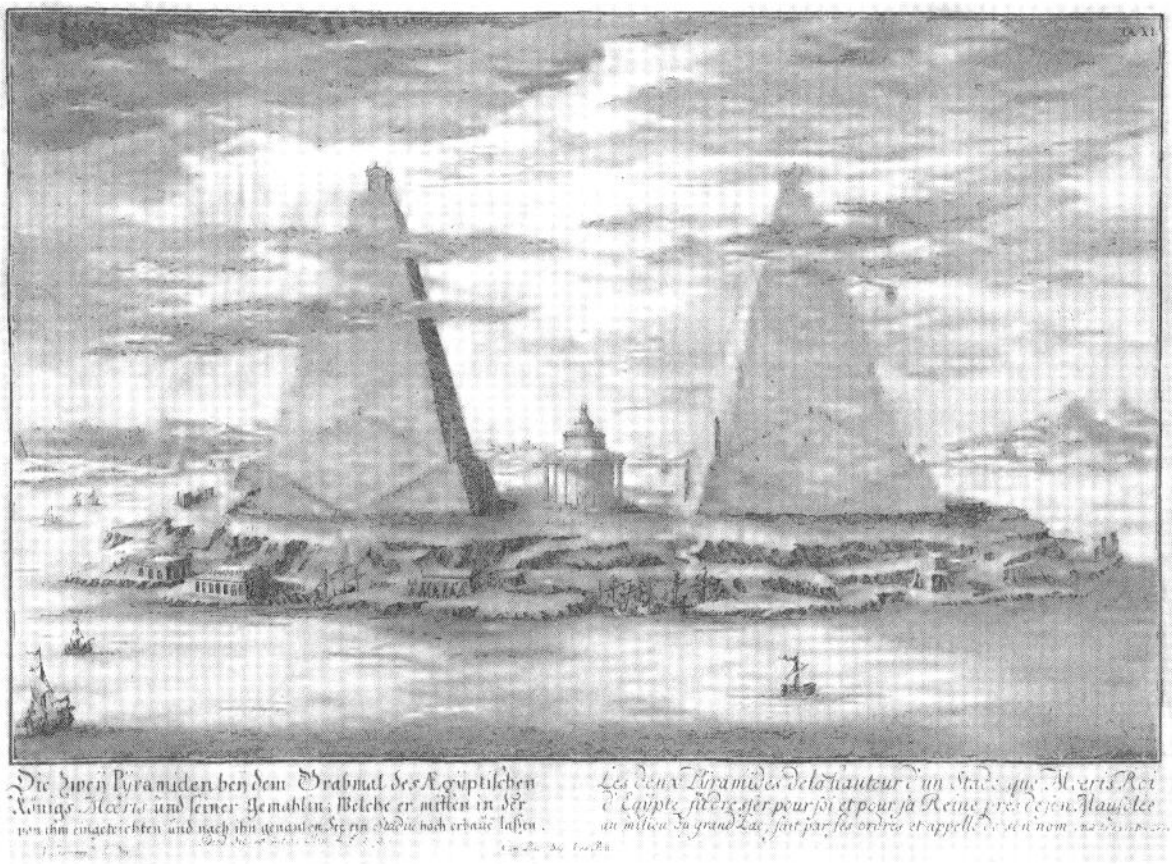
図8-16　J. B. フィッシャー・フォン・エルラッハ、《モエリスのピラミッド》、『歴史的建築の構想』、第5図、1721年

は若い頃、一七四二年から一七四九年までローマに滞在しており、ピラネージにも影響を与えたとされる（Myers 1991:40）。図8-15はこの時期、一七四七年に描かれたもので、回廊的な構図にピラミッド状の建築物と多数の柱や記念碑、棺型墓碑と思われるものが組み合わされている。エトリンは、これは『歴史的建築の構想』の影響を示す最初期の作品で、図8-16の、モエリス湖中にあったとされるエジプトのモエリス王がつくった対のピラミッドの図を反映していると指摘する。確かにピラミッド側面の菱形の紋や、後方に二つ同サイズのピラミッドが並ぶ構図などに類似が見られるが、同書内のテーベ郊外のピラミッド図像（一書十三図）とも似たところがある。また、ジャルダンの《墓所礼拝堂の立面図》（図8-7）を思い出させるところもあり、ガイウス・ケスティウスの墓とその周辺のプロテスタント埋葬地の影響もやはり大きかったのではないかと思われる。

以上に見たように、十八世紀半ば以降のフランスのエジプト的意匠を多用した「紙上の墓」は、都市、劇場、葬儀などを舞台に展開してきた凱旋門やカストロム・ドロリスとカタファルクの「はりぼて」の文化とフィッシャー・フォン・エルラッハに代表される古代建築のイメージを継承し、同時にローマなどの遺構や景観の強い影響も受けつつ展開し、その中でオベリスク型墓石に近いものが多く構想されたものと想像される。[4] そこで次節ではまず、「古代建築幻想」とそこでのオベリスクの像の展開を、そして三節ではカプリッチョやローマのみやげものにおける古代建築のイメージのリミックスと普及について見ることとする。

2　「世界の七不思議」とオベリスク

フィッシャー・フォン・エルラッハ[5]とオベリスク

いわゆる「世界の七不思議」とは、古代ギリシャからヘレニズム世界で見るべき奇跡的景観とされ前一世紀頃から記されるようになったもので、その後も長く語り継がれ、内容は時々に変化を見せる。フィッシャーの『歴史的建築の構想』では、順に、①バビロンの空中庭園などの景観、②エジプトのギザのピラミッド、③オリンピアのゼウス像、前節で見た④ハリカルナッソス（アルテミシア）の霊廟、⑤エフェソスのディアナ（アルテミス）神殿、⑥ロードス島の巨像、⑦アレクサンドリアの灯台で、もっとも一般的なラインナップといえる（Harvey 1854）[6]。これらの七つの驚異のうち、唯一現存するのはエジプトのギザのピラミッドで、フィッシャーの図像（一書四図）も、ピラミッドとスフィンクスの位置関係や大きさなどは異なるが、実像と似たものになっている。それ以外は失われており、またバビロンの空中庭園は実在したかも不明である。つまりこれらの図像は、何らかの伝承に基づくにせよ、ほとんどが想像の産物ということである。

さて、本書の焦点はオベリスクである。オベリスクは七不思議には含まれず、『歴史的建築の構想』でも、七不思議としてはもちろん、それ以外の図像でも、直接の主題としては扱われてはいないが、類似した形象のものは複数ある。先に見たハリカルナッソスの霊廟と、ヘリオポリスのエジプト王ソティスの墓のピラミッド（図8-17）、カイロ近郊の墓（図8-18）、コリントスのマルクス・アウレリウスとルキウス・ウェルスの騎馬像を伴うオベリスク（図8-19）の図である。図8-19はこの共同皇帝の時代に発行されたというローマのコイン（図8-20）の図柄を戦勝記念碑と解釈して描いたとされるが（フィッシャー・中村 1995:90）、どれも実際のモデルは存在しなかったと考えられている。また後半には、フィッシャー自身が手掛けたシェーンブルン宮殿の第一案と第二案の図も含まれるが、実現した第二案の入り口には、今も実際そうであるように、一対のオベリスクが立っている。フィッシャーのオベリスク好みが感じられ、また、第一案ではオベリスクではなく記念柱のデザインが用いられていることも興味深いが、記念柱とオベリスクの関係や、オベリスクと国家や英雄の顕彰との関係については次章であらためて考えることとする。

フィッシャーが描いたオベリスクに近い形象を持つ上記の四つの古代建築のうち、図8-19を除く三つが墓である。

図8-17　J. B. フィッシャー・フォン・エルラッハ、《ヘリオポリスのエジプト王ソティスの墓のピラミッド》、『歴史的建築の構想』、1721年

図8-18　J. B. フィッシャー・フォン・エルラッハ、《カイロ近郊の墓》、『歴史的建築の構想』、1721年

ここではオベリスクのかたちは「死」と結びついている。先にも述べたように、オベリスクとカエサルの遺灰伝説とペトロ殉教伝説の結びつきはあるが、紀元前後の人物に関する特異な伝説が、オベリスクがそれ以前からの古代世界の墓であったとの理解を導き出せるかというと疑問である。また、アウグストゥス廟にはかつてオベリスクが立っていたが、失われて久しく、そして墓廟の入り口に一対で置かれたそれは、廟全体にたいしては相対的に「小さいオベリスク」の位置づけにあり、墓自体を構成する要素とはなっておらず、性質的には太陽神殿の入り口に立っていた本来の姿や、フィッシャー自身が手がけたシェーンブルン宮殿のそれの方に近いものに思われる。ではなぜ、フィッシャーはオベリスクを霊廟や墓のかたちに選んだのだろうか。

「世界の七不思議」のうち、墓の意味を持つものはハリカルナッソスの霊廟とピラミッドである。これまでにも何度も触れてきたとおり、西洋世界ではピラミッドとオベリスクのイメージの混同、重複はしばしば見られる。図8-17も、幅広ながらも頂点の角度が切り替わり、明らかにオベリスクに近い形状だが「ピラミッド」と呼ばれている。だとすれば、フィッシャーがピラミッドのつもりで墓のかたちにオベリスクを用いていた可能性も考えられそうであるが、しかし、ピラミッドともオベリスクとも記されていない図8-18を見ると、さらに角度は緩やかだが、四角錐の足元のスフィンクスらしきものには、ガイウスとネロのキルクスのオベリスクの特徴として語られてきた獅子の台座のイメージが見て取れる。これはピラミッドにはあり得ない、オベリスクならではの特徴的な像である。ピラミッドとの関係、区別に曖昧さは

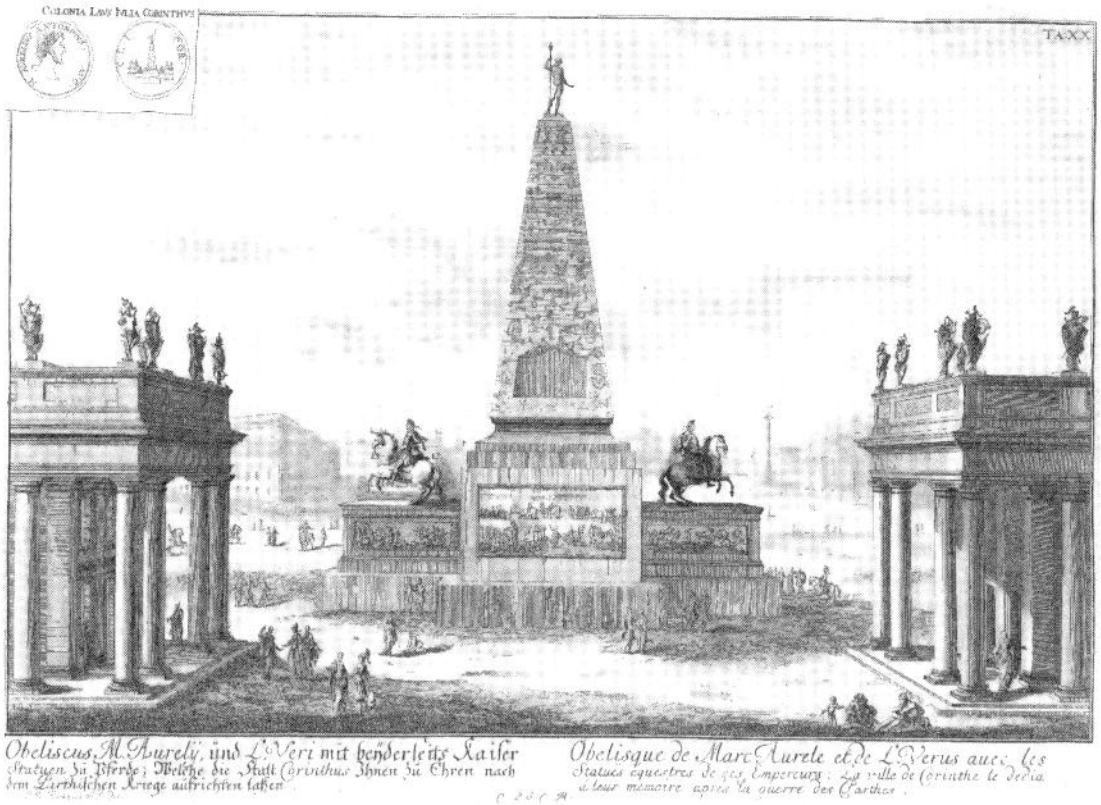

図8-19　J. B. フィッシャー・フォン・エルラッハ、《コリントスのマルクス・アウレリウスとルキウス・ウェルスの騎馬像を伴うオベリスク》、『歴史的建築の構想』、1721年

XLVIII

図8-20　マルクス・アウレリウスとルキウス・ヴェルスの時代のコイン（Imhoof-Blumer & Gardner 1885: 103）

あっても、彼はやはり他でもないオベリスクを死に関わる古代建築のかたちとして選んでいたようにも思われる。ではこの選択は何に起因するのかと考えると、ピラミッドだけでなく、複数の古代建築のイメージの混同の上に、オベリスクと死の結びつきが成り立ったという可能性が浮かび上がってくるのである。

まざりゆく古代建築

ハリカルナッソスの霊廟は十五世紀にはほぼ失われており、現存中の姿を詳細に写し取ったとされる図像も残されていないため、そのかたちを知る上での最大の手がかりは伝承で、特にプリニウスの『博物誌』(36: 30-31)の記述が重視されてきた。

> 北面と南面は六三ペデース(フィート)だが、ファサードは側面より短く、全周を合わせると四四〇ペデースとなる。高さは二六キュビトで、三十六本の柱で囲まれている。……列柱の上に、下部と同じ高さの二十四段のピラミッドがあり、上に向かって細くなっている。頂点には四頭立ての馬車の大理石像がある……。この戦車が加わり……高さは一四〇ペデースに達する。
>
> (Pliny 1962: 22-24)

単純に読み換算するとどうも数字が合わないところが多い。まず底面が概ね一九メートル×四八メートルと不自然に横長であるし、高さは本体が二五キュビト=約一一メートルとしながら、ピラミッドと飾りの戦車を含めた全高が一四〇フィート=約四二メートルでは計算がおかしい。参照したローブ文庫の版の訳注では、まず六三フィートという数字は「小さすぎる」として実際は倍の一二七フィートと考えている。また高さについては、二五キュビトは全高ではなく建物の下半分を示すと考えるべきかと指摘している。また、長田(1997)は、中野定雄他の訳に準拠し、この霊廟は「高い台座状の下部構造と周柱式の神殿型建築の上部構造からなり、ピラミッド状の屋根が架構されていた」とし、つまり下部と上部の二段構造ではなく、下部と上部とピラミッド状の部分の三段構造と捉えている（長田 1997: 23,31）。フレッチャーの『建築史』（第二十版）が示すこれまでの再現図（図8-21）を見ると、段の構造も幅や角度もさまざまで、この霊廟のかたちをめぐって多様な意見があったことがわかるが、かつてのハリカルナッソス、現在のトルコのボドルムの海洋考古学博物館にある模型（図8-22）は、一九六六～七六年のデンマークのクリスティアン・イェッペセンらの発掘成果からの再現図（長田 1997: 23-24）に基づいてつくられており、現時点ではこれがもっとも公式な想像図と思われる。そして、どの再現図も、フィッシャーの図とはあまり似ていないのである。フィッシャーの図は、プリニウスの描写ともあまり一致しない。上のピラミッド構造（というよりオベリスクであるが）に階段構造

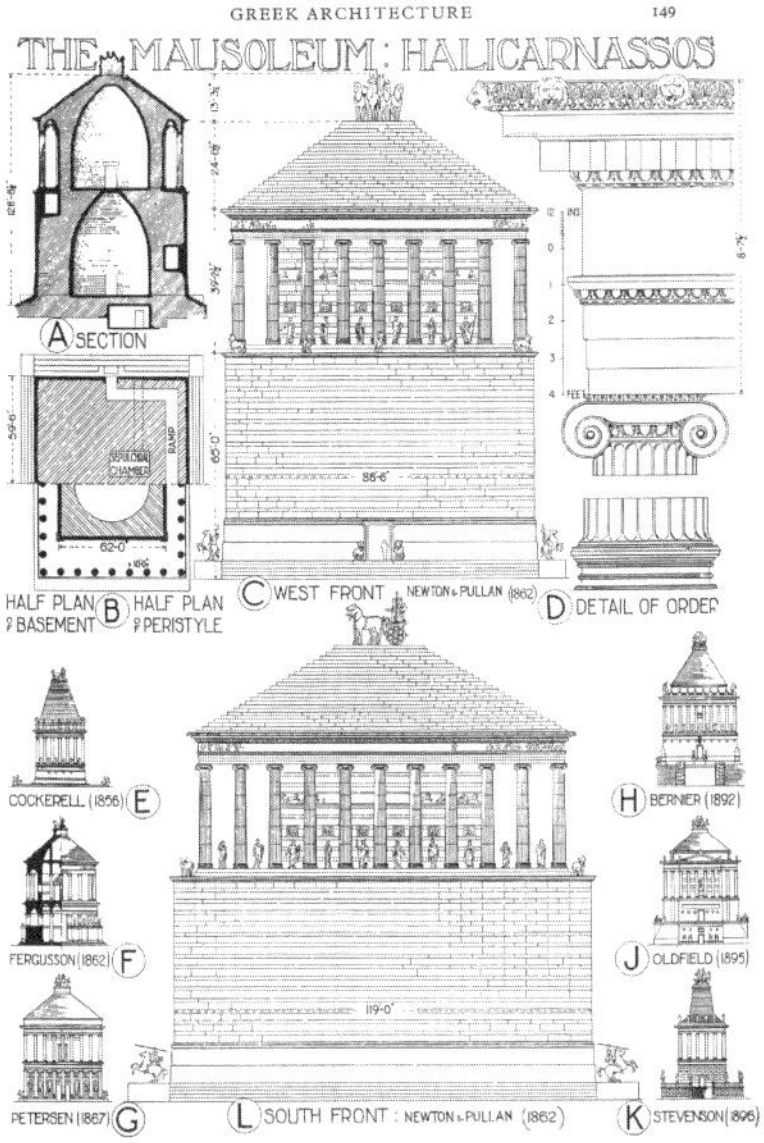

図8-21　ハリカルナッソスの霊廟の再現図（Fletcher 1996 [1896]: 149）

図8-22　ハリカルナッソスの霊廟の模型

はなく、三十六本の柱廊もあまりはっきりとはしていない。なぜフィッシャーはこのようなかたちでこの霊廟を描いたか、やはり疑問なのである。

図8-23は十六世紀後半にオランダのマールテン・ファン・ヘームスケルク（Maarten van Heemskerck、一四九八〜一五七四）が描いた世界八不思議におけるハリカルナッソスの霊廟の図である。ヘームスケルクの場合はフィッシャーと同じラインナップに、ローマのコロッセウムが加えられて八つになっている。この霊廟図の全体の構造は、下部は柱

図8-23　マールテン・ファン・ヘームスケルク、《世界八不思議：ハリカルナッソスの霊廟》、1572年

図8-24　マールテン・ファン・ヘームスケルク、《世界八不思議：ギザのピラミッド》、1572年

廊で囲まれ、上部のピラミッド構造は途中で途切れるが確かに二十四段の階段状になっており、筆者の理解では、プリニウスの描写をわかりやすく反映しているように見える。このかたちは、フィッシャーのそれとかなり異なる。特に上部は、階段ピラミッド的で、馬車の彫刻が乗る頂点が途切れてはいるものの、オベリスクの形象の印象は感じにくい。ただ、ピラミッド状の部分の段差の装飾は四角錐ではなく円錐状でらせん模様があるが、オベリスクを思わせるかたちをしている。一方、図8-24のギザのピラミッドの図は、肝心のピラミッド自体がオベリスクに近い構造で

図8-25　マールテン・ファン・ヘームスケルク、《世界八不思議：アレクサンドリアの灯台》、1572年

図8-26　マールテン・ファン・ヘームスケルク、《世界八不思議：バビロンの城壁》、1572年

ある上に、周辺に多くのオベリスクが立ち並ぶ構図になっている。ピラミッドは階段状でかなり細長く、頂点で角度が変わる構造になっている。また、アレクサンドリアの灯台図（図8-25）では右後方には小さくオベリスク状のものが見え、手前の建物の尖塔もややオベリスク的に見える。バビロンの城壁等の驚異の図（図8-26）では、城壁の門と思われる部分の上に、円錐状ではあるがオベリスクを思わせる大きな尖塔が据えられている。こうして見ると、後にフィッシャーがオベリスクのイメージを与えたハリカルナッソスの霊廟より、他の驚異の図、特にピラミッド図の方に、オベリスクのかたちが強く見いだせることがわかる。アレクサンドリアの灯台やバビロンの中央の建物のらせん状の塔も、ハリカルナッソスの霊廟よりはいくらかオベリスクに近い印象を与えるようにも思われる。

オベリスクと「バベルの塔」とアレクサンドリアの灯台

こうしてみると、「世界の七不思議」におけるオベリスクの位置づけはどうも微妙である。オベリスクは七不思議には含まれないが、そこここにそのかたちはちらついている。ここで興味深い、貴重な例として、図8-27の七不思議図がある。これは本図の出典上の情報ではフランチェスコ・ファン・アールストによる一五五〇～一六〇〇年頃の作とされているが、実際は不明点が多い。二つの版が見つかっており、本来の作者についてはフランシスクス（フランチェスコ）・ファン・アールスト（Franciscus（Francesco）Van Aelst、生没年不詳）によるとの説の他、エティエンヌ・デュペラックとロレンツォ・デッラ・バッケリアによるとの説、オラツィオ・デ・マリイ・ティグリーノによるとの説などがあり、筆者には判断できない。ヘームスケルクの世界八不思議の図にわずかに遅れて、一五八〇年頃の作と見られている（Folin & Preti 2022: 185-187）。両脇の六つはゼウス像、ロードスの巨像、ハリカルナッソスの霊廟、アルテミス神殿、ローマのコロッセウム、バビロンの都市であり、そしてアレクサンドリアの灯台がない代わりに中央にそびえるオベリスクには、"GUGLIA DI BABILONIA"、バビロニアの尖塔とある。この表現の背景にあるものを探ると、「世界の七不思議」の重要な典拠の一つとされるシチリアのディオドロスの『歴史叢書』二巻十一章四〜五節の、女王セミラミスについての記述があった。セミラミスは伝説のアッシリアの女王で、バビロニアに都市を築いたと語られる。そして、

彼女はアルメニアの山から長さ一三〇フィート、幅と厚さが二五フィートの石を切り出し、それを大量のラバと雄牛につないで川まで運び、そこでいかだに乗せ、それで川を下ってバビロニアまで運んだ。それをもっとも有名な通りの脇に立てたので、それは通る者誰をも驚嘆させる光景となった。この石はその形からオベリスクと呼ぶ者もおり、彼らは世界の七不思議の一つに数えている。

（Diodorus 1989 [1933] : 388-389）

という。この石は四角錐の上に四角錐が乗る形状だったとは書かれておらず、また縦横比を考えると本来のオベリスクよりかなり太めではあるが、(7) それでも伝承ではオベリスクと呼ばれたとされている。そして図8-27の中央のオベリスク状の「バビロニアの尖塔」は、このセミラミスの石を示すものと思われる。しかし、古代の驚異と呼ぶべき「バビロニアの尖塔」、というと、どうしても思い浮かぶのは「バベルの塔」である。いわゆるバベルの塔はラテン語ではTurris Babelで、Gugliaという語彙を用いることはないはずだが、それでもここでそのイメージが喚起されるのは避けられないだろう。しかし、バベルの塔といえば、一五六〇年代にブリューゲルが描いた二枚の絵が示す、壮大な要塞のようなイメージが思い浮かび、それはオベリスクとはまったく異なる。ここで興味深いのが、この「世界の七不思議」の図ではオベリスクに取って代わられて描かれていないアレクサンドリアの灯台が、時にバベルの塔を思わせるかたちで描かれるということだ。

アレクサンドリアの灯台は、伝承や考古調査から、図8-28のようなかたちのものであったと考えられている。(8) 中

図8-28　アウグスト・ティエルシュ、《アレクサンドリアの灯台》、1902-1908年、ミュンヘン工科大学建築学図書館

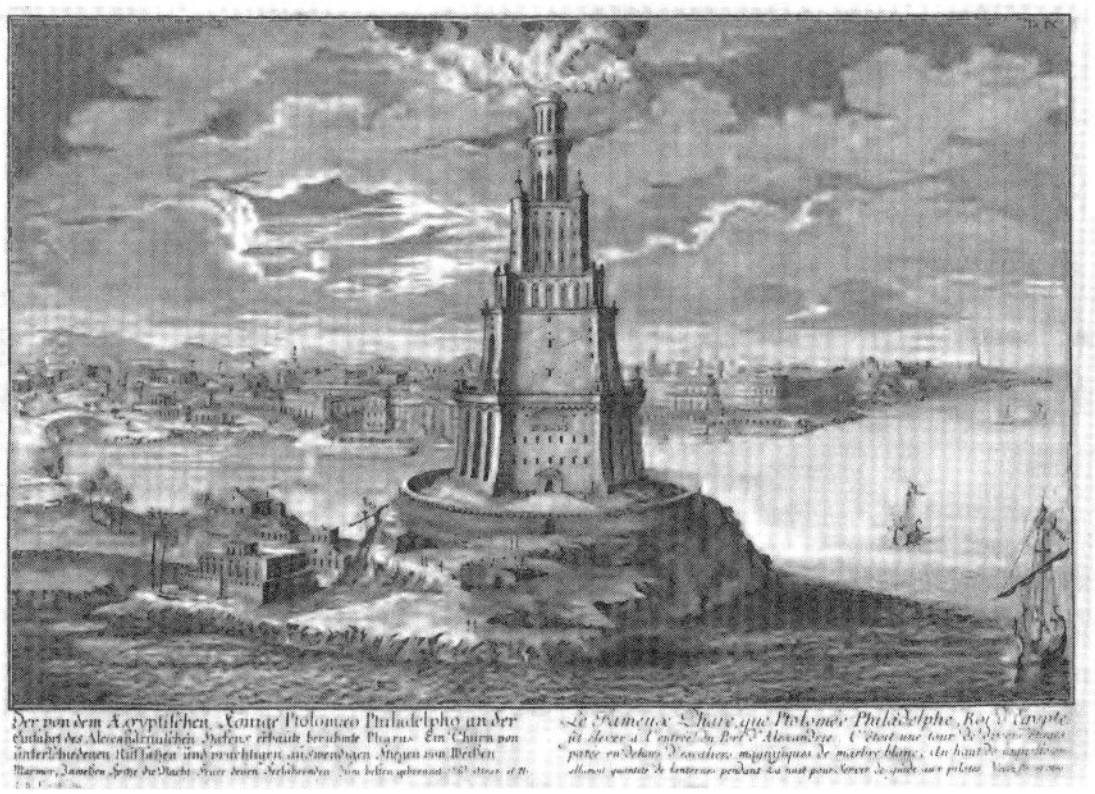

図8-29　J. B. フィッシャー・フォン・エルラッハ、《アレクサンドリアの灯台》、『歴史的建築の構想』、1721年

央の立面図では分かりにくいが、下部の平面図が示すように、正方形の土台に八角形の層と円筒形の層を乗せた構造とされる。これとフィッシャーの図8-29や、特にヘームスケルクの図8-25を比べると、ずいぶん印象が異なる。少なくとも筆者には、これらはむしろバベルの塔を思い起こさせる。バベルの塔の一つの大きなイメージ源はバビロンにあったとされるジッグラトで、これは階段ピラミッド的な構造を持つ。ジッグラトと、ブリューゲルに代表されるバベルの塔の定型的イメージを比べると、「塔」といいながら細長くはない要塞的な構造が類似しつつも、方形ではなく円筒的なかたちと、らせん状の通路が上へ上へと連なるイメージが大きく異なる。このらせんのイメージの出現は一五一〇年代の『グリマーニの聖務日課書』の図（図8-30）に遡るとされ、また円筒の形状についてはコルネリス・アントニスゾーン（Cornelis Anthonisz、一五〇五〜一五五三）のバベルの塔の崩壊図（図8-31）の影響も指摘さ

図8-31　コルネリス・アントニスゾーン、《バベルの塔の崩壊》、1547年、アントン・ウルリッヒ公爵美術館

図8-30　フランドルの画家、《バベルの塔》、『グリマーニの聖務日課書』、1510年代

図8-33　エティエンヌ・ルイ・ブレ、《切頭円錐形の灯台（幾何学的立面図）》、1781-1793、フランス国立図書館

図8-32「アレクサンドリアの灯台の再現図」、『科学の驚異、あるいは近代発明の一般的記述』、1870年（Figuier 1870: 417）

図8-34　「バベルの塔」、アタナシウス・キルヒャー『バベルの塔』（Kircher 1679）

れている（和泉 1999: 323-324; 高橋 2017: 25-27）。この崩壊図はローマのコロッセウムをウェディングケーキのように重ねたかたちで、本来はらせんを伴わない単純な円筒構造であるが、崩れゆく様には後のらせん構造の印象も見いだせるように思われる。

興味深いことに、ヘームスケルクの《世界八不思議：バビロンの城壁》（図8-26）においては、らせん状の尖塔を持つ建築は描かれているものの、手前にセミラミスが描かれており、形象からも、これはいわゆるバベルの塔ではなく、セミラミスの塔であると見られている（Bredekamp 2008）。そして一方、図8-25のアレクサンドリアの灯台は、ブリューゲル的なバベルの塔に近い、らせん状の通路を持つ円筒状の要塞的な構図で描かれている。アレクサンドリアの灯台をバベルの塔と似たかたちに描く例は十九世紀の書籍の挿絵などにも見られる(9)（図8-32）。また、図8-33はブレの紙上建築の一つで、墓ではなく「灯台」である。ここでは塔とらせんと要塞的な重みとが一体化して新たなかたちをとっている。ブレの新たな紙上の建築に古代建築幻想がどう受容、消化されていたのかが垣間見えるようで興味深い。

図8-34と35はともに十七世紀のアタナシウス・キルヒャーの『バベルの塔（*Turris Babel*）』（一六七九）内の図である(10)。図8-34は、十六世紀以来のらせんと円筒的なかたちを引き継ぎつつブリューゲルらと比べて縦長になっている（あるいは戻っている）が、図8-35はそれとは比べられないほどに細長い。こちらはいわゆるバベルの塔ではなく、セミラミスの塔である。石を切り出して立て、「オベリスク」とも呼ばれたというディオドロスの記述を読む限り、この塔は登ることを目的にはしておらず、その点ではまさにエジプトのオベリスクと同様、立てること自体を目的にした

ものと考えられるが、この図もヘームスケルクの図8‐26もまるで上へと登る通路があるかのようにらせん状に描いており、ここには十六世紀に成り立ったバベルの塔の表現の混入があったのではないかと推測される。もしそうだとすれば、ここでは「オベリスク」の像にバベルの塔の表現が混入しているということになる。

そして十八世紀のフィッシャーのバビロンの都の図（図8‐36）では城壁内の奥に、らせん構造のない、方形プランのジッグラト的なものを描いている。フィッシャー研究で知られる中村恵三によれば、

> フィッシャーは幾つかの旅行記とヘロドトス、ストラボン、そしてクルティウス・クウィントゥス……等、古代の著述、及びヘームスケルクの図版……を用いてこの復原に着手したのだが、「ジグラット」については、アタナジウス・キルヒャーの著作「バベルの塔」……を参考にしている……。……フィッシャーのこの図版に特徴的なのは、ジグラットの形態で、この図版が現れるまで約二〇〇年間変わらなかった螺旋階段を持つ円形の塔という形態を排除したことである。
>
> （フィッシャー・中村 1995:72-73）

という。ここにはセミラミスの塔に相当するものは見られない[11]。そしてアレクサンドリアの灯台（図8‐29）からもらせんのイメージが消えているが、こちらは変形しつつも円筒的、要塞的な全体像は保っている。一方、ハリカルナッソスの霊廟が、新たにオベリスクのイメージを強く示すか

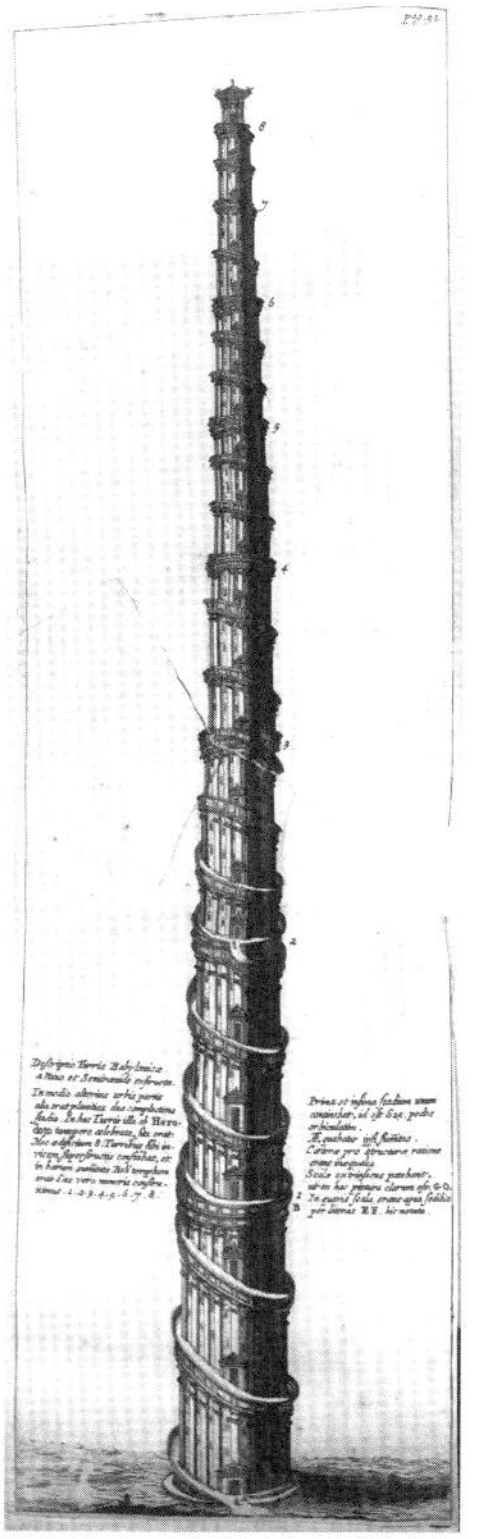

図8-35 「バベルの塔」、アタナシウス・キルヒャー『バベルの塔』（Kircher 1679）

図8-36　J. B. フィッシャー・フォン・エルラッハ、《バビロンの都》、『歴史的建築の構想』、1721年

たちで描かれている。これを十七世紀初頭のアントニオ・テンペスタやマールテン・デ・フォスによる「世界の七不思議」のハリカルナッソスの霊廟図（図8‐37、38）と比べると違いがわかりやすい。この二枚、ことに図8‐38はヘームスケルクの影響が強く見られ、全体のかたちは塔やオベリスクの印象からは遠い。ただし、図8‐37には手前の両脇に「小さいオベリスク」が添えられ、また図8‐38には左右に砲弾的な、キルクスのメタエのような装飾が添えられている[12]。これに対してフィッシャーの霊廟は、上の層のピラミッド構造がはっきりとオベリスクの形象をとり、また全体も縦長な印象になっている。それは従来の「世界の七不思議」の表現では、霊廟よりもむしろ、ピラミッドやセミラミスのオベリスクやアレクサンドリアの灯台の方に重なるものも多い。

　こうしてみると、ピラミッド以外はもはや実在しない「世界の七不思議」のかたちにはかなり自由な想像の余地があり、その中で複数の古代建築のイメージについて、時に重複、混同、リミックスが生じてきたことが感じられる。「七つ」のラインナップはさまざまで、相互の関係性もさまざまである。図8‐27の七不思議図が示すようにゼウス像とロードスの巨像はわかりやすい対をなすが[13]、それ以外に、死・墓と関わる霊廟とピラミッド、階段ピラミッド構造の伝承を持つ霊廟とジッグラトことバベルの塔、細長い塔のイメージを持つアレクサンドリアの灯台とセミラミスのバベルの塔、要塞的なイメージやらせん階段で登るイメージを持つバベルの塔と灯台、円筒系の巨大建築としてのコロッセウムとバベルの塔と、相互に矛盾もきたしつつ、さまざまな関係が成り立ち展開してきた。その中で、本来は死や墓と深い関係を持たず、七不思議でもないはずのオベリスクが、ピラミッドとの混同やセミラミスの「オベリスク」との同一視を経て、他の意匠と交差しつつ、新たな意味づけを得ていく。同時に、都市には時に本物の、時に「はりぼて」のオベリスクが立てられ、教会には「平たいオベリスク」の墓碑や「小さいオベリスク」の装飾を持つ墓廟が展開し、また葬儀におけるカタファルクやカストルム・ドロリスの「はりぼて」の豪壮な慰霊の意匠にもピラミッドとともにオベ

図8-37　アントニオ・テンペスタ、《マウソロスの墓：「世界七不思議」より》、1608年、メトロポリタン美術館

図8-38　マールテン・デ・フォス、《ハリカルナッソスの霊廟》、1614年、アムステルダム国立美術館

リスクが用いられる。これらの展開を経て十八世紀前半のフィッシャーは、ハリカルナッソスの霊廟をはじめとする墓や英雄の顕彰のかたちとしてオベリスクを採用し、そしてそれがまた、都市の、舞台の、そして「紙上の墓」のオベリスク利用に新たで重要な影響を与えたのだった。本書のテーマである自立式オベリスク型墓石が実際にヨーロッパの墓地に立ち並ぶようになるのは十九世紀以降となるが、そのためのオベリスクの像の準備の一端は、こうして次第に整いつつあったものと推測される。次節では、このオベリスクをめぐる古代建築幻想のリミックスを進めた要因として、ローマの「おみやげ」におけるオベリスクの重要性について考えたい。

3　ローマみやげの「平たいオベリスク」と「小さいオベリスク」

前節では、自立式オベリスク型墓石が成り立つ前史には、古代建築のイメージのリミックスが生じていたことを見てきた。この動きを促進したものに、カプリッチョと、そしてこれを含む「ローマみやげ」の文化があった。

カプリッチョはいわば仮想の風景画である。先に見た図8-10や図8-15もその一種と見ることができる。また、カプリッチョの代表的な作者であるジョヴァンニ・バッティスタ・ピラネージ（Giovanni Battista Piranesi、一七二〇〜一七七八）やジョヴァンニ・パオロ・パニーニ（Giovanni Paolo Pannini、一六九一〜一七六五）は建築家でもあり、フィッシャーの建築画やそれに先立つヘームスケルクの空想の歴史画などともある意味近い関係にあるといえよう。カプリッチョは仮想の風景を描くが、構成要素すべてが「仮想」なわけではなく、実在の建築や遺跡と空想のそれとを取り混ぜ配置して描かれる。ローマを中心に主にイタリアで展開したが、イタリア外のものもある。しかしやはりローマに関する作品が多く、そしてそこには多くのオベリスクが描かれ、それはオベリスクのイメージを拡大、普及するのに大きな役割を果たしたと考えられる。

図8-39と40は十八世紀のローマのカプリッチョや風景画の代表的な画家、パニーニのオベリスクを伴う作品の例である。図8-39にはファルネーゼのヘラクレス像、パンテオン、マルクス・アウレリウス帝の騎馬像、ティヴォリの半壊したウェスタ神殿、トラヤヌスの記念柱、ネルヴァのフォルムとともに、図8-40にはフォロ・ロマーノの遺跡、現在カピトリーノ美術館にあるものと思われるケンタウルス像、コロッセウム、ガイウス・ケスティウスの墓、修復前のティトゥスの凱旋門とともに、それぞれにオベリスクが描かれている。このオベリスクについて、ヒューストン美術館のディスクリプションではトトメス三世のオベリスクとされているが、筆者にはポポロ広場に立つセティ一世とラムセス二世によるフラミニオ・オベリスクに見える。また、図8-41は、ルイ十五世の息子である王太子の誕生を記念して描かれた、ナヴォーナ広場での記念の花火の準備とパーティーの装飾の風景を描いたもので、その由来か

図8-39　ジョヴァンニ・パオロ・パニーニ、《パンテオンと古代ローマのその他の建造物のある幻想的な景色》、1737年、ヒューストン美術館

図8-40　ジョヴァンニ・パオロ・パニーニ、《ローマ遺跡のカプリッチョ》、1737年、フィッツウィリアム美術館

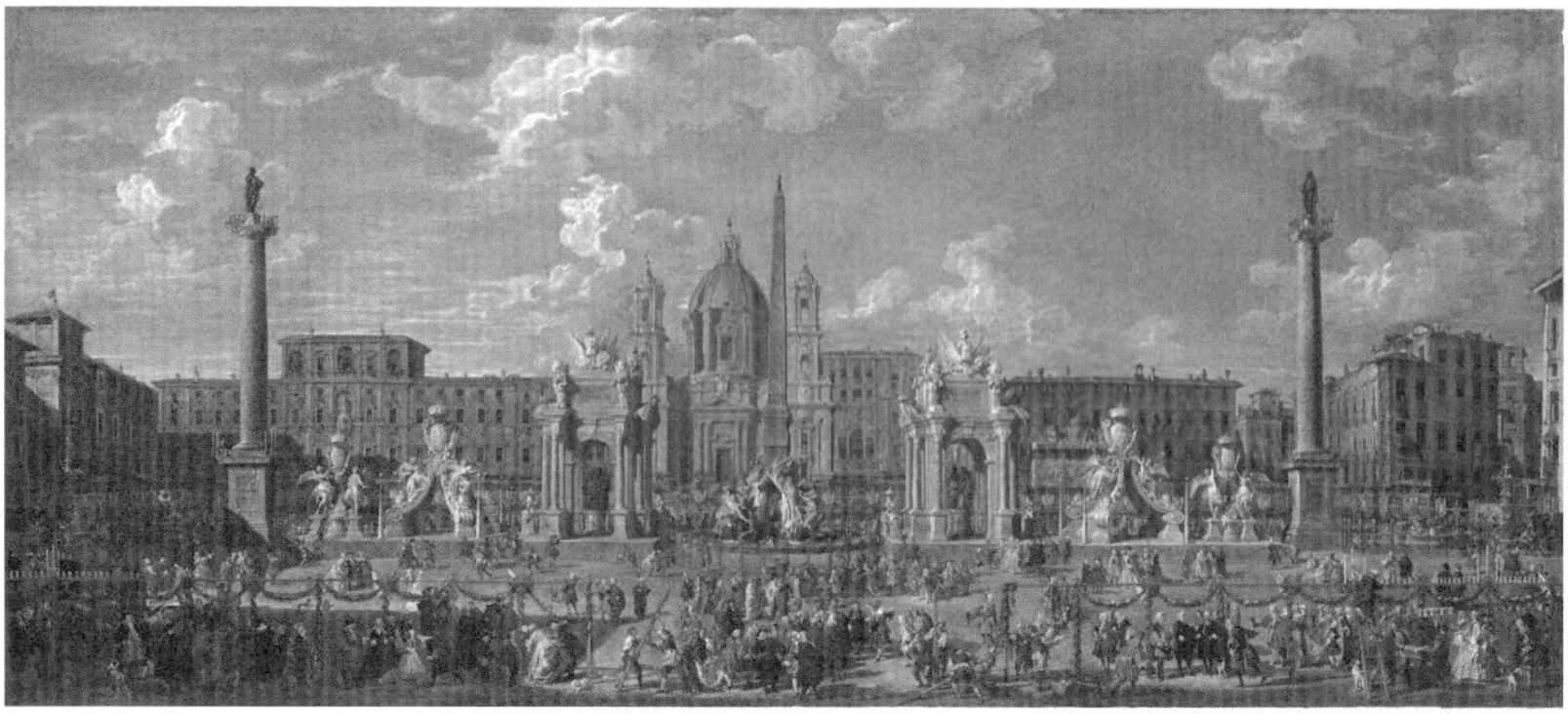

図8-41　ジョヴァンニ・パオロ・パニーニ、《1729年11月30日の王太子の誕生を記念してローマのナヴォーナ広場で行われたパーティーの花火と装飾の準備》、1729年、ルーブル美術館

図8-42　ジョヴァンニ・パオロ・パニーニ、《現代ローマの風景を展示するギャラリー》、1759年、ルーブル美術館

らは現実の風景画というべきであろうが、実在の四大河の噴水のオベリスクと、記念柱その他多くの装飾類とが同じように描かれたその様子はカプリッチョの様相を呈している。図8-42はローマ駐在フランス大使を務めたスタンヴィル伯爵（後のショワズール公爵）の依頼で、古代の風景のギャラリーと一対で描かれた有名な作品である。この《現代ローマの風景を展示するギャラリー》にはこの時点までの二世紀ほどの間にできた建築物が並んでいる。オベリスクはそもそもは古代の建築物だが、この時点のローマの風景を構成したのは十六世紀以降に再建されてからなので現代ローマの風景

としてこちらに六点入っている。一枚一枚の絵は現実の風景画だが、それらが一堂に会するギャラリー全体は一つの壮大なカプリッチョとなっており、まるでローマのガイドブックのようである。これがガイドブックなら、普通のカプリッチョはいわば宣材資料であろうか。

この時代、ローマはイギリス等、ヨーロッパ各地の人を集める一大観光地となっていた。特にイギリスでは貴族や豊かなジェントリの子弟が学業を終える頃に教養を身につけるために行う大陸旅行、いわゆる「グランドツアー」が十七世紀ごろから普及しており、その最大の目的地がローマであった。小林（2010）によれば、

近世英国の習慣として、貴族や裕福なジェントリ層の子弟の多くは、外国語を学び、一流の芸術や古代遺跡などの異文化に触れて教養を高め、洗練したマナーを身につけるという教育目的で、ヨーロッパ大陸に数ヶ月から数年ほどかけて滞在した。いわゆる「グランドツアー」として知られているヨーロッパ大陸の大周遊旅行である。グランドツアーの主な行き先は、フランス、イタリア、スイス、ドイツ、オランダで、とりわけパリ、ヴェネツィア、ローマは常に英国の人々で賑わっていた。（小林 2010:36）

という。上記の例で見たように、風景画やカプリッチョは、フランスやイギリスから注文されることも多かったが、その一部、特に入手しやすい銅版画などは、この大旅行の記念の「おみやげ（souvenir）」としても大いに好まれたという。これらの絵画にはオベリスクが数多く描かれ、特にカプリッチョでは、それは他の多くの実在あるいは空想の古代の建築、遺構とともに描かれた。それはオベリスクのイメージの普及とさまざまな古代建築の像とそのイメージの混淆を押し進める大きな力となったと思われる。

この「おみやげ」をテーマにした、その名も「ピラネジアム（Piraneseum）」なるギャラリーがサンフランシスコに

ある。名前はもちろんピラネージにちなんでいる。このギャラリーで、絵画やエッチングや工芸品類と並んで力を入れて収集・展示・販売しているものに建築模型がある。これを見ると、オベリスクのミニチュアがいかに人気のみやげ品であったかがわかる。ピラネジアムの充実したウェブページではこう語っている。

……我々が注目するような建築模型——旅行者のためにつくられたレプリカ、つまり記念のみやげ品である——は……新たに発展したものである。エルサレムのキリスト教の聖地の発見や発掘を経た後、一六七五年頃までに、同地のフランシスコ会士らが、オリーブの木、黒檀、象牙、螺鈿などを用いた見事な仕上がりの聖墳墓教会の模型を作るようになった。これらの高級で精巧なレプリカは特に裕福な巡礼者に好まれ、聖地への旅の記憶をとどめるものとして故国へ持ち帰られた。

それとほぼ同時期の一六七〇年に、イギリス人のリチャード・ラッセルズが『イタリアの旅（The Voyage of Italy）』を出版した。これは最初のイタリア旅行ガイドで、そして「グランドツアー」の名を最初に示したものである。ラッセルズはいわゆる「ベアリーダー」としてイタリアを五度も旅していた。つまり、貴族の子弟の引率係として、当時スペイン・ハプスブルク朝の支配下にあったこの国中を何カ月にもわたってめぐる旅に付き添い案内したのだった。

十八世紀半ばには、イタリアを訪ねた裕福なグランドツーリスト向けの様々な作品や品物——大理石やブロンズの骨董品、ルネサンス以降の彫刻、油絵、調度品、そしてより現代的ないろいろな装飾品や家庭用品など——の一種として、イタリア、特に古代ローマの、廃墟となった古典的なモニュメントを再現したコルク製の建築模型があらわれた。

一七三八年から八四年までローマに暮らした建築家のオーギュスト・ローザが、おみやげ用のコルク製の建築模型を生み出し、コルクの表面の不規則で小さな穴で、古代の遺跡の大理石の質感を出す特異な技法を実現したと言われている。（Piraneseum n.d.）

図8-43はピラネジアムのウェブカタログ雑誌*Piranseum*上に掲載されたローマみやげのレプリカの写真である。中央が一八三〇年頃のフラミニオ・オベリスク、両脇が一八四〇年頃のフラミニオ・オベリスクとラテラン・オベリスクのセット、残る二つがやはり一八四〇年代のトラヤヌス記念柱とアントニヌス記念柱のセットで[14]、みなロッソ・アンティコ・マーブルという赤褐色の大理石でできている。ピラネジアムではこのような記念のみやげ品が大量に扱われている。こういったものは他にも様々なオークションサイトなどでも見ることもできるし、サンフランシスコ空港に附設されているＳＦＯ博物館では二〇一七年一〜八月にピラネジアムの協力の下、「すべての道はローマに通ず——ピラネジアム所蔵の十七〜十九世紀の建築みやげ品」の企画展も行っている（SFO Museum 2017）。

図8-43　ローマみやげの大理石製建築模型（Piraneseum 2022: 28-29）

建築などの装飾としての無個性な「小さいオベリスク」は早くから普及していたが、これはそれとは質を異にする。ローマに立つ唯一無二の古代の遺物をぎゅっと縮めたミニチュアである。このような「小さいオベリスク」と、絵画の上の「平たいオベリスク」が、現地の記憶とともにイギリスに大量に持ち込まれるようになったのである。それはローマの記憶を伴うとともに、オベリスクという古代エジプト由来の神秘の建築物にさまざまな古代建築のイメージを重ね付けし物語化する力も持っていたと思われる。この、「大きい自立式オベリスク」を「小さくしたもの」と「平たくしたもの」が普及した時期に、リヴォルノのイギリス人墓地に小さいオベリスク型墓石がいくつか現れ、またイギリスの教会に「平たいオベリスク」の墓碑が増えたのは偶然ではないように感じられる。グランドツアーで目の前にした巨大で貴重な古代の遺物を、小型化・平面化して自分のものにするという営みは、自らの、あるいは見送った誰かの墓石にオベリスクの形象を用いる新たな動きにどこかでつながっているように思われる。この「小さいオベリスク」や「平たいオベリスク」は、いまだ自立式オベリスク型墓石には至らない時代に、そこに向かう一つの動因となったと思われるのである。

図8-44　ヨハン・セバスティアン・ミュラー版、ジョヴァンニ・パオロ・パニーニ原画、《Plate III》、18世紀、ハーバード大学美術館

本章の終わりに三つの図像を見ておきたい。図8-44はパニーニのカプリッチョに基づく銅版画である。右側にハドリアヌス廟のもともとの姿の想像図が描かれ、左の遺跡は恐らく、やはりハドリアヌスに関わるアドリアーノ神殿ではないかと思われる。その奥の神殿的なものは筆者には南フランスに残るメゾン・カレに見えるがなんともいえない。それらに囲まれるほぼ真ん中にオベリスクが描かれている。この銅版画の原版となったパニーニの絵画を探したのだが、美術館や研究者による公的な情報は得られず、しかし、美術品画像サイトや複製画販売情報には数多く掲載されていた。出典が確定できないのでここに示せないのが残

念なのだが、「panini hadrianus mausoleum capriccio」などの語彙で検索すれば見ることができる。さて見てみると、この図像にはある問題があった。オベリスクが、ないのである。そもそもの原画にはあったのか、なかったものが銅版画化の段階で付け足されたのか、あるいは原画自体が存在しないパニーニ風の創作銅版画から「パニーニの原画」なるものがあとでつくられてしまったのか、筆者には確認できなかった。そのどれであるにせよ、誰かがオベリスクを足すか引くかしたのは確かである。カプリッチョにおける古代建築のリミックスの自在さが感じられてなんともおもしろい。カプリッチョにおいて、オベリスクはこうしてさまざまな古代建築と自由に組み合わされ、再生産され、普及していったのである。そのオベリスク幻想の極致がピラネージの《古代アッピア街道とアルデアティーナ街道の交差点》（図8-45）や《アッピア街道から眺めたマルスのキルクスと隣接する諸モニュ

図8-45　ジョヴァンニ・バッティスタ・ピラネージ、《古代アッピア街道とアルデアティーナ街道の交差点（『ローマの古代遺跡』第二巻より）》、1756-1757年頃、アムステルダム国立美術館

図8-46　ジョヴァンニ・バッティスタ・ピラネージ、《アッピア街道から眺めたマルスのキルクスと隣接する諸モニュメント（『ローマの古代遺蹟』第三巻》、1756-1757年頃、アムステルダム国立美術館

メント》（図8-46）であろう。それは仮想の風景画とも古代の風景の想像図とも呼べない、何層にも積み重なる遺物とその記憶が集合した何かである。そこにいくつものオベリスクが居心地よさげにおさまっている。こうして十八世紀には、手元におさまる紙の上、イマジネーションの中で、オベリスクの像が成長し、時にピラミッドやハリカルナッソスやローマの墓廟ともつながり、その含意を拡張してきたのだった。それは十九世紀のヨーロッパにおける自立式オベリスク型墓石の成立、普及の重要な背景であったと考えられる。

ここで問題は再びインドに戻る。以上のような長い動きがあってもなお、十八世紀までのヨーロッパでは、リヴォルノのような例外的な状況でのわずかな例を除けば——少なくとも筆者が知り得た範囲では——自立式オベリスク型墓石は成り立っていなかったか、ほとんど存在していなかった。しかしインドではそうではない。スーラトには十七世紀に遡る自立式オベリスク型墓石があったと思われるし、十八世紀後半のカルカッタには数多くのそれが並ぶ墓地が成り立っていた。次章では再びインドに戻り、イギリス人が何を思ってオベリスク型の墓を立てたのかを、あらためて考えてみることとする。

注

1　デュフルニのプリ・デミュラシオン受賞のアンリ四世の墓案も頂点の角度が変化したピラミッドを中心に、オベリスク状の装飾が付されたものである（Etlin 1984b: 52）。

2　ただし神谷（2019）によれば、これはもともと存在していた市門を都市整備の文脈で建て替える意図で着手されたもので、当初は特定の戦勝の記念に特化してはおらず、「サン＝ドニ門は入城式など祝祭に関連した純粋な意味での凱旋門ではなく、君主の栄光を不朽に記念するという凱旋門に類似する意味を、中世以来の市門に与えたものといえる」という。当時、入城式の伝統とつながる凱旋門の意味を強く持つものとして構想されたのはフォーブール・サン＝タントワーヌ門であったという（神谷 2019: 123）。

3　本書では基本的に、死者のための廟について、遺体や遺灰を伴う場合は「墓廟」、伴わない場合は「霊廟」の語を用いることにし、マウソレウムも「墓廟」と訳している例が多いが、マウソレウムの語源であるハリカルナッソスのマウソロス霊廟については、「霊廟」の定訳を用いている。

4　十八世紀後半のフランスの新たな墓の模索において、もう一つの重要な側面として、「庭園墓地」の模索があるが、これについては終章で触れることとする。

5　J・B・フィッシャー・フォン・エルラッハの姓はフォン・エルラッハを含むが、長くなるため以下ではフィッシャーとする。

6　ただし、「七不思議」の重要な典拠の一つとされる、紀元前三世紀のビザンチウムのフィロンによる『世界の七つの奇観に関する話』では、アレクサンドリアの灯台はなく、代わりにバビロンの城壁が入っている（Philo Byzantius 1640: 15, 77）。後に見るように、七不思議の内容にはさまざまなぶれがあり、あるいはむしろ、現在一般化しているラインナップの成り立ちに『歴史的建築の構想』が一定の役割を果たしたと見るべきかもしれない。

7　この石の縦横比は五・二対一の計算になるが、たとえば自立している中で最大のラテラン・オベリスクは高さ三二・一九メートル、オベリスク本体の底面の幅が二・九九メートルで（ElDegwy et al. 2022: 1037）縦横比は十一対一に近い。なお高さ一三〇フィートは概ね四〇メートルで、これはアスワーンの未完のオベリスクの四一・七五メートルに迫るが、こちらの底面幅は四・二メートルで縦横比は十対一に近い。

8　この図は建築史学者のアウグスト・ティエルシュによるもので、息子で協力者でもあった考古学者のヘルマン・ティエルシュも同様の構造を想定している。（Thiersch 1909）

9　この図は十二世紀のイドリースィーの記述を参考に描いているというが（Figuier 1870: 418）、従来の灯台のイメージの影響が見て取れよう。

10　図8‒34は四〇頁と四一頁の間に、図8‒35は五〇頁と五一頁の間に、それぞれページ付けや図表番号なしで挿入されている。図8‒34はLieven Cruylによるものだが、図8‒35は不明である。なお第三章のナヴォーナ広場の図もLieven Cruylのものである。

11　ただし左端にセミラミスの夫のニノスの墓としてピラミッド状のものが描かれている。また後方にはごく小さくオベリスク的な形状のものもあるがこれらはなんであるかも書かれておらず、セミラミスのオベリスクを意図したものとは考えられない。

12　これはヘームスケルクのものの四方の小ささならせん模様のオベリスク的な装飾から変形したもののように見える。

13　この図では他に、ハリカルナッソスの霊廟とエフェソスのアルテミス神殿の古代建築を対にし、そしてコロッセウムを加えることでローマとバビロンを対にしている。また、この図ではバビロンには、左側に空中庭園、右側にバベルの塔が描かれている他に、セミラミスの塔を示すものと思われる大きなオベリスク状のものもしっかり描かれている。

14　これは、現在基壇のみが残っているアントニヌス・ピウスの記念柱ではなく、マルクス・アウレリウス・アントニヌスの記念柱である。長らくこちらがアントニヌス柱と呼ばれてきた。

第九章　カルカッタ(2)――オベリスクと英雄と非業の死

前章では、本来「死」や「墓」との深い結びつきを持たないはずのオベリスクについて、「死」に関わる他の古代建築とのイメージの重複・混同が長く展開していたこと、そして、それが死に関わる「小さいオベリスク」や「平たいオベリスク」の表現につながり、自立式オベリスクの出現の素地となった可能性を提示した。しかし第七章で見たとおり、実際に近代的共同墓地が成り立ちそこにオベリスク型墓石が展開・普及したのは十九世紀のことであり、一方、インドにはそれ以前からオベリスク型墓石が成り立っていた。本章では再びインドに戻り、特に十八世紀のカルカッタとパトナに現れた三つの「オベリスク」を焦点に、「非業の死」と英雄の顕彰とオベリスクの関係から、自立式オベリスク型墓石の成立の過程を考えることとする。

1　戦没者の慰霊とオベリスク

近現代において、オベリスクと慰霊の結び付きはグローバルなものとして普及している。欧米の墓地には多くの自立式オベリスク型墓石が並ぶが、ここで着目するのは、墓ではなく、オベリスク型の慰霊碑である。欧米に限らず、世界に広く、「非業の死者」、特に国のために没した人々のためのオベリスク型慰霊碑が見られる。なぜ、特殊で悲劇的な死を経た人々、中でも戦没者のための記念碑に、オベリスクのかたちが好まれるのだろうか。本節では、十八世紀のカルカッタに立ち戻りそこで生じた変化について考える前にまず、一度時代をくだり、戦没者慰霊のためのオベリスク型慰霊碑の展開を見ることとする。

戦没者記念碑

戦没者のためのオベリスク型記念碑は世界各地に見られる。図9-1と2はともに新しい例で、図9-1はトルコのフェティエに二〇〇一年にできた、独立戦争以来のいくつかの戦争での戦没者のための慰霊碑、図9-2は独立インドにおける戦死者のために二〇一九年にデリーの中心につくられた国立戦争記念碑[1]（ナショナル・ウォー・メモリアル、ラーシュトリヤ・サマル・スマーラク）である。このように、オベリスクの形象は戦没者慰霊の一つの定型として今も広く受け入れられ、再生産されているが、これはいったいい

図9-1　フェティエ殉難者慰霊碑、フェティエ

図9-2　国立戦争記念碑（ナショナル・ウォー・メモリアル、ラーシュトリヤ・サマル・スマーラク）、デリー

図9-4　サンタフェの兵士記念碑（1868）、サンタフェ

図9-5　南軍のオベリスク（1874）、アトランタ

図9-3　ブリストルの兵士記念碑（1866）、ブリストル

つ、どこからはじまったのだろうか。

　特に多くのオベリスク型の戦争記念碑がつくられたのが、まず南北戦争後、次に第一次大戦後である。南北戦争後のアメリカでは、各地で従軍した兵士を称える記念碑がつくられたが、そこでオベリスクのかたちが多く用いられている[2]（図9-3〜5）。そして未曾有の死者を出した第一次大戦後には、

各地で大量の戦争記念碑がつくられたが（栗津 2017: 167-168）、その中にもオベリスク型のものが多数存在した。図9-6～8はイギリスの例で、順に、エセックスのサウスエンド・オン・シー戦争記念碑（一九二一年）、サウスポートの戦争記念碑（一九二三年）、ヨークのノース・イースタン鉄道戦争記念碑（一九二四年）、図9-9と10はフランスのも

図9-6　サウスエンド・オン・シー戦争記念碑、エセックス

図9-7　戦争記念碑、サウスポート

図9-8 ノース・イースタン鉄道戦争記念碑、ヨーク

ので、モンディディエの戦没者記念碑（一九二三年）とアルマンティエールの戦没者記念碑（一九二五年）、図9-11はドイツのヴィルケンブルクの第一次大戦の戦没者記念碑[3]（一九二〇年代頃）である。恐らくはこれらの記念碑の影響があったのではないかと思われるのだが、日本も満州などでオベリスク状の記念碑をつくっている。図9-12は一九〇四年に鉄道爆破を図りロシア軍に捕らえられ銃殺された沖禎介と横川省三のために一九二六年にハルビンに建てられた「志士の碑」である。なお、ハルビンにはやはりオベリスク型の忠霊塔（一九三六年、図9-13）もあるが、忠霊塔は遺骨や遺灰を伴う、墓に近い性質を持つもので、ここで見ている戦没者慰霊碑とはやや性質が異なっている。

このように第一次大戦後、一九二〇年代の作例は多いが、南北戦争後のアメリカ以外でも、十九世紀に遡る例もある。図9-14のミュンヘンのカロリーネン広場のオベリスクは、ナポレオンのロシア遠征に参加させられ亡くなった三万人のバイエルン兵士の追悼のために一八三三年に建てられたものである。そして日本でも、伊達宗基と旧藩士の出資でつくられた仙台市瑞鳳殿の弔魂碑（一八七七年）や、福島県相馬郡や白河市や山形県最上郡に建つ仙台藩士戊辰戦

図9-9　戦没者記念碑、モンディディエ

図9-10　戦没者記念碑、アルマンティエール

図9-13　「忠霊塔」、奈良県立図書館「企画展示：子どもたちが見た満州」、奈良県立図書館

図9-11　戦没者記念碑、ヴィルケンブルク

図9-12　ハルビン「志士の碑」の絵はがき、京都大学附属図書館

没之碑、そして有名な函館の碧血碑（一八七五年、図9-15）が、オベリスク型の碑となっている。筆者の知る限りでは、これらの設計が誰によってどうなされたものかはわかっていない。近現代の神道式の墓、いわゆる奥都城（奥津城）を見ると、四角錐ではなく四角柱状の頂点が低いピラミディオン状になっている角兜巾《ときん》型と呼ばれるものがよく見られ、この形状とオベリスクの類似性が、近現代日本における慰霊とオベリスクの結び付きに一定の影響を与えている可能性は考えられるが、現在筆者にはなんとも言えない(4)。碧血碑については、設立の中心人物の一人で、碧血碑の文字を号したと言われている大鳥圭介が工学者でもあることから、彼が設計に関わった可能性も考えられるが、不明である(5)。年代を考えるに、南北戦争後のアメリカに増えたオベリスク型の戦争記念碑の影響も想像されるが、これも現時点ではなんともわからない。

　ナポレオンのエジプト遠征を経た十九世紀にはいわゆるエジプシャン・リバイバルが展開しており、オベリスク型墓石も新たな共同墓地に建ち並びつつあったので、欧米で慰霊碑にこのかたちが選ばれること自体は必ずしも不自然

図9-14　カロリーネン広場のオベリスク、ミュンヘン

図9-15　碧血碑、函館

なことではないが、それでも、特に戦没者慰霊にこのかたちが好んで用いられるようになった理由や経緯は、筆者の知る限りでははっきりとしていない。現在筆者が考えているのは、まず、戦争とは特に関わりのない「時ならぬ死者」への慰霊とオベリスク意匠の結び付きと、戦没の慰霊ではなく戦勝や英雄の表象としてのオベリスク意匠の利用の二つの系譜が別個に先行して存在しており、それが交わって、戦没者慰霊への利用へと展開したという可能性である。

時ならぬ死者とオベリスク

十八世紀のアイルランドで、飢饉と関わる形で、スティローガン・オベリスク（一七二七年、図5-12）とコノリーズ・フォリー（一七四〇年、図5-13）の二つの大きなオベリスク型の建造物がつくられていたことは第五章で見たとおりである。他にも、ダブリン郊外のキライニーヒルの、実際にはオベリスクとは呼び難い円錐的な形状にもかかわらずオベリスクと呼ばれているものには、「昨年が貧しい人々にとって厳しい年であったため、ジョン・マパスによってこの丘の周囲の壁とこの建物とが一七四二年六月に建てられた」という碑文が添えられており、これもやはり飢饉に対する雇用創出と慰霊が目的のものであった（図9-16）（Pearson 2007 [1999]: 92-93）。これがいったい何に起因するのかについて、現在筆者が唯一指摘できるのは、第五章で指摘した、スティローガン・オベリスク（図5-12）とコノリーズ・フォリー（図5-13）を設計したピアースへのヴァンブラの間接的な影響の可能性のみであるが、由来はさておき、十八世紀のアイルランドでは、飢饉に

図9-16　キライニーヒルのオベリスク、ダブリン県

よる時ならぬ「非業の死」への感情的かつ実際的な対応にオベリスク、あるいはオベリスクと認識されたもののかたちが一度ならず用いられていたのである。

そして、十七世紀に遡ると、まだオベリスクと慰霊の結び付きがもっぱら「小さいオベリスク」か「平たいオベリスク」の形に限られていた時代の貴重な自立式オベリスク型の墓碑に、ウェストミンスター・アビー内のアナ・ソフィア（一六〇五年没）の墓とニコラス・バゲナル（一六八八年頃没）の墓（図4－32）、そしてスーラトのヘンリー・ゲイリー（一六五八年没）の墓（図5－18）があることを第四章と五章で見た。これらは少年少女、ニコラスに至っては生まれて三カ月の嬰児の墓であった。これがいったい何に起因するものなのかも、筆者には現在まったくわからない。古代まで遡れば、ハドリアヌスが建てたオベリスク（図2－10）が若くしてナイル川に没した愛人、アンティノウスを祀った神殿のためのものであったことも思い出されるが、これは古代エジプトの神殿の形式にそったものとも考えられ、そしてそれが十七世紀の墓に何らかの影響を与えた可能性があるものか、筆者には判断できない。また、ウェストミンスター・アビーの二例については心臓墓碑の性質も持っており、ロングヴィル公アンリ一世（一五九三年没）の心臓墓碑（図4－48）の例からも、ここに何らかの系譜が見いだせるはずと推測しているが、これも現時点ではまだなんとも言えない。一つ確かなことは、十八世紀までに、まだ逝くべきでないはずの人の時ならぬ「非業の死」の慰霊にこのかたちが何度か用いられていたということである。これは戦死という非業の死、まさに「時ならぬ死」を遂げた人々の慰霊にこのかたちが用いられるようになる、一つの背景だったのではないかと、筆者は考えている。

英雄と庭とオベリスク

もう一つ考えられるのが、オベリスクを、戦没者の慰霊ではなく、戦勝の記念、あるいは英雄的人物の記念に用いる系譜の影響である。このようなオベリスク意匠の利用は、筆者の知るところでは十八世紀から見られる。戦地に建てられた戦勝記念のオベリスクのごく早い例が、アイルランドのオールドブリッジにあったボイン・オベリスクである（図9-17）。これは一六九〇年のボイン川の戦いでオレンジ公ウィリアム（ウィリアム三世）がジェイムズ二世を破り勝利をおさめたことを記念し、一七三八年に建てられたものである。ここではプロテスタント側のカトリック勢力への勝利の記念にこの形象が用いられており、十六世紀以降のローマにおけるオベリスク再建の経緯を考えると、そのカトリック的な含意を離れてこの形象が普及していたことがわかり興味深い。これは五〇メートルを超える当時最大のオベリスクであったが、[6] アイルランド内戦終結直後、一九二三年に自由国軍のメンバーにより爆破されて失われている（French n.d.）。

先ほどアメリカでは南北戦争後に多くのオベリスク型の戦争記念碑がつくられたことを記したが、恐らくその重要なイメージ源となったと思われるのが、南北戦争以前、独立戦争の最初期の大きな戦いとなった一七七五年のバンカーヒルの戦いを記念して建てられた、一八四三年竣工のボストンのバンカーヒル記念塔である（図9-18）。この建

図9-17　19世紀のボイン・オベリスク、オールドブリッジ

図9-18　バンカーヒル記念塔、ボストン

築の監督に選ばれたのはソロモン・ウィラードであるが、コンペにはウィラードとともに、ワシントン・モニュメントを設計したロバート・ミルズや彫刻家のホレイショ・グリーノウもオベリスク状の設計案を出しており、これらの設計も影響を与えたものと考えられている（The Center for Advanced Study in the Visual Arts, National Gallery of Art, Washington n.d.; Boston National Historical Park 2024a, 2024b）。バンカーヒルの戦いでニューイングランド軍は最終的には敗北し多くの犠牲を出したが、イギリスを二度にわたり撃退するなど善戦したことから、独立の歴史において大きな意味が認められている。この記念碑は、戦争自体を記念するとともに、犠牲者を慰霊する意図をもつものと考えられる。このオベリスクが立つ前には、この戦いで活躍し戦死したジョセフ・ウォーレン博士のための柱状の記念碑[7]がフリーメイソンのメンバーによって建てられており、その意味でも、戦役記念の背後の「慰霊」の含意が見て取れる。

図9-19　ナポレオン・オベリスク、モンジュネーヴル

　図9-19は少し時代を下って一八〇四年に建てられたモンジュネーヴル峠のナポレオン・オベリスクである。これはナポレオンによるモンジュネーヴル街道の整備を記念するもので、直接的に戦勝を祝うものではないが、領土拡大に向かうナポレオンを讃える性質のものと言えよう。すでにエジプト遠征を経ており、オベリスクの意匠の採用にはその影響ももちろん大きかったものと考えられる。

　このように、戦没者の慰霊に先立って、戦争・戦役の記念と英雄の顕彰にオベリスク意匠の利用例が見いだされるが、この結び付きに影響を与えたのが、十八世紀のイギリスのカントリーハウスの庭園であったと思われる。第五章で見た一七一四年建設のマールバラ・オベリスクは、戦地ではなくカントリーハウスの敷地内に建てられたもので、初代マールバラ公爵ジョン・チャーチルのマールバラでの戦勝を記念したものだった（図5-6）。ケント州のモントリオール公園のオベリスクは、陸軍司令官だったジェフリー・アマーストが七年戦争（フレンチ・インディアン戦争）での勝利を経て北米から帰国して建てた邸宅敷地に建立したもので、一七六四年に神の恵みにより兄弟三人が勝利をもって帰国し再会したことを記念するとある[8]（Nunnerley n.d.）。

英国式庭園の代表とされるストウ・ハウスの庭園、ストウ・ガーデンにも、戦争と英雄に関わるオベリスクがある。ジェイムズ・ウルフ将軍を記念するオベリスクである（図9-20）。ウルフ将軍は一七五九年にケベックでフランス軍に勝利したことで知られるが、そこで戦死しており、このオベリスクには戦勝記念に加え、戦死の慰霊の意味もあった可能性がある。ただしこのオベリスクはもともとそのために建てられたものではなく、ヴァンブラが一七二二年に装飾目的で建てたものを再利用して一七六〇年頃にできたものであり、オベリスクの形状の選択には幾分偶然性

図9-20　ウルフ将軍のオベリスク、ストウ・ガーデン、バッキンガムシャー

図9-21　カウチャーのオベリスク（Bickham（Engraver）1750: 16）

もあるようである。逆に、ここで半ば偶然もあってオベリスクの形状が戦勝とともに戦死の慰霊とも結びついたことが後に影響した可能性もあろう。ストウ・ガーデンにはこのほかにも十八世紀前半にヴァンブラが建てたとされるオベリスクやピラミッドがあったが失われており、またストウの主であるコバム子爵が率いた竜騎兵連隊付のチャプレンだったロバート・カウチャーのために建てられたオベリスク（図9-21）も失われているが、コバム子爵が友人の劇作家、ウィリアム・コングリーヴ（William Congreve、一六七〇～一七二九）のためにウィリアム・ケント（William Kent、一六八五～一七四八）の設計で一七三六年に建てた記念碑は残っている（図9-22）。ピラミッド的なシェイプだが、頂点を切った角錐台型ゆえにオベリスクと呼ばれることが多い。

ストウ・ガーデンはヴァンブラの他、チャールズ・ブリッジマン、ケント、ランスロット・「ケイパビリティ」・ブラウン、ジェイムズ・ギブスなど、多くの著名な造園家や建築家が携わってできたもので、他にもさまざまな記念碑的な建造物が並

図9-22　コングリーヴ記念碑、ストウ・ガーデン、バッキンガムシャー

図9-23　英国の偉人の神殿、ストウ・ガーデン、バッキンガムシャー

ぶ（Bickham (Engraver) 1750; Clarke (ed.) 1990）。その中で、オベリスクではないが特に注目したいものに、ケントの設計で一七三五年につくられた、英国の偉人を顕彰する神殿、the Temple of British Worthiesがある（図9‐23）。弧を描く構造に計十六の壁龕があり、アルフレッド大王から、エリザベス女王、シェイクスピア、ニュートンなど、古今の英国の偉人十六人の胸像が飾られている。その中央部分は階段ピラミッド状の屋根を冠し、その壁龕にはメルクリウス像が飾られ、「エリュシオンの野に導く（Campos ducit ad Elysios）」と添えられている。この神殿を含む一帯はケントが設計したエリュジアン・フィールズというエリアで、ギリシャ神話が語る英雄たちの死後の楽園を十八世紀英国の野に新たなかたちで出現させている。(9) エリュジアン・フィールズとこれを擁するストウ・ガーデンには、古代の文明と楽園のイメージと英雄の顕彰とが一体化しており、そしてそこに、いくつかのピラミッドやオベリスクの意匠がちりばめられていた。ストウ・ガーデンに代表されるイギリスの風景式庭園と英雄と死者のイメージの結び付きはフランスにも影響し、ルソーが『新エロイーズ』で描いた「エリゼの庭（Le jardin de l'Elysée）」のイメージやエルムノンヴィルの彼の墓（図9‐24）、革命期にアレクサンドル・ルノワールによってつくられたフランス記念物博物館敷地の偉人の墓碑を集めたその名もエリゼ庭園（Le jardin Elysée du Musée des Monuments Français）（図9‐25）などを経て、ペール・ラシェーズ墓地へと展開していったと指摘されている（Etlin 1984b: 163-209、小澤 2020: 111-117）。この展開の重要な結び目となったルソー自身は、ストウ・ガーデンに感心しつつも贅を尽くし世界の多様な要素を集めて自然を装う不自然さはあまり好まなかったというが（小西 1981: 13、井上 2008: 14）、それでもエトリンによれば、「恐らくは英国のどの風景庭園よりもストウのエリュジアン・フィールズこそがフランス人が考えるセメタリーのあるべき像に深い影響を与えることになった」のであった（Etlin 1984b: 184）。

前章で見たように、十九世紀より以前には、新たな墓地と墓の模索の中で、ピラミッドやオベリスクの形状の墓碑案は数多く考えられていたもののまだほとんど実現はしていなかったものと思われるが、しかし、時ならぬ非業の死者のための記念碑や、戦争と英雄の記念碑には自立式オベリスク型のものがすでにいくつもつくられており、特に後者には風景式庭園が深く関わっていた。これらの系譜が十九世紀にかけてナポレオンのエジプト遠征の影響も受けつつ交差し、一方では単に戦勝と英雄を讃えるものから役割を拡大して戦争で没した人々を悼み慰霊する戦争記念碑を出現させ、他方では庭園的なセメタリーに自立式オベリスク型墓石が並ぶ景観の出現の重要な背景となったのではないかと推測できる。

図9-24　ポプラの島のルソーの墓、エルムノンヴィル

図9-25　ユベール・ロベール、《フランス記念物博物館の庭園、旧プティ オーギュスタン修道院》、1803年、カルナヴァレ美術館、パリ市歴史博物館

さて、ここでようやく、カルカッタに目を向けることができる。すでに見た通り、カルカッタには一七六七年にはすでに庭園的なセメタリーが成り立ち、そこに十八世紀のうちに自立式オベリスク型墓石が数多く出現している。スーラトにはそれ以前から一定数のオベリスク型墓石があったと思われることからその影響も考えられようが、オランダ人墓地はともかく、イギリス人墓地にはさして多くのオベリスク型墓石があったとは考え難く、それを考えると、なぜカルカッタのサウス・パーク・ストリート・セメタリーにはそれほど多くのオベリスク型墓石が早くから建てられたのか、やはり疑問である。ここで注目したいのが、サウス・パーク・ストリート・セメタリー設立以前にカルカッタにつくられた墓と慰霊碑と、近い時期にパトナでつくられた慰霊碑の、三つの「オベリスク」である。これらは、「非業の死」と「英雄の顕彰」とオベリスクの形象とが結びついた、ごく早い例と思われるのである。

2　十八世紀インドの三つの「オベリスク」と記念柱

カルカッタにおける、死者と関わるオベリスクのうち、確認できる限りでもっとも古いものが、一七六〇年につくられた図9-26と27である。図9-26はセント・ジョン教会敷地内にある、海軍少将（没後中将）チャールズ・ワトソン（Charles Watson、一七一四～一七五七）の墓である。ワトソンはニュー・ファンドランドの提督を務めた後、インドで活躍し、クライヴとともに一七五七年六月のプラッシーの戦いを率いて東インド会社に勝利をもたらしたことで知られる人物である。彼は同年八月にカルカッタで体調を崩して亡くなり、ここに葬られたのだが、その墓は装飾の範囲をこえて大きくオベリスク意匠を用いており、後のサウス・パーク・ストリート・セメタリーに数多く見られる自立式オベリスク型墓石を先取るものとなっている。そして図9-27は、「ブラックホール記念碑（Black Hole Memorial）」として知られるものである。現在はこれもワトソンの墓と同じくセント・ジョン教会敷地内に立っている。この二つは、

「時ならぬ非業の死」を悼む性質と、国のために戦った、あるいはその死が直接あるいは間接に戦勝につながった「英雄」を顕彰する性質とを兼ね備えたごく早い例であり、現在のところ、筆者はこれより古い例を見つけていない。[10] この二つはともに、ジョン・ゼファナイア・ホルウェル（John Zephaniah Holwell、一七一一〜一七九八）という人物の主導で建てられたものである。なぜこの人物は、この時ここで、「英雄の顕彰」と「非業の死の慰霊」の二つの系譜を重ねるかたちでオベリスクの意匠を用いたのだろうか。

図9-26　チャールズ・ワトソンの墓、コルカタ

ブラックホール事件と記念碑[11]

ブラックホール事件とは、一七五六年に起こったとされるイギリス人捕虜の大量死事件である。十八世紀半ばのベンガルのイギリス東インド会社は、自由通関特権を意図的に乱用し、またフォート・ウィリアムの拡張を始めるなど、ベンガル太守（ナワーブ）の権威に抵触する動きを強めていた。その結果、新たに太守となったシラージュッダウラーは、一七五六年六月十七日に五万の軍をもってカルカッタに進軍し、二十日には旧フォート・ウィリアムを占拠した。これに対し東インド会社は、マドラスでロバート・クライヴを中心とした遠征軍を編成し、翌五七年二月にカルカッタを奪還した。さらに、反太守的なインド人と結んで、六月二十三日のプラッシーの戦いに臨みこれに勝利し、新たにミール・ジャーファルを太守に据え、ベンガル支配への第一歩を踏み出すこととなった。

問題の「ブラックホール事件」とは、シラージュッダウラーによるカルカッタ占領の際に起こったとされる事件である。語り伝えられる内容は以下のようなものである。最後までフォートに残って戦った末太守軍に投降したイギリス人ら一四六人は六月二十日にフォート内のブラックホールと呼ばれる獄舎に収容された。気温も湿度も高い六月に、換気の悪い狭い空間（一四フィート一インチ×一八フィート（約四・三メートル×五・五メートル）とされる）につめこまれた人々は地獄の苦しみを経験し、翌朝そこから解放された時に生き残っていたのはわずか二十三人であった――と、いうものである。

このブラックホール事件の「真実」の主要な典拠はブラックホールの生き残りであるというホルウェルが書いた*A Genuine Narrative of the Deplorable Deaths of the English Gentlemen and others who were suffocated in the Black Hole*（『ブラックホールで窒息死した英国紳士らの悲惨な死についての真実の物語』、以後『真実』と表記）（Holwell 1774 [1758]）という著作だが、後に詳しく見るように、実はその内容には大いに疑問があり、現在では、実際の死者は数十人、恐らくは戦闘時の傷などが死因の例が多く、シラージュッダウラーがこの非人道的な収容を意図して行ったという説も誤りであろうとされている。しかし彼が書いたこの『真実』の物語は一般にはまさに「真実」として受け入れられ普及し再生産され、十九世紀から二十世紀の英文学でもよく言及された。宇宙の「ブラックホール」の語については、一九六八年に論文で初めてこの語を用いた物理学者ジョン・ウィーラーが前年の学会でのやりとりから思い立ったものとされ、この事件とは無関係と考えられていたが、Herdeiro & Lemos（2018a, 2018b）によれば、六〇年代初頭に、ウィーラーの同僚のロバート・ディッケが用いたのが最初であり、そしてディッケのイメージ源は「カルカッタのブラックホール」であったという。ディッケの子供たちは、家で何かがなくなるとディッケが「ああ、それはカルカッタのブラックホールに吸い込まれてしまったんだ」と言っていたと回想しているとのことで、この物語は時を経て宇宙にまで影響した模様である(12)（Herdeiro & Lemos 2018b: 5）。

ブラックホールの死の記憶の継承において文学などの文字媒体と並んで大きな役割を果たしたのが、一七六〇年に臨時の総督職についたホルウェルが自費を投じて建てた記念碑（図9-27）である。この記念碑の建立案に彼自身の関与と創意が大きかったであろうことは、一七六四年に出版された彼の本にわざわざその図面が折り込まれていること（Holwell 1774 [1764] : plate）（図9-28、29）、そして彼の肖像画がこの記念碑の建築現場を舞台にしたもので、彼の手にこの図面が握られていることから推測される（図9-30）。この記念碑は、犠牲者がひとまとめに捨てられた溝があったとされる場所に建てられたと言われている（Cotton 1909 [1907] : 356, 364）。この場所は現在のBBDバーグの中央郵便局そば、ライターズ・ビルディング前にあたり、十八世紀も今もコルカタ市街のまさに中心地である。八角の基壇にオベリスクがそびえるデザインで、基壇の八面の一つには、ホルウェルが語る『真実』に則して死者の名前が連ねられ、彼らが「シラージュッダウラーの暴虐によって（by the tyrannic violence of Surajud Dowla）」窒息死したと記されている。背面では「シラージュッダウラーはこの恐るべき暴力にふさわしい報いを受けた（this horrid act of violence was

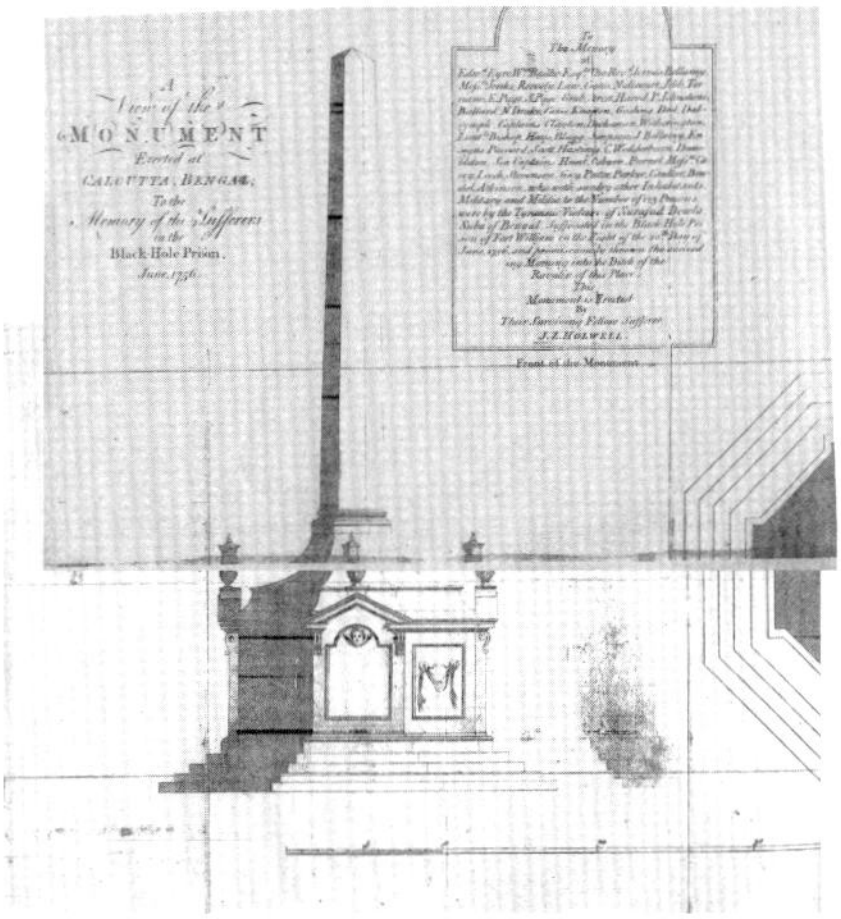

図9-28　ブラックホールの被害者のためにカルカッタに建立された記念碑の図

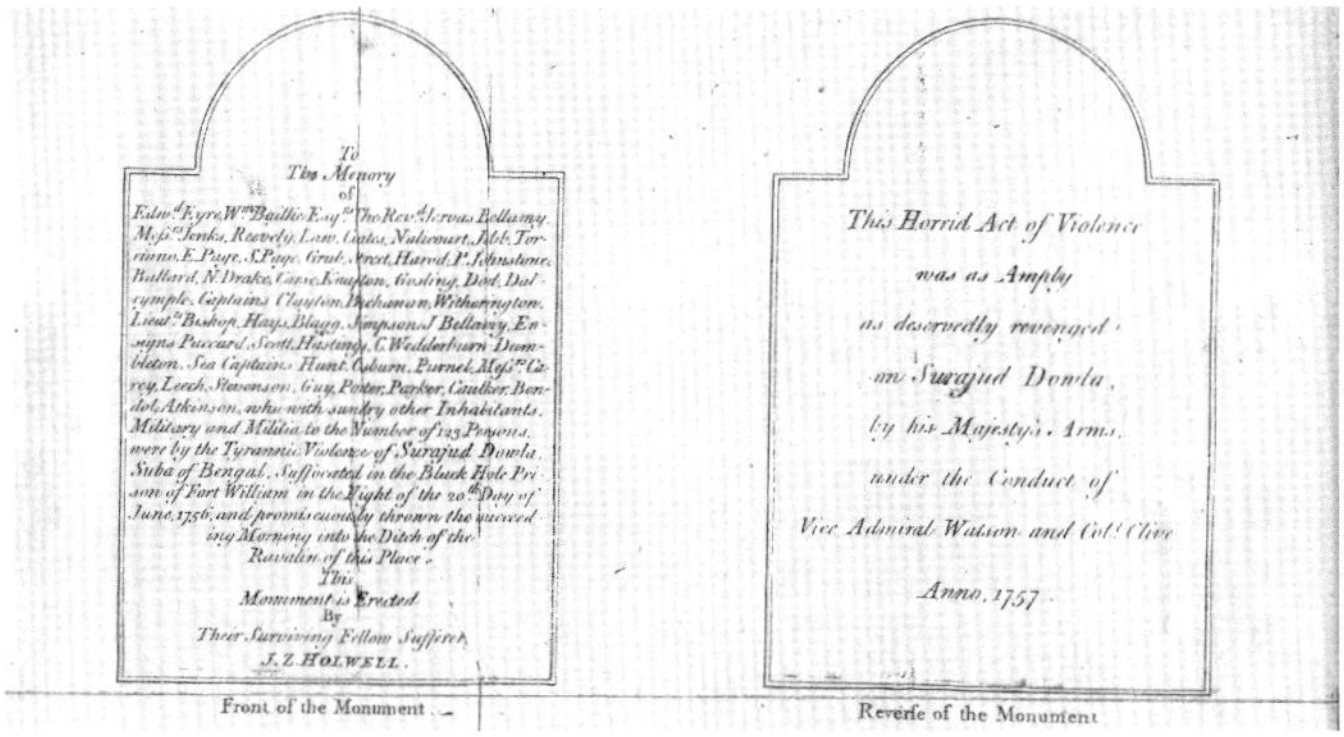

図9-29　ブラックホール記念碑の基壇の碑文の図

deservedly revenged, on Surajud Dowla)」と記され、イギリスの勝利が称えられている（Holwell 1774 [1764] : plate）（図9-29）。ここではっきりと、インドの太守の「蛮行」と、それに起因するとされるイギリス人らの死とが、イギリスのインド攻撃、ひいてはインド支配の根拠・正当性と結びつけられている(13)。

ブラックホール記念碑は同地を訪れる者にたびたび言及されたが、一八二一年頃には一度失われている。その経緯ははっきりしないが、劣化が進んでいたとも、落雷で破損したとも言われ、最終的には当時のインド総督のヘイスティングス侯が撤去したとされる（Cotton 1909 [1907] : 339; Mukherjee 2006）。そしてその後八十年ほどを経て、一九〇二年にこれを再建したのが当時の総督のジョージ・カーゾン（George Nathaniel Curzon、一八五九〜一九二五）である。もともとは漆喰塗りのレンガ製だったものを大理石づくりで再建している（Busteed 1908 [1888] : 53; Cotton 1909 [1907] : 192; Mukherjee 2006）。カーゾンは、インドの強い反発を受けその独立運動の発端ともなったベンガル分割令を出したことで有名だが、一方で新たな建築にも古い建築の保存にも熱心であったことで知られる。タージ・マハルなどのインドの遺跡の修復・保存にも熱心であったし、サウス・パーク・ストリート・セメタリーの補修を行ったのも、カルカッタに威容を誇る白亜のヴィクトリア・メモリアル・ホールの建設を始めたのも彼である。彼の植民地統治において建築が大きな位置を占めていたことがうかがわれる（Ghosh 2023）。カーゾンはブラックホール記念碑再建にあたり、旧フォート・ウィリアム内のブラックホールの位置を指し示す真鍮製の道路標示まで設置している。このような経緯もあって、記念碑はインド人の強い反発を受けるものとなり、スバス・チャンドラ・ボース（Subhas Chandra Bose、一八九七〜一九四五）らの反対運動の結果、一九四〇年にセント・ジョン教会の敷地内に移されて今に至っている。

その同じ敷地内に、前述のワトソンの墓（図9-26）もある。この二つの死者のためのオベリスクは、ともに一七六〇年、ホルウェルが臨時のベンガル総督を務めている時に建てたものとされる。前述のとおり、ブラックホール記念碑は遺体が捨てられた場所に建てられたとされている。それが事実かどうかは意見が分かれるところだが、少なくともホルウェルの意図するところでは、これは単なる慰霊碑ではなく、遺体を伴う、墓としての性質も持つものとして建てられたと考えられる。つまりこの二つは、十八世紀のイギリス人が建てた、最初期の自立式オベリスク型墓石の例であることがわかる。しかもスーラトの少年のオベリスク型墓石（図5-18）やリヴォルノのイギリス人墓地のそれと違って、ここでは「英雄の顕彰」および「戦勝の記念」のためのオベリスクと、「時ならぬ非業の死者の慰霊」のためのオベリスクという、二つの系譜が重なっている。これは十九世紀、特に二十世紀に一般化する、オベリスク型戦没者慰霊碑につながる、先駆的な例ではないかと考えられるのである。

パトナ虐殺事件のための「オベリスク」とローマの記念柱

ここで見ておきたいもう一つの「オベリスク」が、パトナにある、また別の虐殺事件の死者のための記念碑である。パトナ虐殺事件とは、一七六三年にイギリス人四十五人が殺害された事件である。一七五七年のプラッシーの戦いでイギリス東インド会社はシラージュッダウラーを破り、その結果、まずミール・ジャーファルが、次いでミール・カーシムが新たなベンガル太守につくこととなるが、どちらも東インド会社と対立することとなる。この争いは結局、一七六四年のバクサルの戦いで、東インド会社がベンガル太守とムガル帝国皇帝らの連合軍を破り、一帯の事実上の統治権を得ることで決着するのだが、その過程で、東インド会社軍の一団がミール・カーシムに捕らえられパトナに数ヶ月間捕らわれた後、一七六三年十月に四十五人が殺害されたとされる。その後イギリスがパトナを奪還し、死体の一部が投げ込まれたとされる井戸の上に、死者のために建てたのがこの記念碑である。図9-31がその記念碑であるが、見ての通り、その形状は円柱状で、オベリスクではない。ところが興味深いことに、この記念碑はしばしば「オベリスク」と呼ばれている。例えば一九二四年の *Bihar and Orissa District Gazetteers*（O'Malley & James 1924: 188）や一九三〇年の Indian Council Records Commission の第十三回会議録（The Government of India Calcutta 1930: 10）とこれを再

図9-31　パトナ虐殺記念碑、パトナ

録した *Bengal Past and Prensent* の一九三一年一〜三月号（vol. 41, Part 1, Serial No. 81:5）で、この記念碑の説明にあたりオベリスクの語を用いており、また現代も、歴史を扱うウェブページなどでやはりオベリスクの語が使われている例が見られる。(14) いったいなぜこの円柱状の記念碑が「オベリスク」と呼ばれるのであろうか。

ここであらためて見直したいのがブラックホール記念碑（図9-27）である。こちらはより広く「オベリスク」と称され、実際そのように見えるのだが、よく見ると、実は四面体ではなく八面体なのである。つまりこれは本来のオベリスクとは異なるオベリスク風のものなのだが、筆者の知る限り、八面体であることに言及する例も少ない上、その場合にも、特に問題なく「オベリスク」と扱われている。パトナ虐殺記念碑はもちろんだが、実はブラックホール記念碑においても、オベリスクの形象の認識は、かなり曖昧なものなのである。

記念柱と墓と古代建築幻想

ここには、前章で触れた、オベリスクとその他の古代建築との混同が関わっているものと思われる。すでに見たように、オベリスクとピラミッド、そしてハリカルナッソスの霊廟やアレクサンドリアの灯台や「バベルの塔」のイメージはしばしば重複し、混ざってきた。これらに加えてもう一つ重要な古代建築が、古代ローマの戦勝記念の柱である。ローマの記念柱は戦勝と英雄の象徴であり、これを模したものはその後も数多くつくられてきた。図9-32はトラヤヌスのフォルムに立つトラヤヌス記念柱である。これはダキア戦争の勝利を記念して一一三年に建てられたもので、ローマに残る最古の戦勝記念柱である。パトナ虐殺記念の「オベリスク」のかたちがもっとも近いのは、明らかにこのようなローマの記念柱である。パトナ虐殺記念碑にはトラヤヌス記念柱を飾るらせん状のレリーフはなく、側面はイスタンブールに残るコンスタンティヌスの記念柱やスーラトのエリザベス・ワイシュの墓（図6-25）を思わせるつくりになっているが、全体の形はトラヤヌス記念柱にかなり近いものとなっている。

ローマのオベリスクはエジプトから戦利品として持ち込まれたものであり、記念柱と同様に、戦勝と皇帝の英雄性の含意を持っていたと思われる[15]。高くそびえる柱状建築物という共通点もあってか、図4-15のセルリオの図や、図9-33のマルクス・アウレリウスの記念柱[16]とオベリスクを並べた《アントニヌスの記念柱とローマのオベリスク》の図や、図8-39や41のカプリッチョ、そして図8-43のローマみやげの大理石製建築模型に見られるように、記念柱とオベリスクはしばしばセットで扱われた。図9-34は、アントニヌス・ピウスの記念柱の基壇のレリーフで、皇帝夫妻の神格化[17]の像である。夫妻が天国に運ばれる図の、右にローマ、左にカンプス・マルティウスの擬人化像が添えられ、後者はオベリスクを掲げている。この記念柱の基壇は現在ヴァティカン美術館にあるが、もともとはカンプス・マルティウスの、現在のモンテチトーリオ広場近くにあったとされる。現在この広場に立つ「アウグストゥスの太陽計」のオベリスクは、古代にはもう少し北にあったとされるが、やはりカン

図9-32　トラヤヌス記念柱、ローマ

図9-34　アントニヌス・ピウスの記念柱の基壇のレリーフ

プス・マルティウスにあり、そばには平和の祭壇《アラ・パキス》が、さらに少し北にはアウグストゥスの霊廟があった。カンプス・マルティウスは凱旋式の出発地になったことでも知られる。ことアウグストゥス以降、ここは皇帝の力を示す場となっており、この記念柱基壇のレリーフでは彼が建てたオベリスクがその象徴として皇帝夫妻の神格化を支えている。このように、ローマにおいてオベリスクと記念柱は近接した関係にあった。この関係は時を経て継承され、ルネサンス期以降の入城式にははりぼての凱旋門と記念柱とオベリスクが並び（図4-3）、十八世紀の貴族の庭には戦勝と英雄を記念する記念柱とオベリスクがつくられた。ウィルトシャーのセイヴァーネイクの森にあるエイルズベリー卿の柱の由来に関する論文では、この柱がセイヴァーネイクに移される以前に当初「オベリスク」と呼ばれていたことに言及し、「今日の我々の普通の語法と違い、十八世紀にはオベリスクと柱という語が混同され、互換的に使

図9-33　エネア・ヴィーコ、《アントニヌスの記念柱とローマのオベリスク》、1543-44頃

用されることは珍しいことではなかった。たとえば、ブレナム宮殿の戦勝記念柱は当時の訪問者にたびたびオベリスクとして記録されている。セイヴァーネイクに柱が移された後にも、当時のある評者はこれをオベリスクと呼んでいた」と指摘している（Cousins 2020: 107）。

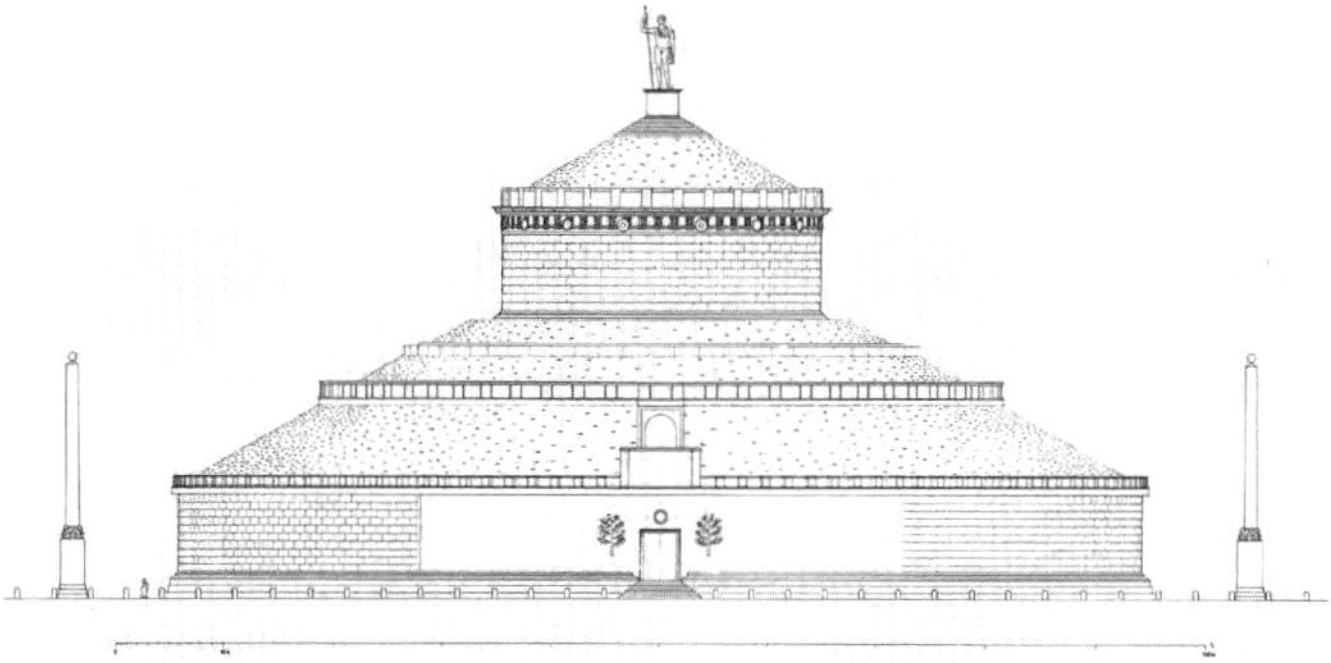

図9-35　H. von Hesberg によるアウグストゥス廟復元図

図9-36　サンタンジェロ城の模型、古代ローマ歴史センター

このように、オベリスクには記念柱のイメージも重ねられていたが、そのことが慰霊とどう関わるのであろうか。

ローマの記念柱は基本的には戦勝とそれをもたらした皇帝、英雄を称えるためのもので、死者の慰霊には結びつかない。しかし興味深いことに、もっとも古く重要な記念柱であるトラヤヌス記念柱の基壇にはトラヤヌスの遺灰がおさめられており、つまりこの記念柱は墓廟の役割も持っていると古来より考えられてきた。実は、トラヤヌス帝の墓としてはあまりに狭いことなどから、現在これに対する反論も出ているが（Claridge 2013:6）、その真偽はさておき、長らくこれが定説であり続けてきたことは確かである。ただし、筆者の知る限り、以降の記念柱は墓の性質は示しておらず、トラヤヌス記念柱は特例といえる。古代ローマの皇帝の遺灰を納める場としては、アウグストゥス廟やハドリアヌス廟が知られ、それぞれにアウグストゥス、ハドリアヌスに加え多くの皇帝やその家族が葬られている。これらはそれぞれ、図9-35、36のようであったと考えられており、オベリスクや記念柱のイメージとは程遠いが、過去には図9-37、38のようなものがしばしば想像されていた。ここからは、前章で見た、アレクサンドリアの灯台や「バベルの塔」やハリカルナッソスの霊廟のイメージが思い出される。また、第三章で触れたとおり、ペトロ殉教伝説と関わる古代の墓、「テレビントゥス・ネロニス」はハドリアヌス廟と似たウェディングケーキのような構造を持っていたと考えられており、そしてこの墓は「オベリスクス・ネロニス」とも呼ばれていた（Huskinson 1969: 137）。ここにもまた古代建築の像の混同、

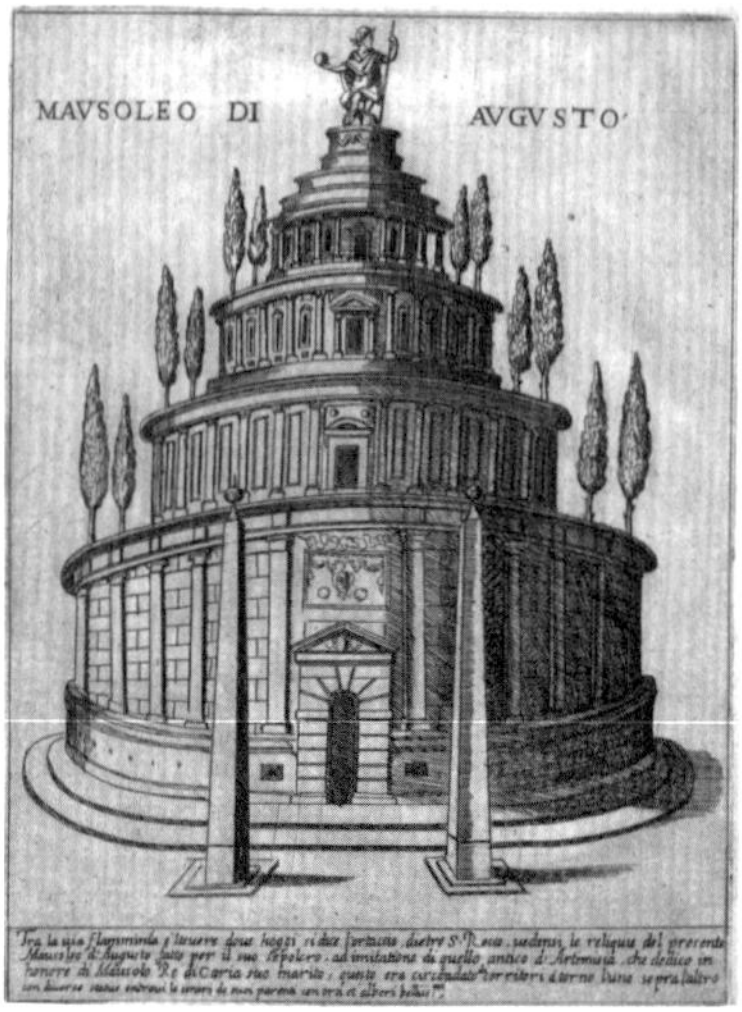

図9-37　アウグストゥス廟（De Rossi 1600）

図9-38　ハドリアヌス廟（De Rossi 1600）

重複が見られる。本来死者の慰霊とは関係がなかったオベリスクが、さまざまな古代建築幻想と入り混じる中で、ピラミッド、ハリカルナッソスの霊廟、トラヤヌス記念柱、「オベリスクス・ネロニス」など、実際に墓の機能を持っていたもののイメージが重なり、慰霊のかたちとして用いられる準備ができてきたのではないかと想像されるのである。では、記念柱が持つ戦勝や英雄の顕彰のイメージと、いくつかの古代建築が持つ慰霊のイメージ、そしてなぜかオベリスクが時に示してきた「非業の死者」の慰霊のイメージを重ねあわせたものが、こと十八世紀のカルカッタに現れたのは何によるものだろうか。ここで問題は再びホルウェルとブラックホール事件に戻ることとなる。

3　ホルウェルと「非業の死」と古代幻想

ブラックホールの『真実』と「真実」

「ブラックホール事件」はまずフーグリー川沿いに逃げていた東インド会社関係者に、そしてマドラスなどインド内のその他の拠点に伝わり、さらに本国へと伝わり、イギリスの誰もが知る悲劇となった。イギリスの歴史教科書でも繰り返し言及されてきた。しかしその真偽をめぐっては様々な議論が続いてきた。

この事件の典拠となった記述を残したホルウェルは東インド会社勤務の医師であるが、医師になる以前には銀行員の修行をしていたこともあり、マネージメントにも才を示し、ベンガルの東インド会社の参事会（council）のメンバーとなり、後には一時的に臨時のベンガル総督も務めた人物である。インドに関する著作も多く、十八世紀には広く読まれていた。太守軍によって要塞が占領される前日までに、女性を中心に多くの者が逃れたが、ドレイク総督、東インド会社軍のミンチン司令、グラント副司令らも逃亡してしまったため、要塞陥落時に彼らに変わって指揮をとったのがホルウェルであったとされる。「ブラックホール事件」を生き延びた彼は、まず、一七五六年七月十七日と八月三日に、マドラスのフォート・セントジョージの参事会への手紙でこの事件を報告し、そして翌五七年二月に『ブラックホールで窒息死した英国紳士らの悲惨な死についての真実の物語』を書いた。これは翌五八年に出版され、同年の『アニュアル・レジスター』にも掲載され、以降、この『真実』がブラックホール事件の詳細の根拠となっている。

この事件に関する証言は他にも複数存在する。また、生き残りとしてホルウェルが名前を挙げた人々から、ホルウェルの説への異論は出ていない。それを考えると、この出来事自体がまったくなかったとは考えにくい。しかし証言には矛盾や疑問も多い。歴史家ブリジェン・K・グプタはそれらの内容を検証した結果、結局全ての証言は、ホルウェルに戻るという。グプタによれば、ジョージ・ミルズ大尉、ジョージ・グレイ、そしてホルウェルの三人の証言がブラックホール事件の認識のもとになっているが、うち、ミルズの記録はグレイの記録に酷似しており、テキストを見ると前者が後者に依拠していると考えられる。しかし、グレイはブラックホールに収容されたとは本人も他人も主張しておらず、占拠前に逃れたとの記録もあるため、収容経験者とは考えがたい。一方ミルズの名は、グレイの記録にも、そしてホルウェルの書簡にも見られないが、ホルウェルの『真実』では言及されている。しかし、ミルズがブラックホールにいたならばそこにいなかったグレイの記録に依拠する必要はないはずである。これによりグプタは、ミルズは収容されていなかった可能性が高く、結局すべての証言の情報源はホルウェルに戻ると結論する。ホルウェルは「ブラックホール事件」後の六月二十二日から二十四日まで、カルカッタで捕虜の身ではあったが、行動にかなりの自由があったとされる。この間に、カルカッタの一画に潜伏していたグレイとミルズと会っており、その時のホルウェルの情報がその後の諸証言のもととなったというのである（Gupta 1959, 1962）。

グプタの論に従えば、問題はやはりホルウェルの情報の正しさに絞られる。『真実』の真正性をめぐっては様々な説が呈示されてきた。『真実』は「壮大なるでっちあげ（gigantic hoax）」で、実際はわずか数人が収容され、その内、もともと戦闘で重傷を負っていた者が亡くなったに過ぎないという説もある（Little 1915, 1916）。最大の論点は収容者と死者の数である。『真実』通りとする主張から事件はなかったという意見まで様々であるが、現在妥当とされている死者数は、概ね四十〜七十人程度の幅に収まっている[18]（Gupta 1959, 1962; Colley 2004 [2002]; メトカーフ&メトカーフ 2006: 78）。また、シラージュッダウラーがこの非人道的な収容を意図して行ったという説も現在はほぼ否定されている。

ホルウェルの「真実」？

上記の論が正しいとして、ではホルウェルはなぜ、何のために大きく誇張した『真実』を語ったのかという疑問が生じてくる。そしてあらためて、なぜあのオベリスクの形の慰霊碑を建てたのかが問われることとなる。

まず当然想定されるのは、イギリス東インド会社によるインド支配の正当化という動機付けであろう。既に見たとおり、一七六〇年に建てられた記念碑の銘板は、ナワーブの暴虐による非業の死の悲劇と、それに対する正当なる報いとしてのプラッシーの戦いでのイギリスの勝利を結びつけており、ここにはそのような意図が確かに見いだせる。事件の記憶をとどめ、死者を悼むためのモニュメントにオベリスクのかたちを用いたのも、古代ローマ帝国のイメージを喚起するものとして選んだと考えれば理解できるようにも見える。しかし奇妙なことに、一七五七年に書かれた『真実』には、イギリスのインド支配の正統化を語るような内容は特に読み取れないのである。それはまるで一種のパニック映画のような様相を呈している。牢内の混乱を面白がる番人たちの残酷さを語る一節はあるが、哀れに思って水を与えてくれる老人のことも描かれ（ただしその水が混乱を結果的に助長し状況を悪化させる様が描かれるのだが）、そして中の者たちがわずかな空気や隙間や水を求めてあがく惨めな様が描かれている。ホルウェル自身が自分の尿を飲もうとして失敗したことまで書かれている。ここではむしろ、極限状態における人間の混乱、悲惨、その中にわずかに残る人間性といったものを描くことにひたすら力が注がれている。そしてその筆致からは、意図的な嘘や捏造というよりは、もはやそれを事実と信じて書いているような印象を感じてしまうのである。それは筆者には、成り行きでフォート守備の指揮を執ったが破れ、捕虜となり――実際にどのような「収監」がなされたにせよ――亡くなっていく者も多くいた中で生き残った経験を、負い目とヒロイズムとに引き裂かれつつ言葉にする中で物語化が進み、その末にできあがったもの、と見ると腑に落ちるように思われる。少なくともこの時点では、彼は個人的な「記憶」の語りに集中しており、英国の支配や帝国の物語に向かっているようには見えない。そういった要素は、プラッシーの戦いを経た後の一七六〇年に、記念碑を建てる時にいわば後付け的に、ちょうどよい物語として付加されたもののように思われるのである。

「帝国の物語」を見直す

本書では第一章で、サウス・パーク・ストリート・セメタリーの景観を「大英帝国の理念と力を表示する装置」と捉えることがほんとうに可能かという問いを提示した。この問題が本章のブラックホールとホルウェルの問題であらためて問われることとなった。ブラックホール事件の『真実』は明らかに「真実」ではなく、その誇張された物語は確かに、イギリスのインド支配への動きを正当化し、帝国の論理を強化する役割を果たしうるものに見える。しかし、この物語と、そして記念碑の在り方をよく見ると、それが決して一貫したものではなかったこともわかる。

ホルウェル自身の中でも、体験の直後から、書簡に書きとめ、『真実』を出版し、さらに臨時総督の立場で記念碑を建てるまでに、物語は変化を続けていたものと思われる。それはちょうど、プラッシーの戦いを経て、インドにおけるイギリス東インド会社の立ち位置が大きく変容する境目の時期である。逆に言えば、東インド会社とイギリス周辺の「帝国」の意識も物語も、この境目の時期から具体化し展開していったと考えられよう。これ以降、ホルウェルの『真実』の物語は普及し、「ブラックホール」の語が何かを閉じ込める狭く暗い空間を示す定型表現として再生産されるようになるが、当のカルカッタでは記念碑は一度失われ、長らくそのままとなる。一八二六年に出版されたジェイムズ・ベイリー・フレイザーの『カルカッタとその近郊の風景』所収の「ライターズ・ビルディングを西端のモニュメントから眺めた風景（A view of Writers Buildings from the Monument at the West End）」（図9-39）には、倒壊前の記念碑が大きく描かれているが、そこには「……明らかに、床屋が商売をする、一種の休憩所にもなっていた」との説明が添えられ、実際、アーケードが張られ周囲に人々が集っている様が描かれている。これがどこまで事実を反映しているかはわからないが、しかし、このような風景を描くことが「帝国」の物語にプラスに働くとも思われず、そこには一定の事実があるように思われる。[19]その後数十年を経て一九〇二年にカーゾンがわざわざ大理石で記念碑を再建し道路標示まで設置した時には、そこには確かに帝国の起こりの物語を再現し確認しようとの意図があったと思われるが、だからこそ、それはインドの独立運動にとっては反帝国の動きの焦点としての意味をもち、また、ヒンドゥーとムスリムが歩み寄りともにイギリスに対抗することの象徴ともなり、一九四〇年には現在地に移設されることとなる。そして現在のインドではこの問題が論じられることは少なくなっている。このようにブラックホール事件の記憶や物語は、誰のいつの視点かで常に変化しており、単純に「帝国の物語」に回収されるものとは必ずしもいえないように思われるのである。

図9-39　ジェイムズ・ベイリー・フレイザー、《ライターズ・ビルディングを西端のモニュメントから眺めた風景》、1826年

ここで問われているのは、死者の物語を見直す今の我々自身の視

点であろう。我々はしばしば、さまざまな物語に働く強い力を分析、批判しようとする。特にコロニアルな状況を論じる場合にはその視点は強くなる。それはもちろん重要であるが、その時、「大きな物語」の批判のために、その中の多様性に奇妙に無頓着になることがないだろうか。大きな物語の元に言葉を奪われる小さい声、小さい物語を問うことが求められるのは当然であるが、大きな物語とされるものの多面性も同時に見なくては、「大きな物語」と「小さな物語」の分断を深め再生産することにもなろう。植民地支配者が語る「非業の死」というすわりの悪い物語を見直すことは、この視点の問題への挑戦でもあるのである。ここではそのための一つの小さな試みとして、あらためてホルウェルという人物を見直そう。

ホルウェルの宗教観——古代幻想とオベリスク

いったいホルウェルはどのような人物で、何を考えていたのか、これは難問である。どのような人物についてもそれは常に難しい課題だが、特にホルウェルには多様な顔があり、一貫した人物像を見いだしにくい。彼の本来の職業は医師であり、天然痘の予防接種に関する論文を残したことでも知られているが、東インド会社では経営に参与し才覚を示している。また、彼は菜食主義者としても知られている。それは一つにはインドで健康を保つ上で医師として至った知恵でもあったようだが、同時に、彼独特の宗教観に根差すものだった（Stuart 2007 [2006]: 275-294; Branch 2016: 35）。ホルウェルはインド古来の宗教を高く評価しており、インドの菜食主義も同じく評価していた。また、インドの寡婦殉死、サティーに対して西洋人が強い忌避感を示す中、あえてその拒否感を抑えて見るべきとするなど、特異な立場を示してもいた（Schürer 2008; Patterson 2021）。これらの事実はさまざまに解釈されうるものの、一般的にはインド文化の擁護者との印象を与える。しかしその一方で、ブラックホール事件に関してはイギリスのインド支配を正当化する物語を捏造した帝国主義的人物と見られることが多い。

乖離した印象を与えるホルウェルの人物像を考える上で、重要なのがその宗教観である。彼はインドに関する著作も多く残しており、それはウィリアム・ジョーンズらによる近代インド学の創始に先立って、十八世紀のイギリス人にとって貴重なインド情報源として重視されたのだが、例えば三巻にわたって書かれた『ベンガル管区及びインドスターンの帝国に関わる興味ある史実』（Holwell 1765-71）を見ると、そこには確かにインドの様々な出来事や文化について書かれているものの、巻を追うごとに増えていくのは、十八世紀のイギリス人の標準的な宗教観から外れた、特異な宗教観、歴史観の記述である。彼は、キリスト教もインドの宗教も、さらにはあらゆる宗教が、みな同一の真理から発しながら、それぞれに変化、堕落してきたと論じる。

……ヨーロッパ人もアジア人もアフリカ人もアメリカ人も、人類の神（DEITY）への信仰がそれぞれ如何に多様であるように見えようとも、すべての信仰体系には根本的な項目があり、そこでは同一の信仰が表明されているのである。……この宗教の根本的項目（the Fundamental points of religion）を、「原初の真理（PRIMITIVE TRUTHS）」と呼ぼう。そう、真実である！

（Holwell 1765-1771: Part III, 3-4）

複数の宗教に共通点を見出す発想自体は特に珍しいものではないが、彼のそれは、創造の後すぐに「慈悲深き神」により人類に与えられたとして列挙する「原初の真理」に輪廻説を含む点など、キリスト教の枠には収まりきらない、かなり特異なものとなっている（Holwell 1765-1771: Part III, 4-5）。彼は古代インドの信仰は「簡潔で純粋で統一的なもの」であったとし、しかし「当初は神の与えた啓示であったにも関わらず、あらゆる神学システムにおいてオリジナルの聖典が辿ってきたのと同じ不幸な運命を辿ったのだ」と説明づけている（Howell 1765-7: Part II, 1）。古代インドの宗教文化を高く評価し、一方で同時代のそれを堕落形態とするインド観も近代西洋によく見られるものだが、彼の古代宗教の衰退の構図は、キリスト教を含むすべての宗教にあてはめられているところに特色がある。彼のこの独自の宗教理解の根拠とされるのが、彼が所持しており翻訳も進めていたが混乱の中で失われたという古い聖典、シャスター（*Shastah*）である。ホルウェルがどこまで認識、あるいは関与していたかは不明ながら、これは明らかに偽書と考えられるのだが（App 2011: 323）、ともかく、ホルウェルはそこに原初の真理が多くとどめられていると主張していた。彼は、このシャスターから得たという知識を、エジプト、ペルシャ、ギリシャ等の古代の知恵や聖書の記述とあわせて考察することで、正しい古代史、宗教史を再建しようとしていた。その考察にいわく、人間も動物も、全ての生物の魂は、もともとは堕天使のものであり、神により罰と試練のために個々の肉体にとらわれており、それゆえ、この魂の浄化を完了するまで、すべての生物は輪廻を続けなくてはならないという[20]。また、人間は本来は野菜だけを食べるようにできており、ヒンドゥーはこの観念を保っているという。ホルウェルのこのような考えは一七六〇年代以降に文章化されているが、本人いわく、シャスターはフォート・ウィリアム陥落以前に所持し翻訳を進めていたとされるため、彼が意図的・自覚的に大きな嘘をついているのでなければ、その思想形成は少なくとも五〇年代に遡るものと思われる。

彼の宗教観を見ると、その大きな関心が、魂の浄化と、これに関する失われた原初の真理の回復にあり、そのためにインドのシャスターをはじめ、世界の古い知識を統合し、魂の苦難と浄化に関する真の宗教と、その背景にある歴史とを再建しようとしていたことがわかる。そしてこの彼独自の「純粋な」宗教性に基づく古代世界の歴史の再建への関心という視点で考えると、菜食主義もサティーへの微妙な態度もインド宗教へのこだわりも「ブラックホール事件」への態度も、そしてオベリスクという形象の選択も、その多様な顔が、必ずしも矛盾せずつながるように思われるのである。

興味深いことに、彼の古代への関心において、実はローマはあまり大きな位置を占めていない。恐らく彼の関心事たる「原初の真理」を辿るよすがとするには、古代ローマの、特に「帝国」の歴史は新しすぎるのである。その彼が、ブラックホールで亡くなった（あるいはフォート・ウィリアム陥落時に亡くなった）人々を悼むための記念碑にオベリスク的なかたちを採用したのは、ローマに由来する帝国や英雄の象徴性よりむしろ、そこに多様な古代文明の痕跡があり、原初の真理に近い宗教性を見出せると感じたからではなかろうか。ただし一方で、一七六〇年の時点では、東インド会社はプラッシーの戦いに勝利し、実質的なインド統治の一歩を踏み出しており、しかもこの時ホルウェルは臨時の総督職にもあった。この状況下で一七五六年の敗北とそれに伴う死者の記憶を記念碑の建立によって「総括」するにあたり、支配の正当化という新たな物語が付加され、そこには古代ローマ以来オベリスクが持ってきた帝国、英雄、戦勝の象徴性も大いに意味を持っただろうと想像される。それはプラッシーの戦いでクライヴとともに活躍しながらそのわずか二カ月後に病で没したワトソンの墓にもあてはまる。しかし、英雄や戦勝の象徴性と、時ならぬ「非業の死」の象徴性という別個の系譜がここで重なった背景には、やはりホルウェルがインドで至った特異な宗教観と霊魂観とそれに基づく古代幻想が、彼個人の体験とともに影響したのではないかと思われるのである。そしてこの二つのオベリスクが現れてから七年後、カルカッタにはサウス・パーク・ストリート・セメタリーが開設し、そこには自立式オベリスク型墓石が並ぶ庭園的な墓地という、新たな慰霊文化がヨーロッパに先駆けて成立することになるのである。

注

1 デリーの戦争記念碑の右後方に見えている凱旋門的なつくりのインド門は、デリーのシンボル的な存在だが、これは第一次大戦等の戦没者慰霊のために一九三一年にできたものである。

2 アメリカでは現在、過去の白人中心主義的な記憶を顕彰する記念碑類に対する批判や破壊行為が続いており、一部は撤去されている。図9-4のサンタフェのものは、南北戦争で亡くなった北軍兵士とともに「野蛮なインディアンとの戦い」で亡くなった兵士を慰霊するとしたもので、二〇二〇年の先住民の日に破壊されて以来、扱いがまだ決しておらず、また図9-5のアトランタのオベリスクはすでに撤去されている。

3 一般にイギリスではwar memorial、フランスではmonument aux morts、ドイツではGefallenen-Ehrenmalと呼ばれるため、訳語をわずかに変えている。なお、ヴィルケンブルクの碑には一九一四～一九一八の年号が刻まれているが、建立年は確認できなかった。この年号や、背後に別に第二次大戦の戦没者記念碑があることから、戦間期のものであることは確かであろう。恐らくは多くの碑と同様に第一次大戦後さほど間を置かず、一九二〇年代につくられたものではないかと考えられる。

4 横山（2006）によると、一八七四年の陸軍省「陸軍埋葬地ニ葬ルノ法則」は、兵士の墓に木柱または石柱型の墓碑を定めたという。ここには頂点の形状の定めはないが、「頭部を方錘系に統一した理由は、剣先を模したという説や儒教や神道の影響、という説もある。筆者は木柱の先頭の腐蝕を防ぐために四角錘状に切った形を石碑に取り入れたためと考える」、「一八八六年（明治19）六月の海軍省令のなかに墓石を用い、その頭部は方錘系で台座の寸法などを図示して規定したものがある。」という（横山 2006: 27-28）。特徴的な頂点の四角錐の出所は不明であるが、この時期に軍人の墓とこの形状が結びつきつつあったことは興味深い。ただし、ここで示されているのはまっすぐな柱状の頂点を四角錐状にしたものであり、碧血碑などのオベリスクの形状とは異なっている。柱状に頂点が角兜巾型の墓碑は、江戸時代には各地に現れていたようだが（例として、斉藤忠（著）・撰要寺墓塔群調査団（編）（一九八二）、船橋市西図書室郷土資料室（二〇二二）など）、ただし「角兜巾型」と呼ばれても、四角錐ではなくただ三角に頭部を切り出しているものも多い。中世に遡る、石の卒塔婆、いわゆる「板碑《いたび》」も上部を三角に切り出しているものが多いが、中には四角錐状に切り出しているものもある。これも全体の構造はまっすぐな柱、または板状のものが基本だが、全体がわずかに四角錐状の傾斜を持っている例もある（千々和 2007）。

5 碧血碑の建造の経緯は函館市中央図書館所蔵の『碧血碑建築始末』に詳しく、同館のデジタル資料館でも閲覧できる。

6 ただし石組でできているので厳密にはオベリスクではなくオベリスク状の建造物である。十八世紀以降につくられる大型のオベリスクはほぼ石組である。古代エジプトの一枚岩のオベリスクがいかに貴重な石と技術によって実現したものだったかが感じられる。

7　この記念碑は柱状のものであったが、フリーメイソンはピラミッドを重視していたことが知られ、オベリスクとも深く関わっていると考えられる。ニューヨークの「クレオパトラの針」と呼ばれるオベリスクの移設にも関わったと言われている。フリーメイソンとオベリスクの歴史の関係は本書では触れることができなかったが、大きなテーマである。

8　以下にも詳しい。Montreal Park obelisk, *Historic England*, https://historicengland.org.uk/listing/the-list/list-entry/1005157?section=official-list-entry (Accessed on 1 Oct. 2024). なおこのオベリスクも一八三五年に一度爆破され、後に再建されている。

9　ただしエリュジアン・フィールズと英国偉人の神殿には政治的な含意もあったことも知られている。

10　ストウのウルフ将軍の記念碑が同時期に建てられているが、これは既存のオベリスクの再利用であることは既に見た通りである。

11　本節の内容は、冨澤（2010）と一部内容が重複する。

12　この論文はもともとポルトガル語のものが雑誌に掲載されているが（Herdeiro & Lemos 2018a）、筆者には読めないため、英語版（Herdeiro & Lemos 2018b）を参照している。

13　この、インドの暴虐とイギリスの正当性、という構図は後述する一七六三年の「パトナ虐殺事件」とその記念柱にも反復・確認されることになる（Brown 2006）。

14　例として、Sardhana Church, n.d., "'Sumru'–Walter Reinhardt," *Basilica: Shrine of Our Lady of Graces*, https://www.sardhanachurch.org/SumruWalterReinhardt.aspx (Accessesd on 1 Nov. 2024), Navrang India, 2019, "Patna massacre, India -German Military Officer Rheinhardt 'Sombre' Massacred Colonial British Officials," *Navrang India*, 8 Oct. 2019, https://www.navrangindia.in/2019/10/patna-massacre-india-german-military.html (Accessesd on 1 Nov. 2024).

15　そもそもエジプトのオベリスクは太陽神殿の入り口に立つものだが、これを建てるのは王であり、碑文にもその王の事績やオベリスク奉納の経緯が示されており、つまり王の権威、権力との結びつきは強い。だが既に見たように碑文は十九世紀まで解読できず、キルヒャーもまったく異なる解釈をしている。もちろん神殿やオベリスクの建築に強力な王権が関わることは想像しうることだが、十八世紀時点ではオベリスクと王権の結び付きの深い理解はまだなかったものと考えられる。

16　第八章の注14で触れたとおり、「アントニヌスの記念柱」と呼ばれているこれは、アントニヌス・ピウスではなく、マルクス・アウレリウス・アントニヌスの記念柱である。

17　ローマの皇帝が神格化され崇拝される現象は、ギリシア・ヘレニズム世界の影響の下にカエサルに始まり、その後アウグストゥス他、多くの皇帝が生前、あるいは死後に神格化された（大河 2020）。

18　例えばグプタは以下のような計算、推測をしている。まず、太守の攻撃時に要塞にいた人数は五〇〇人とも言われるが、グプタはいくつかの証言より実際は二三〇人から二五五人であったとする（数字①）。次にブラックホールの生き残りで名前が（仮にも）

特定されている人数は二一人である（数字②）。そして占拠前に逃れたと考えられる人数は一三八人と推測する（数字③）。以上により、この占拠の後に生き残ったのは②+③＝一五九人と計算される（数字④）。すると総死者数は①−④＝七一〜九六人となる（数字⑤）。さて、この内、死因の判っている者が少なくとも五三人いる（数字⑥）。すると、総死者のうち、死因が不明であり、よってブラックホールで亡くなった可能性がある存在は、⑤−⑥＝一八〜四三人となる（数字⑦）。そしてブラックホールに入っていた可能性がある人数は、②+⑦＝三九〜六四人（数字⑧）となるという。

19 植民地支配の記憶を宿すものが意外なかたちで受容される例として、現代のインドにおいても、崩れた墓石を利用して人々が暮らす墓地や、教会敷地内に大切に保存されながら、一部が教会学校の柱になり子供たちに囲まれている墓石もある。

20 ホルウェルの宗教観には、理神論、特にジェイコブ・イライヴ（Jacob Ilive 一七〇五〜一七六三）のそれが影響しているとの指摘もある（Patterson 2000: 83, 90, 96）。

終章──再び、なぜインドで墓でオベリスクなのか？

本書では、古代エジプトの柱状建築物オベリスクの意匠が近代西洋世界の墓地において新たな墓として普及した、その重要な画期が、従来言われていたようにナポレオンのエジプト遠征がもたらしたエジプト学の成立発展とエジプトとその遺物、意匠への関心、愛好の高まりよりも先に、十八世紀のイギリス東インド会社統治下のインドにあったとの仮説の下、その展開を跡づけ考察するべく、「オベリスクと墓の旅」を試みてきた。本章ではここまでの論をいくつかの視点から総括した上で、扱うことのできなかった論点に触れつつ、本書の出発点となった問い、「なぜインドで墓でオベリスクなのか」を考えたい。

1　地域と時代から見直す

本書では第二章以降は概ね古代から時系列に論を進めてきたが、地域と時代を広く行き来してきたことで、全体像が見えにくいところもあったかと思う。そこで本節では図10-1に即して、時間と地域を大きく切り分けつつ、ここまでの論をあらためて概観することとする。(1)

古代エジプトから古代ローマへ

本書の焦点は自立式オベリスク型の墓石の成立の過程にある。しかし、原点である古代エジプトでは、オベリスクには死や慰霊との関わりはほとんどなかった。大型のオベリスクは基本的には太陽神殿の入り口に二本一対で立つものであり、碑文ももっぱら奉納した王の功績を称えるもので、死後の永世に関わる内容のものは見つかっていない。ただし、オベリスクが示す創造と太陽への信仰は、エジプトの復活・永世信仰の基盤をなすものであり、その十全な理解が成り立てば、古代エジプトでの用い方とは違うにしても、オベリスクの意匠を墓に用いることも理解できることとなる。実際、オベリスクが太陽神殿に立つものであり、太陽光の象徴的表現であることは大プリニウスも指摘しており、古代より認識されていた。しかしオベリスクとその原型であるベンベン石と太陽信仰と創造神話と再生・永世の観念の関係が理解されたのはシャンポリオンによってヒエログリフが解読されエジプト学が成立、進展して以降のことであって、オベリスクと死の結び付きにはいたっていなかった。にもかかわらず、ヒエログリフ解読以前のカルカッタのサウス・パーク・ストリート・セメタリーにすでに数多くのオベリスク型の墓が並び立っていたことは第一章で確認したとおりである。古代エジプトの知識が限られていた中で、オベリスクはいかにして死と結びついていったのであろうか。

西洋におけるオベリスクの歴史において、大きな位置を占めるのが「オベリスクの都市」ローマである。前一〇年にアウグストゥスが二本のオベリスクを持ち込んで以来、古代ローマには数多くのオベリスクが持ち込まれ、またつくられもした。恐らくは五〇本もあったとされるうち、現在ローマに立っているのは十三本である（図0-1）。本書で特に着目したのは、特にアウグストゥスが示した戦利品としての意義と太陽信仰とキルクスとの結び付き、後に強まったイシス神殿との結び付き、そしてアウグストゥス廟とアンティノウスの神殿との関係である。

アウグストゥスがローマに持ち込んだオベリスクの一つ、モンテチトーリオ・オベリスク（図2-1）が、エジプトのオベリスクが持つ太陽信仰との強い結びつきを引き継いでいることは、エジプトで太陽が持っていた「再生」「永

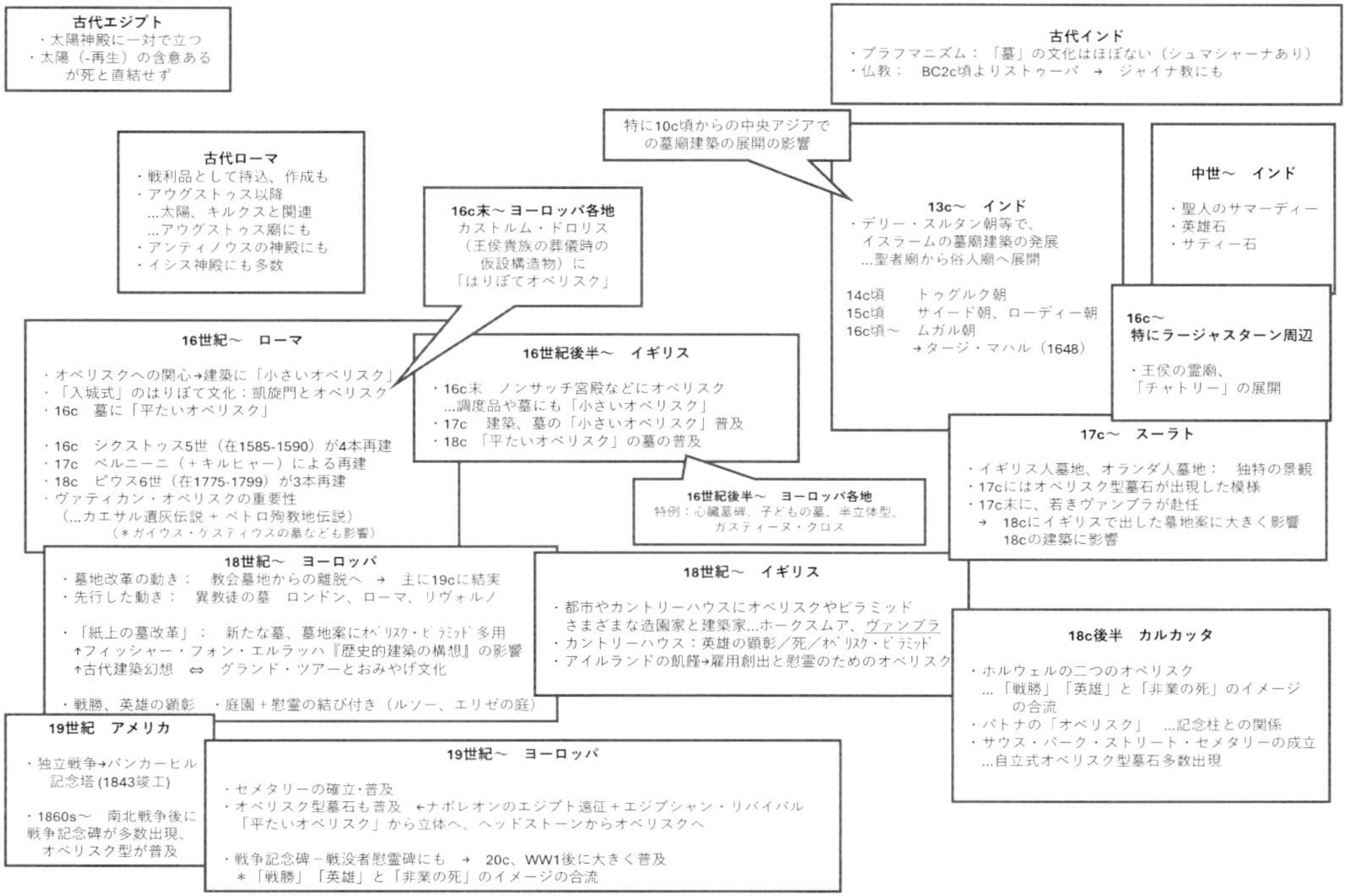

図10-1　地域・時代に即した本書の論の概観図

世」のシンボリズムを考えると、やはり注目すべきことである。もう一つのフラミニオ・オベリスク（図2-3）もキルクス・マクシムスのスピナにたてられ、当初は恐らく中心のシンボル性を持ち、より巨大なラテラン・オベリスクが持ち込まれてからは二つで太陽と月のシンボル性を持っていたとされることからも、古代ローマのオベリスクにも太陽のイメージが強く見出されていたことは確かであろう。ただし、十六世紀に再建されて以降、太陽のシンボリズムが表立って出てくることはなく、むしろ空間に中心軸を与える性質こそが重視されており、そこにはキルクスのオベリスクの記憶が影響しているように感じられる。

イシス神殿周辺から多くのオベリスクが見つかったことも重要である。イシス信仰は非常に有力なもので、神殿の建立や維持には当然皇帝も関与していたと考えられるが、しかし信仰自体は秘儀的で女性の参与度も高いものだったとされ、ここには太陽・キルクス・皇帝権とオベリスクの結び付きとはまた異なる系譜が見いだせる。イシスやセラピスの信仰はヘレニズム化を経ながらも本来はもちろんエジプトに由来するので、そこにオベリスクが持ち込まれるのは自然ななりゆきにも見えるが、オベリスクがそれ以上の意味を持っていたのか、つまりイシスとオシリスの死と再生のシンボリズムにどれほど結びついていたのかは興味深いが不明である。イシス神殿周辺のオベリスクの古代の記憶は、ベルニーニが、恐らくはキルヒャーの影響・参与も受けつつ再建したとされる象の意匠のミネルヴァ・オベリスク（図2-14）には、イシスからミネルヴァをへてマリアに連なる知恵の系譜のシンボリズムというかたちで潜在しているように見えるが、他のオベリスクやその意匠の利用に継承されている様子は見られない。

アウグストゥス廟とアンティノウスの神殿のオベリスク（図2-10、16〜17）は死と直接関わるため注目される。ただしこれらは神殿にオベリスクをたてる本来の定型にのっとったものとも考えられ、本書の主題である自立式オベリスク型の墓石のイメージ源と捉えうるかは難しいところである。ただ、若くしてナイルで溺死したアンティノウスとオベリスクの結びつきは、後に見る「時ならぬ死」、「非業の死」とオベリスクの結びつきに何かつながるところがあるかもしれない。またアウグストゥス廟は、ハドリアヌス廟（図9–36）やテレビントゥス・ネロニスなどのその他の廟や世界七不思議の古代建築のイメージとオベリスクのイメージの重複、混同に影響した可能性が考えられる。

古代ローマから近世ローマへ

古代ローマに立ち並んでいたとされる多くのオベリスクはその後みな倒壊してしまい、唯一立ち続けていたのはガイウス（カリグラ）とネロのキルクスのスピナにあった、現在のヴァティカン・オベリスク（図2–7）だけだったとされる。このオベリスクは、最初に再建されたオベリスクであり、その再建場所からも、ローマとオベリスクの歴史にとって大きな意味を持つが、本書にとっては二つの死に関わる伝承が特に重要である。頂点にあった球体（図3–7）にカエサルの遺灰が入っているという伝説と、この傍らでペトロが殉教したという伝説である。前者は十二世紀の『都市ローマの驚異（*Mirabilia Urbis Romae*）』に典拠があり、また後者はペトロ行伝の記述に由来し、いつ成立した説かは定かでないが、一二八〇年代のチマブーエの絵（図3–8）にはその理解が反映しており、それは以降の複数のペトロ殉教図にも継承されている（図3–9～11）。ペトロがその間で殉教したという二つの「メタ（エ）」が何を指すのかについてさまざまな解釈があり、そこではこのオベリスクと、メタ・ロムリ、メタ・レミことガイウス・ケスティウスのピラミッド、「テレビントゥス・ネロニス」、そしてキルクスのスピナの両端に立つメタエなどのイメージが錯綜していた。また、ヴァティカンへの再建時に頂点の球体はとりはずされたが結局カエサルの遺灰は見つからず、そして頂点には新たに十字架がつけられたが、頂点の球体のイメージは足元の四隅を獅子が支えるイメージと共にその後のオベリスク意匠にしばしば現れることとなる。この二つの伝説が、近代の自立式オベリスク型墓石の成立に直接的に影響したとは考えにくいが、十六世紀以降の墓と「小さいオベリスク」や「平たいオベリスク」には影響した可能性が考えられる。

この伝説からもわかるように、十六世紀末から始まるオベリスク再建以前よりオベリスクへの関心はあり、建築に小さいオベリスクを装飾的に用いることは遅くも十六世紀半ばには行われていた。また、一五一五年のレオ十世のフィレンツェ入城式における「はりぼて」装飾には凱旋門と並んでオベリスクがつくられており、その後もオベリスクは多くの入城式装飾に用いられている（図4-2～6）。そして十六世紀末以降、この「はりぼて」のオベリスクは、王侯貴族の葬儀時の仮設構造物、カストルム・ドロリスという形で死と結びつくことになる（図4-49～51）。カストルム・ドロリスには凱旋門のイメージが見出せるが、同時にオベリスクやピラミッドの意匠（図4-52）も多く見られる。これは墓ではないが、死とオベリスクの強い結びつきを示すものであり、形状的にも後のオベリスク状の「紙上の墓」や自立式オベリスク型墓石を先取るものと思われる。

オベリスク本体の再生は、このヴァティカン・オベリスクを皮切りに、シクストゥス五世が四つのオベリスクを再建することで始まり進んでいく。シクストゥス五世は巡礼路の整備の重要な結節点に再建したオベリスクを置き、カトリックの中心地たるローマの都市改造の要として用いた。後に十八世紀後半の教皇権の危機の時代に三本のオベリスクを再建したピウス六世も、シクストゥス五世をいわばモデルとしていたと考えられる。そしてシクストゥス五世と並んで「オベリスクの都市」ローマの成立に大きな役割を果たしたとされるのが十七世紀のベルニーニで、恐らくはキルヒャーの影響を受けつつ、四大河の噴水で知られるアゴナリス・オベリスク（図2-9、3-14）と象の台座のミネルヴァ・オベリスク（図2-14）を再建し、また、ヴァティカン・オベリスクを中心とするサン・ピエトロ広場を完成させた。彼が再建した二つのオベリスクにはキリスト教的含意より、むしろ古代エジプトや異世界の知恵や力のイメージが見いだせる。サン・ピエトロ広場はもちろんカトリック世界の中心点に他ならないが、その円形劇場のような空間には、古代のキルクスや円形闘技場やフォルムのイメージとバロック的な劇場のイメージが重なり、しかもその中心をなすのが、古代から唯一倒壊せずにローマに立ち続け、カエサルとペトロの物語を負ってきたオベリスクであることを思うと、単純に「キリスト教的」な存在と見ることのできない、重層的な含意を持つもののように思われる。

ローマからイギリスへ

こうして十六世紀からのローマではオベリスクが再生し、その意匠もさまざまに用いられたが、イギリスでは早くも一五七〇年代から八〇年代には貴族らの庭にオベリスクが立てられ始め、同時にさまざまな調度と、そして墓に、装飾的にオベリスクを用いることが始まっていた。十六世紀末から十七世紀に、凱旋門を思わせるような構造に「小さいオベリスク」装飾を配した墓が数多くつくられる（図4-25〜35）。ところが、「オベリスクの都市」ローマやこれを擁するイタリアでは、筆者の知る限り、この時期にはオベリスク意匠の慰霊表現への利用例は決して多くはなく、また、その利用のあり方も異なり、「小さいオベリスク」ではなく、「平たいオベリスク」や「平たいピラミッド」が用いられている（図4-36〜44）。これはその後次第に普及し、十八世紀にはイギリスでも数多くつくられている。「平たいオベリスク」が次第に立体的になっていく過渡期を思わせる表現も見られるが（図4-45、46）、屋外に立つ自立式のオベリスク型墓石とはやはり根本的に異なる慰霊表現である。筆者が見てきた限りでは、十八世紀以前のヨーロッパには自立式オベリスク型墓石は成り立たず、「小さいオベリスク」と「平たいオベリスク」にとどまっていたものと思われるが、その中で特異な例として、子供の墓と心臓墓碑に自立式オベリスク型の例が見られ（図4-32、48）、これは後にオベリスクのかたちが墓と、特に戦没者慰霊碑に多用される一つの重要な源流ではないかと考えている。

上記の通り、十八世紀までのヨーロッパでは自立式オベリスク型墓石はほぼ成り立っていなかったと思われる一方で、一七六七年開設のサウス・パーク・ストリート・セメタリーでは、十八世紀のうちに、数多くのオベリスク型墓石が立ち並んでいた（図1-1〜3）。死とオベリスクがどう結びついたのかを考えると、やはりインドの重要性が浮かび上がってくることとなる。

十七世紀インドから十八世紀イギリスへ

十九世紀のヨーロッパとアメリカに、庭園的墓地にオベリスク型墓石が多く並ぶ風景が出現した、その慰霊文化の変動の重要な画期がインドにあったと筆者は考えているが、そこには、十八世紀のカルカッタに先立ち、十七世紀の西インドのスーラトも重要な意味をもつ。十八世紀のヨーロッパで進む墓地改革と、ピラミッドやオベリスクを建築に用いる動きに大きな役割を果たしたジョン・ヴァンブラの重要なイメージ源が、彼が一六八三年に十九歳で東インド会社のファクターとして渡り十五ヶ月間滞在したスーラトの西洋人墓地であることがわかっているからである。彼が四半世紀を経て描いた新しい墓地の提案には、スーラトのイギリス人墓地の風景として、塀で囲われた木々が茂る敷地にオベリスクとピラミッドの形の大きな墓廟が並ぶ墓地風景のスケッチが添えられている（図5-14）。ただしスーラトのイギリス人墓地（図5-15～18、6-23、25、27、28）には、少なくとも現在、オベリスク型の墓石はほとんど見られず、一六八三年当時にこのような風景がほんとうにあったのか疑問が残る。彼の記憶の風景に近いのは、むしろオランダ人墓地である（図5-19～21、6-24）。こちらには現在、自立式オベリスク型、あるいはそれに近い形状の墓石がいくつか残っている。年代の特定ができないものが多いが、十七世紀にヴァンブラが見た風景は恐らくこちらの印象を強く残したものではないかと考えられる。

スーラトの二つの墓地は、ヴァンブラを介してその後のイギリスのカントリーハウスの風景や墓地改革案に影響を与えていくこととなるが、これらの墓地の独特の景観の成り立ちには、インドの慰霊文化の歴史が大きく影響したものと考えられる。

インドの墓廟建築といえば、一六四八年竣工のアーグラーのタージ・マハル（図6-12）がもっとも有名であり、つまりイスラーム墓廟建築の存在感が極めて大きい。スーラトの二つの墓地についても、特にムガル帝国と関係を持つ中で、当時のイスラーム墓廟建築に影響を受けたものとの見方が一般的である。しかしこの二つの墓地の墓廟を見ると、確かに十七世紀のヨーロッパでは考え得ない形状のものが多いが、単純にイスラーム墓廟建築を模したものとは言いがたい。そこにはむしろ、ヒンドゥー王侯の霊廟、チャトリーの影響が強く見いだせると筆者は考えている。

古代インドから近世インドへ

ブラフマニズムとそこから展開、成立したヒンドゥーイズムの系譜は、基本的には墓をつくる文化を持たないが、皆無というわけではなく、いわば特殊な死者のための例外がある。ヴェーダの宗教の一つに数えられる仏教では前二世紀ごろから仏舎利をおさめるストゥーパ（図6−1）をつくり崇敬の対象としたし、ジャイナ教でも聖者らのためのストゥーパや墓が存在した（図6−20〜22）。中世のヒンドゥーにも、生きながら三昧《サマーディ》にいたった聖者の聖なる身体をおさめるサマーディや、戦死者らを記念する英雄石や夫に殉じ火に身を投じサティーを遂げた女性を記念するサティー石など、特殊な死者のための墓に近いものは存在した。その系譜と、十三世紀頃から展開したインドのイスラーム墓廟建築の系譜（図6−2〜12）とが交差して十五世紀に現れ十六世紀以降に展開したのが、ラージャスターンなどの王侯の霊廟、チャトリーである（図6−16〜19、26）。

チャトリーは遺体や遺灰を伴わないので正確には「墓」ではないが、恒久的な建築物をもって死者を祀るという意味では、墓に近い性質を持つ霊廟である。その建築に特徴的なのが、複数の細めの石柱がドーム屋根を支える東屋のような構造である。これは、インド古来の木造建築の柱・梁構造とイスラームのドーム建築とが融合して成立した様式で、この構造自体が、その傘を思わせるかたちから、傘を意味する「チャトラ」からの派生語でチャトリーと呼ばれる。これはイスラーム建築の影響を受けて以降のインド建築に特徴的なもので、多くの建築に装飾的に用いられている。王侯の墓廟が同じくチャトリーと呼ばれるのは、それがこの構造を、単なる部分的な装飾をこえて、廟の主要部分に多用しているためと考えられる。古代のストゥーパも傘《チャトラ》と呼ばれるパーツが頂点を飾っており、「傘」を特別な死者のための建築の重要な要素と見る系譜がイスラームのドーム構造を得て新たなかたちをとったことは興味深い。

イスラーム墓廟建築は、イランや中央アジアでの展開を背景に、インドで独自に発展を続けていた。聖者廟から俗人廟へと展開し、次第にチャトリーなどを含む複雑で華麗な構造を持つようになった。インド独特の建築様式の発展と、本来は聖者廟の特権的な特徴であったと思われる白い色の使用の徹底が重なってできた傑作がタージ・マハルである。そのインパクトの大きさは、後にアウランガーバードに建てられたビービー・カー・マクバラーや十九世紀初頭に没したオランダ人の小さな赤いタージ・マハル型の墓（図6-14）やコルカタのヴィクトリア・メモリアルの姿にも明らかである。[2] タージ・マハルがそうであるように、インドのイスラーム墓廟建築はインドの建築文化の影響も受けつつ独自の発展を遂げたものであり、その影響を受けつつ展開したチャトリーもすぐれてハイブリッドな性質のものである。スーラトのイギリス人墓地とオランダ人墓地の墓石や墓廟は、その双方に影響を受けつつ、バロック建築の意匠も含めて、しかしそのどれとも異なるかたちで成り立っている。それは複数の建築意匠の影響を受けているだけでなく、複数の文化と勢力がせめぎ合う状況下ならではのハイブリッド性自体を引き継いでいるものと思われる。このハイブリッド状況がもたらす墓の変容は、同時代のイタリアのイギリス人にも見られるもので、異例にも十七世紀という早い時期に成り立ったと思われるリヴォルノのイギリス人墓地（図7-13～16）には、十八世紀には少なくとも数基はオベリスク型の墓石が成り立っていたものと思われる。この時代のイギリス人にはイタリアにもインドにも関わっている者も多く、イタリアのイギリス人墓地とインドのそれとの関係は今後深めるべき重要な課題といえる。墓地と墓石の変化は、このような異郷での埋葬や、マイノリティや病人の埋葬地などから進みつつあったものと思われる。

十八世紀ヨーロッパの墓と「近代化」と「古代幻想」

十八世紀のイギリスでは、都市や貴族のカントリーハウスにオベリスクやピラミッドやその意匠を取り入れた建築物が数多くつくられるようになる（図5‐6〜9、13、9‐20〜23）。そこには多様な要因があったであろうが、関わった建築家らの関係を見るに、ヴァンブラの影響は大きかったように思われる。その中で、これらの意匠が死と結びつく例が現れてくる。一つには貴族らの庭園に、死者の英雄性の顕彰を意図して建てられるピラミッドやオベリスクが出てきたことがある。より直接的に「墓」に連なるものとしては、このころヴァンブラやホークスムアは貴族の庭園に専用の墓廟《マウソレウム》を提案し一部は実現させている。オベリスクやピラミッドの形のものは実現していないが、ヴァンブラは四隅に大きな細長いピラミッドを配したデザインも提案はしている（図5‐22）。教会外の庭園に、チャペルではなく古代的な意匠を持つ墓廟をたてること自体、それまでにはなかった新たな文化であり、ヴァンブラがいうところのスーラトの墓の記憶に近いものがイギリスの貴族の庭園に持ち込まれつつあったことがわかる。この、庭園と英雄の記憶と顕彰の結びつきを示す典型がヴァンブラも関わった有名なストウ・ガーデンであり、その「エリュシオンの野」のイメージは、フランスにも影響し、ルソーの「エリゼの庭」や彼のエルムノンヴィルの墓（図9‐24）、そして偉人の墓碑を集めたエリゼ庭園（図9‐25）などを経て、近代的共同墓地の代表たるペール・ラシェーズ（図0‐7、7‐26〜30）へと展開したと指摘されている。

また、もう一つ、死とオベリスクの重要な結びつきを示すのが、アイルランドの飢饉と関わるオベリスク状の建築物である（図5‐12、13、9‐16）。それは雇用創出という現実的目的とともに慰霊の含意も持っている。なぜアイルランドでこの目的で複数のオベリスク状の建築物がつくられたのか、ヴァンブラとの関わり以外に筆者はその背景を追えていないが、ともあれここには「時ならぬ死」「非業の死」の慰霊とオベリスクの結びつきがあり、重要である。

ヴァンブラが十八世紀前半にスーラトの記憶に基づく墓地案を出したのは、イギリスで新たな墓地文化が模索され始めていたからであるが、この墓地の改革、いわば近代化の動きは、当時のヨーロッパで広く展開しつつあるものだった。ヨーロッパにおいて埋葬は長く教会と密接に結びついてきたが、十八世紀には人口増と都市の過密化と啓蒙の空気の広がりの中、教会と都市からの埋葬の離脱の動きが各地で始まり、同時に教会文化から離れた新たな墓と墓地のデザインの求めも高まった。しかし十八世紀に成立したいくつかの教会外の墓地に対しては、極端な簡素化などの変化に反発も多く、この時代の変化の流れが安定的にかたちをなしたのは十九世紀になってのこととされる。それまでの間、さまざまな「紙上の墓」が現れたが（図8-1〜7）、そこにはしばしばオベリスクやピラミッドの意匠が用いられた。それは新たな宗教性や超越性、霊性の表象として期待されたものと思われるが、いわば墓地の近代化のために古代のイメージが要請されていたことが興味深い。

この「紙上の墓」へのオベリスク意匠の利用にはいくつか重要なイメージ源があった。一つには入城式の装飾で凱旋門とともに用いられたオベリスクと、特にカストルム・ドロリスの「はりぼて」のオベリスクの文化である。それらは十八世紀には舞台美術やカプリッチョとも結びつき展開しつつあった。そしてこれらとも深く関わる特に重要なイメージ源が、フィッシャー・フォン・エルラッハの『歴史的建築の構想』（一七二一）である。そこには想像と現実双方の多くの建築図がおさめられているが、特にいわゆる「世界の七不思議」などの現存しない古代建築の図は、「紙上の墓」の重要なイメージ源となったと思われる。中でも重要なのが、中央にオベリスク状のものがそびえるハリカルナッソスのマウソロス霊廟の図である（図8-11）。オベリスクとピラミッドのイメージの重複や混同は古代から見られるものだが、ここではさらに、ハリカルナッソスの霊廟や、その他の多くの古代建築の像が重複、混在している。それはフィッシャーに突然始まったものではなく、少なくとも十六世紀のヘームスケルクらの七不思議図などに遡るものと思われる（図8-23〜26、37〜38）。ヘームスケルクらのマウソロス霊廟図は、特にオベリスク的ではないのだが、この霊廟と、ギザのピラミッドと、アレクサンドリアの灯台、そして伝説のアッシリア女王セミラミスが築いたという「バビロニアの尖塔」と聖書が語るいわゆる「バベルの塔」などの複数の古代建築のイメージが重複、混同しており、そしてそこにはしばしば、七不思議には数えられていないはずのオベリスクのイメージが現れているのである（図8-

27など)。この古代建築像のイメージの混同や重複は、グランド・ツアーの時代の「おみやげ」文化の中でさらに進み(図8-43~44)、それはオベリスクと墓が「紙上の墓」において結びつく重要な要因となり、十九世紀の自立式オベリスク型墓石の重要なイメージ源ともなったと考えられる。

十八世紀インドと十九世紀ヨーロッパで

十八世紀のヨーロッパ各地で進んでいた教会からの墓地の離脱の動きは、十九世紀には新たな庭園的な近代的共同墓地の成立に結実し、そこにオベリスク型墓石が立つようになる。そこには従来の定説通り、ナポレオンのエジプト遠征がもたらしたエジプト学の進展とエジプシャン・リバイバルの影響ももちろんあったであろうし、同時に、本書で見てきた、何世紀も前から重なってきた死とオベリスクの結び付きの錯綜したイメージの歴史も影響していただろう。その一方で、それに先だって十八世紀後半のカルカッタでは、すでに庭園的なセメタリーが成り立ちそこに相当数のオベリスク型墓石が立ち並んでいた。教会外の墓地の成立が早いのは植民地の教会の不足と死亡率の高さを考えれば理解できることであるが、なぜヨーロッパに先立ち、そしてエジプト遠征に先立って、カルカッタでは自立式オベリスク型墓石が普及したのだろうか。

その重要なきっかけが、サウス・パーク・ストリート・セメタリー成立前、一七六〇年に立てられたとされるブラックホール事件記念碑とチャールズ・ワトソンの墓にあり(図9-26~29)、そしてこの二つのオベリスクには、これをつくったホルウェルという人物の特異な思想と古代世界像が影響していた可能性が高いと筆者は考えている。また同時期、パトナでもイギリス人の「虐殺」の記念碑がつくられており、それは古代ローマの記念柱に近い形状にもかかわらずしばしば「オベリスク」と呼ばれている(図9-31)。これら三つの「オベリスク」には、それまでにない要素が見いだせる。それは、英雄の顕彰の要素と非業の死の慰霊の要素の結び付きである。古代エジプトではオベリスクは王権と強く結び付き、それは古代ローマ以降も受け継がれ、以来、オベリスクの形象は英雄や戦勝の顕彰にしばしば用いられてきた。そこには古代ローマの記念柱とのイメージの重複、混同も影響していると思われ、それがパトナの記念碑が時に「オベリスク」と呼ばれた理由でもあると思われる。その一方で、決して数は多くはないが、子どもの死や飢饉の死の慰霊にオベリスクの形象が用いられる例がある。それはどちらも、死の中でも特に「時ならぬ死」、「非業の死」の慰霊である。カルカッタとパトナの「オベリスク」は、「虐殺」、あるいは急な病による「時ならぬ死」「非業の死」を慰めるとともに、それをインド統治に乗り出したばかりのイギリスの国家の物語と結びつける面を持っている。英雄の顕彰と非業の死の慰霊の二つの系譜は別個に展開してきたものであるが、それがここ十八世紀のカルカッタ周辺で結びつき、そしてそのことが、死とオベリスクの結びつきを強め、一方では自立式オベリスク型墓石の成立と普及の、他方ではオベリスク型の戦没者慰霊碑の普及の、一つのきっかけとなったのではないかと筆者は考えている。

十九世紀欧米から近現代の世界へ

すでに見たように、十九世紀には欧米各地に近代的共同墓地が成立し、そこに多くのオベリスク型墓石がならぶこととなる。その動きの最初期、十九世紀初頭のボローニャのチェルトーザ墓地では、壁面の平面にオベリスクやピラミッドが立体的に描かれた墓、つまり「立体的」なオベリスクやピラミッド墓石の「平面」表現がいくつも見られる(図7-17〜25)。ここには十六世紀から存在していた「平たいオベリスク」型墓碑から、近代的な自立式オベリスク型墓石への特異な移行過程が見いだせる。この例は一時的なもので、以降、自立式オベリスク型墓石は一般的なものとなっていく。

十九世紀以降の欧米では、オベリスクの形状は通常の墓石として広く用いられるようになるとともに、新たに戦没者慰霊とも結びつくようになっていく。早い例では、一八三三年建造のミュンヘンのカロリーネン広場のオベリスク

（図9-14）、一八四三年建造のアメリカのバンカーヒルの戦いを記念した記念塔（図9-18）、南北戦争後一八六〇年代以降にアメリカ各地でつくられた戦争記念碑（図9-3～5）、そして一八七五年建造の日本の碧血碑（図9-15）や近い時期につくられたいくつかの仙台藩関連の戊辰戦争戦没者慰霊碑などがオベリスク型である。そして第一次世界大戦後には、各国で多くのオベリスク型戦争記念碑がつくられるようになった（図9-6～13）。この変化には、いわゆる総力戦により国民が広く動員され戦死者数の規模が大きく変わったことが影響しているだろう。その戦没者慰霊の要請の急激な高まりの中で、オベリスクの形状が幅広く用いられたのは、もちろんすでにこれが墓石の形として一般化していたからでもあろうが、それ以上に、この形に、英雄の顕彰と時ならぬ非業の死の慰霊の含意があったからであり、そしてこの二つの系譜が最初に交わった場が十八世紀のカルカッタだったのではないかと筆者は考えている。時系列でいえば、それはまず十八世紀のイギリス支配下のインドで生じ、その後特に南北戦争と第一次世界大戦を経て普及し、以降は欧米に限らず、世界的に一般化したものと思われる（図9-1～2）。ただし、十八世紀末のインドからヨーロッパあるいはアメリカへの系譜がたどりうるかは現時点では不明である。

以上、本節では本書の論を時代と地域で大きく切り分けて見直した。以下ではこれを、かたちと役割と意味づけの三つの方向から見直すこととする。

2　かたちから見直す

ピラミッドとオベリスク

本書に繰り返し出てくる問題に、オベリスクと周辺のさまざまな古代建築、特にピラミッドとの重複、混同の問題がある。本来のピラミッドがゆるやかな四角錐、ありていにいって「三角」の印象をあたえる形状であるのに対して、オベリスクは柱のように細長い四角錐の頂点に四角錐が乗る形状で、少なくとも筆者には、まったく異なる魅力を持つ形象と感じられる。しかし後の、明らかにこれらを意識した建築や装飾や絵画では、細長いピラミッドやピラミッドに近いほど幅広いオベリスクの形状が多く見られる。また、後のヴァティカン・オベリスクの再建以前の特徴として認識されていた、頂点に球体を冠し、足元の四隅を獅子かそれに代わる何かで支えられているイメージはその後も再生産されるが、それはしばしば頂点のピラミディオンへの切り替えのない、細いピラミッドとも組み合わされた。ピラミッドの知名度と、オベリスクが実際にローマに持ち込まれていたこととを考え合わせると、古代エジプトのこの二つの幾何学的建造物を混ぜてしまう気持ちもわかるところはある。この混同の要因の一つとして、本来のオベリスクの形状の再現が簡単ではなく、ゆるやかな角度のものの方がたやすくつくれることもあるだろう。古代エジプトのように一枚岩で巨大なオベリスクをつくることが極めて困難であるのはもちろん、なんらかの建材でこのかたちを作り出すことも簡単ではなく、恐らくそのために、特に筆者が多く見ている早い時期のインドのイギリス人墓地の自立式オベリスク型墓石の多くは角度がゆるいものが多い（図1-8〜17）。そしてこのかたちの認識の混乱が、オベリスクと死の結びつきに大きな役割を果たしたことは明らかであろう。もちろんそれはピラミッドのみがもたらしたものではなく、複数の古代建築のイメージが重なる中で、特にハリカルナッソスの霊廟とオベリスクのイメージが近づいたことは、極めて大きな意味を持っていたと筆者は考えている。

柱と塔とオベリスク

もう一つ、オベリスクと近い形状を持ち、微妙な関係にあるものが「柱」であり、特に古代ローマの記念柱である（図9-32〜34）。本書ではここにも重複、混同があることを見てきた。古代ローマではオベリスクは特別な戦利品であり、それは戦勝を記念し皇帝を称える記念柱とは役割的にも重なるものがあったし、何より天に向かう細長い形状の建築物として両者は近接していた。そしてもっとも古く重要な記念柱であるトラヤヌス記念柱の基壇にはトラヤヌスの遺灰がおさめられているとされ、そのことはピラミッドやマウスロス霊廟とともに、死とオベリスクの結びつきに影響したものと思われる。

また、本書ではあまり触れなかったが、塔、特に教会建築の尖塔とオベリスクの近接性もオベリスク意匠の拡大に影響したと思われる。尖塔の多くは円錐や四角錐、あるいは多角錐の形状を基本としており、それはピラミッドやオベリスクに近い形状である。本書では、十八世紀のホークスムアがオベリスク状の尖塔を持つ教会を複数つくったことを見た（図5−2～4）。遡って見ると、クリストファー・レンのセント・マーガレット・パテンズ教会の尖塔（図5−10）や、モンテプルチャーノのサン・ビアージョ教会の、これは尖塔ではなく鐘楼（図4−1）では、それ自体ではなくその周囲にオベリスクが小尖塔的に配されている。スーラトのオランダ人墓地や特にイギリス人墓地でも、オベリスクに近い形状のものが小尖塔的に利用されている例は多く見られた（図6−27～28）。尖塔とオベリスクの近接性は、ピラミッドやハリカルナッソスの霊廟や記念柱とのそれと異なり、オベリスクに死の含意を与えるものではないが、この形の普及と拡大に影響したものと思われる。また、オベリスク周辺の古代建築幻想において、アレクサンドリアの灯台とセミラミスによるバビロニアの尖塔やいわゆるバベルの塔の伝説も大きな意味を持っていたと筆者は考えており（図8−25～36）、ここでも塔や尖塔という要素は重要である。(3)

平面と立体、幻想と実体

本書では多くの「平たいオベリスク」も見てきた。十六世紀から十八世紀にかけて、オベリスクを用いた慰霊表現の多くは「小さいオベリスク」の利用か、「平たいオベリスク」状のものであった。これは埋葬が教会と結びついていた時代、もっとも望ましい埋葬地は教会内であり、するとと必然的に墓碑の多くが壁面や床面に貼り付くかたちをとったことに大きく影響されていたと思われる。「平たいオベリスク」から本書の焦点である自立式オベリスク型墓石の成立に向けては、フランチェスコ・スフォンドゥラティ枢機卿の墓（図4-46）やメアリー・ウィチコートの墓（図4-45）、そしてチェルトーザ墓地の立体的な壁画の墓（図7-19〜25）のような興味深い過渡的な表現もあった。平面から立体への展開には、教会からの埋葬の離脱と、庭園的な墓地の成立が大きく影響したと考えられる。

また、自立式オベリスク型墓石の成立に向けての歴史をたどると、絵画や図面の役割の大きさも際立つ。近代的共同墓地と新たな墓の文化の成立過程には「紙上の墓」が大きな役割を果たしたし、オベリスクのイメージの拡大には、セルリオやフィッシャー・フォン・エルラッハの建築書や、多くの絵画、特に十七〜十八世紀の舞台美術画やカプリッチョが大きな役割を果たした（図4-14〜16、8-11、12、15〜19、39〜42、44〜46）。これらの「絵画」は、平面表現の中でも、特に立体との連続性が強く意識されるものである。そこには「まだ無い」「もう無い」「実際には無い」建築物や風景がそこにあるかのように描かれ、それが時には新たな建築や一時的な舞台芸術などとして具現されることになる。本書では、平面表現が幻想と実体を架橋することで、オベリスクとそこに重なる多くの古代建築のイメージが継承、展開、実体化される様の一端を垣間見てきた。上記のチェルトーザ墓地の立体的で平たいオベリスク型墓廟にも、同じ構造が見て取れる。オベリスクと死の結び付きが「小さいオベリスク」と「平たいオベリスク」から自立式オベリスク型墓石へと展開するにあたって、「紙上の墓」の役割は大きかったものと思うが、それはまさに、イメージを実体につなぐ役割を果たしたとも考えられよう。

エジプトのオベリスクとオベリスク状建造物と「はりぼて」のオベリスク

オベリスクは本来古代エジプトのもので、その一部は古代ローマに持ち込まれ時を経てローマや各地で再建されているが、それ以来、これらの「ほんとうのオベリスク」とは別に、大量の大小のオベリスク状の建造物がつくられてきた。その多くは恒久的な建造物やその装飾であるが、本書では同時に、「はりぼて」のオベリスクの存在意義の大きさも見てきた。十六世紀早々には入城式の装飾において凱旋門とともにオベリスクがつくられており（図4-2〜6）、そしてこの世紀の後半には王侯らの葬儀を飾る仮設の「悲嘆の城」、カストルム・ドロリスがつくられ、そこではやはり凱旋門的な構造とともにオベリスクの意匠が多く用いられていたことがわかっている（図4-49〜52）。舞台美術でオベリスクの形状が好まれたこともすでに見た通りで、このような一時の「はりぼて」のオベリスクは、この独特の形状の再生産と拡大に大きな役割を果たしたと思われる。さきほど、絵画や建築書の平面表現が幻想と実体を架橋したと指摘したが、「はりぼて」のオベリスクもまた同様の役割を果たしたといえよう。また、これははりぼてではないが、グランド・ツアーのみやげ品の「小さいオベリスク」（図8-43）にもまた似た機能が見出せるように思う。

3　はたらきと位置づけから見直す

顕彰と慰霊

すでに見たように、エジプトの太陽神殿に立てられていたオベリスクに慰霊の機能は無く、太陽信仰と王の権威の表示の機能が際立っている。古代ローマでは、特にアウグストゥスにより、この機能はかなり直接的に引き継がれたように思われる。そこから長い時間をかけてオベリスクに慰霊の含意が見出されてゆき、自立式オベリスク型墓石の成立普及に至るのだが、本書ではこの経緯について、初期にはカエサルの遺灰伝説とペトロの殉教伝説、その後にはその他の死と関わる古代建築との重複や混同の進展が大きな役割を果たした可能性があることを見てきた。同時に、なぜかこの形象が時に子どもや飢饉の犠牲者などの「時ならぬ死者」「非業の死者」と結びつくことがあったこと、そしてその系譜と、古代よりの権威の表示と顕彰の系譜が交差して、オベリスクが国や社会のために時ならぬ死を遂げた者、特に戦没者の慰霊のシンボルになっていったことも見た。そしてその二つの系譜の交差が最初に生じたのが恐らく十八世紀のカルカッタであり、それが自立式オベリスク型墓石の成立・普及と、オベリスク型の戦没者慰霊碑の成立・普及に大きな意味を持った可能性を指摘した。王や英雄の顕彰と不幸な死の慰霊とは本来大きく異なる機能であり、特に後者の機能がいつなぜオベリスクに見出されるようになったのかは現在筆者にはまったくわかっていない。ただ、本書では触れなかったが、オベリスクが移民や海難者などの苦難や死の歴史の記念碑として用いられる例もあり、「非業の死」との結びつきはやはり強いように感じられる。

「特別な死者」から全ての死者へ

死者を悼み何らかの儀礼を行い墓や碑を設けて慰霊しようとする営みは時代や文化を越えて広く見出せるものではあるが、葬祭文化は当初は王や聖者などの特別な存在のために発展し、それが次第に「民主化」する例が多い。本書で見た例でも、オベリスクという特異な形状の慰霊との結びつきには、しばしば「特別な死者」が意味を持っていた。たとえばカストルム・ドロリスは王侯のための特別なしつらえであったし、十八世紀の庭園に成り立った死者の英雄性を顕彰するモニュメントも同様である。インドにおいては、ヴェーダの宗教の系譜上では、通常は墓をつくらない中、聖者や英雄やサティーなどの「特別な死者」のための特例的なモニュメントが成り立ち、一方イスラーム文化においては聖者廟から王侯らの俗人廟へと墓廟建築が展開してゆき、そしてこれらが交差するところにヒンドゥー王侯のチャトリーという特別な霊廟も成立した。カエサルの遺灰伝説とペトロの殉教伝説も「特別な死者」とオベリスクを結び付けるものである。自立式オベリスク型墓石の成立と普及には、こういった王侯や聖者などの「特別な死者」のための慰霊文化の展開が影響しているが、一方で、子どもの死者や飢饉の犠牲者という、また意味の異なる「特別な死者」の慰霊との関わりも重要な意味を持ったものと筆者は考えている。

教会と埋葬が密着していた間は、教会と埋葬箇所の距離が死者の、特に社会的な「特別さ」に比例する構造があったが、これに対して近代的共同墓地は、少なくとも観念的にはすべての死者に開かれた空間である。また、自立式オベリスク型墓石の成立に、「特別な死者」はさまざまに関わってきたが、成立・普及後はごく一般的な慰霊表現となっている。ただしその一方で、戦没者という特別な死者の慰霊のシンボルとしてのオベリスクの系譜も今に続いている。あるいは、オベリスクに潜在的に見出されてきた「特別な死の慰霊」の力が、慰霊碑と墓の双方に今も働いていると見るべきであるかもしれない。

どこにどう置くか

オベリスクをどこにどのように置くかも重要な問題である。まず、二本か一本かの問題がある。エジプトでの本来の二本一対のあり方は以降にはほとんど継承されず、もっぱら一本で、空間の中心軸を形成するように立てられてきた。次に、立てるものなのかつけるものなのかという問題がある。オベリスクは本来立てるものだが、十六世紀以来、オベリスク状の装飾が建築や調度類やそして墓碑に、数多くつけられてきた。墓碑を飾る「小さいオベリスク」は、墓碑の上部の両側に置かれるものや、二対計四本が配されるものが多く、その場合には中心のシンボリズムはほとんど見られない（図4-25～35）。筆者は、十六世紀以降の「小さいオベリスク」や「平たいオベリスク」の墓碑への利用には、ピラミッドのイメージとの混同とともに、やはりペトロの殉教伝説との結びつきの記憶が潜在的に影響していたのではないかと推測しているが、同時に一般的な建築につけられたのと同様の単なる装飾である可能性も感じられ、立てるオベリスクとつけるオベリスクの関係については調査と考察の必要があると考えている。また、屋内か屋外かという問題もある。オベリスクは本来屋外に立てられるものだが、慰霊と結びつく「小さいオベリスク」や「平たいオベリスク」は教会内のものだった。この間、教会内に埋葬されえない人々は教会墓地に埋葬されていたが、十八世紀までの教会墓地の墓碑にオベリスクの意匠が用いられた形跡は、筆者の知る限りはない。この屋内外の墓の意匠の分離が、単に埋葬者の社会的、経済的な立場の違いによるものか、何かそれ以上の意味があるのかも、現時点では筆者には不明である。オベリスクの形象が屋外の墓に用いられるようになったのは、教会外に成り立った近代的共同墓地、あるいはそれに先立って成り立ったスーラトやリヴォルノの外国人墓地においてであった。チェルトーザの壁面の立体的で平たいオベリスク型墓碑は、修道院を利用した回廊の半屋外的な空間に並んでおり、その意味でも教会内の「平たいオベリスク」や「小さいオベリスク」と近代的共同墓地の自立式オベリスク型墓石の中間に位置するものといえるだろう。

4 意味づけから考える

本節では、オベリスクと死の結びつき周辺に見える、エジプトとヨーロッパ、東洋と西洋、異教とキリスト教、そして宗教と世俗の関係について見直す。これらは相互に結びつくテーマで切り分けができないことから、あわせて考えることとする。

オベリスクは古代エジプトの建造物であるが、西洋世界への拡大はローマを経由しており、現存する数からも、ローマの存在感はやはり大きい。実際、十八世紀の庭園などで英雄の顕彰のシンボルとしてオベリスクが用いられた時にイメージされていたのは、恐らくは古代エジプトの王権と太陽信仰の象徴としてのそれではなく、古代ローマに持ち込まれ、記念柱とともに皇帝の力を顕示していたそれだったのではないかと思われる。しかしその一方で、「紙上の墓」に多用されたオベリスクを見ると、異教的なイメージや、既存の宗教文化の枠におさまらない宗教性の表現を期待されていたように思われる。そこでは古代ローマの記憶より、遠い古代エジプトの神秘的な力と知恵こそが読み込まれ、再解釈されていたように思われる。さらに、オベリスクと他の多様な古代建築幻想の重複には、古代ローマよりも、古代エジプトを中心に、古代オリエント世界とヘレニズム世界とが広く読み込まれていたことが感じられる。十八世紀のカルカッタにおけるオベリスクと慰霊の結びつきに大きな役割を果たしたと筆者が考えているホルウェルも、当時のイギリス人には珍しく古代ローマにはさほどの情熱を抱いている様子がなく、より古い原初の世界の成り立ちの再構成に強い関心を持っており、恐らくはそれゆえにこの形象に関心を持ち、インドにおける新たな慰霊表現として用いた可能性がある。ピラミッドはもっぱら古代エジプトのシンボルであったが、オベリスクのかたちにはエジプトとローマとその周辺の広範な古代世界のイメージが時と場に応じてそれぞれ読み込まれてきた。エジプトとヨーロッパ、東洋と西洋のどちらかにおさまることなく、場合によってはそれを架橋するような性質が認められていたと考えられる。

オベリスクの位置づけの微妙さは宗教性に関しても見出せる。エジプトの太陽神殿に立てられていたものが、古代ローマに持ち込まれ、その後時を経て再生され、その意匠もさまざまなかたちで用いられるようになる中で、オベリスクには多様な宗教と文化の記憶が何層にも重ねられてきた。現存するエジプト由来のオベリスクの変遷だけを考えても、古代エジプトの神秘的な知恵や太陽信仰に始まり、古代ローマの皇帝崇拝やイシス・セラピス信仰、コンスタンティヌスやコンスタンティウス二世のキリスト教信仰、カエサルの遺灰伝説にペトロの殉教伝説、カトリックの中心都市ローマの象徴としての再生、ベルニーニとキルヒャーの協力の下での新たな意匠を伴う再生と、実に多様な要素が重なってきたことがわかる。装飾的な「小さいオベリスク」が普及すると、それは世俗的空間にも教会にも、そして墓碑にも、幅広く用いられることになった。このかたちは多様な場で多様な用途に用いられ愛好されてきたが、それは恐らく、固有の宗教や文化との関係よりむしろ、その重層性、混淆性ゆえに生じたものだったのではないかと思われる。

墓とオベリスクの結び付きは、「小さいオベリスク」と「平たいオベリスク」の展開は教会内で進んだが、自立式オベリスク型墓石の成立は、教会から離れた新たな近代的共同墓地の成立と深く関わっている。それは一般には墓地の近代化・世俗化と呼ばれるであろう動きだが、古代エジプト以来の複雑な含意を伴うオベリスクのかたちが単純に近代化・世俗化のシンボルたりえたとは考えにくい。ここでもオベリスクは、宗教と世俗、前近代と近代の分化の微妙な境にあってそれを結ぶ役割をはたしているように見える。「小さいオベリスク」や「平たいオベリスク」を用いた墓碑でも、そして自立式オベリスク型墓石でも、オベリスクは単純なエジプト＝東洋の記号ではなく、何層にもわたる含意をもつものとして利用されているように思われる。本書は自立式オベリスク型墓石の成立の経緯を跡づけることを目指しており、西洋の葬制や宗教性の変化自体を問うものではないが、今後西洋社会の世俗化、近代化の問題を特に葬制から考えるにあたり、オベリスク型墓石という要素を加えることは議論の可能性を広げるものと考えている。

5　問いの答えと未着手の論点

以上、概ね時間軸に添う縦軸と、いくつかのテーマによる横軸から、本書の論を概観した。ここでまず、本書の出発点となった疑問に向き合わなくてはならない。

・なぜ、イギリス人はインドでオベリスク型の墓をつくったのか。
・西洋人がオベリスク型の墓石をつくったのは、ナポレオンのエジプト遠征を機にエジプト学と「エジプシャン・リバイバル」が花開いた時代であるとされるが、実はインドにはそれ以前からつくられていたのではないか。
・仮にそうだとしたら、その動機や経緯はどういうものなのか。エジプト学成立以前、オベリスクが、間接的にであれ、永世や復活の概念と結び付く可能性をいまだ認識し得なかったはずの時代に、何ゆえこの意匠が用いられたのか。

まず二点目については、「実はインドにはそれ以前からつくられていた」ことが第一章で早々に確認できたので、問われるべきは、エジプト学未成立の段階でインドのイギリス人はどういう動機と経緯によってオベリスク型墓石をつくったのかということになる。なぜ、イギリス人はインドでオベリスク型の墓をつくったのか。それに対する直接的な答えが出せたとはいえない。オベリスクと死の結びつきの歴史をたどり、その展開を整理しつつ、複数の、重層的な要素を指摘することはできた。そして、その中に英雄の顕彰と非業の死の慰霊という異なる系譜があり、それが十八世紀のカルカッタで重なり二つの（同じベンガル管区内のパトナを含めれば三つの）「オベリスク」が成り立ったことが、自立式オベリスク型墓石の普及の大きな画期となったのではないかとの仮説にいたることはできた。ではなぜそれが他に先んじて他でもないインドで起きたのかについては、十分な答えが出たとは言えない。

何度か指摘したように、死亡率が高く、教会墓地の飽和状態が早々に訪れ、気候の影響もあって都市衛生の改善の求めも差し迫っている中、インドでヨーロッパよりも早くに近代的共同墓地とそれにふさわしい新たな慰霊表現が求められたことは確かであろう。だがそれではそこに多くのオベリスクのかたちの墓石が建てられた理由はわからない。ホルウェルという人物の特異な宗教観、世界観の影響という要素は指摘したが、それはあくまで一つの要因であって、それだけが答えではないだろう。オベリスクと墓の歴史において、スーラトの二つの墓地が大きな意味を持つことは明らかで、そこにはインドの慰霊表現の歴史とこの地の文化的ハイブリッド性が強く影響していたと考えられる。十八世紀のカルカッタもまた文化的ハイブリッド性の高い状況にあり、ゆえにその影響は確かにあったろうが、しかしそれがインドの建築や墓廟とは関わりのないオベリスクの形状の多用にどうつながるのかはわからない。ヴァンブラのスーラト経験の影響もあって十八世紀のイギリスとヨーロッパで進んでいたオベリスク建築の増加や古代建築幻想の展開がインドにも及び、ヨーロッパより早くに成り立った新たな庭園的墓地において、慰霊表現の変化に結実したとも考えうるが、本書ではその経緯を跡付けることはできなかった。

ただし筆者は、インドのオベリスク型墓石の意味やシンボリズムのこの曖昧性自体に関心を感じているところがある。それはインドの建築の模倣にも、エジプトマニア的な好みの反映にも、古代ローマ的な意匠の取り込みにも、異教的な要素の取り込みにも、どれにも単純に還元できないものであり、それ自体が興味深いことと感じる。そこには、単純なオリエンタリズム的な構図などではとうてい理解できない複雑さ、第一章で用いた表現を引くならば「二元論には解消しえない多面性、多重性」があり、その理解には、西洋とインドとさらに広域にわたる研究が必要であることは、確認できたと思われるのである。

そこでここでは今後に向けて、本書で論じられなかったいくつかの論点を指摘しておきたい。

ほんとうになかったのか？

本書では自立式オベリスク型墓石の成立の過程を追った結果、庭園的墓地に多くのオベリスク型墓石が立つ光景が最初に出現したのは十八世紀後半のカルカッタのサウス・パーク・ストリート・セメタリーであったとの仮説をなお維持しているが、同時に、十七世紀のスーラトの、特にオランダ人墓地にはオベリスク型墓石があった可能性が高いこと、リヴォルノのイギリス人墓地には十八世紀にはすでに数基のオベリスク型墓石があった可能性が高いことも確認した。しかしここで浮かぶのが、ほんとうにそれ以前にはなかったのか、という疑問である。第一章でも指摘したが、今探して見出せないからといって、今後見つからないとか、かつて存在していなかったとはいえない。実は十八世紀には、あるいはさらに遡って十七世紀やもしかしたらそれ以前に、自立式のオベリスク型墓石が成り立っていたことがどこかで見つかるかもしれない。そもそも、スーラトとリヴォルノについても、現在得られる情報から一定数のオベリスク型墓石があったはずと見ているが、それがごくわずかな例外的なものであった可能性もあれば、逆に十八世紀末のカルカッタを待つまでもなく早々に十分な数のものが現れていた可能性も否定できない。この「ほんとうになかったのか」という問いは、恐らくどこまでも決着はしがたいものだが、ここでは今後特に問わなくてはならないと考えている具体的な問題を指摘しておきたい。

一つが、図1-4の一七五七年頃のカルカッタの旧フォート・ウィリアム周辺を描いた地図上の、オールド・ベリアル・グラウンドの描写である。ここには角錐、あるいは円錐状の屋根や頭部を持つ墓がいくつか描かれており、そのうちの二つほどは自立式オベリスク型墓石を描いているようにも見えるのである。これが正しく当時の風景を描いているなら、ホルウェルを待つまでもなく、カルカッタには一七五〇年代には自立式オベリスク型墓石が成り立っていた可能性が浮上する。これによく似た図が一八二四年の *The Gentleman's Magazine* に掲載されており（図10-2）、ここでは一七四二年以前の地図からとった図であると記している。この図は北が上になっており図1-4と向きは違っているが、それ以外は酷似している。それは単に同じ風景を描いたというものではなく、どちらかがどちらかに準拠したか、双方が同じ図像に準拠したがゆえのものに見える。そしてこの図では、特に一つの墓は、単に鋭い屋根を持つ墓を描いているのではなく、自立式オベリスク型墓石を描こうとしたものであるようにも見える。

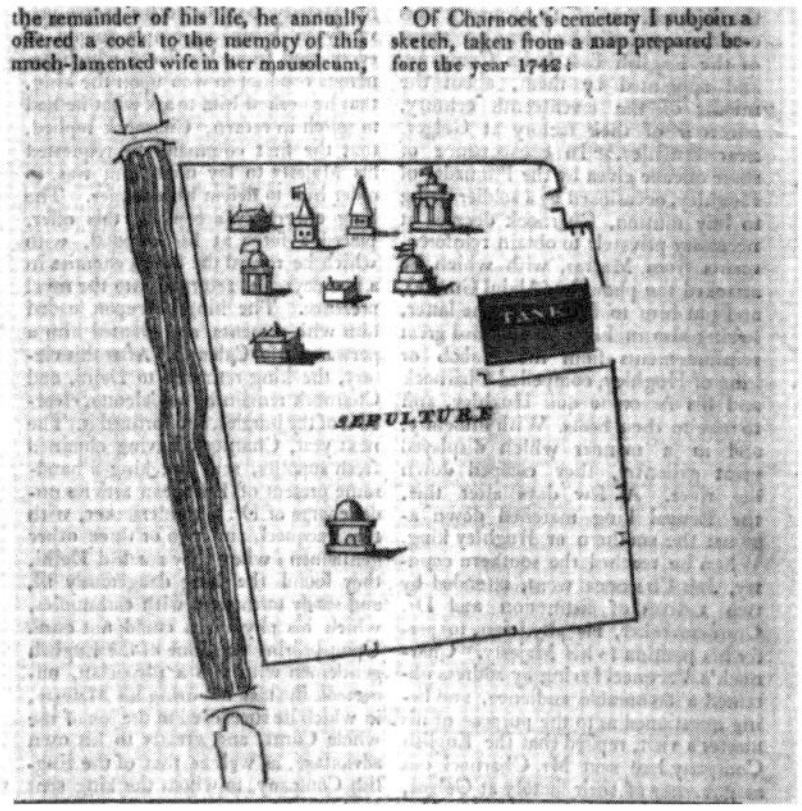

図10-2　チャーノックの墓地のスケッチ

ところで、図1-4のジョン・コール（John Call、一七三一～一八〇一）とJ・チーヴァーズ（J. Cheevers、生没年不詳）による地図は、Wikimedia Commonsから引いており、そしてその画像の出典であるコロンビア大学のフランセス・プリチェットのウェブページでは描いている時代である一七五六年頃に印刷されたものとしているが、地図販売者などはロバート・オーム（Robert Orme、一七二八～一八〇一）の *A History of the Military Transactions of the British Nation in Indostan*, vol.2 のためにコールの原画をチーヴァーズが版画化したものと見ており、実際、一七七八年刊の二巻に含まれている。チーヴァーズについて、オーストラリア国立図書館所蔵の彼の作の地図で彼の活躍時期を一七六六〜一七七八年としていることなどからも、一七五六年直後につくられた地図とは考えにくい。コールの原画が一七五六年頃にすでに作られていた可能性はありうると思うが、彼は一七四九年に十七歳でインドに渡ったが、一七五一年から六〇年代末まで南インドで活躍しており、この間の、特に早い時期にまだ年若いコールが著名なジェイムズ・レネル（James Rennel、一七四二〜一八三〇）が測量局長として活躍していたベンガルに行きこの地図をつくった可能性はあまり高くないように筆者としては考えている。(4) コールが *Gentleman Magazine* がいうところの一七四二年以前の地図を利用してどこかの段階でこの地図を描いたという可能性もあるが、これもなんともいえない。現時点では筆者は、この地図がかつてのオールド・ベリアル・グラウンドの風景を正しく描写しているかどうかはわからないとしか判断できない。今後一七四〇年代、五〇年代、六〇年代の周辺地図の調査を行うことで解決したいと願っている。

オランダ人墓地

オベリスクと墓の歴史において、スーラトの二つの墓地が重要であることはすでに述べたが、特にオランダ人墓地の意義は大きく、しかし、そのオベリスク型あるいはオベリスク的な形状の墓の年代などの詳細まではわからなかった。インドには他にも多くのオランダ人墓地があり、そこには十八世紀までにすでに自立式オベリスク型墓石が成り立っていた可能性のあるものがある。筆者

図10-4　Catherina Roelofsz Disscher（1765年没）と Jan Visscher（1768年没）の墓、ビーミリのオランダ人墓地。

が実際に見た範囲では、一七二四年開設のコチ（コチン）のオランダ人墓地には、年代は特定できないがオベリスク型、あるいはそれに近い形状の墓石が四つ確認できるし（図10-3）、アーンドラ・プラデーシュ州のビーミリ（ビームニパトナム）のオランダ人墓地には一七六五年没と一七六八年没の人物をおさめる墓（図10-4）と、一七八三年没の人物の墓（図10-5）がピラミッド的だが頂点に独特の切り替えのある形状をしている。(5) またカルカッタからフーグリー川を遡ったところにあるチンスラのオランダ人墓地にも多くの自立式オベリスク型墓石がある（図10-6）。筆者が確認できた十八世紀のものは一七八三年没の一つだけで（図10-7）、他に年代が確認できたのはみな十九世紀のものだったが、ここには一七四三年から埋葬がなされているため、十八世紀のオベリスク型墓石がある可能性は十分あり、ホルウェルに先立つオベリスク型墓石がある可能性もある。この墓地は二〇二一年から大規模な改修がなされたため、インド考古局からより詳しい情報が得られないかと期待して

図10-3　コチのオランダ人墓地

図10-5　Helena Sterur（1783年没）と家族の墓、ビーミリのオランダ人墓地（一番左側）

図10-6　チンスラのオランダ人墓地

いる。

　このように、オランダ人墓地にはイギリス人墓地より早く自立式オベリスク型墓石が出現していた可能性があり、しかし正確な年代や経緯は筆者には確認できていない。オベリスク意匠の利用の歴史においても、ネーデルラントとフランドルの存在感は大きく、ここには死とオベリスクの歴史に関して、調査、考察すべき点が多くあるものと考えている。筆者はデンハーグのアウト・エイク・エン・ダウネン墓地（図10-8）、ライデンのグルーネステーク墓地（図10-9）、アムステルダムのゾルフリート墓地（図10-10）、ゲントのカンポ・サント墓地（図10-11）、ブリュッセルのラーケン墓地（図10-12）を訪ねており、それぞれに一定数、あるいは相当数のオベリスク型墓石を確認したが、これらの墓地は、いくつか前史を持つものはあっても、すべて十九世紀以降に開設のものであり、確認できたオベリスク型墓石も当然ながらみな新しく、インドにおける早期の自立式オベリスク型墓石の出現の可能性に関わるヒントを得ることはできていない。

図10-7　Pieter Brueys（1783年没）の墓、チンスラのオランダ人墓地

図10-8　アウト・エイク・エン・ダウネン墓地（Oud Eik en Duinen）、アムステルダム

図10-10　ゾルフリート墓地（Zorgvlied）、アムステルダム

図10-9　グルーネステーク墓地（Begraafplaats Groenesteeg）、ライデン

図10-11　カンポ・サント墓地（Campo Santo）、ゲント

図10-12　ラーケン墓地（Cimetière de Laeken）、ブリュッセル

図10-13　ミシェル・ジョアキム・マリ・レイモンの墓に附属するオベリスク、ハイダラーバード

　オランダ人墓地以外にも、たとえばハイダラーバードには、ニザームに仕えて活躍したフランス人軍人、ミシェル・ジョアキム・マリ・レイモン（一七九八年没）の墓に添えられたオベリスク（図10-13）がある。[6] 今後はさらにイギリス人墓地以外に目を向けるべきであろう。また、インドを離れると、本書ではほとんど触れられなかったドイツ、オーストリア周辺の重要性も大きい。フィッシャー・フォン・エルラッハが深く関わったハプスブルク家周辺にもまたそれ以外にも、オベリスクの意匠の利用は多く存在する。ま

た、時代的には本書の対象から外れるが、ドレスデンやプラハのソヴィエト兵墓地の墓石がオベリスク型であることなど、オベリスクと特に死との関わりについてはまだまだ知るべきことが多い。

インド建築の歴史と影響

なぜインドで墓でオベリスクなのかを考える上で極めて重要なのが、インドの建築の歴史と影響であるが、本書では一部の墓廟建築に触れることしかできなかった。インドの建築や美術とその技術に、自立式オベリスク型墓石の出現を促す要素があったのか、現時点では筆者には不明である。現代インドではオベリスクやピラミッドを思わせる形の祠などをしばしば見るが、古くからあった形象とは考えがたい。ヒンドゥー寺院建築には高くそびえる構造も多いが、単純にオベリスク型墓石への影響を予想することは難しい。南インドで本堂上に立つヴィマーナはピラミッド的構造を持ち、この影響は考えうるかもしれないが、北インドの砲弾型のシカラや南インドの塔門ゴープラムはオベリスクやピラミッドとはかなり印象が異なる。一つの例として、博物画と風景画で知られるウィリアム・ホッジス（William Hodges、一七四四〜一七九七）が数年間のインド滞在の後に出版した『インド風景選集（*Select Views in India*）』では、ジャールカンド州のデーオーガルとタミル・ナードゥ州のタンジョール（タンジャヴール）の「パゴダ」の絵を並べ、前者をヒンドゥー寺院建築の古い形のものだとして、その構造を「石を積み上げた単純なピラミッド」と説明した上で、タンジョールのそれは、基本的には前者と変わらないものの、形と装飾が発展していると書き添えている（Hodges 1785: No. 21, 22）（図10-14〜15）。後者は明らかにブリハディーシュヴァラ寺院のヴィマーナを描いており、一方前者はバイディヤナート寺院に見えるが、現在のそれやホッジス自身が別に描いているものがかなりはっきりした砲弾型に見えるのに対して、ここでは確かにややピラミッド的に描かれている。(7) 少なくともホッジスはこの時「ピラミッド」的な構造としてこの二つを見ていたことがわかる。このようなインドの光景の認識や、またそれ以上にその建築技術が、多少ともオベリスク型墓石の出現に関わったのかどうか、重要な問題であり、これはインドと西洋の建築史の専門家の協力を仰ぎたいテーマである。また、イスラーム墓廟建築がチャトリーやオランダ人やイギリス人の墓に大きな影響を与えたであろうことは広く認識されているが、具体的にどういう影響関係が成り立ってきたのかとなると、筆者の知る限り研究は深められておらず、これもまた複数の領域の専門家の知識が求められる大きな問題である。

オベリスクの力

本書ではたびたび、本来二本一対であったオベリスクが一本で、中心のシンボリズムを伴って用いられていることが多いことを指摘してきた。世界には山や木などに天と地を結ぶ宇宙の中心軸、アクシス・ムンディを見いだす文化の長い歴史があり、たとえばメイポールや御柱のような柱状のものにも中心のシンボリズムが求められてきた。その中でオベリスクも本来の出自に反して、中心軸の強いイメージを持ってきたが、その中心を画する力は、単なる柱とも異なる、頂点のピラミディオンに向けて集約していくオベリスク独特の形状にこそ由来するように思われる。

オベリスクは本来太陽信仰と関わるもので、その形状は太陽光の放射そのものをあらわすともいわれる。しかし本書でたどったオベリスクの歴史においては、古代ローマ以降にオベリスクの意匠に太陽のシンボリズムが期待されていた様子はさして感じられず、オベリスクと墓の結び付きにも特に強い影響を感じることはなかった。しかし二〇二四年に、オベリスクの力と太陽の結び付きについて強い印象を得る機会があった。パリ・オリンピックである。コンコルド広場はさまざまな競技やイベントの会場となったが、その映像を見てオベリスクの存在感の大きさを感じた人は多かったことと思う。特にそのピラミディオンの冠飾が光を反射して輝き渡る様に筆者はあらためて目を奪われた。序章で述べたように、筆者は二〇二三年に冠飾の修復後のこのオベリスクを見ているが、今回、この大きなスポーツイベントの象徴的な中心に立ち、さまざまな時間にさまざまな角度から、時にドローンカメラを駆使して——ことさらオベリスクを撮影しているわけではないのだが――撮影されるオベリスクを見ることで、どうしても頂点に向けて仰ぎ見ずにはいられなくなる、太陽と結び付き中心を画する力をあらためて認識したのである。

記念柱が通常なんらかの装飾を伴うのに対して、オベリスクは本質的には装飾を求めない。碑文や冠飾はあっても、基本的にはピラミディオンに向かって集約していく四角錐状のあのかたちそのものが重要なのである。オベリスクが再生され、その意匠が広く用いられ、慰霊の意匠として普遍化した展開にも、太陽光に由来するというこのかたちそのものの魅力が大きく関わっているはずであるが、本書ではこの「オベリスク独特の形状」の力を言葉で論じることはまったくできなかった。果たしてどのようなアプローチならばこのかたち自体の力とその歴史を論じうるのか、現在筆者にはわからないが、多様な分野の知恵を得て考えていきたい課題であると思っている。

6　終わりに――墓石のグローバル・ヒストリーの期待

前節の終わりに、「多様な分野の知恵を得て考えていきたい」と記した。本書の最後に書きたいことはこれに尽きる。本書は筆者に叶う限りの大風呂敷を広げ、古代から近代に至るオベリスクと死の歴史を見てきたが、本章で整理したとおり、触れられた内容もわかったことも限られている。筆者は近代インド周辺の宗教性とオリエンタリズム問題を研究の主題とする中でオベリスク型墓石に関心を抱き、そこに西／東、支配／被支配、世俗／宗教などの二元的な枠組みでは論じ得ない多元性、重層性があると期待してこのテーマを追ってきた。本書でなしえたことは少なく、特に東西の重なりや悲嘆の問題をあぶりだせたとはいえないことが悔やまれるが、それでもこの慰霊とかたちの歴史が非常に多面的で錯綜したもので、なんらかの構図でたやすく捉え得ないものであることだけは明らかになったであろう。本章で見てきたように、このテーマを追うことで、時代も地域も専門性も、すべてをさらに広げつないでいくことの意義が明らかになったと考えている。筆者の個人的関心はオベリスク型墓石にあるが、これはいわば「窓」となるもので、ここから時代と地域をこえる生死の歴史を考える場をつくり、墓石のグローバル・ヒストリーの可能性につなげていきたいと願っている。

注

1 本章ではここまでの議論の総括にあたっては、出典情報や註を再掲すると煩瑣になるためそれはせず、図像番号のみ示すこととする。情報が必要な際は図像掲載箇所で参照されたい。

2 ヴィクトリア・メモリアルは一九〇一年に亡くなったヴィクトリア女王を記念してつくられたもので、墓ではないが、死者を記念する面を持つ。その姿には、カーゾンがタージ・マハルを強く意識し、それをしのぐものをつくりたいと願っていたことが感じられる。

3 ただし、アレクサンドリアの灯台やバベルの塔など、塔が一般に高くそびえるとともにそこに「登る」ことを意識した建造物であるのに対し、セミラミスのバビロニアの尖塔やオベリスクは「立てる」こと自体が意味を持つ建造物で、重なりつつも大きく異なる性質を持つものと考えられる。

4 John Callについて、Markham（1878）や野間（2005）では、一七七七年にJames Rennelを継いで二代目のベンガルの測量局長官になったとしているが、これはThomas Callと混同したものであろう。

5 恐らく双方Visscherであるはずだが、碑文上は図10-4のキャプション通り、一方がDisscherとされている。

6 このすぐ近くには、一八〇九年に出産時に亡くなったというAnn Janet Elizabeth Jenkinsという恐らくイギリス人女性と子どもの墓に添えられたオベリスクも残っているが、どういう経緯によるものか、筆者には確認できなかった。またハイダラーバードには他にも古いイギリス人墓地があるが、十八世紀以前のオベリスク型墓石は確認できなかった。

7 バイディヤナート寺院には多くのシカラがあり、高さも勾配も異なっており、ホッジスがどの角度からどれを描いているのかは筆者には確認できなかった。インド考古局発行のパンフレットによれば、「バーバー・バイディヤナート寺院群には、平らな屋根のムカ・マンダパ（本堂の前室のようなパビリオン状の部分を指す：筆者註）を伴うピラミッド型の層状のシカラがある。これらの寺院全体は、十六世紀から十九世紀の間に石で建てられている」（Archaeological Survey of India n.d.: 7）とあり、ホッジスが描いた後にも増築されている模様である。またここでも「ピラミッド」の語が用いられていることが注目される。

あとがき

本書は私にとって初めての単著である。この「あとがき」をもってなんとか書き上がるはずなのだが、ここにきてまた書きあぐねて唸っている。そもそも自著のあとがきを書いたことがないので勝手がわからない。よいあとがきとは、その著書の学問的問いと成果に触れつつユーモアをもってそこまでの研究の道のりと新たに広がる問題の射程を示すようなものと思われ、そのような素晴らしいあとがきをいくつも見直しもしたが、どうにも近いものが書けそうにない。そこで正直に、何がどう書きにくいのか、大きな二つの理由を書こうと思う。

第一の書きにくさに、本書の位置付けの曖昧さがある。見直してみるほどに、これがどういう研究領域のどこにどう位置づく、どういう意味をもつ研究であるのか、正直なところ、すっきり説明できないのである。

私は宗教学を専門とし、近代インド周辺の宗教性の変動とオリエンタリズム問題を主要な研究テーマとしているが、死生学にも関わりながら研究をしてきた者で、現在も、宗教学・宗教史学の研究室の教員であるとともに、死生学応用倫理の研究室の教員も兼務している。私は、宗教・東洋（インド）・死の三つを大きなテーマにしているが、これらは決してばらばらなものではなく、「オリエンタリズム」という補助線を引くことで結びつく一つの問題であると考えている。これらはすべて、特に近現代において、ある種の異物、他者として世界と日常から疎外されてきたものだからである。インドのイギリス人墓地を起点にオベリスク型墓石の展開を考えるという本書のテーマは、一種の「トリビア」ネタのように見えるかもしれず、それはそれでよいのだが、私の研究関心にとっては核心的なもので、それをこうして一冊の本にできることはほんとうに大きな喜びである。あるのだが、あらためて見るほどに、この本の位置づけや意義を、我ながらうまく語れないところがあるのである。

そもそも出版のご相談をした出版社の方々にも、「これは何学の本なのでしょう?」と問われることがあった。自分では宗教学、特に宗教史の研究書の一種だと思っているが、宗教学の書籍に多くの人が今求めるであろう重要な論点――たとえば宗教や世俗を巡る多様な概念の検討や宗教学という学問とその方法論の見直しなど――が語られたかというとまったく心許ない。宗教史の成果といいたいが、それにしては時代も地域も肝心の宗教性も茫洋としている。では死生学の成果かというと、これがまた心許ない。死生学とは何であるか、難しい問題だが、私には、死の「どうしようもなさ」に向き合う学問であって欲しいという、ごく個人的な思いがある。本書にはいくつもの不足があるが、なかでも深く反省するのが、終章にも書いたように、東西の重なりに踏み込めなかったことと、この、死の悲嘆と「どうしようもなさ」の問題に踏み込めなかったことである。その意味で、これが(少なくとも私にとっての)死生学の研究たり得たか、さらにいえばオリエンタリズムの研究たり得たかということにも、力不足を感じている。また、部分部分を見れば、不勉強にもかかわらず、古代から近代までの美術史や建築史や歴史学に関わる記述の多い本となったが、もちろん、その分野に多少とも寄与できるなどということは到底できない。そういう意味で、どうにも位置づけに迷う、鵺的、キメラ的なものができあがったわけである。

しかしそれでも、現在私は、この本の不格好な様相に、悩ましさとともに愛着を感じている。考えるほどに、それでもこういうことが自分はやりたかったのだという結論に戻ってくる。そもそもオベリスクとその形状の墓石にこれほど惹かれる、その大きな要因が、その位置づけ難さと曖昧さにある。ピラミッドは、どれほど応用されてもどこまでも「エジプト」と「死(+再生)」の表象としての安定性を持つ。それに比べてオベリスクは、エジプト、ローマ、ヨーロッパを経て、今や世界中に普及しており、そこには異なる意味とイメージが何層にも重なっている。それがなぜか洋の東西を越えて慰霊のかたちとしてあたりまえに受け入れられていること、その展開になぜかインドが深く関わってきたこと、そのすべての重層性と曖昧性と「わからなさ」に、どうしようもなく惹かれるのである。その意味で、本書のあり方は、私の考えるオベリスクのあり方に添うもので、恐らく私は、そういうものに今後も惹かれて、こだわっていくのだろうという自己理解ができたところがある。

このような研究を続けてこれたのも、そしてその一端をどうにか一冊の本にできるのも、数え切れないほど多くの方々にいただいてきたご指導とご助力のおかげである。それをここで列挙することも考えたが、書き出し始めてみたら到底できないことがすぐにわかったので、まず、直接的に支えられた助成を感謝を込めて並べると以下のとおりである。

科学研究費基盤研究（B）「ポスト・セキュラー状況における宗教研究」（代表・鶴岡賀雄、二〇一四〜二〇一七）

科学研究費基盤研究（C）「インドにおける近代的宗教表現の展開とその影響」（代表・冨澤かな、二〇一五〜二〇一七年）

科学研究費基盤研究（A）「近世ユーラシアの宗教アイデンティティ：グローバル多元主義と地域大国主義の相克」（代表・守川知子、二〇二二〜二〇二五年）

静岡県立大学国際関係学部　一般研究費（二〇一八〜二〇二三年）、教員特別研究推進費（二〇一八年）

令和六年度布施学術基金学術叢書刊行費

また、本書内で記したとおり第六章が冨澤（2022）に、第九章二節が冨澤（2010）に重なる内容を多く含むほかには、これまでに文字化したものは発表抄録の類のみであるが、つまり口頭で発表したことはたびたびあり、その際には貴重なご質問やご指摘をいただき、多くを学ばせていただいた。ここにその詳細を記すことはできないが、二〇二二年に第四十六回地中海学会大会での発表で、久しぶりにこのテーマに取り組んだことには触れておきたい。これは本書に近い、「オベリスク型墓石のグローバル・ヒストリー――インドの英人墓地からの試み」というタイトルのものだった。近代インドの宗教性を研究する者が地中海学会で発表させていただけること自体、奇妙といえば奇妙で、それだけにありがたいことであり、自分の研究のキメラ感を自覚する貴重な機会ともなった。

この発表の機会をつくってくださったのは西洋美術史研究の小池寿子先生である。先生には三〇年以上にわたり、多くのことを教わり、いくつもの旅とたくさんのお酒をご一緒いただいてきた。今回、中央公論美術出版さんからこの本を出版させていただけるのも、先生のご紹介があってのことである。そしてこの本がどうにかかたちになろうとしているのは、中央公論美術出版の松室徹様に励ましたり叱ったり待ったりまた叱ったりを飽かず繰り返していただき、それでもなお遅れた歩みの分、金原佳央里様に何度もご無理をいただき、こまやかな編集作業を厳しいスケジュールの中でこなしていただいたおかげである。そして、このような曖昧な関心に基づく曖昧な研究を続けながらなんとか今に至ることができているのは、一つには常に家族の支えがあったおかげであり、もう一つには、指導教員の島薗進先生が、長い間、近く遠く、私の迷走を見守り、助け続けてくださったおかげである。また、もう一人の指導教員であるデリー大学のアショク・ヴォーラ先生は、私がインドに行く度にご自宅にお迎えくださり、奥様とともにアルゴビ（ジャガイモとカリフラワーの料理）やハルワー（甘いプディング的なお菓子）を振舞っては、私の研究の遅い歩みやさまざまな逡巡に耳を傾け、たくさんの助言をくださり、さまざまに助けてくださっている。また、本書の大きな悔いの一つに、数多く訪ねてきたインドの墓地の、ほんのわずかにしか触れられなかったということがあるが、その中で、十五年以上にわたって何度も訪ねてきた、コルカタのサウス・パーク・ストリート・セメタリーについて、少しでも語ることができたことはよかったと感じている。この間、この墓地を始めコルカタの多くの墓地を管理するクリスチャン・ベリアル・ボードのラナジョイ・ボース様には、調査をお助けいただくのみならず、人生の先達として、いつも暖かい友情——と、失礼して書かせていただきます——を与えていただいてきた。インド外の調査でも多くの方のお助けをいただいているが、特に、リヴォルノのイギリス人墓地やオランダ人墓地を深く研究しながらその保全にも尽くしておられるマッテオ・ジュンティ先生のご教示とご助力に深く感謝申し上げたい。ここでは、勝手に絞りに絞って、以上の方々のお名前をあげさせていただき、厚く御礼申し上げるとともに、ここに記しきれないほんとうに多くの方々のご指導とご助力に、心よりの感謝を捧げるものである。

そのうえで、最後にもう一人、書かなくてはならない人がいる。この「オベリスクと墓の旅」のほぼすべては、一人の共同研究者とともに行ってきた。夫の北沢裕である。北沢は、中世ヨーロッパの「死後世界旅行記」と呼びうる幻視・説話群への関心を核に、死後世界観念の比較研究を行い、それを現代の死の問題へとつなぐ研究をしてきた宗教学者である。その研究関心の根幹にあるのは、人間の生きる苦しみと死にゆくことの悲しみをひろい、すくう何かが死後世界の観念にはある（あった）という確信であり、しかしそれが共有されえない時、何がそれを代替しうるのか、研究のことばは、過去の宗教的な蓄積から何をどう媒介しうるのか、という問いである。北沢と私は、対象とする地域や時代を異にしつつも、関心をともにし、研究を共有しており、インドの墓地の調査も常に彼のサポートを受けて行ってきた。パトナで痛風発作を起こした北沢が、草ぼうぼうの墓地で拾った倒木を杖になんとか歩き、街に帰ってきたら多くのインドの方たちにものすごく大事にしてもらえたこと。ヴィシャーカパトナムのもっと草ぼうぼうの墓地で北沢が虫にやられて深刻に不安がっていたけれどその後二週間ほどひどい発疹に苦しんだのは私であったこと。さまざまの記憶がある。北沢がいなくなって五年以上が経ち、ようやく彼との「オベリスクと墓の旅」の一端をかたちにしようとしているが、我々の共通の関心である、死の「どうしようもなさ」の問題には踏み込めなかった。それは現在の私自身の問題でもある。これがこの「あとがき」の書き難さの第二の理由であった。この関心を、自分の研究として、いつかかたちにしなくてはと思っている。

二〇二五年二月

冨澤　かな

Time Travel Rome, 2012-2020, "Circus Maximus: Rome' greatest shows on coins", *Time Travel Rome*, https://www.timetravelrome.com/2019/05/13/circus-maximus-rome-greatest-shows-coins/ (Accessed on 1 Feb 2024).

Toscana Promozione Turistica, 2017, *Toscana itinerari d'autore, alla scoperta della bellezza attraverso i grandi artisti*, https://www.visittuscany.com/export/shared/visittuscany/documenti/Itinerari_Autore_WEB.pdf (Accessed on 1 Feb 2024).

Trautmann, Thomas R., 1997, Aryans and British India, New Delhi: Vistaar.

Travers, Robert, 2007, "Death and the Nobob; Imperialism and Commemoration in Eighteenth-century India," *Past and Present*, no. 196.

van Ruyven-Zeman, Zsuzsanna, 1997, Hendrick de Keyser: Draftsman and Designer of Stained Glass, *Simiolus: Netherlands Quarterly for the History of Art*, vol. 25, no. 4, pp. 283-302.

Vera Botí, Alfredo, 2014, *Arquitectura del Renacimiento, Mecenas y patronos: vidas, hechos y leyendas. Obras promovidas, Italia*, Alicante: Biblioteca Virtual Miguel de Cervantes.

Weaver, L., 1906, "London Leaded Steeples-I". *The Burlington Magazine for Connoisseurs*, vol. 10, no. 44, pp. 83–88.

Wenley, Robert, n.d. "Tomb of William of Orange", *CODART Canon*, https://canon.codart.nl/artwork/tomb-of-william-of-orange/.

Wilkinson, Theon, 1976, *Two Monsoons*, London: Duckworth.

Williams, Robert, 2000, "Vanbrugh's India and His Mausolea for England," *Sir John Vanbrugh and Landscape Architecture in Baroque England, 1690–1730*, ed. by Christopher Ridgeway & Robert Williams, Stroud: 114-30.

Winpenny, David, 2017, "The Story of Ripon's Obelisk", *Ripon Gazette*, 24 Aug. 2017, in *Ripon Civic Society*, https://riponcivicsociety.org.uk/2017/08/24/the-story-of-ripons-obelisk/ (Accessed on 1 Jan 2025).

Wittkower, Rudolf, 1989, *Selected Lectures of Rudolf Wittkower: the Impact of Non-European Civilizations on the Art of the West*, ed. by Donald Martin Reynolds, Cambridge: Cambridge University Press.

Worpole, Ken, 2003, *Last Landscapes: the Architecture of the Cemetery in the West*, London: Reaktion Books.

Worsley, Giles, 2000, "'After ye Antique': Vanbrugh, Hawksmoor and Kent", Christopher Ridgway and Robert Williams eds., *Sir John Vanbrugh and Landscape Architecture in Baroque England*, Stroud: Sutton, pp. 131-53.

Zoli, Corri, 2007, " "Black Holes" of Calcutta and London: Internal Colonies in Vanity Fair," *Victorian Literature and Culture*, 35.

Santi, Patrizia, Mario Tramontana, Gianluigi Tonelli, Alberto Renzulli, and Francesco Veneri, 2021, "The Historic Centre of Urbino, UNESCO World Heritage (Marche Region, Italy): An Urban-Geological Itinerary Across the Building and Ornamental Stones." *Geoheritage*, 13 (4): 86.

Scarre, Chris & Judith Roberts, 2005, "The English Cemetery at Surat: Pre-Colonial Cultural Encounters in Western India," *The Antiquaries Journal*, 85: 250-91.

Schürer, Norbert, 2008, "The Impartial Spectator of Satī, 1757–84," Journal of Eighteenth-Century Studies, vol. 42, no. 1.

Serlio, Sebastiano, 1540 [1537], *Regole generali di architettura di Sebastiano Serlio Bolognese sopra le cinque maniere de gliedifici*, [Venice] : Impresso in Venetia per Francesco Marcolino da Forli.

Serlio, Sebastiano, 1540, *Il terzo libro di Sabastiano Serlio bolognese, nel qual si figurano, e descriuono le antiquita di Roma e le altre che sono in Italia, e fuori d'Italia*, [Venice] : Impresso in Venetia per Francesco Marcolino da Forli.

SFO Museum, 2017, "Press Release: All Roads Lead to Rome: 17th-19th Century Architectural Souvenirs from the Collection of Piraneseum," *SFO Museum*, 1 Aug. 2017, https://www.sfomuseum.org/about/press-releases/all-roads-lead-rome-17th-19th-century-architectural-souvenirs-collection.

Shearman, John, 1961, "The Chigi Chapel in S. Maria Del Popolo", *Journal of the Warburg and Courtauld Institutes*, 24 (3/4): 129-160.

Smith, Vincent Arthur, 1911, *A History of Fine Art in India and Ceylon, from the Earliest Times to the Present Day*, Oxford: Clarendon Press.

Speel, Bob, 2022, "Obelisk Monuments in the Church", *The Website of Bob Speel: British Sculpture & Church Monuments*, http://www.speel.me.uk/gp/obeliskmonuments.htm (Accessed on 1 Feb 2024).

Stanley-Price, Nicholas, 2014, *The Non-Catholic Cemetery in Rome: Its History, Its People and Its Survival for 300 Years*, Rome: Non-Catholic Cemetery in Rome.

Steenbergen, C., and W. Reh, 2003, *Architecture and Landscape: The Design Experiment of the Great European Gardens and Landscapes*, Basel [etc.]: Birkhäuser, https://library.wur.nl/WebQuery/titel/1765723.

Stuart, Tristram, 2007 [2006], The Bloodless Revolution: Radical Vegetarians and the Discovery of India, New York: W.W. Norton.

Technicolor, 2016, "Circus Maximus: Rome' greatest shows on coins", *Technicolor*, August 18, 2016, https://www.timetravelrome.com/2019/05/13/circus-maximus-rome-greatest-shows-coins/ (Accessed on 1 Feb 2024).

The Center for Advanced Study in the Visual Arts, National Gallery of Art, Washington, n.d., Bunker Hill Monument, History of Early American Landscape Design, https://heald.nga.gov/mediawiki/index.php/Bunker_Hill_Monument#cite_ref-5 (Accessed on 1 Oct 2024).

The Government of India Calcutta, 1930, *Indian Historical Records Commission Proceedings of Meetings*, vol. Xiii.

The Metropolitan Museum of Art, n.d., Louis Jean Desprez, The Tomb of Agamemnon, ca. 1787, https://www.metmuseum.org/art/collection/search/336111 (Accessed on 1 Aug 2024).

The Non-Catholic Cemetery in Rome, n.d. "History of the Non-Catholic Cemetery for Foreigners in Testaccio, Rome," *the Non-Catholic Cemetery in Rome*, https://cemeteryrome.it/about/about.html (A[[ccessed on 1 Aug 2024).

Thiersch, Hermann, 1909, *Pharos, antike, Islam und Occident; ein beitrag zur parchitekturgeschichte*, Leipzig, Berlin, B.G. Teubner.

O'Malley, L. S. S., & J. F. W. James, 1924, *Bihar and Orissa District Gazetteer*, Patna: Bihar and Orissa Government Printng.

Pachori, S. S., 1993, *Sir William Jones: A Reader*, Delhi: Oxford UP.

Patterson, Jessica, 2021, Religion, Enlightenment and Empire, Cambridge: Cambridge University Press.

Pearson, Peter, 2007 [1999], *Between the Mountains and the Sea: Dun Laoghaire-Rathdown County*, Kildare: O'Brien Pr.

Petacco, Laura, 2016, "La Meta Romuli e il Terebinthus Neronis", Claudio Parisi Presicce and Laura Petacco eds., *La Spina. Dall'agro vaticano a via della Conciliazione (Catalogo della Mostra Musei Capitolini 2016)*, Rome: Gangemi Editore.

Philo Byzantius, 1640, *De septem orbis spectaculis, Leonis Allatij opera nunc primum Graecè & Latinè prodit, cum notisPhilo Byzantius*, Romae: Excudebat Mascardus.

Piraneseum, n.d., "18th & 19th Century Grand Tour Models: Architectural History To Go," *Piraneseum*, https://www.piraneseum.com/piraneseum/grand-tour-models/#2 (Accessed on 1 Aug 2014).

Piraneseum, 2022, *Piraneseum: Piraneseum's New Catalog of Antique Architectural Models - Souvenirs of the Grand Tour*, November 6, 2022, https://issuu.com/piraneseum/docs/piraneseum_s_new_catalog_of_antique_architectural_ (Accessed on 1 Aug 2014)..

Pliny, 1962, *Natural History in ten volumes. vol.10: Libri XXXVI-XXXVII*, [Loeb 419], Cambridge, Mass.: Harvard University Press.

Poliakov, Léon, 1996 [1971], *The Aryan Myth: A History of Racist and Nationalistic Ideas in Europe*, New York, Barnes & Noble Books.（レオン・ポリアコフ、1985、『アーリア神話――ヨーロッパにおける人種主義と民族主義の源泉』、アーリア主義研究会訳、法政大学出版。）

Popelka, Liselotte, 1994, *Castrum doloris oder „Trauriger Schauplatz": Untersuchungen zu Entstehung und Wesen ephemerer Architektur*, Wien: Verlag der Österreichischen Akademie der Wissenschaften.

Pratt, Helen Marshall, 1914, *Westminster abbey, its architecture, history and monuments*, New York: Duffield & company.

Raddato, Carole, 2016, "The Obelisk of Antinous," *Following Hadrian*, October 2, 2016, https://followinghadrian.com/2016/10/02/the-obelisk-of-antinous/ (Accessed on 31 Aug 2023).

Ragni, Sara, 2020, *I Sepolcri monumentali nella Firenze del Principato (1600-1743): Dagli ultimi anni del regno di Ferdinando I fino alla fine della dinastia medicea*, Firenze: Altralinea Edizioni.

Ridgway, Christopher, and Robert Williams, 2000, *Sir John Vanbrugh and Landscape Architecture in Baroque England 1690-1730*, Stroud: Sutton, in association with the National Trust.

Rinne, Katherine W., 2001, "The Landscape of Laundry in Late Cinquecento Rome", *Studies in the Decorative Arts*, vol. 9, no. 1, pp. 34-60.

Rowland, Ingrid, 2010, "Vergil and the Pamphili Family in Piazza Navona, Rome," Joseph Farrell and Michael C. J. Putnam eds., *A Companion to Vergil's Aeneid and Its Tradition*, Malden: Wiley-Blackwell, pp. 253-269.

Rose, Steve, 2006, "Don't tell Dan Brown...," *The Guardian*, 25 Sep 2006, https://www.theguardian.com/artanddesign/2006/sep/25/architecture.

Rushforth, G. McN., 1919, "Magister Gregorius de Mirabilibus Urbis Romae: A New Description of Rome in the Twelfth Century," *The Journal of Roman Studies*, vol. 9 (1919), pp. 14-58.

Russo, Elena, 2021, "The Originality of Nicholas Hawksmoor," *Durham University History Society Journal*, 2020-2021, pp. 25-33.

Said, E. W., 1979 [1978], *Orientalism*, New York: Vintage Books.（E．W．サイード、1993、『オリエンタリズム』（上・下）板垣雄三・杉田秀明監修、今沢紀子訳、平凡社。）

Macfarlane, Iris, 1975, *The Black Hole or the Making of a Legend*, London: Allen & Unwin.
Markham, Clements R., 1878, *A Memoir on The Indian Surveys*, 2nd Ed., London: W H Allen And Co.,
Matthieu, Pierre, 1595, *L'entrée de tres-grand, tres-chrestien, tres-magnanime, et victorieux prince. Henry IIII. roy de France & de Navarre, en sa bonne ville de Lyon, le IIII. septembre l'an M. D. XCV... 1595*, Lyon: Imprimerie de Pierre Michel
Matthews, Jeff, 2006, "The ex-English Cemetery," *Naples: Life, Death, and Miracles*, entry Oct 2006 update Aug 2011, Nov 2022, May 2023, http://www.naplesldm.com/engcemetery.php (Accessed on 1 Aug 2024).
McLaughlin, Mark, 2021, "Tracing the Roots of Samādhi Burial Practice," *The Journal of Hindu Studies*, 14 (1), pp. 8–26.
Medland, Thomas, 1817, *Stowe: A Description of the House and Gardens of the Most Noble and Puissant Prince, Richard Grenville Nugent Chandos Temple, Marquess of Buckingham*, Buckingham: Printed and sold by J. Seeley: sold also by L.B. Seeley.
Metcalf, Barbara D. & Metcalf, Thomas R., 2002, *A Concise History of India (Cambridge concise histories)*, Cambridge: Cambridge University Press.（メトカーフ , バーバラ . D.、トーマス . R. メトカーフ、2006、『インドの歴史』、創土社。）
Milner-Gibson-Cullum, Gery, & Francis Campbell Macauley, 1906, *The Inscriptions in the Old British Cemetery of Leghorn*, Leghorn: Rafaello Giusti.
Ministère de la Culture, 2023, "Press release: Installation of the tip of the pyramidion of the Luxor Obelisk, Place de la Concorde on 20 June 2023", *Ministère de la Culture*, 21.06.2023, https://www.culture.gouv.fr/en/Press/Press-releases2/Installation-of-the-tip-of-the-pyramidion-of-the-Luxor-Obelisk-Place-de-la-Concorde-on-20-June-2023 (Accessed on 10 Aug 2023).
Mossfords Memorial Masons, n.d. "Is there a Difference Between a Headstone, Gravestone & Tombstone?" *Mossfords Memorial Masons*, https://mossfords.com/helpful-tips/is-there-a-difference-between-headstone-gravestone-tombstone/ (Accessed on 1 Aug 2024).
Mourby, Adrian, n.d., "Mourby of Rome: Eden", *The Most Famous Hotels in the World*, https://famoushotels.org/news/mourby-of-rome-2 (Accessed on 1 Aug. 2024).
Muenzer, Clark S., 2001, "Wandering among Obelisks: Goethe and the Idea of the Monument," *Modern Language Studies*, vol. 31, no. 1, pp. 5-34.
Mukherjee, Rudrangshu, 2006, "Myth of Empire: The Story about the Black Hole of Calcutta Refuses to Die," *The Telegraph Online*, 25 Jun. 2006, https://www.telegraphindia.com/opinion/myth-of-empire-the-story-about-the-black-hole-of-calcutta-refuses-to-die/cid/1025320 (Accessed on 1 Nov. 2024).
Myers, Mary L., 1991, *French Architectural and Ornament Drawings of the Eighteenth Century*, New York: The Metropolitan Museum of Art: distributed by H.N. Abrams.
Mytum, Harold, 1989, "Public Health and Private Sentiment: The Development of Cemetery Architecture and Funerary Monuments from the Eighteenth century Onwards," *World Archaeology*, vol. 21, no. 2, pp. 283-297.
Nunnerley, David, n.d., "A History of Montreal Park," *Montreal Park Residents' Association*, https://www.montrealpark.org.uk/history (Accessed on 1 Oct. 2024).
Ness, Katie, 2024, "'The Wisdom of Solomon' Stone Pyramid St Anne's Limehouse Church London, England," (ed. by Steve 55, SEANETTA), *Atlas Obscura*, https://www.atlasobscura.com/places/wisdom-of-solomon-stone-pyramid-annes-limehouse-church (Accessed on 10 Aug 2023).
Nicholas, Francis Morgan, 1889, *Mirabilia urbis Romae = The Marvels of Rome: or a Picture of the Golden City*, London: Ellis and Elvey.

Holmes and Co., 1851 [1848], *The Bengal Obituary: Or, a Record to Perpetuate the Memory of Departed Worth, Being a Compilation of Tablets and Monumental Inscriptions from Various Parts of the Bengal and Agra Presidencies. To Which Is Added Biographical Sketches and Memoirs of Such as Have Preeminently Distinguished Themselves in History of British India, since the Formation of the European Settlement to the Present Time*, London: W. Thacker & Co.

Holwell, John Zephaniah, 1765-1771, Interesting Historical Events, Relative to the Provinces of Bengal, and the Empire of Indostan, Part I, II, III, London: T. Becket & P.A. de Hondt.

Holwell, John Zephaniah, 1774 [1758], "A Genuine Narrative of the Deplorable Deaths of the English Gentlemen and others who were suffocated in the Black Hole," in *India Tracts*, the 3rd edition, London: Printed for T. Becket.

Holwell, John Zephaniah, 1774 [1764], *India Tracts*, the 3rd edition, revised and corrected, with additions, London: Printed for T. Becket.

Howard, Deborah, 1975. *Jacopo Sansovino: Architecture and Patronage in Renaissance Venice*, New Haven and London: Yale University Press.

Hurx, Merlijn, 2019, "The Most Expert in Europe: Patents and Innovation in the Building Trades in the Early Dutch Republic (1580–1650)," *Architectural Histories*, 7 (1), pp. 1–15.

Huskinson, J. M., 1969, The Crucifixion of St. Peter: A Fifteenth-Century Topographical Problem," *Journal of the Warburg and Courtauld Institutes*, vol. 32, pp. 135-161.

Italia Travel & Life, 2018, "Historic Hotels of Rome," 24 Feb. 2018, *Italia!*, https://www.italytravelandlife.com/holidays/historic-hotels-rome/ (Accessed on 1 Aug. 2014).

Jones, William, 1970, *The Letters of Sir William Jones*, ed. by Garland Cannon, 2vols., Oxford: Clarendon Press.

Jones, William, 1993, *The Collected Works of Sir William Jones*, ed. by Garland Cannon, 13 vols., New York: New York University Press.

Keating, Andrew Prescott, 2011, "The Empire of the Dead: British Burial Abroad and the Formation of National Identity," PhD Dissertation, University of California, Berkley.

Kent, Kristin, 2015, "An Exploration of Stylistic Synthesis in Elizabethan Country Houses," Honors Thesis (Undergraduate), University of North Carolina at Chapel Hill, https://cdr.lib.unc.edu/concern/honors_theses/c534fs687.

Kircher, Athanasius, 1679, *Turris Babel*, *sive Archontologia*, Amstelodami: Janssonio-Waesbergiana.

Lang, S., 1965, "Vanbrugh's Theory and Hawksmoor's Buildings," *Journal of the Society of Architectural Historians*, vol. 24, no. 2, pp. 127-151.

Le Goff, Jacques, 1981, *La Naissance du Purgatoire*, Paris: Gallimard.（ル・ゴッフ、ジャック、1988、『煉獄の誕生』、渡辺香根男・内田洋訳、法政大学出版局。）

Leith, Alex, 2016, "At the foot of the Pyramid, Casa di Goethe, Rome," *The Critics' Circle*, 6 Oct. 2016, https://criticscircle.org.uk/foot-pyramid-casa-di-goethe-rome/.

Levine, Neil, 2003, "Castle Howard and the Emergence of the Modern Architectural Subject." *Journal of the Society of Architectural Historians*, vol. 62, no. 3, pp. 326–51.

Little, J. H., 1915, "The Black Hole: The Question of Holwell's Veracity," *Bengal Past and Present*, Vol. 11, pp. 75-104.

Little, J. H., 1916, "The Black Hole Debate," *Bengal Past and Present*, vol. 12, pp. 136-49.

London Symphony Orchestra, n.d. "History of LSO St Luke's From Derelict Church to Unique Creative Music Hub", *London Symphony Orchestra*, https://www.lso.co.uk/about-us/lso-st-lukes/history-of-lso-st-lukes/ (Accessed on 1 Mar 2024).

Gibbs, Phebe, 2007 [1789], *Hartly House*, Oxford.

Gillgren, Peter, 2022, John III Vasa and Uppsala Cathedral as a Renaissance Mausoleum, *Nordic Journal of Renaissance Studies*, vol. 18, pp. 91-121.

Giunti, Matteo, 2011, "Is 1644* the Foundation date of the Old English Cemetery of Livorno? The Testament of Daniel Oxenbridge of Liverne," 26 Apr. 2011, *Leghorn Merchant Networks*, https://leghornmerchants.wordpress.com/2011/04/26/daniel-oxenbridge-1643/ (Accessed on 1 Aug. 2024).

Godwin, Joscelyn, 1979, *Athanasius Kircher: A Renaissance Man and the Quest for Lost Knowledge*, London: Thames and Hudson.（ジョスリン・ゴドウィン、1986、『キルヒャーの世界図鑑――よみがえる普遍の夢』、川島昭夫訳、工作舎。）

Ghosh, Durba, 2023, "Stabilizing History through Statues, Monuments, and Memorials in Curzon's India," *The Historical Journal*, vol. 66, pp. 348–369.

Giunti, Matteo, 2010, "Burials at the Old English Cemetery of Livorno (Via Verdi)," 20 Jan. 2010, Leghorn Merchant Networks, https://leghornmerchants.wordpress.com/2010/01/20/burials-at-the-old-english-cemetery/ (Accessed on 1 Feb. 2025).

Grapheus, Cornelius Scribonius, 1550, *Spectaculorvm in svsceptione Philippi hisp. prin. divi Caroli V. cæs. f. an. M.D.XLIX*, *Antverpiæ æditorvm*, *mirificvs apparatvs*, *Excvs*. Antverpiæ: Pro Petro Alosteñ impressore ivrato typis Ægidii Disthemii.

Groseclose, Barbara, 1995, *British Sculpture and the Company Raj: Church Monuments and Public Statuary in Madras, Calcutta, and Bombay to 1858*, Newark: University of Delaware Press.

Gupta, Brijen, K., 1959, "The Black Hole Incident," *The Journal of Asian Studies*, vol. 19, no. 1: 53-63.

Gupta, Brijen, K., 1962, *Sirajuddaullah and the East India Company, 1756-1757*, Leiden: E. J. Brill.

Habachi, Labib, 1977, *The Obelisk of Egypt: Skyscraper of the Past*, New York: Charles Scribner's Sons.（ラビブ・ハバシュ、1985、『エジプトのオベリスク』、吉村作治訳、六興出版。）

Harvey, William (illustrated), 1854, *The Seven Wonders of the World with Their Associations in Art & History*, London: George Routledge and Co.

Heckscher, William S., 1947, "Bernini's Elephant and Obelisk," *The Art Bulletin*, vol. 29, no. 3, pp. 155-182.

Herdeiro, Carlos A. R. and José P. S. Lemos, 2018a, "O buraco negro cinquenta anos depois: A génese do nome (The Black Hole Fifty Years After: Genesis of the Name)," *Gazeta de Fisica*, vol. 41, no. 2, pp. 2-7.

Herdeiro, Carlos A. R. and José P. S. Lemos, 2018b, "The Black Hole Fifty Years After: Genesis of the Name," *ArXiv*. https://doi.org/10.48550/arXiv.1811.06587

Heslin, Peter, 2007, "Augustus, Domitian and the So-Called Horologium Augusti." *The Journal of Roman Studies*, 97 (November), pp. 1–20.

Hewlings, Richard, 1981, "Ripon's Forum Populi." *Architectural History*, 24 (January), pp. 39–52.

Hodges, William, 1785, *Choix de vues de l'Inde, dessinées sur les lieux, pendant les annees 1780, 1781, 1782, et 1783, = Select views in India, Drawn on the Spot, in the Years 1780, 1781, 1782, and 1783*, London: J. Edwards.

Hodgkin, Thomas, 1886, *The Letters of Cassiodorus Being A Condensed Translation of the Variae Epistolae of Magnus Aurelius Cassiodorus Senator*, London: Henry Frowde. https://www.gutenberg.org/files/18590/18590-h/18590-h.htm#FNanchor_314_314 (Accessed on 31 Aug 2023).

Holloway, Julia Bolton, n.d., "Thunders of white Silence: Florence's Swiss-owned So-called 'English' Cemetery (Tuoni fi sirenzio bianco: il cimitero svizzero, detto 'Degli Inglesi' a Firenze)," *Florin Website, A Website on Florence*, https://www.florin.ms/WhiteSilence.html (Accessed on 1 Aug 2014).

Drost, Alexander, 2010, "Changing Cultural Contents: The Incorporation of Mughal Architectural Elements in European Memorials in India in the Seventeenth Century," *Artistic and Cultural Exchanges between Europe and Asia, 1400-1900: Rethinking Markets, Workshops and Collections*, ed. by Michael North, Farnham: Ashgate, pp. 91–106.

Dwight, Timothy, 1821-22, *Travels: in New-England and New-York*, 4 vols., New-Haven: Timothy Dwight.

Dubois, Pierre, 2021, "1765-1774. Catafalques royaux," *Histoires d'universités*, https://histoiresduniversites.wordpress.com/2021/11/02/1765-1774-catafalques-royaux/ (Accessed on 1 Aug 2024).

Eisenstadt, S. N., 2000, "Multiple Modernities." *Daedalus*, vol. 129, no. 1, pp. 1–29.

ElDegwy, Ahmed, Ashraf Elsayed, & Mohamed Darwish, 2022, "Aerodynamics of ancient egyptian Obelisks and their structural response to Boundary Layer wind," *Environmental Fluid Mechanics*, vol. 22, pp. 1035–1053.

English Heritage, 2023 (accessed), Extracts from Robert Langham's Letters, Description of Kennilworth Castle, *English Heritage*, https://www.english-heritage.org.uk/siteassets/home/visit/places-to-visit/kenilworth-castle/history/description/extracts-from-robert-langhams-letters.pdf (Accessed on 1 Dec 2023).

Erikssön, Anna, 2015, History, *Père Lachaise: The Most Hauntingly Romantic Walk in Paris*, https://www.perelachaisecemetery.com/history/ (Accessed on 1 Aug. 2014).

Etlin, Richard A., 1984a, "Père Lachaise and the Garden Cemetery," *Journal of Garden History*, vol. 3, no. 3, pp. 211–222.

Etlin, Richard A., 1984b, *Architecture of Death*, Cambridge, Mass: MIT Press.

Etlin, Richard A., 1994, *Symbolic Space: French Enlightenment Architecture and Its Legacy*, Chicago: The University of Chicago Press.

Fane-Saunders, Peter, 2016. *Pliny the Elder and the Emergence of Renaissance Architecture*, New York: Cambridge University Press.

Figuier, Louis, 1870, *Les Merveilles de la science ou description populaire des inventions modernes. [4], Éclairage, chauffage, ventilation, phares, puits artésiens, cloche à plongeur, moteur à gaz, aluminium, planète Neptune. 4*, Paris: Jouvet Furne.

Fischer von Erlach, J. B., 1725, *Entwurf einer historischen Architektur*, Leipzig: [publisher not identified]. （フィッシャー・フォン・エルラッハ、ヨハン・ベルンハルト、1995、『「歴史的建築の構想」注解』、中村恵三編著、中央公論美術出版。）

Fletcher, Banister, 1996 [1896], *Sir Banister Fletcher's a History of Architecture*, 20th edition, ed. by Dan Cruickshank, Oxford: Architectural Press.

Folin, Marco & Monica Preti, 2021, Sulle tracce di Orazio de' Marii Tigrino, I: studi antiquari ed erudizione cristiana nella Roma di Gregorio XIII e Sisto V, *Annali Lettere* [Internet]. 24 Sep. 2021, 13 (1): pp. 181-220; 309.

French, Noel, n.d., Boyne Obelisk, Meath History Hub, https://meathhistoryhub.ie/boyne-obelisk/ (Accessed on 1 Oct 2024).

Fundación Amigos del Museo del Prado, n.d. "Galli da Bibiena, Giuseppe," *La Enciclopedia del Museo del Prado*, https://www.museodelprado.es/aprende/enciclopedia/voz/galli-da-bibiena-giuseppe/34434971-5e3d-4958-a363-aa81e8ff9288 (Accessed on 1 Aug 2024).

Galli Bibiena, Giuseppe, 1740, *Architetture, e prospettive dedicate alla maestà di Carlo Sesto*, Augusta: Sotto la Direzione di Andrea Pfeffel.

Gibbon, Michael, 1977, "Stowe, Buckinghamshire: The House and Garden Buildings and Their Designers," *Architectural History*, vol. 20, pp. 31-44, 82-83.

Officina Janssonio-Waesbergiana.
Colley, Linda, 2004 [2002], *Captives: Britain, Empire, and the World, 1600-1850*, New York: Anchor.
Collins, L., 2004, *Papacy and Politics in Eighteenth-Century Rome: Pius VI and the Arts*, Cambridge and New York: Cambridge University Press.
Colvin, Howard, 1991, *Architecture and the After-Life*, New Haven: Yale University Press. Combe, William, 1812, *The History of the Abbey Church of St. Peter's Westminster: its antiquities and monuments: in two volumes*, London: Printed for R. Ackermann.
Condamine, Romain, 2014, "Entre héritage fonctionnel et renouveau décoratif, les pompes funèbres de Michel-Ange Challe dans la seconde moitié du XVIIIe siècle," *Europa Moderna. Revue D'histoire et D'iconologie*, vol.4, no.1, pp. 58–85.
Corp, Edward, 2012, "The Origins of the Protestant Cemetery in Rome," *Friends of the Winter News Letter*, no. 21, pp. 1-2, https://cemeteryrome.it/press/webnewsletter-eng/no21-2012.pdf.
Cotton, Evan, 1909 [1907], *Calcutta, Old and New: A Historical and Descriptive Handbook to the City*, ed by N.R. Ray, Calcutta: General Printers & Publishers.
Cousins, Michael, 2020, "The Column, Savernake Forest: An Early Case of Architectural Salvage," *The Georgian Group Journal*, vol. 28, pp. 105-122.
Curran, Brian A., Anthony Grafton, Pamela O. Long, and Benjamin Weiss, 2009, *Obelisk: A History*, Cambridge, Mass.: MIT Press.
Cust, Lionel, 1918, The Lumley Inventories, *Walpole Society*, 6th volume, Oxford.
Curl, James Stevens, 1984, "The Design of the Early British Cemeteries," *Journal of Garden History*, vol. 4, no. 3, pp. 223-254.
Curl, James Stevens, 1993 [1980], *A Celebration of Death: An Introduction to Some of the Buildings, Monuments, and Settings of Funerary Architecture in the Western European Tradition*, London: B.T. Batsford.
Curl, James Stevens, 2000 [1972], *The Victorian Celebration of Death*, Phoenix Mill: Sutton Publishing
Curl, James Stevens, 2002, *Death and Architecture. An Introduction to Funerary and Commemorative Buildings in the Western European Tradition, with Some Consideration of their Settings*, Stroud: Sutton Publishing Ltd.
Curl, James Steven, 2005, *The Egyptian Revival: Ancient Egypt as the Inspiration for Design Motifs in the West*, London and New York: Routledge.
Dalley, Jan, 2007 [2006], *The Black Hole: Money, Myth and Empire*, London: Penguin.
Dainville-Barbiche, Ségolène de, 2014, "Les cimetières à Paris au XVIIIe siècle: problèmes d'odeurs et de salubrité publique," *Actes Des Congrès Nationaux Des Sociétés Historiques et Scientifiques*, vol. 137, no. 5, pp. 51–68.
de Neufforge, Jean-François, 1757, *Recueil élémentaire d'architecture [...] / composé par [Jean-François] de Neufforge*, Paris: l'auteur.
Datta, K. K. (ed.), 1958, Fort William: India House correspondence and other contemporary papers relating thereto; v. 1 . Public series : 1748-1756, Delhi.
Diodorus, Siculus, 1989 [1933], *Diodorus Siculus, In Twelve Volumes*, tr. By C. H. Oldfather, vol. I. Books I and II, 1-34, Cambridge, Mass., London: Harvard University Press.
Di Renzo Villata, Maria Gigliola, and Fian Paolp Masseto, 2012, "La Facoltà legale: L'insegnamento del diritto civile", *Almum Studium Papiense, L'Università di Pavia*, vol. I/1, pp. 985-1006.
Downes, Kerry, 1977, *Vanbrugh*, London: A. Zwemmer.

on 1 Nov. 2024).

Branch, William Armstrong, 2016, "Calcutta and J.Z. Holwell, A Man on the Periphery," Master's thesis, Department of History, College of Humanities & Earth and Social Sciences, The University of North Carolina at Charlotte.

Bredekamp, Horst, 2008, "Babylon as Inspiration, Semiramis's Encyclopedia of Pictures," *Pegasus*, vol. 10, pp.85-102.

Bridgwater, David, 2017, "Monument to Richard Weston 1st Earl of Portland, Winchester Cathedral," *English 18th Century Portrait Sculpture*, http://english18thcenturyportraitsculpture.blogspot.com/2017/11/monument-to-richard-weston-ist-earl-of.html (Accessed on 1 Jan 2025).

British Listed Buildings, n.d., "The Obelisk, A Grade I Listed Building in Henderskelfe, North Yorkshire," *British Listed Buildings: History in Structure*, https://britishlistedbuildings.co.uk/101148980-the-obelisk-henderskelfe (Accessed on 1 Jan 2025).

Brown, Rebecca M., 2006, "Inscribing Colonial Monumentality: A Case Study of the 1763 Patna Massacre Memorial," *The Journal of Asian Studies*, vol. 65, no. 1, pp. 91-113.

Buettner, Elizabeth, 2006, "Cemeteries, Public Memory and Raj Nostalgia in Postcolonial Britain and India," *History & Memory*, vol. 18, no. 1, pp. 5-42.

Busteed, H. E., 1908 [1888], *Echoes from Old Calcutta: Reminiscences of the Days of Warren Hastings, Francis, and Impey*, the 4th Edition, London: W. Thacker & Co.

Cambiagi, Gioacchino, 1773, *Il forestiero erudito o sieno compendiose notizie spettanti alla città di Pisa, scritte per suo divertimento dal dottore Giovacchino Cambiagi. Offerte al ... cavalier priore Francesco della Seta Gaetani patrizio pisano*, http://www.memofonte.it/home/files/pdf/guide_cambiagi.pdf (Accessed on 1 Feb 2024).

Comune di Bologna, n.d. "La Certosa," *Storia e Memoria di Bologna*, https://www.storiaememoriadibologna.it/la-certosa (Accessed on 1 Aug 2024).

Cannon, Garland (ed.), 1979, *Sir William Jones: A Bigliography of Primary and Secondary Sources*, Amsterdam: John Benjamins B.V.

Cannon, Garland, 1980, "Sir William Jones and British Public Opinion Toward Sanscrit Culture", *Journal of the Asiatic Society*, vol. 22, no.3-4.

Castle Howard, 2015, "Restoring the Pyramid" *Castle Howard*, https://www.castlehoward.co.uk/DB/news-archive/restoring-the-pyramid (Accessed on 1 Jan 2025).

Chadha, Ashish, 2006, "Ambivalent Heritage: Between Affect and Ideology in a Colonial Cemetery," *Journal of Material Culture*, vol. 11, no. 3, pp. 339-63.

Chan, K., 2023, "The Lines of Influence": The Occult Recontextualization of Nicholas Hawksmoor's churches in From Hell and Lud Heat. (A thesis submitted to the department of English in partial fulfilment of the degree of bachelor of arts, University of California, Los Angeles), https://escholarship.org/uc/item/2fs65978 (Accessed on 1 Apr 2024).

City of Edinburgh Council, 2007, *Edinburgh: Survey of Gardens and Designed Landscapes: 181 Old Calton Burying Ground*, https://www.edinburgh.gov.uk/downloads/file/23014/old-calton-burial-ground, (Accessed on 3 Aug. 2023).

Claridge, Amanda, 2013, "Hadrian's Succession and the Monuments of Trajan," *Hadrian: Art, Politics, and Economy*, eds. by Thorsten Opper, London: The British Museum.

Clarke, G. B. (ed.), 1990, *Descriptions of Lord Cobham's Gardens at Stowe (1700-1750)*, Aylesbury: Buckinghamshire Record Society.

Collegio Romano, Museo, 1678, *Romani Collegii Societatis Jesu Musaeum celeberrimum*, Amstelodami: Ex

Georgian Group Journal, vol. 19, pp. 1-16.

Archaeological Survey of India, n.d., *Temple Architecture of Jharkhand*, https://www.asiranchicircle.in/images/publication/PDF-file/Temple%20Architecture%20of%20Jharkhand.pdf (Accessed on 1 Jan 2025).

Aries, Philip, 1983, *Images de l'homme devant la mort*, Paris: Seuil.

Asad, Talal, 2003, *Formation of the Secular: Christianity, Islam, Modernity*, Stanford University Press.（タラル・アサド、2006、『世俗の形成—キリスト教，イスラム，近代』中村圭志訳、みすず書房。）

App, Urs, 2011, *The Birth of Orientalism*, Philadelphia: University of Pennsylvania Press.

APPL (Amis et Passionnés du Père Lachaise), n.d., *Cimetière du Père Lachaise: Amis et Passionnés du Père Lachaise (APPL)*, https://www.appl-lachaise.net/ (Accessed on 1 Aug 2024).

BACSA (British Association for Cemeteries in South Asia), 1992, *South Park Street Cemetery, Calcutta: Register of Graves and Standing Tombs: from 1767*, London: BACSA.

BACSA (British Association for Cemeteries in South Asia), 1997, *Chowkidar: 1977-1997*, London: BACSA.

Barnes, Arthur S., 1900, *St. Peter in Rome and His Tomb on the Vatican Hill: With Thirty Full-Page Plates and Several Text-Illustrations*, London: Swan Sonnenschein.

Barnes, Richard, 2004, *The Obelisk: A Monumental Feature in Britain*, Kirstead: Frontier Publishing.

Beckingham, C.F., 1983, *Between Islam and Christendom: Travellers, Facts and Legends in the Middle Ages and the Renaissance*, London: Variorum Reprints.

Behuniak, Susan M., 2012, "Heroic Death and Selective Memory: The US's WWII Memorial and the USSR's Monument to the Heroic Defenders of Leningrad," *The Presence of the Dead in Our Lives (At the Interface/ Probing the Boundaries)*, eds. by Nate Hinerman and Julia Apollonia Glahn, Leiden: Brill.

Besson, Françoise, 2015, "Monument funéraire du cœur d'Henri II (1519-1559), roi de France", *Panorama de l'art: L'histoire de l'art en un seul regard*, https://panoramadelart.com/analyse/monument-funeraire-du-coeur-dhenri-ii-1519-1559-roi-de-france (Accessed on 1 Feb 2024).

Bickham, George (Engraver), 1750, *The Beauties of Stow, or a Description of the Most Noble House, Gardens and Magnificent Buildings Therein*, London: Printed by E. Owen for George Bickham.

Bingham, David, 2018, "The Wisdom of Solomon and the Man Who Was Buried While Limehouse Burned," *The London Dead: Stories from Our Cemeteries, Crypts and Churchyards*, https://thelondondead.blogspot.com/2018/07/the-wisdom-of-solomon-and-man-who-was.html (Accessed on 1 Feb 2024).

Blechynden, Kathleen, 1905, *Calcutta Past and Present. With Illustrations and Engravings, Etc*. London: W. Thacker & Co.

Boch, Johann, 1602, *Historica Narratio Profectionis Et Inavgvrationis Serenissimorvm Belgii Principvm Alberti Et Isabellae, Avstriae Archiducvm: Et eorum optatissimi in Belgium Aduentus, Rerumque gestarum et memorabilium, Gratulationum, Apparatum, et Spectaculorum in ipsorum Susceptione et Inavgvratione hactenus editorum accurata Descriptio*, Antwerpen, ex Officina Planttiniana.

Bose, Melia Belli, 2015, *Royal Umbrellas of Stone: Memory, Politics, and Public Identity in Rajput Funerary Art*, Leiden: Brill.

Boston National Historical Park, 2024a (last updated), "The Bunker Hill Monument Association: Expressing Gratitude and Patriotism," https://www.nps.gov/articles/000/bhma.htm (Accessed on 1 Nov. 2024).

Boston National Historical Park, 2024b (last updated), "Building the Bunker Hill Monument, National Park Service," https://www.nps.gov/articles/000/building-the-bunker-hill-monument.htm (Accessed

参考文献一覧

浜本隆志、2013、「ナポレオンの地中海域遠征と「アンピール様式」: パリにおける古代エジプト・ローマ文明」、『The Journal of Center for the Global Study of Cultural Heritage and Culture』、1号、pp. 81–112。

肥後時尚、2022、「古代エジプトのマアトの研究──「二柱のマアト」の変遷から」、関西大学大学院文学研究科総合人文学専攻博士論文。

久垣晃代、2018、「ウパニシャッドの神話学──哲学的思考と神話的思考」、『人間社会環境研究』、36号、pp. 97-107。

広瀬三矢子、1987、「アウグストゥス時代の首都ローマと建築物 : アウグストゥスの統治政策との関連において」、『人文論究』、37巻1号、pp. 132-147。

フィッシャー・フォン・エルラッハ、ヨハン・ベルンハルト、中村恵三編著、1995、『「歴史的建築の構想」注解』、中央公論美術出版。

深見奈緒子、1994、「イラン・中央アジア圏におけるモンゴル族侵入以前のイスラーム墓廟建築」、『ラーフィダーン』15巻、pp. 146-151。

藤沢桜子、2018、「ローマ美術のエジプト趣味──壁画にみるアウグストゥスのエジプト征服とその影響」、『群馬県立女子大学紀要』、36号、pp. 103-126.

船橋市西図書室郷土資料室、2022、「船橋地方の墓石の歴史」、『歴史放談』、https://www.lib.city.funabashi.lg.jp/viewer/info.html?idSubTop=2&id=396#、(2024年11月1日アクセス)。

布野修司、渡辺菊真、脇田祥尚、山根周、飯塚キヨ、2000、「チョウリンギー地区(インド、カルカッタ)の形成とその変容 その1──チョウリンギーの地区の形成」『学術講演梗概集. F-1, 都市計画, 建築経済・住宅問題』、2000号 (July)、pp. 653–654。

布野修司、脇田祥尚、渡辺菊真、佐藤圭一、根上英志、2001、「チョウリンギー地区(インド、カルカッタ)の形成とその変容」『日本建築学会計画系論文集』、548号、pp. 161–8。

星野宏実、2019、「マネトンによるファラオ「セソーストリス」の位置づけ」、『京都女子大学大学院文学研究科研究紀要　史学編』、18号、pp. 1-26。

松本典昭、1994、「ヴァザーリの歴史画『レオ10世のフィレンツェ入城』」、『五浦論叢』、2号、pp. 111-123。

松村恒、2003、「仏塔変遷史における東アジアの位置」、『印度學佛教學研究』、51巻2号、pp. 944-939。

宮原辰夫、2019、『ムガル建築の魅力──皇帝たちが築いた地上の楽園』、春風社。

森謙二、2005、「埋葬と法」、『法社会学』、62号、pp. 87–98。

モルマンド、フランコ、2016、『ベルニーニ──その人生と彼のローマ』、一灯舎。

山田順、2006、「キリスト教と太陽信仰の接点──サークル型聖堂と古代ローマの戦車競技場」、『西南学院大学国際文化論集』、21巻1号、pp. 201-225。

横山篤夫、2006、「第1章　軍隊と兵士──さまざまな死の姿」、小田康徳他編『陸軍墓地がかたる日本の戦争』、ミネルヴァ書房。

横山篤夫、2014、「日本軍が中国に建設した十三基の忠霊塔」、『日本研究』、49号、pp. 57-116。

吉村作治、2007、「エジプト博物館　第4回 : 太陽神ラーとは」『遊学舎』http://www.yugakusha.net/study/yoshimura_egypt/200703/200703-4.html　このURLは2025年1月現在は切れており、バックアップはarchives.orgの wayback machine にある。https://web.archive.org/web/20130623135242/http://www.yugakusha.net/study/yoshimura_egypt/200703/200703-4.html (2025年1月31日アクセス)。

ロウ、コーリン &レオン・ザトコウスキ、2006、『イタリア十六世紀の建築』、稲川直樹訳、六耀社。

Akehurst, A. M., 2011, "Nicholas Hawksmoor, Obelisk Language and the Yorkshire Campagna", *The*

ファン・ベーニンゲン美術館ほか編、朝日新聞社。

竹山博英、2005、「イタリア・都市墓地の成立」、『地中海研究所紀要』3号、pp. 127-138。

竹山博英、2007、『イタリアの記念碑墓地：その歴史と芸術』、言叢社。

田近肇、2015、「試訳・イタリア墓地埋葬法関連法令集」、『岡山大学法学会雑誌』、65巻、pp. 243-293。

田中信義、1993、『田中信義オベリスク写真集』、中西出版。

丹下敏明、1997、『建築家人名事典──西洋歴史建築篇』、三交社。

千々和到、2007、『板碑と石塔の祈り』、山川出版社。

東京大学東洋文化研究所、2007、『東京大学東洋文化研究所所蔵デジタルアーカイブ：デリーの中世イスラーム史跡──建物種類・時代・地図からの検索［インド史跡調査団］』、https://www.ioc.u-tokyo.ac.jp/~islamarc/delhiphotosearch/index.html（2024年5月20日アクセス）。

東京大学東洋文化研究所附属東洋学研究情報センター、2005（更新）、『インド・イスラーム史跡』、https://www.ioc.u-tokyo.ac.jp/~islamarc/WebPage1/htm/index.shtml（2024年5月20日アクセス）。

東京大学東洋文化研究所、2007、『東京大学東洋文化研究所所蔵デジタルアーカイブ：デリーの中世イスラーム史跡──建物種類・時代・地図からの検索［インド史跡調査団］』、https://www.ioc.u-tokyo.ac.jp/~islamarc/delhiphotosearch/index.html（2024年5月20日アクセス）。

冨澤かな、1997、「ウィリアム・ジョーンズのインド学とそのオリエンタリズム」『東京大学宗教学年報』14号、pp. 43-58。

冨澤かな、1999、「キリスト教世界としてのインド──ヨーロッパの自意識と戦略におけるインドの意味」（解説論文）、『イエスは仏教徒だった？──大いなる仮説とその検証』、エルマー・R・グルーバー、ホルガー・ケルステン著、市川裕、小堀馨子監修、岩坂彰訳、同朋舎、pp. 345-365。

冨澤かな、2010、「18世紀インドにおけるイギリス人の死の記憶──カルカッタの二つの場をめぐって」、『非業の死の記憶──大量の死者をめぐる表象のポリティクス』、池澤優、アンヌ・ブッシイ編、東京大学大学院人文社会系研究科・秋山書店、pp. 203-221。

冨澤かな、2020、「第2章　アジアと分類──共通の課題，共通の希望」、『図書館がつなぐアジアの知：分類法から考える』、U-PARL（東京大学附属図書館アジア研究図書館上廣倫理財団寄付研究部門）編、東京大学出版会、pp. 9-45。

冨澤（北沢）かな、2022、「死後世界の地誌」・「死後世界旅行記」、『キリスト教文化事典』、キリスト教文化事典編集委員会編、丸善出版、pp. 130-133。

長瀬博之、岡本正二、n.d. (2013-2017頃)、『世界のオベリスク』、http://www.obelisks.org/（2023年8月31日アクセス）

中西恭子、2003、「帝政後期ローマの皇帝たちと太陽神──ソル・インウィクトゥス信仰を中心に」、『太陽神の研究（下巻）』松村一男・渡辺和子編、リトン。

中村恵三、1982、「J.B.フィッシャー・フォン・エルラッハの「歴史的建築の構想」について［II］（梗概）」、『日本建築学会論文報告集』、313巻、pp. 127-137。

中村恵三、2018、「建築書「歴史的建築の構想」J.B.フィッシャー・フォン・エルラッハ著、ウィーン、一七二一年刊）の出版の経緯とその出典について」、『建築史学』、71巻、p. 77-78。

西本真一、2002、『ファラオの形象──エジプト建築調査ノート（知の蔵書21）』、淡交社。

新田建史、2018、「ピラネージのピラミッドと七不思議について」、『静岡県立美術館紀要』33号、pp. 7-16。

ネルー、J、1956、『インドの発見』上・下、辻尚次郎・飯塚浩二・蝋山芳郎訳、岩波書店。

野間晴雄、2005、「18世紀後半英領インドにおける地図作製事業とレネル──「帝国」と地図のポリティックス(1)」、『関西大学東西学術研究所紀要』、38号、pp. A37-A65。

芳賀満、2005、「オベリスク簒奪史──古代ローマ時代」、『京都造形芸術大学紀要』、9号、pp. 115-131。

参考文献一覧

北沢裕、2006、「西欧中世の死後世界旅行記における文化的複合性」、『異界の交錯（下巻）』、細田あや子・渡辺和子編、リトン。

木下央、小林克弘、2006、「「風景概念」の形成期における非西欧圏文化の影響――サー・ジョン・ヴァンブラの建築作品とスラトにおける霊廟建築」、『日本建築学会大会学術講演梗概集』、F-2 分冊、2006、pp. 735-736。

京谷啓徳、2017、『凱旋門と活人画の風俗史――儚きスペクタクルの力』、講談社。

日下隆平、2020、「イギリス人とグランドツアー――G. B. ピラネージとゴシック・リバイバル」、『人間文化研究』12号、pp. 79-112。

久保洋一、2010、「19世紀後半イギリスの墓地――ダービー市の自治体共同墓地における墓の利用」、『歴史文化社会論講座紀要』、7号、pp. 55-70。

久保洋一、2018、『死が映す近代: 19世紀後半イギリスの自治体共同墓地』、昭和堂。

河野純一、1995、『ウィーン路地裏の風景』、音楽之友社。

河野純一、2015、「ウィーンの都市文化と音楽 : I brauch kan Pflanz, ka schöne…. 」、『横浜市立大学論叢人文科学系列』、65号、pp. 27–70。

小西真弓、2003、「フィリップ・メドウズ・テイラーの『ラルフ・ダーネル』について」、『豊橋短期大学研究紀要』、7号、pp. 111-127。

小西嘉幸、1981、「〈エリゼの庭〉を読む――『新エロイーズ』第 IV 部手紙 11 について(II)」、『人文研究』33巻10号、p.649-677。

小林麻衣子、2010、「英国人のグランドツアー――その起源と歴史的発展」、『Booklet』、18号、pp. 36–50。

小堀馨子、1996、「「アウグストゥスの宗教復興」に関する一考察――古代ローマ帝政初期（アウグストゥス時代）の宗教事情について」、『東京大学宗教学年報』、13号、pp. 73-86。

小堀馨子、2003、「古代ローマの太陽神」、『太陽神の研究（下巻）』松村一男・渡辺和子編、リトン。

コロンナ、フランチェスコ、2018、『ヒュプネロートマキア・ポリフィリ――全訳・ポリフィルス狂恋夢』、八坂書房。

近藤二郎、2020、「古代エジプト展　天地創造の神話　記念講演会」、『Youtube』https://www.youtube.com/watch?v=Z-2a99nPqNc（2023年8月6日アクセス）。

サイード、エドワード & バーナード・ルイス、1983、「オリエンタリズム論争２」、福島保夫訳、『みすず』、270号。

斉藤忠（著）・撰要寺墓塔群調査団（編）、1981、『撰要寺墓塔群』、斉藤忠著 ; 撰要寺墓塔群調査団編。

佐原六郎、1985、『世界の古塔』、河出興産。

下田淳、2019、「ドイツにおける教会墓地から市民墓地への移行過程――18世紀後半から20世紀前半までの法的変遷」、『宇都宮大学教育学部研究紀要』、69号、pp. 49-67。

下田淳、2022、「ドイツ近現代における葬送の変容――第一次世界大戦～現代」、『宇都宮大学共同教育学部研究紀要』、72号、pp. 141-261。

白井秀和、1990、「ジャック＝フランソワ・ブロンデルについて」、『日本建築学会計画系論文報告集』、412巻、pp. 143-152。

末永航、1985、「セバスティアーノ・セルリオ『建築第三書』の古代遺構」、『イタリア学会誌』、34巻、pp. 203-218。

杉本卓州、2007、『ブッダと仏塔の物語』、大法輪閣。

杉本淑彦、2005、「ヴィヴァン・ドノン『ボナパルト将軍麾下の上下エジプト紀行』の200年」、『パブリック・ヒストリー』2号、pp. 1-18。

高橋達史、2017、「マクロとミクロの融合　ブリューゲルの《バベルの塔》の独自性と美術史的意義」、『ブリューゲル「バベルの塔」展　16世紀ネーデルラントの至宝　ボスを越えて』ボイマンス・

参考文献一覧

我妻和男、2006、「海外の葬送事情：インド　古来、多様な生と死の相が共存──基本に大地や大河との一体感」、『葬送の自由をすすめる会』、https://www.shizensou.net/kaigai/india.html（2024年5月20日アクセス）（初出は同会の機関誌『再生』第60号。ページ数等の書誌情報は得られず）。

荒松雄、1977、『インド史におけるイスラム聖廟』、東京大学出版会。

荒松雄、2006、『インドの「奴隷王朝」──中世イスラム王権の成立』、未来社。

粟津賢太、2017、『記憶と追悼の宗教社会学──戦没者祭祀の成立と変容』、北海道大学出版会。

石井元章、2015、「ヴェネツィア共和国における彫刻の変遷」、『芸術』、38号、pp. 29-37。

石鍋真澄、2010［1985］、『ベルニーニ──バロック美術の巨星』、吉川弘文館。

和泉雅人、1999、「ピーター・ブリューゲル（父）：ウィーン美術史美術館蔵『バベルの塔』（1563年）における表象綜合(1)」、『藝文研究』第76号、pp. 315 (58)-327 (46)。

伊藤博明、2015、「キルヒャーとオベリスク」、『19世紀学研究』、9号、pp. 39-72。

井上櫻子、2008、「『新エロイーズ』における欲望と規律（1）──「エリゼの庭」にみられる田園詩的主題とその変奏」、『慶應義塾大学日吉紀要. フランス語フランス文学』47号、pp. 1-18。

彌永信美、1987、『幻想の東洋──オリエンタリズムの系譜』、青土社。

宇治谷顕、1984、「舎利供養・そのII──仏舎利供養について」、『印度學佛教學研究』32巻2号、pp. 919-922。

応地利明、1977、「カルカッタの建設と都市形成──十八世紀末までの都市誌の試み」『史林』60巻6号、pp. 797–839。

大河歩菜美、2020、「帝政期ローマにおける「皇帝礼拝」──「皇帝礼拝」概念の再検討」、『学習院大学人文科学論集』、29号、pp. 105-130。

小川守之、n.d.、「英国の5人の建築家──創造的な歴史家」、『M. Ogawa Architects』（初出は小川守之、1988、「ニコラス・ホークスムーア──ローマへの憧憬」『カラム』110号。）、http://ogawa-arch.co.jp/traces.htm（2024年4月1日アクセス）。

岡本広毅、2019、「ファンタジーの世界とRPG：新中世主義の観点から」、『立命館言語文化研究』31巻1号、pp. 175-187。

長田年弘、1997、「ハリカルナソスのマウソレイオンの復元」、『美学美術史学科報（跡見女子学園大学）』、25号, pp. 22-32.

落合桃子、2023、「西洋近世美術におけるアジアの表象としてのガンジス川の河神像──ベルニーニ《四つの河の噴水》をめぐって」、『福岡大学人文論叢』、55巻1号、pp. 93-111。

風間喜代三、1978、『言語学の誕生──比較言語学小史』、岩波新書。

加藤磨珠枝、2010、「地中海世界と植物11──テレビンの木　その正体とは？」『地中海学会月報』333号、p. 12。

神谷友希、2019、「ブロンデルとパリのサン＝ドニ門」、『哲學（三田哲學會）』、143号、pp. 113-139。

神谷武夫、1996、『インド建築案内』、TOTO出版。

神谷武夫、n.d. a、『神谷武夫とインドの建築』、（2024年6月1日アクセス）。

神谷武夫、n.d. b、『世界のイスラーム建築』、https://www.ne.jp/asahi/arc/ind/（2024年6月1日アクセス）。

北沢裕、2004、「死後世界旅行記の死生観」、『生と死の神話』、松村一男編、リトン。

principales
図9-28 ～ 29　Holwell 1774 [1764]: plates
図9-30　National Portrait Gallery, London, https://national-portrait-gallery.smartframe.io/p/158119/db7583d972a9d025f46f6ca48e8780ad?source=aHR0cHM6Ly9ucGdpbWFnZXMuY29tL3NlYXJjaC8%2Fc2VhcmNoUXVlcnk9Sm9obitaZXBoYW5pYWgrSG9sd2VsbA%3D%3D。
図9-32　By MM in it.wiki, https://commons.wikimedia.org/wiki/File:Colonnatraiana.jpg
図9-33　The Metropolitan Museum of Art, https://www.metmuseum.org/art/collection/search/370766
図9-34　By Lalupa, https://commons.wikimedia.org/wiki/File:Musei_vaticani_-_base_colonna_antonina_01106.JPG
図9-35　Hesberg and Panciera1994: 196, Abb. 49
図9-36　By Gary　Todd, https://commons.wikimedia.org/wiki/File:Castel_Sant%27Angelo_Model_of_Mausoleum_of_Hadrian_(48500431626).jpg
図9-37 ～ 38　De Rossi 1600
図9-39　British Library, http://www.bl.uk/onlinegallery/onlineex/apac/other/019xzz000000644u00006000.html（2024年12月時点ではこのリンクは切れており、以下でかつての情報が確認できるが、図像は見られなくなっている。https://web.archive.org/web/20161031192907/http://www.bl.uk/onlinegallery/onlineex/apac/other/019xzz000000644u00006000.html）

終章

図10-1　著者作成
図10-2　*The Gentleman's Magazine and Historical Chronicle*, vol. 94, no. 1, March, 1824, p. 196.
図10-3 ~ 13　著者撮影
図10-14　http://www.bl.uk/onlinegallery/onlineex/apac/other/019xzz000000307u00022000.html
このページはリンクが切れており、現在は以下で見ることができる。
https://web.archive.org/web/20180325110511/http://www.bl.uk/onlinegallery/onlineex/apac/other/019xzz000000307u00022000.html
図10-15　http://www.bl.uk/onlinegallery/onlineex/apac/other/019xzz000000307u00023000.html このページはリンクが切れており、現在は以下で見ることができる。
https://web.archive.org/web/20211127132633/http://www.bl.uk/onlinegallery/onlineex/apac/other/019xzz000000307u00023000.html
また同じ図像は以下でも見ることができる。https://commons.wikimedia.org/wiki/File:Brihadisvara_Temple,_Thanjavur_by_William_Hodges.jpg

11279634734MtjX.jpg
図9-2、26 ~ 27、31　著者撮影
図9-3　By Dave Pelland, https://commons.wikimedia.org/wiki/File:Civil_War_Soldiers%27_Monument_in_Bristol,_Connecticut_picture_1.jpg
図9-4　By Nickmanpow, https://commons.wikimedia.org/wiki/File:SantaFePlaza.JPG
図9-5　By JJonahJackalope, https://commons.wikimedia.org/wiki/File:Confederate_Obelisk,_Atlanta_1.jpg
図9-6　By John Allan, https://commons.wikimedia.org/wiki/File:Southend-on-Sea_war_memorial_-_geograph.org.uk_-_734140.jpg
図9-7　By Alexander P Kapp, https://commons.wikimedia.org/wiki/File:War_Memorial,_Southport_-_geograph.org.uk_-_1369443.jpg
図9-8　By Voice of Clam, https://en.wikipedia.org/wiki/File:NER_War_Memorial_full_view_1_-_2017-02-18.jpg
図9-9　By Markus3 (Marc ROUSSEL), https://en.wikipedia.org/wiki/File:Montdidier_Monument-aux-Morts_1.jpg
図9-10　By Edward Knapczyk, https://commons.wikimedia.org/wiki/File:Armentieres_-_Pomnik_poleg%C5%82ym_w_I_wonie_%C5%9Bwiatowej.JPG
図9-11　By Den man tau, https://commons.wikimedia.org/wiki/File:Wilkenburg_-_Gefallenenehrenmal_-_Schr%C3%A4gansicht.jpg
図9-12　「「ハルピン」志士の碑～勲功は久し～」、1930年代、京都大学附属図書館「「絵葉書からみるアジア」コレクション」、『京都大学図書館機構』、https://rmda.kulib.kyoto-u.ac.jp/item/rb00030406
図9-13　「忠霊塔」、奈良県立図書館「企画展示：子どもたちが見た満州」、『奈良県立図書館』、https://www.library.pref.nara.jp/event/booklist/W_2008_04/img/09_01_041.jpg
図9-14　By Alta Falisa, https://de.wikipedia.org/wiki/Datei:1813_%E2%80%93_1833,_Munich_%E2%80%93_To_the_Victims_of_the_1812-1813_napol%C3%A9onic_Russian_campaign.jpg
図9-15　By 上田隼人、https://commons.wikimedia.org/wiki/File:%E7%A2%A7%E8%A1%80%E7%A2%91.jpg
図9-16　By Denzillacey, https://commons.wikimedia.org/wiki/File:Killiney_Hill_obelisk.jpg
図9-17　Unknown, 19th entury, https://commons.wikimedia.org/wiki/File:Boyne_Obelisk.jpg
図9-18　By User:Chensiyuan, https://commons.wikimedia.org/wiki/File:Bunker_hill_2009.JPG
図9-19　By Francofranco56, https://commons.wikimedia.org/wiki/File:Colle_del_Monginevro.JPG
図9-20　By Nigel Cox, https://commons.wikimedia.org/wiki/File:Stowe,_Wolfe%27s_Obelisk_-_geograph.org.uk_-_152791.jpg
図9-21　Bickham (Engraver) 1750: 16
図9-22　By Paul Brooker, from geograph.org.uk, https://en.wikipedia.org/wiki/File:Stowe,_The_Congreve_Monument_(geograph_3577611).jpg
図9-23　By Daderot, https://commons.wikimedia.org/wiki/File:Temple_of_British_Worthies,_Stowe_-_Buckinghamshire,_England_-_DSC08448.jpg
図9-24　By Parisette, https://commons.wikimedia.org/wiki/File:Erm6.JPG
図9-25　https://www.parismuseescollections.paris.fr/en/node/153211#infos-

gb10001_2
図8-26 The walls of Babylon by Galle, Philips - 1572 - National Gallery of Denmark, Denmark - Public Domain. https://www.europeana.eu/item/2020903/KKSgb10002_6
図8-27 Bibliothèque nationale de France, https://gallica.bnf.fr/ark:/12148/btv1b550045914
図8-28 Architecture Museum at Technical University of Munich, https://mediatum.ub.tum.de/?id=1065365
図8-30 Biblioteca Nazionale Marciana, Venice, https://www.wga.hu/frames-e.html?/html/h/horenbou/gerard/1/index.html
図8-31 [Der Fall des Turmes von Babel; Fall of the tower of Babel] by Anthonisz, Cornelis - Herzog Anton Ulrich Museum, Germany - CC BY-NC-SA. https://www.europeana.eu/item/89/item_QFMQY6XTJTL5G36HVZIW42KJZZYFYCHW
図8-32 Figuier 1870: 417
図8-33 [Fanal tronconique] : [élévation géométrale] : [projet n° 29] : [planche n° 32] : [dessin] / [Étienne-Louis Boullée] by Boullée, Etienne-Louis (1728-1799). Dessinateur - National Library of France, France - No Copyright - Other Known Legal Restrictions. https://www.europeana.eu/en/item/9200518/ark__12148_btv1b53164586m
図8-34 ~ 35 Kircher 1679
図8-36 The Metropolitan Museum of Art, https://www.metmuseum.org/art/collection/search/401902
図8-37 Het Rijksmuseum, https://commons.wikimedia.org/wiki/File:Mausoleum_van_Halicarnassus_De_zeven_wereldwonderen_%28serietitel%29,_RP-P-2011-72-6.jpg
図8-38 [Fanal tronconique] : [élévation géométrale] : [projet n° 29] : [planche n° 32] : [dessin] / [Étienne-Louis Boullée] by Boullée, Etienne-Louis (1728-1799). Dessinateur - National Library of France, France - No Copyright - Other Known Legal Restrictions. https://www.europeana.eu/item/9200518/ark__12148_btv1b53164586m
図8-39 The Museum of Fine Arts, Houston, https://emuseum.mfah.org/objects/47401/fantasy-view-with-the-pantheon-and-other-monuments-of-ancien
図8-40 The Fitzwilliam Museum, https://collection.beta.fitz.ms/id/object/995
図8-41 Louvre, https://collections.louvre.fr/en/ark:/53355/cl010066805
図8-42 Louvre, https://collections.louvre.fr/en/ark:/53355/cl010059876
図8-43 Piraneseum, 2022: 28-29
図8-44 "Plate III (Johann Sebastian Müller) (After Giovanni Paolo Panini) , R6156," Harvard Art Museums collections online, Jan 29, 2025, https://hvrd.art/o/248157
図8-45 Frontispice met een fantasievoorstelling van de Via Appia Antica - Rijksmuseum, Netherlands - Public Domain. https://www.europeana.eu/item/90402/RP_P_OB_39_428
図8-46 Frontispice met een voorstelling van het Circus van Mars langs de Via Appia Antica - Rijksmuseum, Netherlands - Public Domain. https://www.europeana.eu/item/90402/RP_P_OB_39_501

9章

図9-1 By Petr Kratochvil, https://commons.wikimedia.org/wiki/File:Turkish-monument-

National Library of France, France - No Copyright - Other Known Legal Restrictions. https://www.europeana.eu/item/9200518/ark__12148_btv1b531720652
図8-2 Cénotaphe : [élévation géométrale] : [projet n° 15] : [planche n° 13] : [dessin] / [Boullée] [sig.] by Boullée, Etienne-Louis (1728-1799). Dessinateur - National Library of France, France - No Copyright - Other Known Legal Restrictions. https://www.europeana.eu/item/9200518/ark__12148_btv1b53164581c
図8-3 Entrée d'un cimetière : [élévation perspective] : [projet n° 21] : [planche n° 27] : [dessin] / Boullée [sig.] by Boullée, Etienne-Louis (1728-1799). Dessinateur - National Library of France, France - No Copyright - Other Known Legal Restrictions. https://www.europeana.eu/item/9200518/ark__12148_btv1b53172064m
図8-4 [Projet d'un Temple funéraire] : [estampe] / [Jean-Louis Desprez] by Desprez, Louis-Jean (1743-1804). Graveur - 1770 - National Library of France, France - No Copyright - Other Known Legal Restrictions. https://www.europeana.eu/en/item/9200518/ark__12148_btv1b531805822
図8-5 de Neufforge 1757: vol.5, 173
図8-6 de Neufforge 1757: vol.5, 176
図8-7 Nationalmuseum, Stockholm, https://collection.nationalmuseum.se:443/eMP/eMuseumPlus?service=ExternalInterface&module=collection&objectId=95604&viewType=detailView.
図8-8 Statens Museum for Kunst: SMK, https://open.smk.dk/en/artwork/image/KKS1960-1036
図8-9 By Chabe01, https://commons.wikimedia.org/wiki/File:Porte_Saint_Denis_-_Paris_X_(FR75)_-_2023-06-14_-_2.jpg
図8-10 Galli Bibiena 1740: plate 7
図8-11 Fischer von Erlach 1725 [1721]
図8-12 The Metropolitan Museum of Art, https://www.metmuseum.org/art/collection/search/336111
図8-13 The Metropolitan Museum of Art, https://www.metmuseum.org/art/collection/search/344433
図8-14 Bibliothèque nationale de France, https://gallica.bnf.fr/ark:/12148/btv1b8409708k
図8-15 The Morgan Library & Museum, https://www.themorgan.org/drawings/item/109636
図8-16 ~ 19、29、35 Fischer von Erlach 1725 [1721]
図8-20 Imhoof-Blumer & Gardner 1885: 103, C. Corinth II, XLVIII
図8-21 Fletcher 1996 [1896]: 149
図8-22 By Jona Lendering, https://en.wikipedia.org/wiki/File:Mausoleum_at_Halicarnassus_at_the_Bodrum_Museum_of_Underwater_Archaeology.jpg
図8-23 The eight wonders of the world by Galle, Philips - 1572 - National Gallery of Denmark, Denmark - Public Domain. https://www.europeana.eu/item/2020903/KKSgb10002_5
図8-24 The pyramids of Egypt by Galle, Philips - 1572 - National Gallery of Denmark, Denmark - Public Domain. https://www.europeana.eu/item/2020903/KKSgb10002_1
図8-25 The lighthouse at Alexandria by Galle, Philips - 1572 - National Gallery of Denmark, Denmark - Public Domain. https://www.europeana.eu/item/2020903/KKS

File:I%27tim%C4%81d-ud-Daulah,_Agra.jpg

図6-12 ～ 14、23 ～ 25、27 ～ 29　著者撮影

図6-15　By Tulaui, https://commons.wikimedia.org/wiki/File:Akbar%C2%B4s_Tomb_(2).jpg

図6-16　By by Gerd Eichmann, https://commons.wikimedia.org/wiki/File:Bikaner-Devikund_Sagar-04-2018-gje.jpg

図6-17　By Nomo (assumed), https://commons.wikimedia.org/wiki/File:Bada-bagh.jpg

図6-18　By Vinat, https://commons.wikimedia.org/wiki/File:Cenotaphes_of_Gaitore_far_view.jpg

図6-19　By Jstplace, https://commons.wikimedia.org/wiki/File:Ahar_Cenotaphs.JPG

図6-20　Smith 1911: 82, Fig. 49, https://commons.wikimedia.org/wiki/File:Centaur_architrave_Kankali_Tila_Mathura_100_BCE_detail.jpg

図6-21　Smith 1911: Plate XXXII, https://en.wikipedia.org/wiki/File:Holi_relief,_Mathura,_c1st_century_CE.jpg

図6-22　By Vaikoovery, https://commons.wikimedia.org/wiki/File:National-Archaeological-Monument-Jain-Tomb-Monument-Moodbidri_(cropped).jpg

図6-26　By Rikita, Tripadvisor, https://media cdn.tripadvisor.com/media/photo-s/0a/b3/d5/cb/img-20160310-182547-largejpg.jpg

7章

図7-1　Bildindex der Kunst und Architektur, https://www.bildindex.de/document/obj05013575

図7-2　By Jwslubbock, https://commons.wikimedia.org/wiki/File:Monument_To_Theophilus_Gale,_South_Enclosure.jpg

図7-3　By Mark Barker, https://en.m.wikipedia.org/wiki/File:Daniel_Defoe_monument_Bunhill_Fields.jpg

図7-4　*Harper's Weekly*, 20 Nov. 1869, The Online Books Page, Harper's Weekly, vol. 13, https://onlinebooks.library.upenn.edu/webbin/serial?id=harpersweekly

図7-5　By Kim Traynor, https://commons.wikimedia.org/wiki/File:Old_Calton_Burying_Ground,_Edinburgh.JPG

図7-6　By KeithatET, https://commons.wikimedia.org/wiki/File:Cimitero_acattolico1.JPG

図7-7　By Sylvie Boterdaele, post-processed by Alessio Damato, https://commons.wikimedia.org/wiki/File:August_von_Goethe,_cimitero_acattolico,_Roma.jpg

図7-8　Klassik Stiftung Weimar, Bestand Museen, https://www.klassik-stiftung.de/digital/fotothek/digitalisat/80-2010-0228/

図7-12　By Toni Pecoraro, https://commons.wikimedia.org/wiki/File:Firenze_Cimitero_Svizzero_o_degli_Evangelici.jpg?uselang=it.

図7-9 ~ 11、13 ~ 15、17 ~ 30　著者撮影

図7-16　By Sailko, https://commons.wikimedia.org/wiki/File:Carlo_lasinio_(da_jacques_beys),_veduta_del_cimitero_inglese_a_livorno,_1794_(bibl._labronica).jpg?uselang=it

8章

図8-1　Cénotaphe dans le genre égyptien : [élévation perspective] : [projet n° 17] : [planche n° 26] : [dessin] / Boullée [sig.] by Boullée, Etienne-Louis (1728-1799). Dessinateur -

図5-4　By London City Mission, https://commons.wikimedia.org/wiki/File:Horsleydown.jpg
図5-5　By Matt Brown, https://www.flickr.com/photos/57868312@N00/2355416316
図5-6　By by Steve F, https://en.m.wikipedia.org/wiki/File:The_Obelisk_at_Castle_Howard_-_geograph.org.uk_-_824751.jpg
図5-7　By Gordon Hatton, https://en.m.wikipedia.org/wiki/File:Pyramid_Gate,_Castle_Howard_-_geograph.org.uk_-_1134482.jpg
図5-8　By Welburn, https://commons.wikimedia.org/wiki/File:Looking_north_down_The_Stray,_Castle_Howard_-_geograph.org.uk_-_2262394.jpg
図5-9　By Gordon Hatton, https://en.wikipedia.org/wiki/File:The_Pyramid,_Castle_Howard_-_geograph.org.uk_-_1134429.jpg
図5-10　By George Rex, https://en.wikipedia.org/wiki/File:St_Margaret_Pattens_from_Plantation_Lane_(14298430774).jpg
図5-11　By GeographBot, https://commons.wikimedia.org/wiki/File:Lower_formal_gardens,_Blenheim_Palace_-_geograph.org.uk_-_1433093.jpg
図5-12　By Brenkin, https://en.m.wikipedia.org/wiki/File:Stillorgan_Obelisk_Tower.jpg
図5-13　By for74d05, https://commons.wikimedia.org/wiki/File:Conolly%27s_Folly.jpg
図5-14　Downes 1977: plate 55
図5-15 ～ 21　著者撮影
図5-22　Victoria & Albert Museum, https://collections.vam.ac.uk/item/O205810/sketch-plan-and-elevation-of-design-sir-john-vanbrugh/
図5-23　By jcw1967, https://commons.wikimedia.org/wiki/File:Mausoleum,_Castle_Howard,_UK,_17112017,_JCW1967_(5)_(37805843414).jpg

6章

図6-1　By Bernard Gagnon, https://commons.wikimedia.org/wiki/File:Stupa_1,_Sanchi_02.jpg
図6-2　By Varun Shiv Kapur, https://commons.wikimedia.org/wiki/File:Mausoleum_of_Ghiyath_al-Din_Tughluq.jpg
図6-3　By Varun Shiv Kapur, https://commons.wikimedia.org/wiki/File:Firoz_Shah%27s_tomb_%283546784637%29.jpg
図6-4　By Karthiknanda, https://commons.wikimedia.org/wiki/File:Tomb_of_Mohammad_Shah.jpg
図6-5　By AKS.9955, https://commons.wikimedia.org/wiki/File:Sikandar_Lodi%27s_tomb_sunset.JPG
図6-6　By AKS.9955, https://en.wikipedia.org/wiki/File:Shish_Gumbad,_Lodhi_Gardens,_Delhi.JPG
図6-7　By AKS.9955, https://en.wikipedia.org/wiki/File:Bara_Gumbad_2015.JPG
図6-8　By ZainShahid117, https://en.wikipedia.org/wiki/File:Tomb_of_Shah_Rukn-e-Alam_2014-07-31.jpg
図6-9　By Hans A. Rosbach, https://commons.wikimedia.org/wiki/File:HumayunsTomb20080210-2.jpg
図6-10　By Shahnoor Habib Munmun, https://commons.wikimedia.org/wiki/File:Dargah_of_Sufi_saint_Moinuddin_Chishti_Ajmer_India_(5).JPG
図6-11　By Muhammad Mahdi Karim, https://en.wikipedia.org/wiki/

図4-26 By Tedster007, https://en.m.wikipedia.org/wiki/File:Memorial_to_James_Harington.jpg
図4-27 By Jules & Jenny, https://www.flickr.com/photos/jpguffogg/27095937978
図4-28 By julia&keld, https://images.findagrave.com/photos250/photos/2009/82/35091265_123793837652.jpg.
図4-29 Cust 1918: plate XI
図4-30 Prat 1914: 574
図4-31 Prat 1914: 574
図4-32 Combe 1812: 131
図4-33 By Swangirl, Find a Grave, https://ja.findagrave.com/memorial/16317506/george-villiers.
図4-34 By Szilas, https://commons.wikimedia.org/wiki/File:Uppsala_cathedral_-_Tomb_of_Gustaf_Vasa.jpg
図4-35 Hurx 2019: 7
図4-36～37 著者撮影
図4-38 By Didier Descouens, https://en.m.wikipedia.org/wiki/File:Cathedral_(Vicenza)_-_Interior_-_Monument_to_Lavinia_Thiene_by_Giulio_Romano.jpg
図4-39 By Didier Descouens, https://it.wikipedia.org/wiki/File:Chiesa_di_San_Lorenzo_a_Vicenza_-_Interno_-_Cappella_maggiore_-_Monumento_funebre_di_Ippolito_Porto_1572.jpg
図4-40 By Peter1936F, https://commons.wikimedia.org/wiki/File:Santa_Maria_del_Popolo_Capella_Chigi_Panorama.jpg
図4-41 By John Shearman, https://commons.wikimedia.org/wiki/File:Salviati_Winter_detail.jpg
図4-42 By G. Massiot & cie, https://curate.nd.edu/articles/figure/Basilica_of_Saint_Anthony_of_Padua_Monument_to_Alessandro_Contarini/24859677?file=43739106
図4-43 By Sailko, https://commons.wikimedia.org/wiki/File:Pietro_bracci,_monumento_del_cardinale_carlo_leopoldo_calcagnini,_1746_ca._01.jpg
図4-44 By Vitold Muratov, https://commons.wikimedia.org/wiki/File:Epitaph_to_Maria_Clementina_Sobieski_.St.Peters_Dom.jpg
図4-45 Speel 2022
図4-46 Wittkower 1989: 71
図4-47 Gallica, https://gallica.bnf.fr/ark:/12148/btv1b10302862k
図4-48 著者撮影
図4-49 National Museum in Warsaw, https://commons.wikimedia.org/wiki/File:Treter_Castrum_doloris_of_Sigismund_Augustus.jpg
図4-50 Herzog Anton Ulrich-Museum, https://nds.museum-digital.de/object/79573
図4-51 nationalmuseum, http://collection.nationalmuseum.se/eMP/eMuseumPlus?service=ExternalInterface&module=collection&objectId=34382&viewType=detailView
図4-52 Statens Museum for Kunst: SMK, https://open.smk.dk/en/artwork/image/KKSgb7271

5章

図5-1 By Malc McDonald, https://commons.wikimedia.org/wiki/File:Market_day_in_Ripon_(geograph_6112294).jpg
図5-2 by Diliff, https://commons.wikimedia.org/wiki/File:Christ_Church_exterior,_Spitalfields,_London,_UK_-_Diliff.jpg
図5-3 By Musikfan-RMS, https://ja.wikipedia.org/wiki/%E3%83%95%E3%82%A1%E3%82%A4%E3%83%AB:London-St_Lukes_LSO-2004.jpg

gri_33125012933277
図3-18 The Armadillo from the Four rivers Fountain in Piazza Navona, Rome on Rome, by Jonathan Rome, https://romeonrome.com/2017/04/the-most-beautiful-piazza-in-rome/
図3-20 Vatican City – Piazza San Pietro – Veduta Aerea, 1961, Digital USD, University of San Diego, https://digital.sandiego.edu/vaticancitypc/95/

4章

図4-1 by Qbert88, https://commons.wikimedia.org/wiki/File:Montepulciano_San_Biagio_Facciata.JPG
図4-2 Grapheus 1550: fol. F2v-F3r
図4-3 Matthieu 1595, Lyon Municipal Archives, https://commons.wikimedia.org/wiki/File:Entr%C3%A9e_royale_d%27Henri_IV_%C3%A0_Lyon_en_1595.jpg
図4-4 ~ 6 Boch 1602: 226-7, 246-7, 299
図4-7、33 ~ 34、45 著者撮影
図4-8 The Metropolitan Museum of Art, New York, https://www.metmuseum.org/art/collection/search/359610
図4-9 By LPLT, https://commons.wikimedia.org/wiki/File:Eglise_Santa_Maria_dell%27Orto.JPG
図4-10 By Superzerocool, https://commons.wikimedia.org/wiki/File:Escorial_West_Facade.jpg
図4-11 By Annual, https://en.wikipedia.org/wiki/File:Archivo_de_Indias_002.jpg
図4-12 By Rod Piz, https://lh3.googleusercontent.com/p/AF1QipMLicMZ1wBO8FxneKHS8todCJuaMRUJhfyXKy5U=s1360-w1360-h1020
図4-13 Storia de Milano (https://www.storiadimilano.it/repertori/pres_dalre/dalre.html), https://commons.wikimedia.org/wiki/File:Dal_Re,_Marc%27Antonio_(1697-1766)_-_Vedute_di_Milano_-_24_-_S._Angelo_PP._Zoccolanti_-_ca._1745.jpg
図4-14 Serlio 1540 [1537]: LVIII
図4-15 Serlio 1540: LXIII
図4-16 Serlio 1540 [1537]: VIIII
図4-17 By Fontana MM, https://commons.wikimedia.org/wiki/File:RomaFontanaAcquaFelicePiazzaSanBernardo.JPG
図4-18 Cust 1918: plate X
図4-19 By Bobulous, https://commons.wikimedia.org/wiki/File:Interior_of_Lumley_Chapel,_view_of_the_rear-right_wall.jpg
図4-20 図4-12の部分拡大
図4-21 Surrey described and divided into hundreds / Described by the travills of John Norden ; Augme[n]ted and performed by Iohn Speede ; Jodocus Hondius caelavit by Speed, John (1552-1629). Cartographe - 1610 - National Library of France, France - No Copyright - Other Known Legal Restrictions. https://www.europeana.eu/item/9200517/ark__12148_btv1b530568142?page=1
図4-22 By Nilfanion, https://en.m.wikipedia.org/wiki/File:Kenilworth_Castle_Gardens_%289791%29.jpg
図4-23 By Mike Searle, https://en.m.wikipedia.org/wiki/File:Montacute_House_East_Front_-_geograph.org.uk_-_851610.jpg
図4-24 By DavidBrooks, https://commons.wikimedia.org/wiki/File:Montacute_House_front_Apr_2002.JPG#mw-jump-to-license.
図4-25 By Tedster007, https://commons.wikimedia.org/wiki/File:Memorial_to_Robert_Keilway.jpg.

kimedia.org/wiki/File:Pantheon_Rom_1_cropped.jpg
図 2-12 By Tristantech, https://en.wikipedia.org/wiki/File:Villa_Celimontana_Obelisk.JPG#file
図 2-13 By Martin Knopp, https://en.wikipedia.org/wiki/File:Dogali-obelisk.jpg
図 2-14 By Berthold Werner, https://en.wikipedia.org/wiki/File:Roma_Elephant_Obelisk_2007-05-19_13-51-58_BW.jpg
図 2-15 By Arnaud 25, https://commons.wikimedia.org/wiki/File:Piazza_di_Spagna_(Rome)_0004.jpg
図 2-16 By Martin Knopp, https://en.wikipedia.org/wiki/File:Maggiore-obelisk.jpg
図 2-17 By Wolfgang Moroder, https://commons.wikimedia.org/wiki/File:Quirinale_Piazza_del_Quirinale_fontana_Dioscuri_e_scuderie_Roma.jpg
図 2-18 By Friedhelm Dröge, https://commons.wikimedia.org/wiki/File:Obelisk_am_Lateran_fd.jpg

3章

図 3-1 Nationalmuseum, Stockholm, https://collection.nationalmuseum.se/sv/collection/item/17832/
図 3-2 Vangelli Gallery, London, https://vangelligallery.com/2015/02/13/prospetto-della-porta-del-popolo-in-roma/
図 3-3 TheMetropolitan Museum of Art, New York, https://www.metmuseum.org/art/collection/search/369588
図 3-4 José Luiz Bernardes Ribeiro (CC BY-SA 4.0), Circus of Nero, https://commons.wikimedia.org/wiki/File:Circus_of_Nero.png
図 3-5 By Jean-Pol GRANDMONT, https://it.m.wikipedia.org/wiki/File:0_Sale_Sistine_II_-_Salle_des_Archives_pontificales_%281%29.jpg
図 3-6 The Metropolitan Museum of Art, New York, https://www.metmuseum.org/art/collection/search/361835
図 3-7 By Maus-Trauden, https://commons.wikimedia.org/wiki/File:Obeliskenspitze_Musei_Capitolini.jpg?uselang=ja
図 3-8 By Gli Scritti, https://commons.wikimedia.org/wiki/File:Cimabue,_crocifissione_di_pietro.jpg
図 3-9 By Web Gallery of Art, https://www.wga.hu/frames-e.html?/html/g/giotto/z_panel/4stefane/12stefan.html
図 3-10 Web Gallery of Art, https://www.wga.hu/frames-e.html?/html/d/deodato/index.html
図 3-11 Web Gallery of Art, https://www.wga.hu/html_m/j/jacopo/cione/1/predel5.html
図 3-12 Web Gallery of Art, https://www.wga.hu/art/f/filarete/stpete21.jpg
図 3-13 Bibliothèque nationale de France, https://essentiels.bnf.fr/fr/image/480325b5-9ef4-4388-9c2f-85aa2d35e3f2-saint-pierre
図 3-14 Internet Archive, The Cleveland Museum of Art, https://archive.org/details/clevelandart-1991.64.6-piazza-navona-from-p
図 3-15 Herzog August Bibliothek, https://commons.wikimedia.org/wiki/File:Hypnerotomachia_Polifili_00042.jpg
図 3-16 Royal CollectionTrust, https://www.rct.uk/collection/905628/a-design-for-a-monument-an-elephant-with-an-obelisk
図 3-17 Collegio Romano, Museo (1678), https://archive.org/details/

図版出典一覧

序章

図0-1、4、6～7　著者撮影

図0-2　British Library, https://blogs.bl.uk/asian-and-african/2020/02/william-jones-al-mutanabb%C4%AB-and-emotional-encounters.html　以前はブリティッシュライブラリーのイメージオンライン上にあったが現在見ることができるのはこのページ上である。パブリックドメインであることが示されている。

図0-3　By Olaf Tausch , https://commons.wikimedia.org/wiki/File:Luxor-Tempel_Pylon_08.jpg

図0-5　By Olaf Tausch,　https://commons.wikimedia.org/wiki/File:Washington_Monument_and_Reflection_Pool.jpg

図0-8　European Heritage Awards Archive, https://europeanheritageawards-archive.eu/laureates-1978-2022/detail/highgate-cemetery-london-circle-of-lebanon

図0-9　Mount Auburn Cemetery, 1834, National Museum of American History, http://n2t.net/ark:/65665/ng49ca746b2-6997-704b-e053-15f76fa0b4fa

1章

図1-1～3、5～20　著者撮影

図1-4　Plan for the Intelligence of the Military Operations at Calcutta, when attacked and taken by Seerajah Dowlet, 1756, a map by John Call and J. Cheevers, London, 1756.　Uploaded by Frances W. Pritchett, Columbia University，https://commons.wikimedia.org/wiki/File:Calcutta,_1756.png

2章

図2-1　By Adrian Pingstone (Arpingstone), https://commons.wikimedia.org/wiki/File:Obelisk_of_montecitorio_arp.jpg

図2-2　Heslin 2007: 7

図2-3　By Wolfgang Manousek, https://www.flickr.com/photos/manousek/3208654/

図2-4　Alamy, Image ID: KHTYWC, https://www.alamy.com/stock-image-ben-hur-1959-mgm-film-the-chariot-race-set-165891192.html

図2-5　Technicolor's Group, MR. X (now MPC), (Techniclor 2016), https://www.technicolor.com/news/ben-hur-chariot-sequence-races-winners-circle-help-mrx

図2-6　By Rc 13, https://commons.wikimedia.org/wiki/File:Sestertius_Trajan_Circus_Maximus_AD103.jpg

図2-7　Turismoroma, https://www.turismoroma.it/en/places/vatican-obelisk

図2-8　Pirro Ligorio's “Antiquae Urbis Romae Imago” (Image of the Ancient City of Rome), 1561, Mariabruna Fabrizi and Fosco Lucarellim, Socks (socks-studio.com) , https://socks-studio.com/img/blog/pirro-09.jpg

図2-9　By Tango7174, https://commons.wikimedia.org/wiki/File:Lazio_Roma_Navona2_tango7174.jpg

図2-10　By Jensens, https://en.wikipedia.org/wiki/File:Antinous_obelisk_Rome.jpg

図2-11　By Rabax63, https://commons.wi

ま

や

ら

わ

た

な

は

さ

か

な

は

ま

や

ら

わ

事項

あ

索引

人名

あ

か

さ

た

著者略歴

冨澤 かな（とみざわ・かな）

東京大学大学院人文社会系研究科宗教学宗教史学専門分野准教授（死生学応用倫理専門分野兼務）。

1971 年生まれ。2007 年東京大学大学院博士課程修了（博士（文学））。専門は宗教学。近著に、「さまざまな宗教、さまざまなお墓――お墓で見るインド宗教史」（小磯千尋・小松久恵編『インド文化読本』丸善出版、2022 年）、「近代インドの普遍思想」（伊藤邦武ほか編『世界哲学史 7――自由と歴史的発展』ちくま新書、2020 年）、「アジアと分類――共通の課題，共通の希望」（U-PARL（東京大学附属図書館アジア研究図書館上廣倫理財団寄付研究部門）編『図書館がつなぐアジアの知――分類法から考える』東京大学出版会、2020 年）などがある。

死とオベリスク©
――墓石のグローバル・ヒストリー

二〇二五年 三月 十 日 印刷
二〇二五年 三 月三十一日 発行

著 者 冨澤 かな
発行者 高木 雅信
印 刷 藤原印刷株式会社
製 本 株式会社松岳社

中央公論美術出版
東京都千代田区神田神保町一－一〇－一 IVYビル六階
電話〇三－五五七七－四七九七

装幀 渡邉 翔

ISBN 978-4-8055-0998-2